natürlich oekom!

Mit diesem Buch halten Sie ein echtes Stück Nachhaltigkeit in den Händen. Durch Ihren Kauf unterstützen Sie eine Produktion mit hohen ökologischen Ansprüchen:

- mineralölfreie Druckfarben
- Verzicht auf Plastikfolie
- Kompensation aller CO_2-Emissionen
- kurze Transportwege – in Deutschland gedruckt

Weitere Informationen unter www.natürlich-oekom.de und #natürlichoekom

natürlich oekom · nachhaltig seit 1989

Bibliografische Information der Deutschen Nationalbibliothek:
Die Deutsche Nationalbibliothek verzeichnet diese Publikation in der Deutschen Nationalbibliografie; detaillierte bibliografische Daten sind im Internet über www.dnb.de abrufbar.

2023, 2. Auflage

oekom – Gesellschaft für ökologische Kommunikation mbH
Waltherstraße 29, 80337 München

Layout und Satz: Carsten Klein, Markus Miller
Korrektur der Änderungen: Maike Specht
Umschlaggestaltung: Laura Denke, oekom verlag
Druck: Elanders GmbH, Waiblingen

Titel der Erstauflage: »Die Kunst der Transformation. Wie wir lernen, die Welt zu verändern«

ISBN 978-3-98726-048-3

MIX
Papier
FSC® C016368

Stefan Brunnhuber

Die Kunst der Transformation

Wie wir uns anpassen und die Welt verändern

2. Auflage

oekom

Inhalt

1. Vorwort – Worum es geht

Transformation ist eine Kunst. Es ist nicht fünf vor zwölf, wie wir seit 50 Jahren zu hören bekommen, sondern wir sind jetzt mitten in diesem Transformationsprozess. Aber was meinen wir eigentlich, wenn wir von Transformation sprechen? Sie ist kein Zufall, der einfach passiert, und keine Evolution, welcher eher etwas Zwangsläufiges anhaftet; sie ist wohl auch keine Revolution, welche das Gegebene zerstört, und wohl auch keine Reform, welche die vorliegenden Regeln schlicht anpasst und optimiert. Transformation ist dann wohl auch kein blinder Protest, bei welchem wir uns anschreien, Dinge kaputtgehen und wir dann wieder nach Hause gehen. Transformation ist mehr und etwas ganz anderes.

Sie ist ein bewusster Vorgang, ein intendierter und gewollter Prozess und damit eine Wahl. Transformativ wollen wir nun einen Vorgang nennen, welcher das Gegebene ehrt und das Erreichte schätzt, jenes auf seine Unvollständigkeiten hin prüft und kritisiert, Widersprüche und Ambivalenzen benennt, auflöst und inkludiert und gleichzeitig alles zusammen transzendiert. Das ist kompliziert genug.

Transformation ist eine Anpassungsleistung, welche nicht nur nach außen stattfindet, sondern vor allem auch in unserem Denken. Ja mehr noch, der ganze Anpassungsprozess ist zuvorderst ein mentaler und erst in zweiter Linie ein materialer Vorgang. Dies will heißen, zuerst kommt das Denken, das Mindset und die Veränderung in unserem Bewusstsein, dann die Form, die Technik, die Governance. Ein solches neues Mindset erfordert einen anderen Bewusstseinsschwerpunkt: Roletaking, Antizipation, Verzicht, vernetztes Denken, Berücksichtigung von Folgeeffekten und vor allem andere Gefühlszustände: Demut, Mitgefühl, Verantwortung und vieles mehr. Alles ein komplexer mentaler Vorgang. Denn das Ganze verläuft nicht linear, sequenziell und nacheinander, sondern findet mehr oder weniger gleichzeitig statt. Innerhalb eines schmalen Zeitfensters und innerhalb geographischer Grenzen, knapper Ressourcen und bei einem unvollständigen Informationsstand über die Gesamtlage gilt es, heute – inmitten dieses Transformationsprozesses – kluge Entscheidungen zu treffen.

Das alles macht den Vorgang der Transformation zu einer Kunst. Der Begriff Kunst meint Techne (τέχνη), wie die Griechen sagen, was so viel heißt wie ein regelgeleitetes und erlerntes Handwerk, um praktisch etwas Neues zu erschaffen. Wir müssen aufpassen: Wir wissen immer mehr, und gleichzeitig war die Lücke zwischen dem, was wir wissen über die Welt, und dem, was wir zu tun hätten, noch nie so groß. Transformation ist eben ein Handwerk, welches wir nur in mühsamer Arbeit einüben, perfektionieren, zur Meisterschaft bringen, aber auch wieder verlernen können.

Bekanntlich benötigt man über 10.000 Übungsstunden, um ein Handwerk unter Anleitung zu dieser Meisterschaft zu bringen. Mit viel weniger wird es nicht gehen. Und wenn wir davon ausgehen, dass unser Denken unser Handeln und unsere soziale Praxis bestimmt und wir circa 50.000 solcher Gedanken am Tag im Kopf haben und gleichzeitig 4.000 Wochen im Durchschnitt auf dieser Erde verbringen, sollten wir hinreichend Zeit, Demut und Geduld aufbringen, jene Gedanken für eine solche »Kunst der Transformation« zu nutzen. Wir gehen gewissermaßen eine Treppe hinauf, und jedes Mal lassen wir etwas los und gewinnen gleichzeitig etwas Neues hinzu. Beides ist wichtig. Das Loslassen von Bekanntem und das Erarbeiten von Neuem.

Dabei geht es nicht nur um Optimierung und Effizienzsteigerung von dem, was wir schon haben, nicht nur um Innovation und Forschung und Entwicklung, sondern auch darum, Dinge gänzlich anders zu machen. Denn es kann schnell passieren, dass wir ständig auch das Falsche optimieren, ohne es zu merken. Man kann bei jedem Schritt fragen: Worauf verzichten wir, wenn wir uns auf das Festhalten, etwa eines konsumptiven Überflusses, entscheiden? Was entgeht uns beim Festhalten an einer inneren und äußeren Steigerungslogik? Stille, Alleinsein, Weniger, der Wert der Langsamkeit, Achtsamkeit, das Analoge und Proportionale, das Lebendige eben. Und das passiert immer und jedes Mal, wenn wir eine Treppenstufe höherklimmen. Das ist alles kein Ponyhof und kein Kindergeburtstag, immer mit Zumutungen und Deprivilegierungen verbunden, aber dann doch immer notwendig. Das alles beschreibt Transformation.

Für die Transformation im 21. Jahrhundert scheint der Wechsel weg von einer expansiven und extraktiven Praxis und einem quantitativen Wachstum hin zu einer intensiven und inneren Entwicklung charakteristisch zu sein. Kurz, wir brauchen mehr an inneren Entwicklungsschritten als an ständiger äußerer Steigerungslogik.

Und so ähnelt Transformation einer Wendeltreppe. Sie kennt Grenzen, die wir einhalten müssen, und bewegt sich nach oben und unten, wird dabei nach oben immer offener und breiter, entwickelt sich; und mit jeder Stufe, die wir erklimmen, ändern sich unser Bewusstseinsschwerpunkt, unser Denken, Fühlen, unser Handeln und die gewählten Regeln. Sie ist auf weiten Strecken das Ergebnis unseres Mindsets und einer geänderten Praxis zugleich. Und jedes Mal, wenn wir eine Stufe weitergehen, steht eben immer alles auf dem Spiel. In diesem Sinne ist Transformation auch kein Kreis, bei welchem wir uns ständig und immer wieder selbst begegnen; keine Zahl und kein Algorithmus oder Technologie, welche wir nur anwenden müssten, und kein Lineal oder Strich, an welchem wir entlanggehen, sondern eben eine Spirale oder Wendeltreppe.

Bekanntermaßen ist das Modell nicht die Realität, die Speisekarte nicht das Essen und die Landkarte nicht das Gelände, aber die Wendeltreppe beschreibt den Vorgang der Transformation am besten. Und jenes Bild kann uns helfen, die Realität, in der wir uns nun befinden, besser abzubilden als jedes andere Bild. Der Weg, den wir hier gehen, kann nach oben (Progression) oder nach unten (Regression) verlaufen, wir können über das Geländer (Grenzen) von der Wendeltreppe fallen, und wir können stehen bleiben. Transformation ist dann der Vorgang, bei welchem uns der Umgang mit Unsicherheiten, Widersprüchen und Disruptionen am besten gelingt. Sie gibt uns gleichzeitig eine Richtung an. Wir wissen jetzt, wo vorne ist. Und jene Wendeltreppe ist nach oben hin offen und verweist auf eine »Terra inkognita«, also auf etwas, das wir noch nicht kennen und das vor uns liegt. Das ist eigentlich alles nichts Neues. Menschen mussten sich immer wieder transformieren, aber eben nicht ständig und überall, jetzt und heute aber schon.

Ich wünsche dem Leser und uns allen eine erfolgreiche Anpassung, die uns hilft, die Welt zu verändern, eine Kunst der Transformation eben.

Dresden, Mai 2023 Stefan Brunnhuber

2. Eine erste Bestimmung von Wachstum und Entwicklung

Die Annahme, dass sich Psyche, Verhalten und Erleben entwickeln und dass diese Entwicklung nicht zufällig verläuft, sondern Gesetzmäßigkeiten unterworfen ist, gehört zu den Meilensteinen der modernen Psychologie des 20. Jahrhunderts. Individuelle Kompetenzen, Motive und Affektzustände, Selbst- und Fremdwahrnehmung, Sozialbezüge untereinander, die Beziehung zur Natur, aber auch Transzendenzerfahrungen werden seitdem nicht mehr als statisch und vorherbestimmt angesehen, sondern als dynamisch, historisch rekonstruierbar, veränderbar – und damit evolutionär. Gesetzmäßigkeiten in der Entwicklung wurden in unterschiedlichen Bereichen empirisch untersucht wie etwa in den Bereichen Motivation, Affekte, Kognition, Moral, Sensomotorik, Lernen, Perzeption und Kinästhetik. Die westliche Psychologie konzentriert sich dabei vor allem auf die frühen Entwicklungsstadien und legt eine umfangreiche Literatur zum Verständnis der Psychopathologie vor, während die östliche Psychologie (Veden, Buddhismus) die späteren Entwicklungsschritte des Erwachsenen forciert.[3] Diese beiden Herangehensweisen wie auch die Übertragung der Gesetzmäßigkeiten der individuellen Entwicklung (Ontogenese) auf die Entwicklung der Gemeinschaft (Phylogenese) sind für unser Thema von Bedeutung.

Die Herausbildung des Entwicklungsparadigmas der modernen Psychologie ist deswegen so bedeutungsvoll, weil sie die Voraussetzung schafft, Unterschiede und Veränderungen wahrzunehmen, die sonst nicht sichtbar werden. Erst die Annahme eines Entwicklungsvorgangs, auf den sich eine Person und eine

Gesellschaft ausrichten kann, ermöglicht es uns, zwischen einem Franziskanermönch und einem Mitglied der Roten Khmer zu unterscheiden, zwischen einem Dummschwätzer und einem Nobelpreisträger, zwischen Rechtsstaat, Demokratie und moderner Medizin auf der einen Seite und Anarchie, Tribalismus und Schamanismus auf der anderen. Nur mit der Annahme gesetzmäßiger Entwicklungsvorgänge können wir überhaupt Grenzen ziehen zwischen einem magisch-mythischen, einem naturwissenschaftlich-modernen und einem systemisch-postmodernen Leben und in der Folge einen Diskurs über die Regeln eines gerechteren und nachhaltigen Zusammenlebens führen. Die Ablehnung von Entwicklungsschritten würde dagegen bedeuten, dass menschliches Verhalten und gesellschaftliche Entwicklung letztlich keine Richtung haben. Orientierung, Sinn und Entwicklungslogik hängen also eng zusammen. Mehr noch: Erst die Annahme, dass etwas ist, weil es geworden ist und sich auf etwas hin entwickelt, macht aus bloßen Korrelationen und Kovarianzen eine echte Theorie.

Aus der Sicht der Ergebnisse der Humanwissenschaften ist jedoch nicht nur das Entwicklungsmoment allein entscheidend, sondern auch die Tatsache, dass mit dem Erreichen eines ich-haften, ego-logischen, kritisch-rationalen, personalen und damit perspektivischen Denkens die Gesamtentwicklung nicht zu Ende ist. Denn Rückschlägen, Regressionen und Unterschieden in der Theoriebildung und in den empirischen Befunden zum Trotz zeigt sich eine erstaunliche Regelhaftigkeit: Die Geschichte der Entwicklung des Einzelnen und die der Gemeinschaften lässt sich lesen als eine Geschichte der Expansion unseres Bewusstseins. Es geht immer um ein *Mehr* an Perspektiven, ein *Mehr* an Vernetztheit, ein *Mehr* an Empathie, Verstehen und Erklären, ein *Mehr* an Inklusion und folglich ein *Mehr* an Bewusstheit. Das bedeutet nicht zwangsläufig ein *Mehr* an Konsens, aber doch immer den Versuch, Gegensätze, Unterschiede, Ambivalenzen und Idiosynkrasien zu integrieren.

Der kleine Unterschied: Wachstum und Entwicklung

Wachstum und Entwicklung sind zwei unterschiedliche Sachverhalte. Wachstum beruht auf einer Expansion, verläuft in der Regel innerhalb gegebener Variablen und ist im Wesentlichen quantitativ bestimmt. Entwicklungsvorgänge sind komplizierter. Sie fordern die Kenntnis von Schwellenwerten, Sättigungen und nicht linearen Veränderungen und sind vorrangig qualitativer Natur. Wachstum ist horizontal definiert und bestimmt gewissermaßen die Breite und Spanne eines Geschehens. Entwicklung ist dagegen vertikal organisiert und bestimmt dessen Tiefe durch innere Differenzierungen und Integrationsleistungen. Aus der Sicht der akademischen Psychologie setzt Entwicklung eine Form des Wachstums voraus. So wissen wir aus der neurobiologischen Forschung, dass Entwicklung und Lernprozesse zwar nicht mit einer Größenzunahme des Gehirns, aber mit der quantitativen Zunahme der synaptischen Vernetzung einhergehen. Auf der anderen Seite bedingt Wachstum aber nicht zwangsläufig Entwicklung. Es ist dafür notwendig, aber nicht hinreichend. An dieser Stelle ist zu fragen, was genau Entwicklungsvorgänge von reinen Wachstumsprozessen abgrenzt. Die Abbildung 1 stellt vier notwendige Aspekte einer gelungenen Entwicklung und deren mögliche Entgleisungen vor. Erst wenn alle vier Aspekte zusammenkommen, kann man sinnvollerweise von einer gelungenen Entwicklung sprechen.

Idealtypische Entwicklung	**Mögliche Fehlentwicklung**
1. Identifikation und Differenzierung	Verschmelzung
2. Integration und Transzendenz	Dissoziation
3. Interne Hierarchie	Anarchie / Chaos
4. Kritische Auseinandersetzungen	Dogmatismus / rekursive Schleifen

Abb. 1: Vier Merkmale eines allgemeinen Entwicklungsvorgangs und mögliche Fehlentwicklungen

Erstes Charakteristikum ist der *Differenzierungsvorgang*. Das heißt: Der spätere Zustand muss gegenüber dem früheren einen Zuwachs an inneren und äußeren Beziehungen, Verweisungszusammenhängen oder Informationen herstellen können. Gelingt der Differenzierungsvorgang nicht, entstehen durch Verschmelzung und Fusion homogene Gebilde, und die Beziehung zwischen innen und außen kann verloren gehen. Ein Beispiel aus der Physiologie/Pathophysiologie ist die normale Zellentwicklung im Vergleich zur Tumorentwicklung. Kennzeichen der normalen Zellentwicklung ist die Fähigkeit zur Spezialisierung, das heißt, die Zellen übernehmen zum Beispiel als Epithelzellen, Neurone oder rote Blutkörperchen einen genau definierten Aufgabenbereich. Entwickeln sich aus normalen Zellen Tumorzellen, kommt es zu einer Entdifferenzierung, und die Zellen verlieren diese Funktionsfähigkeit. Das zweite Kriterium einer idealtypischen Entwicklung ist der *Integrationsvorgang*. Entwicklungslogisch betrachtet, muss der spätere Zustand im Vergleich zum früheren ein Mehr an Systematik, Zusammenfassung und synthetischer Leistung beinhalten. Das heißt: Das Spätere umfasst und transzendiert das Frühere. Misslingt dieser Anteil am Entwicklungsvorgang, dann entsteht eine Dissoziation. Darunter versteht man einen Vorgang, bei dem eine Integrationsleistung verloren geht. Kurz erklärt bedeutet Dissoziation auf der psychologischen Ebene, dass wir die Fähigkeit verlieren, uns als Einheit zu erleben. Kognitive Prozesse, die eigentlich miteinander verbunden sind, spalten sich ab. Ein nachvollziehbares Beispiel für eine solche Abspaltung ist, wenn eine Person nach einem Verkehrsunfall trotz schwerer Verletzung keinen Schmerz spürt und scheinbar klar und nüchtern das Richtige tut. Die Bedeutung von Integration und Dissoziation in einem Entwicklungsprozess wird uns später noch näher interessieren. Drittens kennzeichnet eine Zunahme an *innerer Hierarchie* oder Rangfolge eine gelungene Entwicklung. Das heißt: Es wird gefordert, dass es zu einer Kompetenzweitergabe oder zu einer Staffelung unterschiedlicher Verantwortungen und Zuständigkeiten kommt. Zwar können auf den einzelnen Ebenen die

Hierarchien flacher werden, im Gesamten bedeutet eine spätere Stufe aber in der Regel ein Mehr an *Tiefe* und ein Weniger an *Spanne*. Alle Entwicklungsvorgänge haben in diesem Sinne eine Rangordnung oder Sequenz, bei der frühere Einheiten in höheren und späteren aufgehoben sind. Atom, Zelle, Organ oder auch Buchstabe, Wort, Satz sind allgemeine Beispiele dazu. So gibt es immer mehr Atome (Spanne) als Organe (Tiefe). Die Aufhebung hierarchischer Strukturen innerhalb eines Entwicklungsvorgangs bedeutet dagegen ein Zuwachs an Anarchie und Chaos. Der vierte Entwicklungsaspekt ist eine *kritische Selbstreferenz*, das bedeutet eine Verfasstheit des Bewusstseins, die Reflexivität ermöglicht und eine offene Fehlerkultur und Kritikfähigkeit systemimmanent zulässt. Das befähigt auf der einen Seite dazu, mit Unsicherheiten umzugehen. Auf der anderen Seite werden Systeme durch diesen Entwicklungsschritt fragiler als Systeme auf einer früheren Entwicklungsstufe. Gelingt eine kritische Auseinandersetzung nicht, kann das zu sich wiederholenden Schleifen führen, die sich zum Beispiel in der Ausbildung von Monopolstellungen, Diktaturen, Fundamentalismen und Dogmatismen zeigen.

Der hier vorgestellte Entwicklungsbegriff lässt sich aufgrund seiner allgemeinen Gültigkeit auf die affektiv-kognitive Entwicklung einer Person ebenso anwenden wie auf die Entwicklung von Gesellschaften und auf ökonomische Aktivitäten. Diese These wird gestützt durch die Zusammenstellung der umfangreichen ethnosoziologischen, anthropologischen und entwicklungspsychologischen Literatur, die sich bei Ken Wilber findet (2006 und 2008). Wilber zeigt, dass die Bewusstseins- und Selbstentwicklung nicht nur ontogenetisch, sondern auch phylogenetisch aus Ebenen zusammengesetzt ist, die durch qualitativ unterschiedliche psychologische Eigenschaften gekennzeichnet sind. Die Gesetzmäßigkeiten der einen Ebene lassen sich jedoch nicht ohne Weiteres auf andere übertragen. Das heißt: Die Welt- und Selbstsicht und die damit verbundenen Interaktionsformen werden jeweils um einen ebenenspezifischen Bewusstseinsschwerpunkt und die darin angelegte Sozialpraxis herum organisiert.

Daraus folgt, dass unsere Wahrnehmung, unser kommunikatives Handeln, unsere affektiven Bewertungen und kognitiven Schlussfolgerungen in erheblichem Ausmaß durch den jeweiligen Entwicklungsstand unserer Bewusstseins- beziehungsweise Selbstentwicklung mitgeprägt werden. Im 20. Jahrhundert haben sich zahlreiche Autoren mit der Entwicklung unterschiedlicher psychischer Bereiche beschäftigt. Von der Moral- zur Affektentwicklung, von der Sensomotorik zur Kognition, von der spirituellen Entwicklung bis hin zu Motivation geht es letztlich immer um die Einsicht, dass es keine Zufälligkeiten und keine Willkür, sondern immer Ebenen und Stufen sind, die eine gewisse Regelmäßigkeit in der psychischen Fortentwicklung des Menschen garantieren. Dies schließt Rückschritte und Regression nicht aus, zeigt aber den grundlegenden Plan der Entwicklung an.[4]

In der Onto- und Phylogenese lassen sich drei allgemeine Ebenen voneinander trennen und einer präkonventionellen, einer konventionellen und einer postkonventionellen Entwicklungsstufe zuordnen.[5] (Im Text werden auch andere Einteilungen verwendet, etwa die der Zuordnung ego-, ethno- und weltzentrisch oder die Dreiteilung prärational, rational und transrational. Entscheidend ist an dieser Stelle nicht die Begrifflichkeit, sondern der Umstand, dass Entwicklung generell einer abgrenzbaren Logik folgt.) Der Umfang und die Einteilung in (Sub-)Ebenen steht und fällt mit der jeweiligen wissenschaftlichen Fragestellung. Wie mit einer Lupe werden dadurch weitere Differenzierungsgrade sichtbar. Die allgemeine Erkenntnis, dass sich Entwicklung nach Ebenen differenzieren lässt, bleibt jedoch erhalten.

Die erste Ebene ist die *präkonventionelle Ebene*. Sie ist psychologisch charakterisiert durch eine primäre Verbundenheit von Körper und Geist sowie von Natur und Gemeinschaft. Auf dieser Entwicklungsebene fehlt noch eine hinreichende Differenzierung. Der Erklärungsrahmen ist mythologisch-magisch und kennt noch nicht die Gesetzmäßigkeiten der Naturwissenschaften. Ein Kind auf dieser Entwicklungsstufe weiß zum Beispiel noch nichts von den Gesetzen der Logik. So wird es – wie der Psychologe Jean Piaget in einem Experiment zeigt – einer gleich großen Menge Flüssigkeit in unterschiedlich großen Gefäßen unterschiedliche Volumina zuschreiben. Die Wirklichkeit wird darüber hinaus sprichwörtlich und konkret wahrgenommen. In dieser Welt kann Laotse bei der Geburt 700 Jahre alt sein, Moses das Meer teilen und die Sonne buchstäblich untergehen. Die Beziehung zum Kollektiv oder zur Primärgruppe erlaubt noch keinen universellen Rollentausch oder eine perspektivische Betrachtung. Regeln werden auf der Suche nach Anerkennung und aus Angst vor Strafe befolgt. Auf dieser Ebene reihen sich die von Abraham Maslow (1954) beschriebenen Primärbedürfnisse ein, also Schlaf, Hunger, Schmerzvermeidung. Sie dienen der psychobiologischen Homöostase und lassen noch keine ausreichenden Sozialisationsschritte erkennen. Die Kennzeichen der präkonventionellen Ebene zeigen sich vor allem in der mangelnden Anwendung logischer und naturwissenschaftlicher Rationalitätsstandards und einer defizitären Ausbildung eines kritisch-reflexiven Ich-Bewusstseins. Erst am Übergang zur konventionellen Ebene kommt es zu einer *Entmythologisierung* des Erlebens, Denkens und Handelns.

Entwicklungspsychologisch beginnt mit der *konventionellen Ebene* die Ausbildung von Ich-Funktionen wie der Fähigkeit zum Rollen- und passageren Perspektivenwechsel, des Abstraktionsvermögens, des diskursiven Verstandes, der Fähigkeit zur Unterscheidung von innen und außen und eines zunehmend reflexiven und symbolisch-sprachlich organisierten Bewusstseins. Die Werte und Normen der jeweiligen Gesellschaft prägen jetzt die Bewusstseinsentwicklung. Das Ich-Bewusstsein kann sich selbst in Beziehung zur Gesellschaft setzen, und es kommt zu einer zunehmenden Differenzierung von Körper und Ich-Bewusstsein sowie von Natur und Gesellschaft. Dabei werden Wenn-dann-Zusammenhänge, lineare Bezüge und ein zunehmendes Rollenverständnis immer wichtiger. Konventionelle Bedürfnisse und Motive sind – mit Abraham Maslow gesprochen – etwa das Streben nach sozialer Anerkennung und die Ausbildung des Selbstwertes. Und so wie in einer präkonventionellen Welt die Sonne im wortwörtlichen Sinn untergeht, so rotiert auf der konventionellen Ebene die Erde mit einer Geschwindigkeit von 100.000 Kilometern pro Stunde um die Sonne und erzeugt Abend für Abend lediglich das Bild einer untergehenden Sonne.

Die Defizite der konventionellen Ebene werden mit den Grenzen des rational-diskursiven Verstandes selbst sichtbar. In der kritischen Selbstanwendung einer rationalen, ego-logischen und diskursiven Bewusstseinsstruktur, wie sie für die postkonventionelle Ebene typisch werden wird, treten innere Widersprüche zu Tage. Denn wenn alles fortan rational-diskursiv, perspektivisch und damit subjektiv gedeutet wird, dann ist der Satz »Alles ist perspektivisch und subjektiv« eben auch nur *eine* Perspektive unter anderen. Der personale Verstand hält sich gewissermaßen einen Spiegel vor und sieht sich bei der Arbeit zu. Denken wird selbst als perspektivisch, ego-logisch oder ich-haft und analytisch-kausal identifiziert.[6] Das kann dazu führen, dass eine solche Argumentation in eine *formallogische Zirkularität* führt. Das heißt: In den Schlussfolgerungen finden sich Aspekte, deren Voraussetzungen und Prämissen gerade erklärungsbedürftig sind. Selbst die Identifikation einer rational-kritischen Stufe als rational-kritisch setzt einen Bewusstseinszustand jenseits derselben voraus. Bleibt die Argumentation jedoch weiterhin rational, führt dies früher oder später in einen *dogmatischen Abbruch* des Verfahrens. Schließlich kann eine rational-diskursive Struktur in einen *infiniten Regress* führen – dann nämlich, wenn sie sich einer historisch-genealogischen Betrachtung bedient, immer weiter zurück fragt und sich immer tiefer in die Geschichte hineingräbt: ein Vorhaben, das letztlich kein Ende kennt, denn an welcher Stelle sollte man aufhören? Kurzum: Der Selbstwiderspruch zeigt die Grenzen eines kritisch-rationalen und personalen Bewusstseins auf. Das kritisch-rationale Bewusstsein wird – wie es der Philosoph Jean Gebser beschreibt – hyperrational (1992) und verfängt sich in Widersprüchen und rekursiven Schleifen, die erst auf einer höheren Ebene überwunden werden können. Diese erkenntnistheoretischen Überlegungen sind nicht völlig praxisfrei. So ist die hyperrationale Struktur beispielsweise wesentlich für das Verständnis der Modellbildungen in der Ökonomie. Dies zeigt, dass jenes psychologische

Verständnis nicht falsch, aber lediglich auf der konventionellen Ebene hinreichend erklärungsrelevant ist. Weder für die Psychologeme einer präkonventionellen noch für postkonventionelle Zustände liefert das Modell einen tragfähigen Rahmen (siehe unten).

Auf einer *postkonventionellen Ebene* sortiert sich der Bewusstseinsschwerpunkt erneut und damit auch die vorherrschende affektive und kognitive Ausstattung. Alle auf dieser Ebene generierten affektiv-kognitiven Rationalitätsstandards müssen sich vor dem Hintergrund der Errungenschaften einer konventionellen Ebene nochmals legitimieren. Denn den Entwicklungsschub auf dieser Ebene kennzeichnet nicht nur eine weitere Differenzierung, sondern auch eine Integration und Transzendendierung vorhergehender Entwicklungsstufen. Das heißt: Die postkonventionelle Ebene muss naturwissenschaftlichen Errungenschaften (Medizin) und rechtsstaatlichen Prinzipien (Demokratie), aber auch volkswirtschaftlichen und sozialwissenschaftlichen Erkenntnissen (Statistik, Logik) Rechnung tragen. Gleichzeitig treten neue Bedürfnisse und Motive auf. An die Stelle mythisch-magischer (präkonventionell) und regional-perspektivischer (konventionell) Betrachtungsweisen treten weiterführende Rationalitätsstandards wie reziproke Toleranz, universelle Gerechtigkeit, Komplementaritätsbeziehungen oder auch ein universeller Pluralismus. Entwickelt sich unser Bewusstseinsschwerpunkt weiter, werden neben einer konkreten und einer kausalen Deutung komplementäre Zusammenhänge sichtbar. Auf postkonventioneller Ebene wird nach nicht weiter reduzierbaren Gegensatzbeziehungen gesucht: Geist und Materie, Yin und Yang, inneres Erleben und äußere Wirklichkeit, die Wellen- und die Teilchentheorie, das Zusammenspiel zweier Farben in der Optik, Erklärung und Verstehen in der Hermeneutik, Syntax und Semantik in der Sprachwissenschaft, das Verhältnis zweier Archetypen in der Psychologie und selbst die Codierungen unseres genetischen Materials folgen diesem Prinzip. Wahrscheinlich gehören noch viel mehr Bereiche unserer Wirklichkeit in dieses Deutungsmuster und beschreiben einen Zusammenhang, der durch eine konventionelle oder präkonventionelle Sicht nicht zugänglich ist. So betrachtet ist das Komplementaritätsprinzip eine höhere Stufe des Verstehens, da es nicht nur dem Organisationsprinzip der postkonventionellen Ebene entspricht, sondern gleichzeitig auch die konventionelle (kausal) und die präkonventionelle (konkretistisch) Ebene mit berücksichtigt. Komplementär zu denken bedeutet, dass man die wörtliche und die ursächliche Ebene kennt und diese in einem dritten Schritt um eine Perspektive erweitert, die die beiden vorhergehenden Stufen transzendiert. In diesem Sinne sind komplementäre Beziehungen entwicklungs- und bewusstseinspsychologisch ein spätes Produkt der Gesamtentwicklung einer Person. Gleichzeitig zeigen Komplementärbeziehungen Grenzen und Tragweite der jeweils dualen Beziehungspaare an.[7] Die charakteristischen Unterscheidungsmerkmale ändern sich und damit auch das Referenzsystem für unser Handeln, Bewerten, Denken und Kommunizieren. Die folgende Abbildung zeigt einige Charakteristika der Bewusstseinsentwicklung im Überblick:

Ebenen	Affektiv-kognitive Rationalitätsstandards	Bewusstseins-Schwerpunkt	Beziehung zum Kollektiv/ Sozialstandards
Präkonventionell:	senso-motorisch emotional, instinktiv noch nicht sozial vermittelt psychobiologisch determiniert, Primärmotive, Primäraffekte, primär-narzisstisch	autistisch präpersonal symbiotisch archaisch kollektiv-exklusiv Rollenidentität zyklisches Zeitverständnis	Zugehörigkeit Sicherheit Verbundenheit mit der Natur mythologisch-magisch deterministisch konkretistisch ritualisierte Praxis
Konventionell:	konkret-operational formal-operational sprachlich-diskursiv rational-kritisch kompetitiv, Kurzzeit-Betrachtung	sozio- und ethnozentrisch egologisch individualistisch kausal-analytisch linear-irreversibles Zeitverständnis perspektisch-historisch Ich-Identität	Selbstverwirklichung Differenzierung der Wertsphären Naturwissenschaft Nationalstaat technologisch-wirtschaftliche Entwicklung experimentell-interventionistische Praxis
Postkonventionell:	reziproke Toleranz und Anerkennung all-perspektivisch kooperativ-altruistisch solidarisch nachhaltig	universalistisch pluralistisch systemisch komplementär synchronizistisch kollektiv-inklusiv transpersonal reziproker Rollenwechsel	Selbsttranszendenz Menschenrechte globales Referenzsystem Offenheit/transfinit Integrale Praxis universelle Gerechtigkeit/ Fairness

Abb. 2: Entwicklungsstufen des Bewusstseins

Steckbrief für Entwicklungsvorgänge: Prä-post-Differenz und differenzielle Praxis

Jetzt wird es schwierig, aber wichtig. Zwei Aspekte sind für das Verständnis von Entwicklungsvorgängen von zentraler Bedeutung: zum einen die Prä-post-Differenz und zum anderen die differenzielle Praxis. Eine Entwicklungsphänomenologie muss beide Aspekte berücksichtigen, will sie bedeutende Schritte menschlichen Erlebens, Bewertens und Handelns hinreichend charakterisieren.

(a) Die Prä-post-Differenz: Präkonventionelle und postkonventionelle Zustände sehen unter Umständen sehr ähnlich aus und können leicht verwechselt werden. Auf beiden Ebenen besteht eine Beziehung zum Ganzen, zur Gesellschaft und zur Natur – auf der präkonventionellen Ebene allerdings noch in einer undifferenzierten Form: Es wird noch keine hinreichende Unterscheidung zwischen Objekt und Subjekt, zwischen Person und Gesellschaft, zwischen Gemeinschaft und Natur geleistet. Deshalb spricht man auch von einem magisch-mythischen, archaischen oder prärationalen Zustand. Der postkonventionelle Zustand charakterisiert sich ebenfalls durch eine Beziehung zum Ganzen, zur Gesellschaft und zur Natur. Hier jedoch sind die geforderten Rationalitätsstandards Ergebnis einer erfolgreichen Ich-Entwicklung und einer kritischen Auseinandersetzung mit wissenschaftlichen Belegen. Die Welt- und Selbstsicht orientiert sich an universellen Anforderungen, wie sie etwa in den Menschenrechten der Vereinten Nationen, Nachhaltigkeitsstandards oder einer globalen Ethik formuliert werden.

Eine Verwechslung würde einem klassischen Kategorienfehler gleichkommen, spielen doch auf der präkonventionellen Ebene gänzlich unterschiedliche Formen des Denkens und Handelns eine Rolle als auf der postkonventionellen Ebene. Der Übergang von der prä- zur konventionellen Ebene ist durch eine Entmythologisierung und verstärkten Einsatz des kritisch-rationalen Verstandes gekennzeichnet, der Übergang von der konventionellen zur postkonventionellen Ebene jedoch durch den Verweis auf die Grenzen der subjektiven Reflexion selbst. Entmythologisierung und die Grenzen des subjektiven Verstandes stellen zwei zentrale ontogenetische wie auch gesellschaftliche Herausforderungen dar, die zu einer fundamentalen Reorganisation der Selbst- und Fremdeinschätzung führen – und damit in der Folge auch eine andere gesellschaftliche Organisationsform hervorrufen. Das heißt: Bei jedem dieser transformativen Schritte ändert sich der Referenzraum beziehungsweise der Organisationsschwerpunkt für unser Verhalten, Kommunizieren und Bewerten.

Wir hatten gesagt, dass die jeweils spätere Ebene die Organisationsprinzipien der früheren integrieren, differenzieren und kritisch und erfolgreich transzendieren kann. So sind beispielsweise die Primärbedürfnisse einer präkonventionellen Ebene phasenspezifisch richtig, ihnen gelingt es jedoch nicht, gesellschaftliche Normen hinreichend zu berücksichtigen. Die Unterscheidung zwischen präpersonalen und transpersonalen Bewusstheitszuständen – wie wir sie später noch kennenlernen werden – steht und fällt mit der Frage einer gelungenen Ich-Entwicklung. Das heißt: Mit der Ausbildung rationalen Denkens, kommunikativen Handelns, zunehmenden Rollenwechsels, mit einer gelungenen Introspektion und der Ausbildung einer integrierten Wertstruktur werden Entwicklungsebenen erreicht, in denen für die Person einzigartige biografische Erlebnisse, Erfahrungen und Erinnerungen möglich werden. Es entsteht psychologisch betrachtet ein individuelles Bewusstsein. Trans- oder postkonventionelle Zustände sind deshalb über die individuelle Biografie hinweg gebrochen. Sie stellen keine primären Kollektiverfahrungen, keine undifferenzierte Verbundenheit oder ursprüngliche Zugehörigkeit dar. Der Zusammenhang wird uns später noch beschäftigen.

(b) Der zweite Aspekt betrifft die Bedeutung einer differenziellen Praxis.[8] Was ist damit gemeint? Die Entwicklungsebenen werden charakterisiert durch unterschiedliche Formen der Welt- und Selbstsicht. Während einzelne Betrachtungsweisen auf der

jeweiligen Stufe phasenspezifisch richtig und kohärent sind, werden sie durch neue Referenzräume auf der jeweils höheren Stufe transzendiert. Das heißt, mit dem Wechsel der Ebene wird die Selbst- und Weltsicht anders interpretiert, und damit sind auch das institutionelle Arrangement und die benutzten Technologien andere. So bestehen auf der präkonventionellen Ebene noch keine Möglichkeiten, mythologische und magische Erfahrungen mit den Mitteln der Naturwissenschaften zu deuten.

Aber mit diesem interpretativen oder translativen Vorgehen ist nur die eine Hälfte des Stufenwechsels beschrieben. Denn es geht nicht nur darum, die Dinge anders zu sehen, sondern zugleich darum, eine andere Praxis im Verhältnis zu ihnen zu gewinnen, das heißt anders mit ihnen umzugehen. Mit dem Ebenenwechsel ist neben der Translation zugleich eine Transformation gemeint. Translation und Transformation sind psychologisch Zwillinge, die für den Fortgang einer gelungenen Entwicklung relevant sind. Während auf einer präkonventionellen Ebene beispielsweise die Sonne angebetet wird, können wir ihre Bewegungen auf einer konventionellen Ebene mit den Mitteln des naturwissenschaftlichen Experiments vermessen. Aber damit nicht genug. Mit dem Wechsel zu einer postkonventionellen Sichtweise lässt sich mit dem Ziel der Nachhaltigkeit beispielsweise die Solarenergie für die Stromerzeugung nutzen. Es gibt andere Beispiele: Im Ackerbau bekommt die chemische Landwirtschaft durch den ökologischen Landbau Konkurrenz. Im Handel entwickelten sich aus der Tauschwirtschaft nationale Währungen, die wiederum durch den simultanen Gebrauch verschiedener komplementärer Währungssysteme erweitert werden. Jedes Mal geht es nicht nur um eine Translation, sondern auch um eine Transformation, das heißt um eine andere Praxis. Die konkreten, lebenspraktisch relevanten Interaktionsformen in Politik, Erziehung, Ökonomie und Wissenschaft verändern die Beziehung von Person und Umwelt sowie von Person und Gesellschaft. Das Selbst und die Welt werden nicht nur verschieden interpretiert, sondern immer auch in unterschiedlicher Weise real verändert. Spätere Transformationen und

Praktiken schließen frühere ein und stellen sie als Alternativen zur Verfügung. Diese Zusammenhänge gilt es vor allem für die Nachhaltigkeitsdebatte zu nutzen. Die folgende Abbildung zeigt den Zusammenhang von prä- und postkonventioneller Ebene, von Translation und Transformation in der grafischen Form eines umgekehrten Kegels:

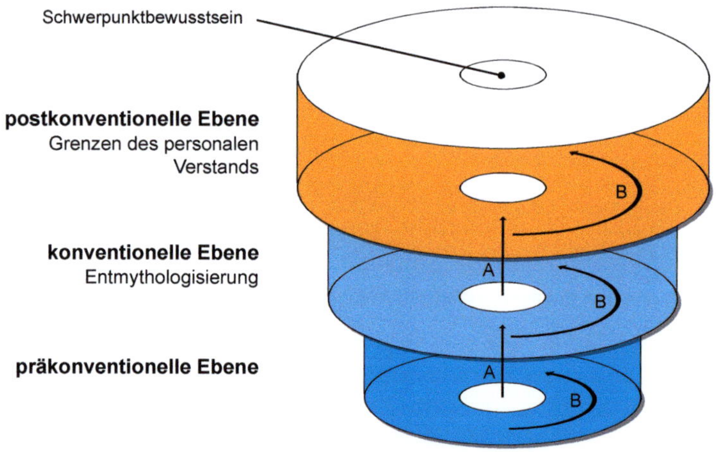

Abb. 3: Schwerpunktbewusstsein (präkonventionell – konventionell – postkonventionell): Spätere Ebenen transzendieren und integrieren frühere. A: Transformation; B: Translation (Erläuterungen im Text)

Das Ich, die Empathie und die anderen

An dieser Stelle ist eine Vertiefung des Arguments notwendig. Ich hatte betont, dass eine Fülle an empirischen und klinischen Daten dafür sprechen, dass sich menschliches Erleben und Verhalten entwickelt und dass die Entwicklung nicht zufällig, sondern über Stufen oder Ebenen verläuft und dass sie im Ich-Bewusstsein ein wichtigen Dreh- und Angelpunkt findet. Sie bleibt aber hier nicht stehen. Zu fragen ist, wie diese Entwicklung charakterisiert ist und welche Bedeutung sie im Hinblick auf die Transformation unserer Gesellschaft hat.

Wenn wir von Bewusstsein sprechen, müssen wir differenzieren. Zum einen gibt es ein Bewusstsein erster Ordnung. Hier geht es um bloße Wahrnehmung, Emotionen, Denken und Gedächtnis. Zum anderen gibt es ein Bewusstsein zweiter Ordnung. Auf dieser Bewusstseinsebene geht es um das Wissen um und die Bewertung von Wahrnehmungen, Emotionen, Denkvorgängen und Gedächtnis, also um ein Wissen um das Wissen selbst. In der klinischen Psychologie spricht man von Metakognition oder von mentalen Repräsentationen. Der Einzelne wird zum Zeugen des Wahrnehmungs- oder Denkvorgangs. Der Bewusstseinsinhalt wird dabei mit der eigenen Person verbunden und als Ich-zugehörig erlebt. Es entsteht eine Erste-Person-Perspektive, die durch Introspektion, analytisch-kritisches Schlussfolgern, Reduktionsleistungen, das Herstellen von Kausalbezügen und das Erinnern von Ereignissen letztlich ein Ich-Bewusstsein konstituiert, das zwangsläufig individuell-ideografische Reaktionsmuster, einzigartige Lebensstile, Weltentwürfe und Selbstwahrnehmungen hervorbringt. Nicht Tradition, Geschichte und das Kollektiv allein determinieren das Leben. Alles bekommt eine individuelle Ausdrucksform. So entstehen bei sieben Milliarden Menschen (fast) unzählige solcher Permutationen. Aber mit der Ausbildung dieses ichhaft-individuellen Bewusstseinsschwerpunkts ist die Gesamtentwicklung nicht zu Ende.

Das klingt zunächst vielleicht trivial, ist es aber nicht. Die Theory of Mind (ToM) bietet den erkenntnistheoretischen Hintergrund: Sie beschreibt in der Psychologie und den Kognitionswissenschaften die Fähigkeit, Aussagen über das Erleben, die Wahrnehmung und das Verstehen einer anderen Person zu treffen. Diese wechselseitige Zuschreibung von mentalen Vorgängen, die eng mit der Fähigkeit zusammenhängt, Empathie und Mitgefühl zu entwickeln, hat in den Spiegelneuronen ihr biologisches Korrelat.[9] Das heißt: Wir haben ein biologisches Programm, das uns unmittelbar Einblick in die Innenperspektive des anderen gewährt. Das ist innerhalb der cartesianischen Tradition, die strikt zwischen Ich und Alter Ego und zwischen

Körper und Geist unterscheidet, nicht selbstverständlich. Als Spiegelneurone werden jene Neurone bezeichnet, die im Gehirn bei der Wahrnehmung einer motorischen Reaktion, Sinneswahrnehmung oder auch einer bloßen Vorstellung des anderen aktiv sind. Wenn wir Handlungen, Empfinden und Sprache anderer beobachten, aktivieren wir zeitgleich in unserem Gehirn Netzwerke, die für die gleichen je eigenen motorischen, emotionalen, akustischen und sensorischen Vorgänge zuständig sind. Dies gilt nicht nur für tatsächlich eingetretene Wahrnehmungen wie etwa den Schmerz eines anderen, sondern auch für die gedankliche Vorwegnahme. Mehr noch: Sogar die bloße Vorstellung einer Handlung, die bei einer anderen Person Schmerzen auslösen kann, aktiviert die gleichen Netzwerke, die beim Empfinden eigenen Schmerzes aktiv wären.

Dies alles passiert unreflektiert, präverbal und simultan zur Eigenwahrnehmung. Spiegelneuronen schaffen gewissermaßen den Bedeutungsraum für wechselseitiges Verstehen im sozialen Kontext. Forscher wie Giacomo Rizzolatti, einer der Entdecker der Spiegelneuronen, sprechen dann von einem »intersubjective space« (Rizzolatti & Craighero 2004). In der Wahrnehmung des Alter Ego entsteht damit dem Neurowissenschaftler Vittorio Gallese zufolge ein gemeinsames Vielfaches (the shared manifold) (2013), da das, was der Einzelne beim anderen wahrnimmt, zugleich und simultan ein ähnliches neuronales Netzwerk aktiviert und damit eine analoge Identität im sozialen Raum entstehen lässt. Gesellschaften bilden sich gleichsam aus diesen wiederholenden Imitationen zwischen Eigen- und Fremdwahrnehmung. Das erklärt auch, weshalb immer dann, wenn jene sozialen Resonanzphänomene fehlen, defizitär oder dysfunktional sind, die Ausbildung einer gesunden sozialen Interaktion ausbleibt, in der Folge auch die Bildung von Empathie und Verstehen misslingt und schließlich der Aufbau der eigenen personalen Identität mangelhaft bleibt. Zum Beispiel führen Stresssituationen zu einer Verminderung der Aktivität von Spiegelneuronen und erschweren damit Lernvorgänge.[10]

All unsere Entwicklungsschritte wären ohne die Spiegelneurone nicht denkbar. Für unseren Zusammenhang heißt das nun, dass Rollenverhalten, Kooperationsfähigkeit, prosoziales Verhalten und Austausch mit Menschen nicht nur angelegt sind, sondern das Erleben des Wir und des anderen eine grundlegende psychologische Verfassung darstellt, die immer auf einen Sozialkontext verweist und dadurch mit den Werten, der Motivation, den Wünschen des anderen kontaminiert ist. Selbstreferenz und Fremdwahrnehmung durchlaufen im Gehirn offenbar ähnliche, wenn nicht die gleichen Schaltkreise. Kurz: Es gibt kein Ich ohne Kontext, und der Aufbau einer stabilen Selbstreferenz ist von Anfang an auch ein Ergebnis von Interaktionserfahrungen.

Empathie, soziale Kognition und die Fähigkeit zur Wahrnehmung des anderen (Alter Ego) sind neurobiologische Konstanten und spielen für den Aufbau und die Entwicklung einer Person eine konstitutive Rolle – aber was hat das alles mit einem nachhaltigen Zusammenleben und der Kunst der Transformation zu tun? Soziale Kognition ist nicht nur für den Aufbau des Ich-Bewusstseins relevant, sondern transzendiert das Ich-Bewusstsein in einen größeren Gesamtzusammenhang hinein. Wir sprachen von einem postkonventionellen Bewusstseinsschwerpunkt. Aus dem japanischen Zen-Buddhismus stammt der Spruch: »Wenn du den Pfeil im Rücken deines Feindes nicht selbst spürst, dann weißt du nicht, was Empathie ist.« Weiter unten werde ich den Zusammenhang am Beispiel des grünen Dilemmas und des Grundsatzes »Das Richtige im Falschen tun« nochmals aufgreifen. In Folgenden aber geht es zunächst um eine erste konkrete Anwendung des Entwicklungsgedankens. Dafür bedienen wir uns nochmals des Kegelbildes aus Abbildung 3.

Eine erste Anwendung: Shared Economy

Am Beispiel der Shared Economy möchte ich die Zusammenhänge von Translation und Transformation, von Phasenwechsel, differenzieller Praxis, Überwindung von Widersprüchen und Bewusstseinsschwerpunkt in eine erste praktische Anwendung bringen. Doch zunächst eine Begriffsklärung: Was bedeutet Shared Economy? Einfach gesagt geht es um »nutzen und tauschen statt besitzen«. Shared Economy findet ihren Ausdruck im gemeinsamen Essen, Mitfahrzentralen, Bitcoins, Open-Source-Technologien, Couch-Surfing und Nachbarschaftshilfe. Es geht um – wie es die Vordenkerin der Shared Economy, Rachel Botsman, sagen würde – »kollaborativen Konsum« (2010). Shared Economy schafft eine Effizienzsteigerung, die früher informell organisiert war und in Zukunft eher einen Preis oder ein reziprokes Leistungsäquivalent haben wird, indem man tauscht, mietet und multipel nutzt. Der US-amerikanische Soziologe und Ökonom Jeremy Rifkin hat 2014 dargelegt, was technologische Effizienzsteigerungen, wie sie vor allem durch das Zusammenspiel von World Wide Web, Big Data und dem Internet der Dinge sichtbar werden, für die Realökonomie bedeuten und wie die technologische Effizienzsteigerung unser gesellschaftliches Leben grundlegend neu organisiert. Insbesondere in den Bereichen Bildung, IT-Kommunikation und Logistik, im Energiesektor sowie in Teilen der Landwirtschaft, der industriellen Fertigung und des Gesundheitswesens wird der Einsatz von dezentralen Open-Source- und Just-in-Time-Technologien und multiplen Sensoren – wie sie im Internet der Dinge vorgesehen sind – zu einem rasanten Rückgang der Grenzkosten innerhalb der kommenden zwei Dekaden führen. Wenn die Grenzkosten aber gegen Null gehen, sind Unternehmensentscheidungen unter Wettbewerbsbedingungen nicht mehr hinreichend rentabel. Die Unternehmen riskieren ihre Geschäftsgrundlage, weil sie auf einen konventionellen marktförmigen Allokationsmechanismus zugeschnitten sind, der sich auszeichnet durch Profitmaximierung und den Austausch von Eigentumsverhältnissen unter dem Kriterium der Knappheit und weitgehend anonymisierten Wettbewerbsbedingungen. Das heißt: In diesen Sektoren wird es herkömmliches Wirtschaftswachstum nicht mehr geben, weil Güter und Dienstleistungen sehr billig und im Überfluss zu haben sein werden. Beispiele dafür sind eine dezentrale Energieversorgung mit Einspeisevergütungen, Smart Power Grids, sogenannte Massive Open Online Courses (MOOC), der multiple Einsatz von Sensoren zur Online-Messung von verschiedenen Zuständen (von Lagerhallen bis hin zu physiologischen Parametern im Körper), aber auch der Einsatz von 3D-Druckern sowie vielfältige gesellschaftliche und ökonomische Austauschformen.

Im Grunde genommen ist es immer eine Frage des Narrativs: Wie werden Entwicklungen und Trends interpretiert, und welche Bilder haben wir im Kopf, wenn es darum geht, Neuerungen, Innovationen in ein Wachstums- und Entwicklungsparadigma einzuordnen. Dem kapitalistischen Geschäftsmodell und seinem spezifischen Verständnis von Eigentum, Wettbewerb, Wohlstand, Rendite, Wachstum und Verteilungsmustern wird hier ein weiteres hinzugefügt, das gleichsam parallel und komplementär entsteht. Die Kunst der Transformation besteht dann darin, dass wir erkennen, dass Shared Economy, das Internet der Dinge, aber auch der Umgang mit Commons (Allgemeingütern), die zunehmende Bedeutung des Dritten Sektors oder auch der Einsatz von Komplementärwährungen kein Fehler im System sind, sondern das Potenzial haben, das gegebene System auf eine höhere Organisationsebene zu heben. Die Shared Economy in all ihren Ausdrucksformen folgt nicht dem konventionellen Geschäftsmodell, sondern liefert die ersten Anzeichen für eine postkonventionelle Form des Zusammenlebens und Wirtschaftens. Der Phasenwechsel wird durch eine differenzielle Praxis neu zusammengestellt und durch eine Überwindung und Integration der inneren Widersprüche des konventionellen Arbeitens realisiert.

Die genannten Innovationen sind nicht disruptiv, sodass sie das gegenwärtige Geschäftsmodell vollständig ersetzen würden, sondern eher expansiv, komplementär, synergistisch, additiv und antizyklisch. Eine solche Betrachtung macht einen erheblichen Unterschied in der Bewertung der aktuellen und zukünftigen

Gesamtsituation. Man kann einzelne Bereiche einer Shared Economy als Ausdruck von und Antwort auf immanente Überkapazitäten, Ineffizienzen, Fehlallokationen und externe Effekte wie zum Beispiel Umweltverschmutzung deuten, eben als Widersprüche der konventionellen Ebene. Selbst das moderate sozioökologisch eingehegte Modell einer sozialen Marktwirtschaft ändert an dieser Logik nichts. Mit einer Shared Economy treten andere, neue Spielregeln und Player auf die Bühne, die einer anderen Kultur, einem anderen Wertesystem und einer anderen Form der Kommunikation und Zielsetzung folgen.

Das umgekehrte Kegelbild aus Abbildung 3 beschreibt idealtypisch einen solchen Entwicklungsvorgang. Spätere Entwicklungsformen sind umfassendere, breitere Ebenen und beinhalten die früheren. Sie differenzieren, integrieren und transzendieren frühere Ebenen und stellen zugleich einen breiteren Bewusstseinsschwerpunkt in der Abbildung unserer Wirklichkeit dar. Wir müssen nicht, wie im klassischen Innovationsdilemma von Clayton Christensen (1997), zwischen zwei Alternativen (Shared Economy oder Kapitalismus) auf Kosten des jeweils anderen wählen. Der Kapitalismus wird nicht abgeschafft, sondern in sensiblen Bereichen ergänzt. Auf diesem Weg gibt es zahlreiche Misch- und Hybridformen, von Profit bis Non-Profit, von lokal bis global, von privater bis staatlicher Trägerschaft.[11] Und es entstehen sozusagen Effizienz- und Verteilungsformen – und wohl auch Resilienzsprünge – zweiten Grades: Aus einer indirekten Finanzierung sozialer, kultureller und ökologischer Projekte über die konventionellen Wettbewerbsmärkte, die – was noch zu zeigen sein wird – relativ teuer, instabil, umständlich und zudem ungerecht sind, entsteht gewissermaßen in Verbindung mit neuen Technologien und alternativen Abrechnungs- und Eigentumsformen eine neue Komposition von Effizienz, Verteilung und Resilienz. Shared Economy kann richtig verstanden unser gesellschaftliches Leben gerechter, sicherer, stabiler, nachhaltiger, wohlständiger und effizienter machen. Die Skaleneffekte werden nicht wie in der herkömmlichen Ökonomie vertikal, top-down, gleichsam wie in einer Pyramide erwirtschaftet, sondern lateral-horizontal, durch Peer-to-peer-Gruppen.

Innerhalb dieser Form des Wirtschaftens geht es vorrangig nicht um Profitmaximierung und nur nachgeordnet um Philanthropie und Wohltätigkeit, sondern um den direkten Austausch, um Partizipation und Zugang zu mehr Wohlstand. Man kann die Beziehung zum konventionellen Markt am besten als Kontinuum verstehen. Am einen Ende stehen die Aktiengesellschaften, die sich allein ihren Shareholdern verpflichtet fühlen, und am anderen Ende die Geschäftsformen, die trotz ihrer Heterogenität von einem anderen gemeinsamen Narrativ getragen sind: Teilen vor Konkurrenz, Zugang vor Profit, Entwicklung vor Wachstum, Qualität vor Quantität. Allerdings garantieren die Technologien und Anreizstrukturen einer Null-Grenzkosten-Gesellschaft nicht für sich allein eine nachhaltige Entwicklung. Es müssen weitere Aspekte hinzukommen; ich nenne hier zwei: die richtigen monetären Anreizstrukturen (regionale Komplementärwährungen) und die Berücksichtigung des technologischen Rebounds (Abprall- oder Rückschlageffekt). Wenn etwa in jedem zweiten Haushalt dezentrale 3D-Drucker installiert werden, werden für deren Herstellung weitere Rohstoffe und seltene Erden notwendig, die im Nettoeffekt eher mehr als weniger Belastung für die Umwelt darstellen. Der Zusammenhang mag noch nicht völlig einsichtig sein, wird es aber in den nächsten Kapiteln Schritt für Schritt werden.

Resümee

Entwicklungen können schiefgehen, und Menschen können stehen bleiben. Dennoch gilt im Allgemeinen, dass sich menschliches Verhalten und Erleben entwickelt und dass dies nicht zufällig geschieht, sondern Gesetzmäßigkeiten unterworfen ist. Die Ablehnung einer Entwicklungslogik würde bedeuten, dass wir weder Rückschritte noch Fortschritte hinreichend identifizieren und korrigieren könnten. Die einzelnen Entwicklungsebenen sind in sich kohärent und werden durch die jeweils höhere Stufe umfassender erklärt. Idealtypisch finden Identifikationen, Differenzierungen, Integrationen, kritische Transzendierungen (»das Spätere muss sich gegenüber dem Früheren legitimieren«) und Hierarchisierungen (»das Spätere umfasst das Frühere«) statt. Zu den einzelnen Ebenen gibt es entwicklungspsychologisch eine umfangreiche und robuste empirische Datenlage. Die Ebenen bestimmen das jeweilige Wachstumspotenzial. An den Grenzen des Wachstums wird dann die Transformation hin zu einer weiteren Ebene sichtbar, die mit einer veränderten sozialen Praxis und einem weiterführenden Bewusstseinsschwerpunkt einhergeht. Die Prä-post-Differenz erlaubt eine subtilere Betrachtung einzelner Entwicklungsstufen und kann eine Landkarte aufzeigen, um einzelne Stufen leichter identifizieren zu können. Die differentielle Praxis zeigt, dass verschiedenartige Ebenen mit jeweils verschiedenen Interaktionsformen gekoppelt sind. Sie stellt gewissermaßen den Drehpunkt dar, über den die innere Welt und die äußere Realität jeweils unterschiedlich vermittelt sind.

Während der Übergang von einer präkonventionellen zu einer konventionellen Sichtweise vorrangig durch einen Entmythologisierungsprozess gekennzeichnet ist, wird der Übergang von einer konventionellen zu einer postkonventionellen Sichtweise durch die Merkmale eines performativen Selbstwiderspruchs charakterisiert. Aus einem primär biologisch und kollektivistisch determinierten Bewusstsein (präkonventionell) wird über ein individuelles, kritisch-rationales Bewusstsein (konventionell) ein sekundär-kollektives und transpersonales Bewusstsein (postkonventionell). Unter Berücksichtigung dieser Entwicklungslogik entstehen auf den einzelnen Ebenen unterschiedliche affektive und kognitive Standards, die unterschiedliche Interaktionsformen prädisponieren und ansteuern. Das führt dazu, dass die Beziehung des Einzelnen zur Natur und zur Gesellschaft jeweils verschieden ausgedeutet wird und dass damit zugleich unterschiedlich praktisch umgegangen wird.

Die drei charakteristischen Schwerpunkte, um die herum die Bewusstseinsentwicklung jeweils reorganisiert ist, sind der Konkretismus (präkonventionell), die Kausalität (konventionell) und die Komplementarität (postkonventionell). Dabei geht das unspezifische Wir-Gefühl jeder Ich-Entwicklung voraus, und die Ausbildung von spezifischer Empathie und Mitgefühl für andere stellt ein wichtiges Merkmal der Person dar. Beide gilt es zusammenzudenken, wenn man von einer gelungenen Gesamtentwicklung sprechen will. Die Überlegungen zum Thema Entwicklung und Wachstum im Allgemeinen gilt es nun für ökonomische Aktivitäten im Besonderen zu nutzen. Um nämlich den Gegenstand der Nachhaltigkeitsforschung mit dem der Psychologie richtig versöhnen zu können, ist es wichtig, darauf hinzuweisen, dass es dabei vor allem um einen Phasenwechsel von einer konventionellen zu einer postkonventionellen Ebene geht. So stehen derzeit nahezu alle relevanten ökonomischen Modellbildungen auf dem Boden einer konventionellen Ebene und der damit verbundenen Psychologeme. Die besondere Herausforderung besteht nun darin, jene Aspekte zu identifizieren, die den Übergang zu postkonventionellen Formen des Wirtschaftens und ein Zusammenleben in einer kohlenstoffärmeren, gerechteren und nachhaltigeren Welt charakterisieren. Eine Reihe von Aspekten der Shared Economy sind dabei keine Fehler im System, sondern Ausdruck dieser Übergangsphase in eine neue Form des Wirtschaftens.

3. Das Ganze ist mehr als die Summe seiner Teile

Ein kurzes Gedankenexperiment voraus: Was würde passieren, wenn wir konsequent darauf verzichten würden, den Ergebnissen des Wissenschaftsbetriebs zu vertrauen? Es würde bedeuten, dass Auto fahren, mit einem Flugzeug fliegen, Medikamente einnehmen, über eine Brücke gehen, den Stromschalter umlegen oder den Kühlschrank aufmachen ebenso sinnlose Handlungen wären wie eine E-Mail verschicken, telefonieren, eine gekochte Mahlzeit zu sich nehmen, auf einem Stuhl sitzen oder einen Fernsehfilm ansehen. Denn all das impliziert, dass wir den Naturgesetzen und den Gesetzen der Mechanik vertrauen.

Im vorangegangenen Kapitel haben wir uns mit der Bedeutung von Entwicklungsvorgängen beschäftigt. Wir haben herausgestellt, dass es sich um psychologisch fassbare Vorgänge handelt, dass sich Entwicklung von Wachstum unterscheidet und dass Entwicklungsvorgänge idealtypisch auf voneinander abgrenzbaren Ebenen stattfinden. Ein so verstandener Entwicklungsbegriff schließt Rückschritte und Fehlentwicklungen nicht aus, fordert aber, dass sich Verhalten, Erleben und Entscheiden anhand überindividueller Kriterien messen lassen. Diesen Zusammenhang gilt es nun für den Entwurf eines nachhaltigen Zusammenlebens stärker zu nutzen.

Die drei K: kompliziert – komplex – kontingent

Zwei Prozent Wirtschaftswachstum pro Jahr bedeuten, dass sich die Menge der zur Verfügung stehenden Waren und Dienstleistungen innerhalb von 35 Jahren verdoppelt und nach einer durchschnittlichen Lebenszeit von circa 70 Jahren vervierfacht hat. Man kann fragen, ob wir innerhalb einer persönlichen Lebensspanne all die zusätzlichen Güter und Dienstleistungen wirklich brauchen. Noch ein Beispiel: Wenn wir einen Wassertropfen auf die Hand geben und diesen Tropfen, der ein Volumen von 0,05 Millilitern hat, jede Minute verdoppeln, so könnten wir mit dem Wasser nach 35 Minuten ein 50-Meter-Schwimmbecken füllen, nach 45 Minuten die Cheops-Pyramide und nach 60 Minuten das Becken des Bodensees. Das für unseren Geist Unfassbare ist, dass in diesem Gedankenexperiment nach 53 Minuten, also nur sieben Minuten bevor die Wassermenge das Volumen des Bodensees erreicht hätte, der Bodensee erst um ein Prozent gefüllt gewesen wäre. Wenn es sich bei der entstehenden Wassermenge um einen Tsunami gehandelt hätte, wie viele Menschen hätten rechtzeitig, also bei Minute 30 bis 40, reagiert? Was ich mit dem Gedankenspiel ausdrücken möchte, ist, dass wir kein Sensorium für exponentielle Entwicklungen haben. Um den psychologischen Hintergrund zu verstehen, müssen wir zwischen komplizierten, komplexen und kontingenten Vorgängen unterscheiden.

Kompliziert sind Sachverhalte, die zu verstehen es einr besonderen Begabung, intellektueller Anstrengung und Zeit oder logistischen Aufwands bedarf. Die Ergebnisse sind dann rekonstruierbar, der Lösungsweg ist sichtbar und experimentell nachvollziehbar. So ist etwa die DNA-Sequenzierung eine komplizierte Sache, genauso wie ein neurochirurgischer Eingriff oder eine aufwendige klinische Doppelblindstudie. Bei komplexen Zusammenhängen ist es anders: Komplex bedeutet, dass manche Aspekte eines Geschehens unbestimmt und unberechenbar bleiben und dass durch zirkuläre Formen der Kausalität Feedbackschleifen entstehen, die es uns nicht erlauben, ein Geschehen vollständig abzubilden. Einfach gesagt: Man kann keinen Resetknopf drücken, um das ganze Geschehen nochmals genauso zu wiederholen. Für die meisten psychischen Vorgänge, sozialen Ereignisse und Systemzusammenhänge gilt, dass sie sich kompliziert anfühlen, aber in erster Linie komplex sind. Sie sind multifaktoriell bedingt und lassen sich nicht mit einfachen Kausalketten erklären. Wir werden später sehen, dass Finanzmärkte beispielsweise komplex und nicht nur kompliziert sind. Und wir werden sehen, dass der Versuch der Komplexitätsreduktion, etwa durch mehr Transparenz oder eine Vereinfachung von Abläufen, wenig hilft. Das System bleibt auch nach solchen Maßnahmen komplex. Der Umgang mit systematischen Unbestimmtheiten und Unsicherheiten fordert aus diesem Grund psychologisch eine andere Strategie als bei komplizierten Abläufen. Neben dem intellektuellen Verstehen von Zusammenhängen werden Resilienzstrategien im Umgang mit Ängsten, Unsicherheiten und Wahrscheinlichkeiten wichtig. Komplexität müssen wir emotional aushalten können.

Kontingent sind Vorgänge, wenn sie zufällig sind, wenn ihr Verlauf oder das Ergebnis so oder auch ganz anders hätte sein können. So ist etwa die Zugehörigkeit zu einer Nation, zu einem Geschlecht und häufig auch zu einer bestimmten sozialen Klasse kontingent, das bedeutet: Sie ist weder determiniert, noch ist sie unter der Kontrolle des Einzelnen. Im Folgenden wird sichtbar werden, dass Nachhaltigkeitsfragen durchgängig komplex sind und dass sie aus diesem Grund andere Strategien erfordern, als die Natur-, Ingenieur- oder Wirtschaftswissenschaften anbieten können.

Nachhaltigkeit im Zeitalter des Menschen

Nachhaltigkeit ist ein idealtypisches Konstrukt. Jedes individuelle oder kollektive Verhalten, das auf Nachhaltigkeit zielt, ist nur relativ und schafft neue Ambivalenzen auf einer anderen Ebene. Wenn das aber so ist, dann bleibt die Frage, was es überhaupt bedeutet, nachhaltig mit der Natur zu leben. Geht es um einen tribalistischen Urzustand oder um mehr technologische

Kontrolle? Ich würde sagen: weder – noch. Es geht vielmehr um Fließgleichgewichte, Balance, ständige Übergänge in andere – wiederum nur vorübergehend stabile – Zustände und um den Versuch, die Beziehung im Rahmen der Entwicklung des Menschen auf ein immer höheres Organisationsniveau zu transformieren. Und auf diesem höheren Organisationsniveau entstehen wieder andere Fragen.

Auch eine so verstandene Nachhaltigkeit ist nur relativ. Denn es gibt keine sinnvolle und erkenntnisbringende Definition von Nachhaltigkeit ohne Rückgriff auf die menschliche Lebenswirklichkeit: Es hat mit uns zu tun, ob wir in der Natur eine Ressource sehen oder ihr einen nicht instrumentalisierten Wert an sich zuschreiben. Ob wir von Senken oder Quellen sprechen, von Malariaerregern oder Extremwetterlagen, vom Schutz der Schneeleoparden, von der Bekämpfung der Borkenkäfer oder von Vegetariern und Fleischessern, ist dabei gleichgültig. Die Natur selbst kennt keine Moral und keine Katastrophen. Sie ist in diesem Sinne stumm. Erdbeben, Fluten, Stürme und Vulkanausbrüche werden erst in Beziehung zu menschlichen Gemeinschaften zu Katastrophen. So definiert die Europäische Union eine Katastrophe dadurch, dass über drei Milliarden Euro Schaden für die Gesellschaft entstehen oder mindestens 0,6 Prozent des Sozialproduktes betroffen sind.

Wenn wir über die Veränderungen des globalen Ökosystems sprechen, müssen wir anerkennen, dass die entscheidenden Effekte in den vergangenen 50 Jahren eingetreten sind, sich exponentiell entwickelt haben und durch den Menschen und sein Wohlstandsmodell verursacht wurden. Die folgende Grafik gibt einen Überblick:

Abb. 4 (siehe nächste Seite): Das Anthropozän: Exponentielle Entwicklungen der vergangenen 50 Jahre. (oekom, nach Steffen et al. 2015 und Steffen et al. 2011)

Sozioökonomische Trends

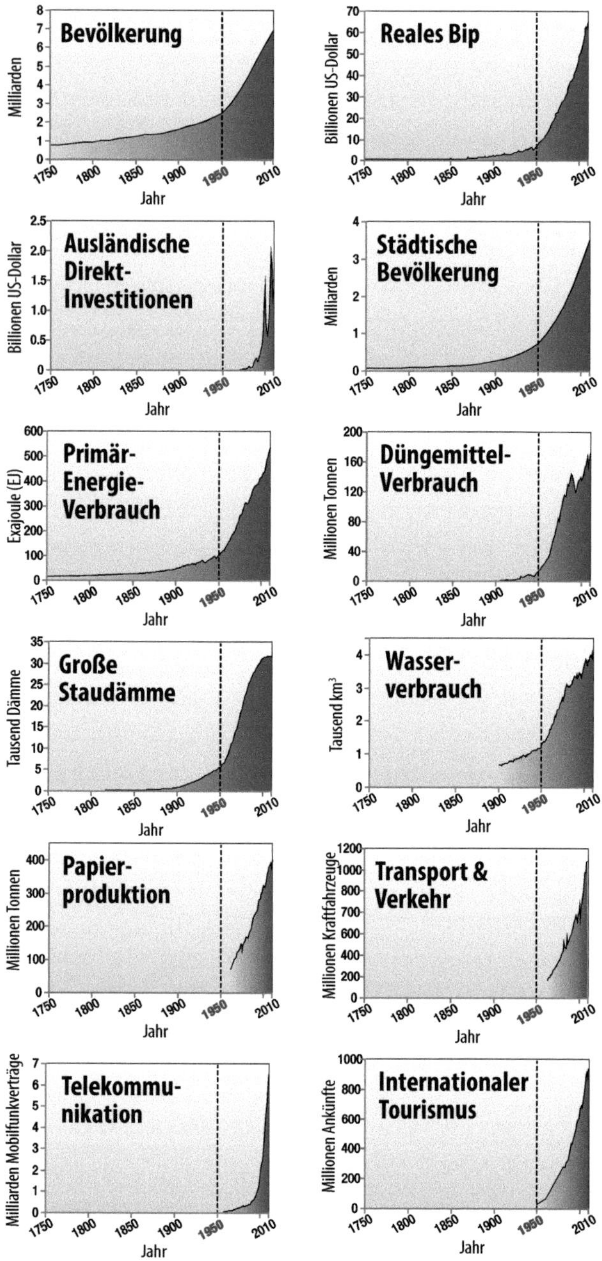

Erdsystem-Trends

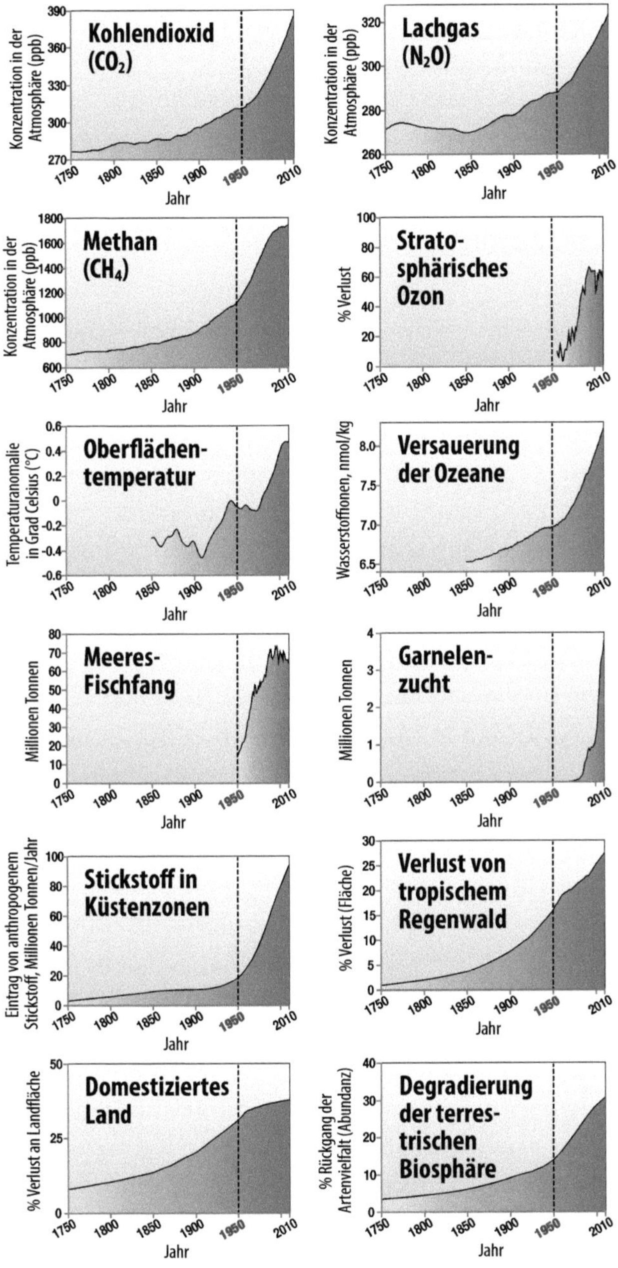

Wir sind also im Anthropozän, im Zeitalter des Menschen – wie es der Nobelpreisträger für Chemie Paul Crutzen (2011) nennt – angekommen. Es ist der Mensch, der das Chaos produziert, und die Natur, die uns als Vorbild gilt, schafft wieder Ordnung. Und dennoch bleibt die Beziehung des Menschen zur Natur ein Hybrid. Denn der Mensch ist als biologisch determiniertes Wesen einerseits ein Teil der Natur. Andererseits ist genau in dieser biologischen Ausstattung seine Entwicklung als Kulturwesen angelegt, die es ihm ermöglicht, seine biologische Herkunft zu reflektieren und eigenständig Entscheidungen zu treffen. Aus diesem Verhältnis resultieren Ambivalenzen, und so gehört es wohl zur Conditio humana, dass der Einklang mit der Natur, wie auch immer er sich im Einzelfall ausgestaltet, diese Mischform bleiben wird. Wichtig scheint, dass wir lernen, Ambivalenzen auszuhalten, und nicht nach eindeutigen Lösungen suchen. Der Risikoforscher Ortwin Renn spricht in diesem Zusammenhang von einem apokalyptischen Fehlschluss (2014). Nicht die Natur gilt es zu retten, sondern den Menschen. Außerdem steht nicht die Menschheit als Ganzes auf dem Spiel. Es geht vielmehr darum, wie die Qualität des Überlebens der jetzt lebenden rund sieben bis acht Milliarden Menschen so organisiert wird, dass einerseits die Umweltgerechtigkeit für spätere Generationen und andererseits die Zugangsbedingungen für heute Lebende, eine hinreichende Leistungsgerechtigkeit, die Bedarfsgerechtigkeit bei Notfällen, soziale Transferleistungen, prozedurale Formen der Partizipation am öffentlichen Diskurs und politische Teilhabe in ein sinnvolles Gleichgewicht zueinander gebracht werden. Aus dieser Sicht sind soziale und gesellschaftliche Verteilungs- und Zugangsfragen gegenüber der langfristigen Stabilisierung des Ökosystems in 50 Jahren vorrangig. Entwicklungspfade sind wichtiger als Wachstum, und Resilienz ist wichtiger als Effizienz. Der Mensch ist eben ein *zoon logon echon*, also ein Tier, das denken und sprechen kann. Wir können folglich auch über unsere Beziehung zur Natur nachdenken, ohne mit ihr völlig identisch zu sein.

Die Illusion der Gleichheit: Zeitliche und emotionale Diskontierung

Wie wir im nächsten Kapitel sehen werden, verbinden sich mit einer weiteren Konkretisierung von Nachhaltigkeitsstrategien mindestens sieben Anwendungsbereiche: die Überwindung absoluter Armut, der Ausgleich sozialer Polaritäten, der Erhalt der Biodiversität, Vermeidungs- und Anpassungsleistungen in Bezug auf die globale Erwärmung, der Bildungs- und der Gesundheitszustand und die Energiefrage. Alle sieben Themen hängen an verschiedenen Stellen zusammen, keines ist auf eines der anderen reduzierbar – und dennoch gibt es eine klare Priorität: Soziale Fragen haben unter unsicheren Bedingungen Vorrang vor ökologischen Vermeidung- und Anpassungsstrategien. Das ist nicht ganz trivial, denn damit verbinden sich mindestens drei weitere Schlussfolgerungen.

Zunächst hat ein Nachhaltigkeitspfad eine zeitliche Dimension. Wir unterscheiden recht sensibel zwischen heute lebenden, früheren und späteren Generationen. Auch wenn eine nachhaltige Entwicklung die nächsten sieben Generationen berücksichtigen soll, bewerten wir doch das Heute höher als das Morgen. Das ist nicht generell schlecht, soll aber deutlich machen, dass die im Jahre 2150 Geborenen sowie die im Jahr 1850 Geborenen psychologisch einen anderen Stellenwert bei ambivalenten Entscheidungsprozessen und in moralischen Dilemmasituationen einnehmen als die heute Lebenden und deren bereits geborene Kinder. Es gilt: Je höher die Diskontrate ist, desto stärker wird die Zukunft abgewertet, je geringer sie ist, umso stärker ist die Zukunft im Boot. Üblich sind Raten um 1,3 bis 3 Prozent. Das heißt: Jedes zukünftige Jahr ist immer etwas weniger wert als das aktuelle.[12]

Des Weiteren differenzieren wir nach empfundener Zugehörigkeit: Das Schicksal der eigenen Staatsangehörigen wird als relevanter wahrgenommen als das Schicksal von Menschen irgendwo auf der Welt. Aus diesem Grund erlangen Tragödien, an denen Landsleute beteiligt sind, auch in den seriösesten Nachrichten einen höheren Stellenwert als Hunderte Tote in einem Bürgerkrieg irgendwo auf der Welt – und zwar auch dann, wenn der Bürgerkrieg große Auswirkungen auf die politische Stabilität einer ganzen Region haben kann. Das Schicksal der eigenen Tochter hat emotional einen anderen Stellenwert als das anonymisierte Schicksal von Kindern in der Dritten Welt. Das heißt: Das Bewusstsein der Nachhaltigkeit ist niemals egalitär. Es folgt emotionalen Wertungen entlang der Kriterien Zeit und Identifikation und bleibt so immer ambivalent.[13]

Zuletzt sind wir in unserer Wahrnehmungs- und Verarbeitungskapazität begrenzt. Der Evolutionsbiologe Gerhard Vollmer (2010) postuliert, dass wir als Menschen unser Leben immer innerhalb einer mittleren Dimension aufbauen. Wir nehmen die äußere und innere Wirklichkeit vermittelt über bestimmte Größenordnungen wahr – grob gesagt: Sekunden bis Jahre, Millimeter bis Kilometer, minus 35 Grad bis plus 100 Grad Celsius. Alle Zustände, die nennenswert kleiner oder größer sind, werden entweder gar nicht wahrgenommen oder nur mithilfe von Technologien (Mikroskope, Teleskope, Magnetresonanztomografie). Ohne diese Technologien haben wir erst dann einen Zugang zu ihnen, wenn sie unseren wahrnehmbaren Mesokosmos verändern. Gleiches gilt für unser soziales Umfeld: So hat der Anthropologe Robin Dunbar Anfang der 1990er-Jahre die Größe des Großhirns mit der Größe des sozialen Umfeldes in Beziehung gesetzt und die These entwickelt, dass die Grenze der Anzahl an Menschen, mit denen eine Person Beziehungen unterhalten könne, bei ungefähr 150 liege (Dunbar-Zahl). Dieser Zusammenhang von Größenordnungen und kognitiver Verarbeitungskapazität hat Auswirkungen auf unser Lernen, unser Neugierverhalten und auf relevante Veränderungen unseres Verhaltens und Erlebens. Und er hat psychologische Konsequenzen im Hinblick auf das Transformationspotenzial des Einzelnen wie auch der Gemeinschaft.

Die zeitliche Struktur des guten Lebens

Ich habe oben auf den zeitlichen Diskontierungseffekt hingewiesen, der bei Fragen über unsere Zukunft mitschwingt. Die Zusammenhänge sind jedoch leider etwas komplizierter, denn sie haben einen eingebauten evolutionären Aspekt. Die Einsicht in die Notwendigkeit eines nachhaltigen Zusammenlebens steht und fällt mit der Wahrnehmung und Einschätzung seiner zeitlichen Struktur. Zeit und Nachhaltigkeit sind Zwillinge. Hätte ein Nachhaltigkeitskonzept keine temporale Struktur, wäre es letztlich sinnfrei. Neben Affekten und Motivsystemen steckt hinter allen Entscheidungen die Kraft der Zeit oder besser die der Zeitwahrnehmung. Paradox ist, dass wir uns – ähnlich einem Fisch im Wasser – der Zeit häufig so wenig bewusst sind. Erscheinungsformen der Zeit sind Trigger, Auslöser, Phasenübergänge, Kinetik, Zeitfenster, Timing, Perspektive, Wiederholungen, Sequenzen und Synchronizität. Die Neurobiologie hat zwar die Zeitwahrnehmung im Gehirn, im ventralen Anteil am dorsolateralen präfrontalen Cortex (vDLPFC), lokalisieren können. Damit ist aber die Heterogenität der Zeitwahrnehmung selbst nicht beschrieben. Zeitwahrnehmung ist auf weiten Strecken kulturell vermittelt und damit Ergebnis einer Lerngeschichte.[14] Sie unterliegt einer Entwicklung, die sich in die im vorhergehenden Kapitel aufgezeigte Dreiteilung von Entwicklungsvorgängen ebenfalls einordnen lässt.

Auf der präkonventionellen Ebene wird Zeit – ontogenetisch und phylogenetisch – in erster Linie zyklisch wahrgenommen. Zum Beispiel folgen indigene Völker einem nicht kumulativen Muster an Wiederholungen, um ihre Lebenswelt zu organisieren. Wir kennen diese Form der Zeitwahrnehmung bei den Jahreszeiten, beim Rhythmun von Tag und Nacht oder auch bei Ebbe und Flut. Die Chronobiologie hat uns in den vergangenen zwei Dekaden gelehrt, dass große Teile unseres Organismus durch interne periodische Taktgeber strukturiert sind. Zahlreiche Vorgänge haben eine biologisch vorgegebene Eigenzeit, zum Beispiel

Tag-Nacht-Umstellungen, Körpertemperatur und Hormonsekretion. Kinder mit zwei Jahren haben nur ein Augenblicksbewusstsein. Mit drei Jahren kommt zuerst die Wahrnehmung von Zukunft und dann die der Vergangenheit dazu. Erst mit sechs Jahren ist ein lineares Zeitverständnis von Minuten, Stunden etc. ausgebildet. Bis dahin hat Zeit keine Richtung, sondern folgt einer Kreisbewegung. Sie hat weder einen Anfang noch ein Ende.

Das ändert sich auf einem konventionellen Organisationsniveau: Die Zeit ist jetzt vor allem soziokulturell vermittelt. Wohlstandsniveau, Wohlbefinden, soziale Exklusion, Arbeitspensum, Schrittgeschwindigkeit beim Gehen, soziale Schicht und die Größe des Wohnortes beeinflussen dem Zeitforscher Robert Levine zufolge unser Verständnis von Zeitdauer und Geschwindigkeit (2013). Die Zeitwahrnehmung wird subjektiv und perspektivisch. Sie bekommt einen irreversiblen, linearen prozessualen Vektor von »früher – jetzt – später«, der Ereignisse in Kausalzusammenhänge einbindet. Die Einführung der ersten öffentlichen Uhren im 14. Jahrhundert hat die Voraussetzungen dafür geschaffen, dass Effizienz, Kurzfristigkeit und Geschwindigkeit zum Maßstab wurden. Allerdings gibt es auch auf der konventionellen Ebene Eigenzeiten. Wir kennen das beim Kochen, beim Klavierspielen, bei Spielzeiten beim Sport oder Legislaturperioden. So hat eine Sonate von Johann Sebastian Bach ebenso eine festgelegte Eigenzeit wie ein Basketballspiel. Wenn man das schneller haben will, geht die Eigenzeit und damit der Inhalt des Ereignisses verloren oder wird verzerrt. In diesem konventionellen Korridor der Zeitwahrnehmung wird die Zukunft auf die Gegenwart hin abdiskontiert. Unser Geldsystem spielt dabei eine nicht unwesentliche Rolle (und wird uns in den nächsten Kapiteln näher beschäftigen). Die lineare Zeitachse ist aber nur eine Form der Zeitwahrnehmung, um die herum wir unsere Sozialordnung organisieren.

Auf einer postkonventionellen Ebene ändert sich der Drehpunkt der Zeitwahrnehmung erneut: Sie erreicht die Ebene der Synchronizität. Wenn man der Entwicklungslogik folgt, die uns im zweiten Kapitel ausführlicher beschäftigt hat, dann gelten jene Gesetzmäßigkeiten auch hier: Spätere Ebenen würdigen frühere kritisch, sie integrieren und transzendieren sie zugleich. Für die Entwicklung der Zeitwahrnehmung heißt das: Neben die Zyklizität und die lineare Zeitachse tritt die Wahrnehmung der Synchronizität. Das Ausmaß an Eigenzeiten und multiplen Zeitwahrnehmungen, die parallel verlaufen, nimmt zu. So wie etwa lineare Zeit unsere Wirklichkeit kausal strukturiert und damit ein Vorher und Nachher entsteht, werden in einem synchronisierten Zeitalter Ereignisse zeitgleich wahrnehmbar. Internet und Nanotechnologien sind aktuelle Beispiele, wie unser temporales Bewusstsein durch technologische und kulturelle Konfigurationen verändert und potenziell erweitert wird. Im Internet finden Suchanfragen statt, die im Millisekundenbereich als zeitgleich wahrgenommen werden. Die Nanotechnologie arbeitet im Bereich 10^{-9}. Aber was ist eine Nanosekunde? Eine Nanosekunde verhält sich zu einer Sekunde wie eine Sekunde zu 32 Jahren oder wie ein Tag zu 2,7 Millionen Jahren. Auch hier entsteht die Wahrnehmung der Synchronizität und nicht der linearen Abfolge. Synchronisierte Bewusstseinsformen kennen wir übrigens aus den Meditationstechniken der mystischen Traditionen, wie sie im Zen, Vipassana, Yoga und Flow-Erleben gelernt werden.

Zeit ist auf der postkonventionellen Ebene nicht mehr nur ein Maßstab für Effizienz, sondern Zeit ist selbst eine Information.[15] Hier geht es um Größenordnungen, die sich der mittleren Dimension der Wahrnehmung und damit einer zyklischen wie auch linearen Betrachtung entziehen. Auf jeder Entwicklungsebene von prä- bis postkonventionell ist die Anpassungsleistung, die soziale Praxis, der Erkenntnisgrad des Individuums und der Gruppe sowie die Zeitwahrnehmung eine andere. Und mit jeder Ebene nimmt der Komplexitätsgrad zu. Die Kunst der Transformation hin zu einem nachhaltigeren Zeitalter hängt unmittelbar mit der jeweiligen Zeitwahrnehmung zusammen: Dazu gehört zunächst die Identifikation und Würdigung von biologischen und kulturell vermittelten Eigenzeiten.[16] Das Ausmaß an Beschleunigung und Entschleunigung, Versuch und Irrtum, Fehlerfreundlichkeit und Risikoanalyse müsste sich an Eigenzeiten ausrichten, die sich aus den einzelnen Subsystemen selbst ergeben.

Ein Beispiel für das Missachten von Eigenzeiten stellt etwa der Konflikt von Zeit und Gütermenge dar: Da alle Menschen 24 Stunden zur Verfügung haben, die angebotene Menge an Gütern und Dienstleistungen aber stetig steigt, bleibt für den Verbrauch der Gütermenge immer weniger Zeit. Zeit- und Güterwohlstand treten in einen Wettbewerb miteinander.[17] Aus der Nutzung von Gütern wird eine kumulative Lagerung. Gelebte Selbstwirksamkeit und selbstbestimmter Lebensstil sehen anders aus. Die Ökonomen haben schon recht: Bei jeder Entscheidung innerhalb eines linearen Zeitfensters geht es um die Kosten nicht in Anspruch genommener Gelegenheiten. Man spricht von sogenannten Opportunitätskosten. Wenn wir den ganzen Tag und das ganze Leben damit beschäftigt sind, ständig mehr Konsum zu produzieren und zu horten, dann sind die Opportunitätskosten nicht in Anspruch genommene Gelegenheiten für einen Spaziergang am Strand, eine Fahrradtour mit den Kindern, ein Meditationswochenende mit Fasten und Schweigen, drei vollständig gelesene Fachbücher pro Woche oder vier Stunden Holzhacken im Wald. Für den Einzelnen mögen dann die Kosten für das gängige Wohlstandsmodell zu hoch werden.

Noch an einem weiteren Beispiel wird der Zusammenhang von relativer Zeitwahrnehmung und Nachhaltigkeit sichtbar. Als empirisch gut untersucht gilt der Zusammenhang zwischen Arbeitszeit und Energieverbrauch. Je nach Studienlage geht man davon aus, dass eine 1-prozentige Arbeitszeitverringerung mit einer noch höheren Verminderung des Energieverbrauchs einhergeht. Der Effekt kommt durch zwei Aspekte zustande: Einmal verringert sich durch weniger Arbeit der Materialdurchsatz linear. Zum anderen verbrauchen wir in der Freizeit durchschnittlich 20 Prozent weniger Energie. Denn je mehr freie Zeit wir haben, desto weniger greifen wir auf energieintensive Technologien zurück und desto eher widmen wir uns arbeitsintensiven Aktivitäten wie etwa: Wäsche aufhängen statt Bedienung des Trockners,

Fahrrad fahren statt Flugreisen, selber kochen statt Restaurantbesuch. Wenn nun die gestiegene Arbeitsproduktivität nicht in mehr Einkommen, sondern in mehr freie Zeit verwandelt wird, würde das Wohlstandsniveau rechnerisch gleich bleiben, die Umweltbelastung aber sinken. Für die USA hat man errechnet, dass sieben Wochen mehr Urlaub zu 20 Prozent weniger Energieverbrauch und gleichbleibendem Wohlstandsniveau führen würden. Eine verkürzte Vollarbeitszeit hätte der Ökonomin und Soziologin Juliet Schor zufolge eine dreifache Dividende (2013): Erstens nimmt das Warenangebot ab und die Umweltbelastung sinkt, zweitens steigt die Zufriedenheit, und drittens entsteht eine lebendigere Nachbarschaft. An dieser Stelle kommen sich Zeitwohlstand, Muße, Nachhaltigkeit und ein »gutes Leben« sehr nahe. Die folgende Tabelle gibt einen systematischen Überblick über den Zusammenhang von Zeit und Nachhaltigkeit.

Ebenen	Zeitwahrnehmung	Charakteristik / Beispiele	Beziehung zur Nachhaltigkeit
Präkonventionell	zyklisch	tribale Stämme, Kinder, Chronobiologie	Würdigung von Eigenzeiten
Konventionell	zyklisch+ linear	perspektivisch, linear, irreversibel, Uhr	Shareholder, Kurzzeitigkeit, Effizienz Güterwohlstand versus Zeitwohlstand Arbeitszeit versus Energieverbrauch
Postkonventionell	zyklisch+ linear+ synchronistisch	Komplementarität Nanotechnologie, Internet	disruptive Technologien und transformative Psychologien (Kap.9)

Abb. 5: Entwicklungslogik der Zeitwahrnehmung und ihre Beziehung zur Nachhaltigkeit

Alles im Lot: Integrale Nachhaltigkeit aus einer Helikopterperspektive

Der Gedanke eines Gleichgewichts zwischen Natur und Gesellschaft geht auf die Ökologische Ökonomie zurück.[18] Beide – Natur und Gesellschaft – haben ihre eigenen Gesetze, beide sind nicht völlig durcheinander substituierbar, das heißt, sie stillen nicht die gleichen Bedürfnisse. Die Balance zwischen Natur und Gesellschaft erfolgt immer unter der Annahme endlicher Ressourcen und systemimmanenter Unsicherheit. So bestimmt der Ökonom Herman Daly (1990) das Gleichgewicht durch drei Kriterien: Erstens müssen die Abbauraten von erneuerbaren Ressourcen geringer sein als deren Regenerationsrate (etwa in der Landwirtschaft). Für nichterneuerbare Ressourcen gilt zweitens eine Nutzung nur im Umfang ihrer technologischen Substituierbarkeit (etwa fossile Rohstoffe und seltene Erden). Und drittens muss die Assimilations- und Regenerationsfähigkeit der ökologischen Senken berücksichtigt werden (etwa Ozeane, Wälder).[19]

Die Naturwissenschaft eröffnet eine weitere Perspektive. Hier versteht man unter einem Steady State einen Zustand, bei dem physiologische Parameter wie Laktat, O_2-Gehalt, Puls, Atemfrequenz in einem Fließgleichgewicht zueinander stehen. Solche Gleichgewichtszustände begleiten uns ständig und sind dadurch gekennzeichnet, dass sich Gegensatzbeziehungen in einer Balance befinden. Wir kennen das bei Hunger und Sättigung, bei Schlaf und Wachbewusstsein. Die Gesellschaftswissenschaften dagegen sehen ein Gleichgewicht als einen Zustand, bei dem die gesellschaftliche Entwicklung in wichtigen Parametern (etwa Bruttosozialprodukt, demografische Entwicklung, Wirtschaftswachstum, Ressourcenverbrauch, Konsummuster) um einen festen Wert herum oszilliert.[20] Die Auf- und Abwärtsbewegungen, das heißt die relativen Zu- und Abnahmen, legitimieren sich dabei untereinander und nicht entlang eines quantitativen Wachstumspfades. Der physisch-materielle Durchsatz bleibt bei konstanter Bevölkerung gleich. Ein Steady State ist damit kein lineares Wachstum und auch kein Minuswachstum, sondern eine relative Veränderung um einen definierten Basiswert herum. Dabei stehen die gewählten Parameter in einer Wechselbeziehung zueinander wie kommunizierende Röhren. Alle Variablen in der Summe (z. B. Verbrauch, Einkommen, Kapitalstock, Preise, Zinsen) weisen im Zeitablauf letztlich eine Veränderungsrate von null auf. Das heißt: Einzelne Bereiche können durchaus wachsen, im

Gesamten jedoch bleiben die Werte gleich. Effizienzsteigerungen und eine Zunahme der Produktivität entstehen dann durch eine intelligentere Komposition der vorhandenen Parameter untereinander. Sie wirken autoregulativ zueinander.

In der medizinischen Forschung sind solche Autoregulationsmechanismen recht gut untersucht und haben darüber hinaus eine lange Tradition. Von Hippokrates von Kos (460–371 v. Chr.) über Galen (130–200 n. Chr.), Paracelsus (1493–1541), Sebastian Kneipp (1821–1897) und Rudolf Virchow (1821–1902) bis hin zur modernen Mind-Body-Medizin, Komplementärmedizin und Placeboforschung geht es immer um den äußeren (medicus) und inneren Arzt (archaeus), die in ihrem Zusammenspiel Selbstheilungskräfte mobilisieren und dadurch den Patienten in einen Zustand der relativen Gesundheit zurückführen sollen. Autoregulation und Selbstheilung haben offenbar eine angeborene neurobiologische Grundlage. Sie stehen als grundlegender Mechanismus – kulturell und individuell spezifisch ausgebildet – jedem Organismus zur Verfügung. So ist aus der Placeboforschung bekannt, dass unspezifische, aber teilweise hoch signifikante Veränderungen im Heilungsverlauf bis zu drei Viertel des gesamten Krankheitsausgangs ausmachen können, während die Wirkung der spezifischen monokausalen Therapie dann nur noch ein Viertel der Besserung oder Heilung erklärt.

Gesundheit ist ein Zustand der Balance, und Balance heißt: Von nichts zu viel. Äußere Rituale, therapeutische Interventionen, der Kontext, das Setting, die Qualität der Arzt-Patient-Beziehung und das Verstehen und Erkennen des Bedeutungsgehalts der Intervention beschleunigen und unterstützen die inneren Heilungsvorgänge. Wenn solche Zusammenhänge in der Medizin seit mehreren Jahrtausenden bekannt sind, scheint es sinnvoll, diese Erkenntnisse, die man auch Mind-over-Matter-Effekte nennt, für die soziale Situation des Menschen im beginnenden 21. Jahrhundert zu nutzen: Der gesellschaftliche Steady State ist in dieser Lesart ein Zustand der inneren und äußeren Balance, eben der Gesundheit einer Sozialordnung. Dahinter verbirgt sich die psychologische Überzeugung, dass Grenzen und Ziele für den Einzelnen wie auch für das Kollektiv immer zusammengehören. In der Natur entsteht ein Steady State in der Regel von allein, denn sie kennt keine Idealzustände, sondern nur instabile Gleichgewichtszustände.

Das Cradle-to-Cradle-Konzept des Chemikers und Verfahrenstechnikers Michael Braungart kommt der Balanceidee nach dem Vorbild der Natur wohl am nächsten (u. a. 2011, 2014): »Cradle to Cradle« steht für »von der Wiege bis zur Wiege«. Das Konzept fordert, dass Produkte, Dienstleistungen, ökonomische Aktivitäten, letztlich der gesamte Lebensstil in einen technologischen und ökologischen Kreislauf eingebunden sein sollen, der dem Kreislauf der Natur gleicht. Traditionell konzentrieren sich Nachhaltigkeitsbemühungen auf die intelligente Nutzung von Ressourcen und den Einsatz von umweltverträglicheren Technologien. Es gibt dazu zahlreiche Beispiele, wie den Einsatz von LED-Lampen, Tröpfchenbewässerung in der Landwirtschaft, Passivhäuser, verbesserte regionale Logistik oder das Ein-Liter-Auto, die den Einsatz von fossilen Energieträgern um den Faktor drei, fünf oder gar zehn reduzieren helfen.[21] Solche Ökoeffizienzstrategien sind eine gute Sache, da sie zur weiteren Dematerialisierung der Gesellschaft beitragen und helfen, die Umwelt – zumindest für den Moment – zu schonen. Gleichwohl lösen lineare Vorgehensweisen, bei denen Prozesse entlang der Wertschöpfungskette energieeffizienter gemacht werden, die Umweltbelastungen nicht endgültig, sondern verschieben das Problem in die Zukunft. Denn trotz innovativer Technologien werden bei dem gesamten Prozess der Herstellung von Produkten die natürlichen Ressourcen um den Faktor 1,5–2 im Vergleich zu deren Regenerationsfähigkeit übernutzt. Das kostet für die Bereiche Mobilität, Essen und Wohnen, die zwei Drittel der Ausgaben der privaten Haushalte und 80 Prozent des Ressourcenverbrauchs in der EU ausmachen, zusätzlich circa 7,2 Milliarden Euro jedes Jahr.[22]

Der Grund dafür liegt darin, dass der Ansatz, Nachhaltigkeit über umweltverträgliche Technologien herzustellen, lediglich einem Cradle-to-Grave-Szenarium (»Von der Wiege bis zur Bahre«) entspricht. Am Ende steht immer ein irgendwie geartetes Abfallprodukt, das nicht mehr gebraucht wird. Aber wir gewinnen mit ihnen Zeit für andere, nachhaltigere Strategien, die dann nicht mehr linear, sondern zyklisch, das heißt in einen Kreislauf eingebunden sein werden. Es sind Strategien, die keine Abfälle kennen, so wie die Natur keine Abfälle kennt. Diese sogenannten zirkulären Ökonomien sind Formen des Wirtschaftens, bei denen die Wertschöpfungsketten, zumindest idealtypisch, geschlossen sind. Produktion, Verbrauch, Entsorgung und Wiederverwendung sind in einen Kreislauf eingebunden. Die daraus entstehenden Produkte heißen dann Cradle-to-Cradle-Produkte (CtC-Produkt). Sie machen vor, wie sich das Prinzip der Natur auf die Waren- und Dienstleistungswelt übertragen lässt: Selbstreinigende Teppiche, essbare T-Shirts, kompostierbare Turnschuhe oder zu 100 Prozent recycelbare Kühlschränke und Bürostühle sind Beispiele dafür. Jeden Monate kommen neue Produkte hinzu. In der Regel sind diese Produkte nicht nur hochwertiger, sondern auch gesünder.

Konsequent angewandt müssten wir fast alle Produkte unseres täglichen Lebens neu erfinden, neu designen und neu herstellen, damit sie Anschluss an den Kreislauf finden und zu einem CtC-Produkt werden. Aus den Unternehmern von heute werden Rohstofffirmen, die Produkte immer nur auf Zeit dem Kunden zur Verfügung stellen, das Produkt wieder zurücknehmen und durch Umbau dem Kreislauf wieder zuführen. Je mehr ein Unternehmen zurücknimmt, umso reicher wird es, da das Eigentum an Rohstoffen zunimmt. So entstehen neue Geschäftsmodelle des Ökoleasings. Aus der linearen Ökoeffizienz wird eine zyklische Ökoeffektivität. Das Ziel sollte also sein, nicht nur »weniger Schlechtes zu machen«, sondern in Anlehnung an den Kreislaufgedanken ständig »mehr Gutes« zu produzieren. CtC-Produkte haben zudem den Charme, dass sie stärker als konventionelle Produkte einen kollektiven Charakter haben. Nicht der individuelle Eigentumswert, sondern der zeitlich begrenzte Nutzwert steht im Vordergrund. Sobald dieser erlischt, geht das Produkt in den kollektiven oder unternehmerischen Besitz zurück. Wenn man bedenkt, dass bis zu 90 Prozent der Zwischenprodukte entlang der industriellen Wertschöpfung bis hin zum Endprodukt als Abfall anfallen und in den Kreislauf nicht hinreichend integrierbar sind, wird deutlich, welches immense Potenzial in der Kreislaufwirtschaft steckt.[23]

Ob die CtC-Produkte jedoch als idealtypischer Kandidat für eine Gleichgewichtsökonomie mit Klimaneutralität in Frage kommen, müssten sie in einer Lebenszyklusanalyse nachweisen, bei der die initiale Herstellung, der Umbau, die industrielle Wiederherstellung und ihr weltweiter Einsatz bei potenziell acht Milliarden Menschen in Rechnung gestellt würde. Es müsste dann (fast) eine Energie-CO_2-Senke herauskommen, das heißt, die Produktion müsste CO_2 benötigen, etwa wie ein Baum, und nicht das Klimagas produzieren. Solche Produkte gibt es aber nicht. Eine zentrale Kritik an den Kreislaufmodellen kommt von dem Mathematiker und Wirtschaftswissenschaftler Nicholas Georgescu-Roegen (1971). Er forderte, physikalische Gesetze und vor allem den Zweiten Hauptsatz der Thermodynamik auf ökonomische Aktivitäten anzuwenden. Der Zweite Hauptsatz der Thermodynamik besagt, dass in einem geschlossenen System die Unordnung und das Ausmaß an für den Menschen nicht verfügbarer Energie ständig zunimmt. Das Maß für diese Unordnung wird Entropie genannt. Da ökonomisches Handeln ebenfalls in einem geschlossenen System, nämlich dem der Erde, stattfindet, gelten die gleichen Gesetzmäßigkeiten. Das heißt: Auch für stofflich-materielle Vorgänge, wie wir sie in Wirtschaftskreisläufen sehen, gilt, dass mit jedem Wachstumsimpuls die Entropie zunimmt. Mit jedem Gegenstand, den wir herstellen, erhöhen wir die Unordnung und reduzieren die verfügbare Energie und damit die Spielräume zukünftiger Generationen. Jedes Haus, das wir bauen, und jedes Auto, das wir herstellen, ist thermodynamisch ein Haus und ein Auto weniger an Spielraum für die zukünftigen Menschen. Es gibt in diesem Sinne weder ein 100-prozentiges Recycling noch vollständige Substitutionseffekte oder wirkliche Kreisläufe. Die Minimalforderung an unser aktuelles Wachstumsmodell wäre, dass wir zumindest auf kriegerische Zerstörungen und extravaganten Luxus verzichten, um den Grad der Entropie so gering wie möglich zu halten.

Diese pessimistische Sicht auf Wachstum und Nachhaltigkeit und damit auf den Zusammenhang von Ökonomie und Physik stimmt aus der Sicht der Lebenswissenschaften allerdings nur teilweise. Ökonomische Aktivitäten (Handel, Konsum, Produktion, Wachstum) sind ihnen zufolge nicht nur materiell-physikalische Vorgänge, sondern immer auch psychosoziale Ereignisse. Und dieser psychosoziale Anteil am ökonomischen Prozess unterliegt anderen Gesetzen als denen der Physik. Ökonomische Aktivitäten, Güter und Dienstleistungen sind wohl am ehesten ein Hybrid aus materiellen und mentalen Vorgängen. Das spricht nicht gegen den Zweiten Hauptsatz der Thermodynamik, sondern nur dafür, dass Denkvorgänge, Erfindungen, Kreativität, soziale Konstellationen, gesellschaftliche Verkehrsformen und Organisationen potenziell ordnungsschaffend sein können und dadurch Gesetze der Physik übersteuern.

Dennoch gilt, dass auch CtC-Produkte eine negative Energiebilanz haben. Entscheidend für unser Thema ist, dass der Wechsel von einem linearen zu einem zyklischen Vorgehen ein Denkvorgang ist, der der technologischen Lösung vorausgeht. Wenn wir linear und expansiv denken, werden wir auch nur solche Produkte bekommen. Wenn wir anfangen, in Zyklen zu denken, werden sich auch unsere Produkte ändern, unsere Formen der Dienstleistung und unsere Lebensstile – und wahrscheinlich sogar noch viel mehr.

Um diesem Zuwachs an Komplexität hinreichend Rechnung zu tragen, hat sich eine integrale Betrachtung bewährt (siehe www.integralinstitute.org). Integral bedeutet: basierend auf Zusammenhangswissen. Sie ergänzt die fortschreitende feingliedrige Verästelung der akademischen Disziplinen und Subdisziplinen.

Wir werden sehen, dass mit dieser Perspektive die Frage der Transformation hin zu einer nachhaltigen Gesellschaft nicht mehr an der wissenschaftlichen Front der Spezialisierung und des Expertentums entschieden wird, sondern an der Grenze zwischen Bürgerwissenschaft[24] und akademischer Wissenschaft[25]. Die integrale Sichtweise hat folgende Ausgangsposition:

(1) Wir erleben am beginnenden 21. Jahrhundert die historisch einmalige Situation, dass wir auf das Wissen und die Erfahrung aller Kulturen zu allen Zeiten prinzipiell Zugriff haben. Eine integrale Betrachtung versucht nicht, neue empirische Befunde zu liefern, sondern das gegebene Wissen richtig zu ordnen.

(2) Der Grundsatz gilt, dass keine Erkenntnis zu 100 Prozent falsch ist. In allem menschlichen Wissen und in aller Erfahrung steckt ein Kern Wahrheit, die zwar unvollständig sein kann, aber an der richtigen Stelle immer auch eine wichtige Erkenntnis darstellt. Daraus ergibt sich

(3) die grobe Landkarte einer integralen Sicht auf uns und die Welt, die in einer ersten Orientierung aus vier Quadranten besteht. Einmal ein Quadrant, der den Blick auf die Innenperspektive einer Person lenkt, auf die Ängste, Motive, Gedanken, Schlussfolgerungen und Visionen – im Grunde genommen all das, was über die Introspektion jedem Einzelnen zugänglich ist, von der Körperwahrnehmung über die Affekte und das Denken bis hin zu spirituellen, transpersonalen Erfahrungen. Der zweite Quadrant ist das äußere Korrelat hierzu. Das betrifft zum einen das offene Verhalten und zum anderen die anatomischen und neurobiologischen, sprich körperlichen Vorgänge. Bei beiden Quadranten geht es um die erste Person Singular, sie fallen aber nicht zusammen. Eine integrale Betrachtungsweise ergänzt diese monologische Sicht durch eine dialogische, nämlich in der Beziehung von Person und Gesellschaft.

Der Wechsel von einer individuellen hin zu einer interpersonellen Perspektive ist sozialpsychologisch keine einfache Verlängerung im Sinne eines Superorganismus. Denn während von der Zelle zum Individuum das gleiche personale Organisationsprinzip gilt (Zelle – Organe – Organsysteme – funktionelle Anatomie bis hin zur Person), ändert sich das Prinzip, sobald zwei oder mehrere Personen zusammenkommen. Gesellschaftliche Ereignisse entstehen nicht oberhalb oder jenseits der Person, sind nicht früher oder später, auch nicht besser oder wichtiger, sondern sind immer ko-evolutiv, simultan und korrelativ zum individuellen Bewusstsein. Mit n > 2 ändert sich das Organisationsprinzip: Es geht jetzt um Formen des öffentlichen Diskurses, des Sprechakts, um die Bedeutung des Wir:[26] Gesellschaftliche Ereignisse, Kultur und Wertesysteme entstehen durch die Kommunikation zwischen den Teilnehmern: verbal, nonverbal, im Narrativ, im Bild, laut oder leise, in Gestik und in großen Worten, virtuell oder analog, aber immer in Form einer irgendwie gearteten und gegenseitig konsensfähigen Form der Kommunikation.

Nach innen lässt sich diese Form der Kommunikation beschreiben als eine deutende Hermeneutik, als interpretierendes Gespräch.[27] Dieses Innere und Intersubjektive ist der dritte Quadrant. In ihm sind unsere Werte und Absprachen, von einfachen Ritualen, Tabus, Umgangsformen bis hin zu komplexen Kulturleistungen wie Sprache, Ethik und Religion, angesiedelt. Nach außen wird der intersubjektive Teil der Landkarte durch einen vierten Quadranten ergänzt. Das sind formale Anrechte, juristisch einklagbare Gesetze, Staatsgebilde, formale Markt- und Tauschmechanismen bis hin zu Ökosystemen. Unsere soziale Wirklichkeit wird im Akt der Verlautbarung selbst geschaffen und erzeugt dadurch automatisch Verpflichtungen und Anrechte. Dies trifft nicht nur für das Amt der Bundeskanzlerin oder das des Ärztlichen Direktors zu, sondern auch für eine Ehe, eine Hausratsversicherung, eine Eigentumsverpflichtung und unser Geldsystem. Zusammengenommen haben wir folglich zwei innere und zwei äußere und zugleich zwei subjektive und zwei intersubjektive Quadranten, die sich wechselseitig ergänzen (siehe Abb. 5).

(4) Schließlich fordert eine integrale Betrachtung eine Helikopterperspektive, die es erlaubt, einzelne Ergebnisse zuzuordnen, ohne das Ganze aus dem Blick zu verlieren, ohne Einzelaspekte

dominant hervortreten zu lassen oder auf andere zu reduzieren: Aus dieser Perspektive ist Bewusstsein nicht relevanter als Verhalten oder Neuroanatomie. Werte und Kulturleistungen können formale Rechtssysteme oder Ökosysteme nicht dominieren. Eine integrale Betrachtung ist eine Heuristik, die ein nicht reduktionistisches Vorgehen erlaubt und gegenüber Einzelergebnissen Würde, Demut, Begeisterung, Staunen und Interesse aufbringt.[28]: ein Vorgehen, um die Bedürfnisse und Bedeutungen, das Wissen und die Weisheit, die Einblicke und Erkenntnisse, die jedem dieser Wirklichkeitsbereiche und jeder ihrer Beziehungen innewohnen, zu erahnen, zu analysieren und zu erforschen. Die folgende Abbildung zeigt den Zusammenhang in allgemeiner Form (links) sowie im Hinblick auf Aspekte des nachhaltigen Zusammenlebens (rechts):

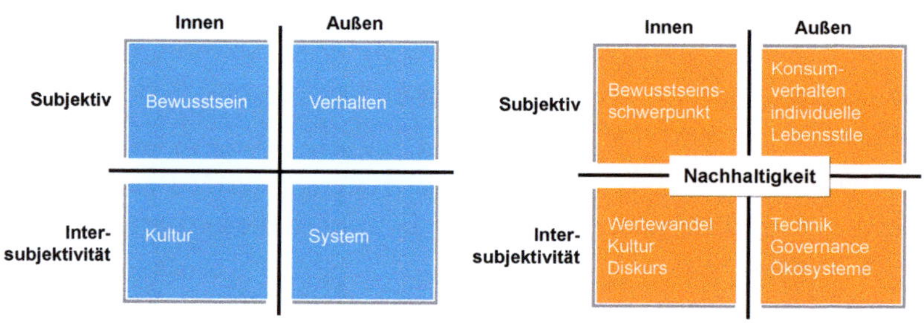

Abb. 6: Die Landkarte ist nicht das Gelände: eine integrale Sicht. Vier-Quadranten-Modell (allgemein) links sowie in der Anwendung auf Nachhaltigkeitsthemen rechts (modifiziert nach Ken Wilber 1995). Die einzelnen Perspektiven mit Beispielen stehen nicht reduzierbar korrelativ zueinander.[29]

Aus der Anwendung des allgemeinen Schemas der integralen Betrachtung auf Nachhaltigkeitsthemen ergibt sich die folgende Frage: Welche Aspekte lassen sich in welchen Quadranten identifizieren, damit sie als Kandidaten für einen nachhaltigen Transformationsprozess in Frage kommen? Wir haben einmal eine Veränderung im Bewusstseinsschwerpunkt und der Introspektionsfähigkeit (subjektiv-innen) und eine damit verbundene individuelle Verhaltensänderung und Lebensstilveränderung (subjektiv-außen). Weiter spielen intersubjektive Variablen eine Rolle, vorrangig die Wertesysteme, die Kultur und der Kontext, innerhalb dessen wir über Nachhaltigkeit diskutieren (intersubjektiv-innen). Und schließlich finden wir innovative kohlenstoffarme Technologien, angepasste institutionelle Rahmenbedingungen (Governance) und die Berücksichtigung der Dynamik und der Grenzen des Ökosystems (intersubjektiv-außen).

Integrale Nachhaltigkeit ist also vier-, nicht eindimensional. Keiner der Quadranten kann für sich stehen, erst alle vier zusammen machen die Landkarte vollständig. Die Einteilung liefert uns eine erste valide, nicht reduktionistische Landkarte, die uns als Orientierung und als Blaupause für das Narrativ einer Psychologie der Postwachstumsgesellschaft dienen kann. Alle vier Quadranten sind aufeinander bezogen und reflektieren im Innen- und Außenverhältnis die Beziehung des Einzelnen beziehungsweise des Kollektivs zu einer nachhaltigen Entwicklung im Allgemeinen und zu einem gesellschaftlichen Steady State im Speziellen. Der Zustand einer Postwachstumsgesellschaft ist folglich tetrakoevolutiv. Wenn Ökologie, wie es erstmals Ernst Haeckel (1834–1919) tat, als die »Gesamtheit der Wissenschaften in der Beziehung des Organismus zur Außenwelt« charakterisiert wird, ist die Psychologie die »Gesamtheit der Wissenschaften in der Beziehung des Organismus zur Innenwelt«. Wir kommen im Abschlusskapitel, in dem es um die Vermessung von Wachstum und Entwicklung geht, auf diesen zentralen Zusammenhang nochmals zu sprechen.

Zugegebenermaßen ist eine solche Vierteilung sperrig und zudem psychologisch anstrengender, aber sie kommt der Komplexität einer Kunst der Transformation näher.[30] Das heißt: Die Kunst der Transformation besteht zunächst einmal darin, Kultur und Kontext (link sunten), Bewusstsein und Introspektion (links oben), Lebensstil und Verhalten (rechts oben) sowie Governance, Technik und Ökosysteme (rechts unten) in ihren je eigenen Beiträgen zu identifizieren und dann miteinander zu versöhnen. Zunächst stellt jedoch jeder Bereich seine eigenen Fragen und impliziert seine eigenen Interventionen. So werden Fragen mit technischem Erkenntnisinteresse anders beantwortet als solche mit kulturellem Impetus: Die Ingenieurwissenschaften fragen, welche Großtechnologie machbar ist, während eine regionale oder globale Wertegemeinschaft nach ganz anderen Kriterien entscheidet, beispielsweise danach, ob sie in ihr Normengefüge passt oder nicht. Wieder andere Überlegungen entstehen, wenn das Erkenntnisinteresse institutionellen Fragen folgt, etwa wenn es darum geht, welche Governancestruktur zugrunde gelegt werden soll: Bottom-up-Demokratien mit einem hohen Partizipationsgrad, Dritt-Sektor-Aktivitäten ohne demokratisches Mandat, aber mit hohem sozialem Mobilisierungsgrad oder Top-down-Entscheidungen durch internationale Gremien und Organisationen? Ebenso entwickeln die Bewusstseinswissenschaften eigene Fragen: Wie können Menschen motiviert werden, sich zu verändern? Welche Konsequenzen ergeben sich aus Lebensstilmodifikationen und verstärkter Achtsamkeit, und wie gehen wir mit ambivalenten und unsicheren Informationen um?

Klinische Psychologie, Neurobiologie, Entwicklungspsychologie, Mind-Body-Medicine und Psychopathologie können darauf erste Antworten geben. Hinzu kommt, dass diesen Disziplinen ein evidenzbasiertes und wissenschaftlich fundiertes Erfahrungswissen zugrunde liegt, das Antworten geben kann, die mit den Mitteln technologischer Lösungen, expansiver Wachstumsparadigmen, bevölkerungspolitischer Maßnahmen und einer veränderten Governancestruktur nicht sichtbar werden. Wenn man die oben skizzierte Landkarte zugrunde legt, stellt der konventionelle Argumentationsgang in der Regel eine Betrachtung von außen nach innen dar: Ausgehend von den gegebenen Institutionen (Markt, Demokratie, Rechtsstaat, Dritter Sektor, Finanzmärkte, Ökosystem) in Verbindung mit gegebenen Technologien wird auf die soziale Praxis und die psychologische Verfasstheit des Einzelnen geschlossen. Die psychologische Dimension gesellschaftlicher Transformation geht den umgekehrten Weg von innen nach außen: Es sind empirische Ergebnisse aus der klinischen

Forschung, die uns zwingen, eine andere psychologische Anthropologie zu schreiben und über ein anderes institutionelles Design, eine andere Governancestruktur und über andere Formen von Technologie und Wachstumsdynamik nachzudenken – weil der Mensch psychisch anders verfasst ist. Aus einer integralen Perspektive heißt das: Ein isolierter Bewusstseinswandel ohne einen Wandel von Technologie, Praxis und Governancestruktur ist einsam und stumpf, da er ohne Konsequenzen bleibt. Technologiewandel ohne Wandel der Governancestruktur ist blind, eine Veränderung der sozialen Praxis ohne Bewusstseinsentwicklung ziellos und die Entwicklung von Governance und Institutionen ohne Bewusstseins- und Technologiewandel leblos.

Wenn wir innerhalb einer integralen Perspektive über die Dynamik von Wachstum und Entwicklung sprechen, so kann das nur bedeuten: Die Kunst der Transformation muss sich technologisch qualifizieren, durch eine soziale Praxis verifizieren, in einem institutionellen Rahmen legitimieren und durch ein integrales Bewusstsein getragen sein. Mind, Matter, Culture und Governance, wie es auf angelsächsisch heißt, gilt es zusammenzubringen. Aber kann man das alles messen, und wenn ja, wie?

Wohlstand oder Wohlfahrt: Messen wir das Richtige?

Mittlerweile hat sich die Meinung durchgesetzt, dass das Bruttosozialprodukt als Wohlstandsindikator allein ungeeignet ist. Trotzdem halten wir in der öffentlichen Diskussion daran fest. Mittlerweile haben sich eine Reihe hochkarätiger internationaler Expertengruppen des Themas angenommen. Sozialproduktmessungen sind immer beschreibend, nicht bewertend. So sagt ein Weltsozialprodukt von 74 Billionen US-Dollar im Jahr 2013 lediglich, dass in der Bezugsperiode weltweit für 74 Billionen US-Dollar Güter und Dienstleistungen produziert wurden. Im Hinblick auf eine qualitative Bewertung wurde zunächst immer wieder darauf hingewiesen, dass das Bruttosozialprodukt zwar einen notwendigen, aber keinen ausreichenden Parameter darstellt, um den Wohlstand einer Gesellschaft zu messen. Vor allem in den ärmeren Regionen wird Wohlstand nicht nur mit Einkommen, sondern auch mit sozialer Zugehörigkeit, Sicherheit, Gesundheit und Frieden in Verbindung gebracht. Hinzu kommt, dass das Sozialprodukt externe Effekte und die Nutzung öffentlicher Güter rechnerisch nicht hinreichend abbildet. Zudem berücksichtigt die Sozialproduktmessung als Wohlstandsmessung den langfristigen Kapitalstock nicht, der als Infrastruktur für die Erwirtschaftung des aktuellen und zukünftigen Wohlstands vorausgesetzt wird.

Der aktuellste und vielleicht vielversprechendste neue Ansatz stammt von den Vereinten Nationen (UN). Der Inclusive Wealth Report (2014) versucht die Schwächen in der konventionellen Messung zu überwinden, indem zwischen Natur-, Produktiv- und Humankapital unterschieden wird und diese drei Bereiche gegeneinander aufgerechnet werden. Der Bericht verneint die konventionelle Messung nicht, er erweitert sie jedoch. Hinzu kommen Korrekturen, die den Klimawandel, den Ölpreis und Veränderungen in der technologischen Produktivität berücksichtigen. Die folgenden Tabellen zeigen die einzelnen Faktoren und Gewichtungen für den Zeitraum 1990 bis 2010 sowie unterschieden für einige ausgewählte Länder.

Wohlstandsfaktoren	Charakterisierung – Beispiele	%	1990–2010
Produktivkapital	Infrastruktur, Maschinen, Straßen	18%	+56%
Humankapital	Bildung, Gesundheit	54%	+8%
Naturkapital	Wald- und Farmbestand, Mineralien, fossile Energieträger	28%	-30%

Abb. 7a: Inclusive Wealth Report (IWR) (2014). Relative Gewichtung; globale Veränderungsrate (1990–2010).

Länder	per capita: 1990-2010 (IWR) per annum	per capita: 1990-2010 (BSP) per annum
USA	0,6%	1,5%
BRD	1,5%	1,3%
China	2,8%	9,6%
Russische Föderation	0,1%	1,7%
Welt gesamt	0,0%	2,0%

Abb. 7b: Länderbeispiele: IWR im Vergleich zum konventionellen Sozialprodukt. Verglichen werden Steigerungsraten pro Kopf über jeweils 20 Jahre.

Zu den wichtigsten Befunden zählen: In den 140 untersuchten Ländern nahm im Untersuchungszeitraum 1990 bis 2010 der Inclusive Wealth Index (IWI) lediglich um sechs Prozent zu, während das konventionelle Sozialprodukt um 50 Prozent anstieg. Ländergewichtet haben sich nur 58 Länder überhaupt verbessert.

Das Humankapital spielt bei der Wohlstandsmessung mit Abstand die wichtigste Rolle, auch wenn der IWI keine Einkommensunterschiede in den Blick nimmt. Andere Expertengruppen verwenden eher Top-down-Kategorien wie Bildung, relative Verteilungen, Schuldenstand, Arten- und Habitatschutz, globale Erwärmung und Armutsquote. Das alles macht die Messungen komplizierter, aber realitätsnäher. Gemeinsam ist ihnen jedoch, dass die konventionelle Messung des Wohlstandes an Aussagekraft verliert. Hinzu kommt, dass die Messung der jährlichen Wachstumsraten und deren Einordnung im Hinblick auf einen nachhaltigen Wachstumspfad durch mehrere Größen verkompliziert wird.

Externe Effekte: Sie entstehen, wenn die Verteilungsfunktion des Marktes versagt, da ihm ein verbindliches Preissignal fehlt oder weil im sozialen Bereich Standards unterboten werden. Externe Effekte treten dann auf, wenn entweder natürliche Ressourcen zu billig sind und damit übernutzt werden, wenn die Löhne zu niedrig sind (Niedriglohnsektor, Lohndumping, Arbeitslosigkeit) oder wenn beides gleichzeitig auftritt und die Kapitalrendite entsprechend hoch ist. Im Gesamten sind die Ressourcen ineffektiv genutzt, da in der Regel entstehende Zusatzkosten (Spillover) nicht vom Verursacher, sondern von der Gemeinschaft getragen werden. So gibt es zahlreiche empirische Einzelbeispiele, die zeigen, wie wenig nachhaltig unser Wohlstands- und Wachstumspfad und unsere Lebensstile organisiert sind.[31]

Hausarbeit: Je nach Berechnungsgrundlage liegt der Anteil der unbezahlten Hausarbeit, ohne die der bezahlte Arbeitsmarkt im Übrigen gar nicht funktionieren würde, in westlichen Wohlstandsgesellschaften bei circa einem Drittel der Wertschöpfung. In Entwicklungsländern ist der Anteil deutlich höher und bildet mit dem Dritten Sektor und der Schattenwirtschaft einen Hybrid. In der Bundesrepublik sind die freiwilligen und unbezahlten Stunden etwa doppelt so viele wie die im Erwerbsleben vergüteten.

Der Dritte Sektor: In der Bundesrepublik engagiert sich etwa ein Drittel der Bevölkerung regelmäßig ehrenamtlich. Bei einer konservativen Rechnung kommt man damit bereits auf einen nominalen Geldwert von über zehn Milliarden Euro an Freiwilligenarbeit. Der Dritte Sektor generiert insgesamt über vier Prozent des Bruttosozialprodukts, wobei hier zahlreiche Mischformen in der Finanzierung zusammenlaufen (Steuertransferzahlungen, Stiftungsgelder, Philanthropie).

Defensivkosten: Dabei handelt sich um Kosten, die eigentlich keiner will, die aber trotzdem anfallen, weil sie sich aus der Pfadabhängigkeit unseres Wirtschaftens ergeben. Notarzteinsätze und Katastrophenschutz, Wiederaufbaumaßnahmen und Gesundheitsfolgekosten gehören dazu. Manche Autoren schätzen sie auf 10 bis 15 Prozent des Sozialprodukts.

Schattenwirtschaft[32]*:* Informelle Wirtschaftsbeziehungen jenseits des regulären und offiziellen Wirtschaftens sind von immenser gesellschaftlicher Bedeutung. In den OECD-Ländern liegt der Anteil bei durchschnittlich 19 Prozent, in Transformationsökonomien bei 30 Prozent und in Entwicklungsländern bei 40 Prozent vom Sozialprodukt. Die Schweiz ist mit acht Prozent am geringsten betroffen, der Kongo (80 Prozent) mit am stärksten. In absoluten Zahlen heißt dies etwa für China, dass hier über 160 Millionen, und dass in Indien über 215 Millionen Menschen in diesem Sektor aktiv sind. Dabei ist der kriminelle Schwarzmarktsektor noch gar nicht berücksichtigt. Korruption und Steuermoral, hohe Steuerlast und Überregulierung vor allem des Arbeitsmarktes korrelieren in der Regel mit dem Ausmaß an Schattenwirtschaft in einer Volkswirtschaft. In manchen Volkswirtschaften wächst der Schattenanteil schneller als der konventionell geregelte Markt.

Ob man nun diese informellen wirtschaftlichen Aktivitäten für richtig oder falsch hält, ist eine normative Frage, die schwer zu beantworten ist. Entscheidend ist, dass die Arbeitslosenstatistiken, die Preis- und Einkommensentwicklungen, die Zahlen der Erwerbstätigen, aber auch die offiziellen Wachstumszahlen durch diese Entwicklungen verzerrt werden und damit die reale Wohlstandsentwicklung nicht mehr hinreichend abbilden. So führt eine funktionierende Schattenwirtschaft in der Regel zu einem niedrigeren Preisniveau, und ein Großteil des erwirtschafteten Einkommens wird dem offiziellen Markt wieder zugeführt, was dann die allgemeine Nachfrage und den Konsum anregt.[33] Je nachdem, welchen Bereich der Wirtschaft man betrachtet, ergeben sich weitere Dimensionen: Der Derivathandel, der zu einem erheblichen Teil unkontrolliert und nicht reguliert verläuft – man spricht dann von Over-the-Counter-Produkten (OTC-Produkte) – setzt über 600 Billionen US-Dollar brutto im Jahr um. Dem Financial Stability Board (FSB) zufolge werden 76 Billionen US-Dollar im Jahr im Schattenbankensystem verrechnet.

Der kriminelle Schwarzmarkt: Prostitution, Drogen, Software- und IT-Piraterie, illegaler Zigaretten- und Medikamentenhandel machen bereits 1,8 Billionen US-Dollar aus, und hinzu kommen circa 80 Milliarden US-Dollar aus dem illegalen Waffenhandel. Die globale Steuerhinterziehung wird auf mindestens ein bis zwei

Billionen US-Dollar veranschlagt. Die illegale Geldwäsche, die als korrespondierendes Delikt der Steuerhinterziehung gilt, umfasst weitere zwei bis fünf Prozent des globalen Sozialprodukts. Rein volkswirtschaftlich betrachtet fließen die hier unrechtmäßig erwirtschafteten Gelder früher oder später wieder in den konventionellen Kreislauf zurück und stellen einen wichtigen Nachfragestabilisator dar.[34] Dennoch sind die Geldströme illegal und ungerecht verteilt.[35]

Zusammengenommen gibt es einen Markt jenseits der Marktes, der um ein Vielfaches größer ist, in dem Wertschöpfungen stattfinden, Wohlstand generiert wird, wichtige Voraussetzungen und Bedingungen für den formellen Markt bereitgestellt werden, illegale Geschäfte getätigt werden, der häufig eine Puffer-, Kompensations- und Ausgleichsfunktion hat und der, wenn er fehlte, zu massiven Nachfrageausfällen und Wohlstandsverlusten führen würde. Unter rein quantitativen und deskriptiven Gesichtspunkten ist das Sozialprodukt also als alleinige Richtschnur für unseren Wohlstand wenig aussagekräftig. Zusammenfassend ergeben sich folgende Größenordnungen, die sich teilweise gegenüberstehen:

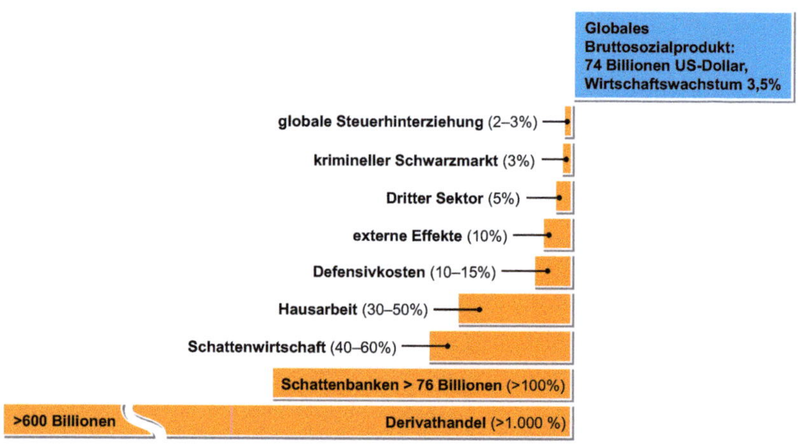

Abb. 8: Messprobleme beim Sozialprodukt: Wachstum ist nicht gleich Wohlstand, und Wohlstand ist nicht gleich Wohlbefinden.

Zwischen den Bereichen gibt es zahlreiche Überschneidungen, Doppelmessungen und/oder Vernachlässigungen und Hybride. Im Gesamten wird es so unmöglich, das Wachstum des Sozialprodukts mit dem gefühlten und realen Wohlstand sinnvoll zu korrelieren.[36] Eine Schlussfolgerung daraus ist, dass wir uns in der Selbst- und Fremdeinschätzung unserer Lebenssituation von diesem Parameter psychologisch verabschieden sollten. Wohlstand findet auf weiten Strecken woanders statt. Die fehlende Berücksichtigung von sozioökologischen Externalisierungen, signifikanten Verteilungsmustern, Hausarbeit und freiwilligem Bürgerengagement, die fehlende Integration der Schattenwirtschaft, der Aufbau der Schattenbanken sowie die immensen Beträge des kriminellen Sektors führen in der Wahrnehmung zu einer ständigen Abwertung des eigenen Tuns. Das, was wir messen, beeinflusst das, was wir bewerten, und dies beeinflusst wiederum das, was wir tun – zum Beispiel in Form von politischen Entscheidungen. Derzeit vermittelt uns die Messung des Sozialprodukts – wahrnehmungspsychologisch – eine Fehlermeldung. Sie korreliert nicht mit Wohlbefinden und Glück, und sie unterscheidet nicht hinreichend zwischen Wohlstand und Wohlfahrt. Hinzu kommt, dass die erhobenen Daten häufig unvollständig sind. Messen wir das Falsche, tun wir das Falsche.[37] Der Zusammenhang wird uns noch näher beschäftigen.[38]

Resümee

Wenn Sachverhalte nicht nur kompliziert, sondern komplex werden, bedeutet das, dass sie im Kern immer Unsicherheit und Nichtvorhersehbarkeit beinhalten. Um die Kontrolle nicht zu verlieren, suchen wir nach Schemata, Regelmäßigkeiten und Vereinfachungen. Solche Reaktionsformen sind im Rahmen sogenannter Kausalitäts- und Korrelationsillusionen recht gut empirisch untersucht worden. Diese Reduktionsleistungen sind zwar psychologisch verständlich, aber sie bleiben ein psychisches

Konstrukt. Der Nachteil ist, dass wir eine Transparenz und Klarheit zu produzieren glauben, die komplexe Systeme nicht haben. Das Nachhaltigkeitsthema ist dafür ein ausgezeichnetes Beispiel. Mit dem Reduktionsschluss laufen wir Gefahr, dass wir uns immer weiter von der Realität wegbewegen. Die hier vorgeschlagene integrale Perspektive geht den umgekehrten Weg. Sie fordert, dass wir mindestens vier Quadranten in den Blick nehmen müssen, um den für den Erkenntnisgegenstand relevanten Komplexitätsgrad auch weiterhin offenzuhalten: einen subjektiv-inneren, einen subjektiv-äußeren, einen intersubjektiv-inneren und einen intersubjektiv-äußeren Quadranten. Daraus ergeben sich folgende Kandidaten für unseren Nachhaltigkeitsdiskurs, die den einzelnen Quadranten zugeordnet werden können: Bewusstsein und Introspektion; Verhalten und individuelle Lebensstile; Kultur, Wertewandel und öffentlicher Diskurs; Ökosysteme, Governance und Technologien. Dieser 360-Grad-Blick liefert eine zwar noch unscharfe, aber gleichwohl erste gültige Landkarte.

In der Diskussion um eine integrale Nachhaltigkeit kann die Psychologie wichtige Beiträge leisten. So gehört es zu ihren bislang wichtigsten Forschungsergebnissen, dass sich unser Bewusstsein eben nicht nur verändert, sondern entwickelt und dass dieser Entwicklungsvorgang Gesetzmäßigkeiten unterliegt. Das gilt für die Moral- und Affektentwicklung genauso wie für die sensomotorische und kognitive Entwicklung. Diese Erkenntnis ist für unsere Fragestellung wichtig. Die zweite große Errungenschaft, die die neuro-psychologischen Wissenschaften in die Gesamtdiskussion einbringen, ist, dass unser Verhalten und Erleben nicht automatisch und selbstverständlich Kohärenz, Rationalität und Sinn vermittelt, sondern von Anfang an auch das Potenzial in sich birgt, dysfunktional und maladaptiv zu sein. Das heißt: Wenn der Einzelne über einen Sachverhalt räsoniert oder die Öffentlichkeit Themen kontrovers diskutiert, ist damit nicht automatisch ein rationaler Diskurs oder eine rationale Selbstreflexion im idealtypischen Sinn gegeben. Die klinische Psychopathologie und die experimentelle Psychologie können sozialpsychologische Mechanismen aufdecken, die einen Diskurs als quasi-rationalen Diskurs entlarven.

Wenn man zudem den Diskussionsstand der westlichen und östlichen Psychologie zusammen nimmt, dann ergibt sich ein weiterer Punkt. Unsere Bewusstseinsentwicklung ist nicht mit dem ego-logischen, nutzenmaximierenden Selbstinteresse des Individuums zu Ende. Es sind vor allem die Beiträge aus den fernöstlichen Traditionen, die diese Erkenntnis seit vielen Jahren theoretisch, praktisch und mittlerweile auch empirisch-wissenschaftlich stützen. Auf die empirischen Befunde werden wir im Folgenden ein Licht werfen, um eine Beziehung zur Nachhaltigkeitsfrage herzustellen.

So viel sei vorweggenommen: Gerade die Erkenntnisse der fernöstlichen Psychologie legen den Schluss nahe, dass die menschliche Hard- und Software Gesetzmäßigkeiten folgt, die einmal mehr einer gesellschaftlichen Forderung nach einem Gleichgewichtsstreben entgegenkommen. Denn während ständige Veränderung, Dynamik und Anpassungsleistungen zu den wichtigsten Merkmalen des Geistes zählen, gehört die psychische Adaptation an das Paradigma unendlichen Wachstums nicht dazu. Bevor wir klären, warum das so ist, möchte ich auf das Standardargument eingehen, mit dem wir im Allgemeinen an sozioökologische Herausforderungen herantreten.

4. Grenzen und Tragweite des Standardarguments

Im September 2015 wurden die bisherigen Millenniums-Entwicklungsziele (MDG) durch die »Nachhaltigen Entwicklungsziele« (Sustainable Development Goals, SDG) abgelöst. Mit ihnen soll der Fokus stärker auf Nachhaltigkeitsaspekte gelenkt werden. Diese Fokusverschiebung war dringend notwendig. Erstmals geht es nicht mehr ausschließlich um den armen Süden gegen den reichen Norden. Und gleichzeitig geht es auch stärker darum, die einzelnen Ziele miteinander zu versöhnen. Denn wenn es um die Frage gesellschaftlicher Transformation zugunsten einer nachhaltigen Entwicklung geht, stehen mindestens folgende Herausforderung auf der Agenda: die Überwindung absoluter Armut, die Reduktion einer sozialökonomischen Polarisierung, die Verhinderung des zunehmenden Habitatsverlusts und der Erhalt der Biodiversität, die Reduzierung der globalen Erwärmung (Zwei-Grad-Ziel), die Verbesserung der körperlichen und psychischen Gesundheit der Weltbevölkerung, die Verringerung des globalen Bildungsgefälles sowie die Sicherung der Energie- und Wasserversorgung für sieben bis acht Milliarden Menschen.[39] Damit wird deutlich, dass das öffentlichkeitswirksame Zwei-Grad-Ziel nur eine von mehreren Herausforderungen darstellt, die erst im Gleichgewicht mit den anderen Herausforderungen ein ausbalanciertes Gesamtbild ergeben. Traditionell lassen sich die inneren Widersprüche zwischen den sozialen Notwendigkeiten und den ökologischen Konsequenzen durch den ökologischen Fußabdruck und den menschlichen Entwicklungsindex der UN (HDI) empirisch abbilden. Die Abbildung 9 listet links die 17 Nachhaltigkeitsziele auf; rechts wird das Verhältnis der beiden Parameter (HDI und Fußabdruck) in Bezug auf einzelne Staaten verdeutlicht.[40]

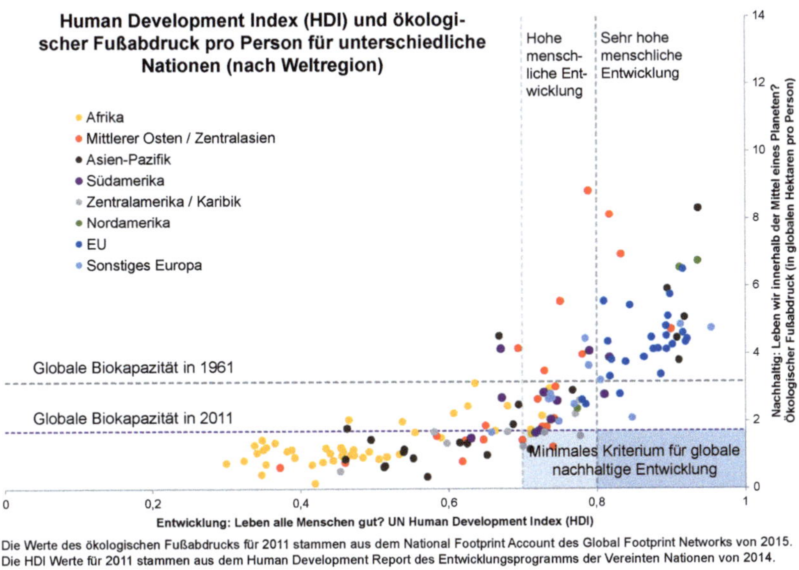

Abb 9: Die 17 Nachhaltigkeitsziele der UN (oben); menschliche Entwicklung und ökologischer Fußabdruck (unten); Quelle: UNRIC, Regionales Informationszentrum der Vereinten Nationen; footprintnetwork.org

Die Grafik zeigt rechts auf der horizontalen Ebene den HDI, gemessen von 0–1 (je höher, umso besser ist der Lebensstandard), und auf der vertikalen den ökologischen Fußabdruck. Im unteren rechten Quadranten befindet sich das Nachhaltigkeitsfenster, das empirisch gesehen bei einem HDI oberhalb von 0,7 und unterhalb eines ökologischen Fußabdruckes von 1,8 Hektar pro Kopf liegt. Es gibt derzeit im Grunde genommen kein Land, das diese Bedingungen hinreichend erfüllt. Wenn wir die genannten Ziele weltweit umsetzen wollen, ergibt sich – rein rechnerisch – eine Belastung pro Kopf von vier bis zehn Hektar. Bei sieben bis acht Milliarden Menschen sind das drei bis fünf Planeten Erde. Beide Ziele – Umwelt und ein expansiver Wachstumspfad – gehen so eben nicht zusammen.[41]

Es geht mir im Folgenden nicht darum, wie sich etwa der Trinkwassermangel im Großraum Beijing auf den Gesundheitszustand der dortigen Erwerbsbevölkerung und die Produktivität auswirkt oder wie Bildungsprogramme in der Südsahara auf die Armut der weiblichen ländlichen Bevölkerung Einfluss nehmen. Es geht mir auch nicht darum, kritisch zu diskutieren, wie Europa und Japan mit der demografischen Alterung oder die Vereinigten Staaten von Amerika mit globalen externen Effekten ihres Wohlstandsmodells umgehen. Die empirischen Daten und Trends einzelner Konfliktbereiche variieren ständig und lösen eine bleibende gesellschaftliche Diskussion über die Priorisierung im Umgang mit knappen Ressourcen, Finanzmitteln und Zeit aus. In der Summe geht es mir vielmehr darum, wie wir mit einem um das Zwei-Grad-Ziel herum organisierten Wohlstandsmodell für acht Milliarden Menschen eine gerechtere Verteilung von Energie, Wasser und Nahrung erreichen; wie wir kulturell-religiöse und ethnische Minderheiten schützen und dabei die individuelle Risikobereitschaft, Anreize und Wünsche mit kollektiven Absicherungen so organisieren, dass Armut und soziale Ausgrenzung der Vergangenheit angehören; wie wir für alle Menschen eine Teilhabe am kollektiven Erbe und an der technologischen Innovationskraft und Wohlstandsentwicklung ermöglichen; wie wir die psychische und körperliche Gesundheit für alle sichern, den Bildungsstand global heben und unsere Habitate für Tiere und Pflanzen erhalten;

wie wir unser Zusammenleben, das im mehr oder weniger eingehegten Terrain öffentlicher Diskurse, demokratischer Beschlüsse, marktkonformer Allokation, administrativer Koordination und rechtsstaatlicher Korrektive ausgehandelt wird, so organisieren, dass es nicht zwischen Terror, Krieg, ruinösen Wettbewerbsstrukturen, massiven Immigrationsströmen, Bad Governance, Failed-State-Szenarien und misslungener Globalisierung zerrieben wird. Was ein Misslingen dieses Vorhabens bedeuten kann, sehen wir in den aktuellen Kriegs-, Bürgerkriegs- und Konfliktregionen des Nahen und Mittleren Ostens, und wir erleben es mit den massiven Flüchtlingsströmen nach Europa hautnah. Nachhaltige Entwicklungsziele werden unter diesen Bedingungen unrealistisch.

Um all dies dreht sich die Nachhaltigkeitsfrage.[42] Die Abbildung 10 zeigt den Diskussionstand in einer grafisch verdichteten Form.

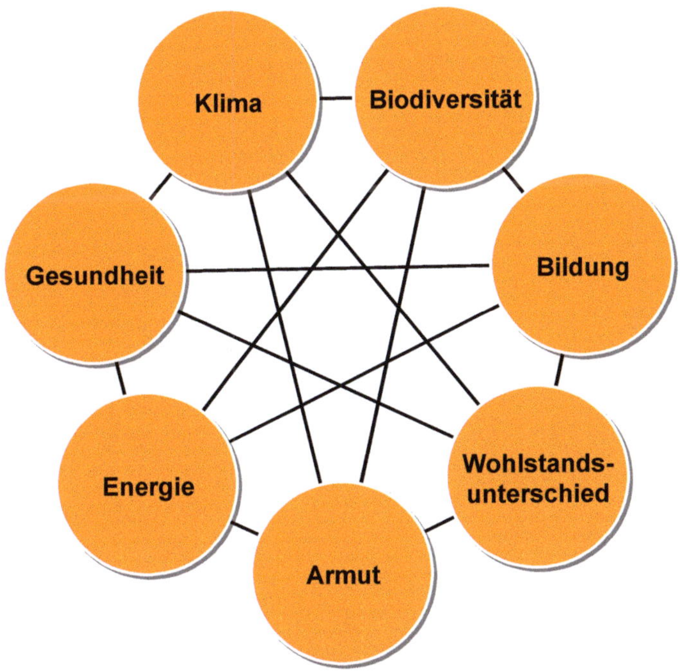

Abb. 10: Die Big 7: Nachhaltigkeit lässt sich nur als eine Vernetzung und relative Priorisierung von mindestens sieben Faktoren sinnvoll beschreiben.

Alle sieben Ziele sind miteinander verbunden. Wie wir die einzelnen Aspekte in diesem Beziehungsgeflecht gewichten, interpretieren und bewerten, wird ganz wesentlich mit einer Veränderung unseres Bewusstsein zusammenhängen.[43] Selbst- und Fremdwahrnehmung, Affektentwicklung, Gerechtigkeitsempfinden, der Umgang mit und die Bedeutung von Aggression, Anerkennung und Revierverhalten, aber auch die Berücksichtigung unserer spezifischen psychischen Verfasstheit in Bezug auf Unsicherheiten, Wahrscheinlichkeiten, Risiken und primäre Motivsysteme gehören hierher. Das soll in den späteren Kapiteln deutlicher werden. Das Standardargument für eine nachhaltige Gesamtentwicklung, die alle sieben Bereiche in den Blick nimmt, ist auf drei Säulen aufgebaut: eine kontrollierte und aktive Bevölkerungspolitik, kohlenstoffarme Technologien und die Fortsetzung eines expansiven Wachstumspfads. Zunächst gilt es, die drei Säulen vorzustellen und gleichzeitig deutlich zu machen, dass sie notwendig, aber für eine gesellschaftliche Transformation nicht hinreichend sind.

Ist das Boot wirklich voll?

Die Faustregel besagt: Von den 100 Milliarden Menschen, die jemals auf der Erde gelebt haben, werden ein Zehntel in diesem Jahrhundert leben. Von den derzeit sieben Milliarden Menschen leben eine Milliarde in Nord- und Südamerika, eine Milliarde in Europa, eine Milliarde in Afrika und vier Milliarden in Asien. Bis Ende des Jahrhunderts werden die Zahlen in Amerika und Europa im Wesentlichen gleich bleiben. Die Bevölkerung wird in Afrika auf vier Milliarden und in Asien auf fünf Milliarden ansteigen.[44] Aktuell kommen circa 2,5 Geburten auf einen Todesfall, was einen Großteil der Bevölkerungsexpansion erklärt. Die höchsten Geburtenzahlen wurden global jedoch bereits in den 1980er-Jahren mit 138 Millionen Geburten pro Jahr erreicht. Diese Zahl hat sich seit dem Jahr 2000 durch den Rückgang der globalen Fertilitätsrate auf circa 2,3 bei 135 Millionen Geburten pro Jahr eingependelt. Die aktuelle demografische Expansion erklärt sich demnach durch die Steigerung der Lebenserwartung, nicht durch die Zunahme der Geburten. Dennoch gibt es starke regionale Unterschiede. Über 95 Prozent des Bevölkerungswachstums wird sich in Entwicklungsländern oder Ländern mit einer aufholenden Entwicklung ereignen. In Europa werden bis 2050 nur noch zehn Prozent der Weltbevölkerung leben. Solche Zahlen können uns vor Augen führen, dass die politischen Aufgaben für die nächsten Dekaden nicht in erster Linie in einer Geburtenkontrolle, sondern in der Überwindung der absoluten Armut liegen. Es geht darum, wie ein Wachstumspfad implementiert werden kann, der der untersten Milliarde (»Bottom Billion«) den Anschluss an ein humanes Leben erlaubt.[45]

Ein weiteres in diesem Zusammenhang relevantes Faktum ist die Entwicklung einer globalen Mittelklasse. Die Menschen in dieser Schicht verfügen über ein Pro-Kopf-Vermögen zwischen 10.000 und 100.000 US-Dollar. Derzeit zählen circa 1,6 Milliarden Menschen zur globalen Mittelschicht. Diese Zahl wird sich bis zum Jahr 2030 auf 4,9 Milliarden Menschen verdreifachen. Dabei wird diese Schicht in Asien circa fünfmal schneller als in Europa und bis zu zehnmal schneller als in den USA wachsen. Das heißt also: Erstmals wird die Mehrzahl der lebenden Menschen einer Mittelschicht angehören, und zwei Drittel dieser globalen Mittelschicht werden in Asien leben. Mittelschicht bedeutet (trotz erheblicher regionaler Unterschiede): höherer Fleisch- und Fischkonsum, verstärkte Mobilität, höherer Energieverbrauch und verstärkter Erwerb von zahlreichen materiellen Gütern, wie sie unser westlich geprägtes Wohlstandsmodell charakterisieren. Mittelschicht heißt aber auch, dass ihre Mitglieder höhere Erwartungen und Forderungen an Bildung, Gesundheit und urbane Infrastruktur entwickeln. Die politischen Systeme werden dadurch fragiler und stabiler zugleich. Sie werden stabiler nach innen, da jede Mittelschicht den Fortschritt und das Wachstum einer Gesellschaft trägt. Sie werden fragiler, da die globale Abhängigkeit von einer arbeitsteiligen und spezialisierten Wertschöpfung größer wird als in einer ländlichen Subsistenzwirtschaft. Das korreliert mit einer Steigerung des Weltsozialprodukts von derzeit circa 74 Billionen US-Dollar auf über 200 Billionen US-Dollar.

Die daraus folgende Bedarfssteigerung an Nahrungsmitteln, Energie und Wasser wird auf mindestens 50 Prozent geschätzt. Im Hinblick auf Wohnraum und Verkehrsinfrastruktur rechnet man mit einem zusätzlichen Landverbrauch von circa 100 bis 200 Prozent der aktuellen EU-Agrarfläche. Wenn man das deutsche Mobilitätsniveau zugrunde legt (700 Kraftfahrzeuge für 1000 Menschen), würde die Zahl von derzeit einer Milliarde Fahrzeugen auf fünf Milliarden ansteigen. Über 50 Prozent der Weltbevölkerung leben in Städten. Fast 50 Prozent der Weltbevölkerung werden in Gegenden leben, in denen es direkten oder indirekten Süßwassermangel gibt. 1,1 Milliarden Menschen haben bereits jetzt keinen direkten Zugang zu Trinkwasser, und weitere 2,6 Milliarden sind mit massiven Hygieneproblemen konfrontiert. Dieser Wasserstress wird durch die sich fortsetzende Urbanisierung verstärkt. Hinzu kommt, dass sich in den nächsten Dekaden eine ganze Bevölkerungskohorte vom Arbeitsmarkt[46] verabschieden wird. Die Baby-Boomer gehen in Rente. In den USA werden das beispielsweise täglich 10.000 Menschen sein. Das macht global zusätzlich 360 Millionen Menschen im Jahr aus.

Diese Zahlen sind aufgrund stabiler demografischer Daten gut vorhersehbar. Dennoch sind die absoluten Zahlen psychologisch irreführend. Ein Ausflug ins Tierreich soll das verdeutlichen: Der Neurobiologe Brian Goodwin (2002) hat herausgefunden, dass sich 1000 Ameisen in einem Gehege eher aggressiv zueinander verhalten. Erhöht man ihre Anzahl auf 10.000, entsteht eine kritische Masse, und das Verhalten der Ameisen ändert sich grundlegend: Sie werden kooperativer, da sie sich als Art erkennen. Die Biomasse der Ameisen, gemessen in Kilogramm des Gewichts aller Ameisen weltweit, ist um das Fünffache höher als die Biomasse der Spezies Mensch. Den Biologen Bert Hölldobler und Edward O. Wilson zufolge entspräche das etwa 35 Milliarden

Menschen (Wilson 2013). Ameisenkolonien gelingt es aber seit Millionen Jahren, ohne Abfälle kooperativ zusammenzuleben. Für uns könnte sich eine ähnliche Situation ergeben. Mit acht Milliarden Menschen nehmen wir uns vielleicht endlich als Alter Ego und als Art wahr, und vielleicht ermöglichen das Internet und Big Data einen ähnlichen kritischen Umschlagspunkt. Wir erkennen die Begrenztheit des Planeten und dass Kooperation und nicht Wettbewerb für alle Beteiligten von Vorteil ist.[47]

Das Gedankenexperiment hat den Vorteil, dass wir – wenn auch zunächst virtuell und idealtypisch – eine Gesellschaftsformation denken können, die entstünde, wenn wir unter unsicheren Bedingungen Entscheidungen treffen müssten. In einer global eingehegten Gesellschaft hat ein globales Konkurrenzprinzip psychologisch keinen Sinn. Gegen wen sollen wir uns im Wettbewerb beweisen? Mit der Schaffung von Grenzen entsteht gleichsam automatisch ein nach innen gerichteter Drang zur Kooperation. Darüber hinaus kann ein solches Gedankenexperiment helfen, eine unübersichtliche und spezialisierte Detaildiskussion zu entwirren und zu den zentralen Fragen des Zusammenlebens zurückzukehren. Wir wissen auch mit mehr empirischen Detailinformationen nicht, was morgen passieren wird. Die Zukunft wird weiterhin offen sein. Derzeit werfen wir immer noch weiter, als wir sehen können. Aber wir sind eben keine Ameisen.

Perspektivwechsel: Vom demografischen zum Bildungsdefizit[48]

Für eine Reihe von Staaten (beispielsweise Italien, BRD oder Japan) führt die Überalterung in Verbindung mit einer reduzierten Fertilitätsrate zu unmittelbaren Herausforderungen für die sozialen Sicherungssysteme. Denn Kinder bedeuten eine Absicherung gegen Altersarmut. Das trifft auf die Entwicklungs- und Industrieländer gleichermaßen zu. Ist die nächste Generation in der Gesamtbevölkerung unterrepräsentiert, muss der Mackenroth-

These zufolge Wohlstand gekürzt werden. Denn in der Regel ist die Investition in Kinder nicht nur emotional eine Bereicherung, sondern auch mit einer positiv-fiskalischen Externalität verbunden. Das heißt: Der Staat oder die Gemeinschaft profitieren nach Verrechnung aller Zu- und Abflüsse finanziell. Unter Berücksichtigung der Kindeskind-Effekte ergibt sich ein durchschnittlicher positiver Nettosaldo von circa 140.000 Euro über die gesamte Erwerbsbiografie hinweg.

Hans Werner Sinn nennt vier Strategien, um dem demografischen Defizit in der Altersvorsorge zu begegnen.

1. **Späteres Renteneintrittsalter** mit einer Verlängerung der faktischen Lebensarbeitszeit.
2. **Aktive Einwanderungspolitik** zur Stabilisierung des Altersquotienten beziehungsweise des Erwerbspersonenpotenzials.
3. **Ausbau der privaten Kapitaldeckung** durch verstärkte private Sparanstrengungen vor allem für Kinderlose.
4. **Verbesserte öffentliche Infrastruktur** wie Kinder- und Krippenplätze und Tagesschulen sowie fiskalische Anreize nach Art eines Kindersplittings. Denn die aktuelle Generation ist gleich dreifach gefordert. Sie muss für die aktuellen Rentner zahlen, die eigenen Kinder erziehen und für das Alter vorsorgen.

Aus einer nationalökonomischen Perspektive ergibt sich in der Tat ein demografisches Defizit dieser Lesart. Aus einer globalen Perspektive bieten sich jedoch ergänzende Schlussfolgerungen an. Zweifellos handelt es sich bei der sozialen Sicherung im Alter um einen Sparvorgang, der prinzipiell in zwei Anlageformen münden kann. Zum einen geht es um Investitionen in Humankapital.[49] Das umfasst entweder den eigenen Bildungsstand, den der eigenen Kinder oder den der Kinder Dritter. Die Logik dabei ist, dass eine höhere Bildung mehr Einkommen verspricht, das wiederum in den Konsum im Alter fließen kann. Die zweite Anlageform sind Investitionen in Sachkapital. Sie umfassen einfache Rücklagen, Aktien, Staatsanleihen, Wertpapiere oder Immobilien. Die Logik dahinter ist, dass es in einer global vernetzten Welt immer irgendwo Staaten, Unternehmen oder Menschen geben wird, die mithilfe von Technologien und unter Einsatz von Dienstleistungen eine hinreichende Produktivität erwirtschaften, die dann zum Konsum im Alter ausreicht. So demaskieren sich – global betrachtet – Kapitaldeckungsverfahren immer als Umlageverfahren, da irgendwo auf der Welt jemand die Arbeit machen muss. Denn der Konsum zukünftiger Rentner kann auch erst in der Zukunft real erwirtschaftet werden. Oder einfach gesprochen: Den Kuchen, den man in 30 Jahren essen will, sollte man auch erst in 30 Jahren backen.

Die Ambiguität des Verhältnisses von Erwerbstätigen zu Pensionisten bleibt bestehen, auch wenn sie geografisch auseinanderfällt. Und hinter jeder Staatsanleihe steckt eine nationale Wirtschaftspolitik, die von der Hoffnung getragen ist, dass die Erwerbsbevölkerung entsprechende Überschüsse erarbeitet, die dann irgendwo auf der Welt wieder umverteilt werden. Der Verflechtungsgrad von internationalen Unternehmensbeteiligungen und globalen Wertschöpfungsketten mit all ihren wechselseitigen Abhängigkeiten lässt sich heute nicht mehr sinnvoll und vollständig entzerren. Einzelne Akteure, Staaten oder Unternehmen können nicht mehr isoliert kausal zugeordnet werden. Das internationale Finanz- und Wirtschaftssystem ist in diesem Sinne überkomplex. So spielt es ökonomisch gesehen für die Alterssicherung keine Rolle, ob die eigenen oder fremde Kinder im Nachbardorf, in Südchina, im Kongo oder in der Ostukraine arbeiten.[50]

Hinzu kommt, dass die stärksten Geburtenraten bereits in den 1980er-Jahren erreicht wurden und wir jetzt den demografischen Zuwachs in erster Linie nicht mehr der Geburtenregelung (trotz unbestrittener regionaler Unterschiede), sondern der Verbesserung der Lebenssituation verdanken. Geringere Kinder- und Müttersterblichkeit, verbesserte Hygiene und medizinische Primärversorgung sowie die allgemeine ökonomische Wachstumsdynamik tragen dazu bei, dass jährlich mehr Menschen auf diesem Planeten leben, auch wenn der Zuwachs rückläufig ist.

Der globale Altersmedian lag im Jahr 2013 bei 29,4 Jahren. Die Zahl drückt aus, dass jeweils die eine Hälfte der Weltbevölkerung älter und die andere Hälfte jünger ist. Der Wert gilt als ein grobes bevölkerungsstatistisches Maß für Produktivität, Kreativität und Fortschritt einer Gesellschaft, ausgehend davon, dass der Höhepunkt der Schaffenskraft eines Menschen statistisch um das 35. Lebensjahr erreicht sein soll (was ich persönlich nicht bestätigen kann), bei Unternehmensgründung drei Jahre später.

Was folgt daraus? Wenn also die Investition in Kinder das zentrale Argument zur Absicherung von Altersarmut darstellt; wenn es aus einer intergenerationellen Perspektive nicht gerecht ist, dass eine Generation für drei Generation zuständig ist; wenn es ökonomisch gleichgültig ist, wo die zukünftigen Erwerbstätigen leben; wenn der Höhepunkt des globalen Arbeitskraftpotenzials innerhalb der nächsten fünf bis zehn Jahre zu erwarten ist; wenn die Investition in die zukünftigen Generationen vor allem in den ersten Lebensjahren den größten Return of Investment für eine Gesellschaft hat (siehe Heckman-Kurve, ausführlich in Kap. 8) und wenn wir global betrachtet über 200 Millionen Arbeitslose haben – dann haben wir kein demografisches, sondern ein Bildungsdefizit. Kurz, die Baby-Boomer müssten – rationale Politikentscheidungen vorausgesetzt – so viel wie möglich ihrer Ersparnisse in Kindergärten, Schulen, Krankenhäuser, Universitäten, soziale Sicherungssysteme und das Nationbuilding der Länder investieren, in denen dieser Bevölkerungsüberschuss lebt.[51] Stellt man die Größenordnungen gegeneinander – auf nationaler Ebene die Anstrengungen um Kapitaldeckung, Immigration, Renteneintrittsalter und Infrastrukturmaßnahmen und auf globaler Ebene den demografischen Median, die Investition in Frühförderung und den Anteil an unterinvestiertem Humankapital (Arbeitslosigkeit und Studenten) –, dann verstärkt sich der Eindruck, dass die nationalen Bemühungen nur dann nachhaltig sind, wenn sie mit den globalen Entwicklungen synchronisiert werden, da die globalen Entwicklungen die nationalen übersteuern. Wenn wir abschließend noch in Betracht ziehen, dass wir von einem nachhaltigen Steady-State-Szenarium ausgehen wollen, in dem wir weniger, nicht mehr arbeiten sollten und eine geringere Mobilität, nicht eine höhere Mobilität fordern, dann entstehen rasch Doppelinterventionen, die sich teilweise gegenseitig aufheben, konterkarieren oder den negativen Trend verstärken.

Die grüne Zukunft: Alles eine Frage der Technik?

Der zweite Strang des Standardarguments betrifft die Bedeutung kohlenstoffarmer Technologien. Die Kernaussage ist, dass die technologischen Effizienzsteigerungen mit einer gleichwertigen Preissteigerung gekoppelt werden müssen. Wenn die technische Produktivität bei einem historischen Wert von 2–3,5 Prozent pro Jahr stetig steigt, würde das über einen Zeitraum von 40 Jahren zu einer Reduzierung von Material, Energie und Ressourcen um den Faktor vier führen, ohne dass die finanzielle Belastung zunimmt. Mit dieser faszinierenden Idee argumentiert auch Ernst Ullrich von Weizsäcker für den Einsatz von grünen Technologien (Weizsäcker et al. 2010). In der Tat ist die globale Energieintensität, gemessen in Rohstoff-, Land-, Material-, Wasser- und Energieverbrauch pro Einheit des Sozialprodukts, heute um mindestens ein Drittel niedriger als in den 1970-erJahren. Das heißt: Wir produzieren effizienter. In absoluten Zahlen gemessen hat der Verbrauch jedoch um 80 Prozent zugenommen, da sich im gleichen Zeitraum die globale Wertschöpfung entsprechend erhöht hat.

Für die nächsten Jahre wird es eher schwieriger als einfacher, weil große Teile der Weltbevölkerung einen nachholenden materiellen Wohlstand einfordern werden. Der britische Wirtschaftswissenschaftler Tim Jackson rechnete uns 2009 vor, dass die Energieproduktivität um über zehn Prozent pro Jahr steigen müsste, um das Zwei-Grad-Ziel zu erreichen. Oder anders formuliert: Bei einem angenommenen weltweiten Wirtschaftswachstum von 1,4 Prozent benötigen wir eine Steigerung der Effizienz um das Zwanzigfache über die nächsten 40 Jahre.[52] Die Umsetzung effizienter Technologien bedarf zudem einer intensiven Koordination in der internationalen Zusammenarbeit. Dabei sind der geforderte Lenkungseffekt einer ökologischen Steuerreform, eines Cap-and-Trade-Emissionshandels oder die Besteuerung von Flugtickets zwar theoriekonform, aber empirisch oft nicht durchschlagend. In der Summe entstehen zwar rein rechnerisch beträchtliche Beträge, die für Transferzahlungen in ökosoziale Projekte verwendbar sind. Aber sie lösen meist keine hinreichenden Verhaltensänderungen aus. Das Problem liegt tiefer.

Technologien sind nie neutral, denn sie haben einen intrinsischen und einen extrinsischen Wert. Intrinsisch sind Technologien immer mehr oder weniger nachhaltig, je nachdem, mit welcher alternativen Technologie wir sie vergleichen (Kohlekraftwerke versus Fotovoltaik). Der extrinsische Wert einer Technologie erschließt sich dagegen erst an der Stelle, an der sie Anschluss an eine spezifische Lebensform hat. Zum Beispiel können wir Nachrichten auf Papier per Post oder elektronisch via Internet verschicken. Hier ist es die Form des Handelns, die mehr oder weniger nachhaltig ist. Die Frage der Nachhaltigkeit einer Technologie ist also an eine anthropologische Perspektive zurückgebunden.

Zugegebenermaßen erlauben Technologien eine Erhöhung der Effizienz, das heißt eine relative Entkopplung des Ressourceneinsatzes vom Output. In der Regel ist das das entscheidende Kriterium und bestimmt darüber, ob eine Technologie überhaupt marktfähig wird oder nicht. Gelingt es den Technologien, Arbeitsprozesse zu vereinfachen und zu verbilligen und damit effizienter zu gestalten, haben sie ein hohes Potenzial, am Markt angenommen zu werden. Historisch sind jedoch nahezu alle Effizienzsteigerungen mit mindestens drei der folgenden Effekte verbunden gewesen:

Erstens bedeutete die Steigerung des Outputs pro Input in den allermeisten Fällen eine Verlagerung der Kosten: Ändern sich die rechtlichen und institutionellen Rahmenbedingungen nicht, kommt es entweder zeitlich (zukünftige Generationen), geografisch (Dritte Welt), systemisch (globale Risiken), sozial oder materiell (Unterschicht) zu einer Verlagerung des Problems. Die

Wahrnehmung der einzelnen Akteure ist dann zwar, dass alles richtig läuft; da aber 90 Prozent des Energie- und Materialeinsatzes entlang der Wertschöpfungskette irgendwo auf der Welt und nicht bei der Endproduktion benötigt wird (Deutscher Bundestag, 2013), entstehen oft Effizienz-Insellösungen. Aus einer integralen Helikopterperspektive betrachtet, kann so eine geografisch isolierte Effizienzsteigerung schnell zum Gegenteil werden.[53]

Zweitens führen Effizienzsteigerungen häufig zu einer erhöhten Verletzbarkeit des Systems. Effizienz geht in der Regel auf Kosten der Resilienz, das heißt auf Kosten der Robustheit und der Reaktionsfähigkeit bei Schockereignissen. Aus der Systemtheorie sowie aus vielen einzelwissenschaftlichen Ergebnissen der Biologie, der Medizin, der Ingenieurwissenschaften und der Agrarwirtschaft wissen wir, dass jede Effizienzsteigerung zwar den Output pro Zeiteinheit erhöht, aber gleichzeitig das Gesamtsystem gegenüber einem externen Schock verwundbarer macht. Beispiele dafür sind landwirtschaftliche Mono- versus Mischkulturen, zentralisierte Energiewirtschaft versus dezentrale Versorgung, Finanzökonomie und monopolisierte Geldschöpfung versus lokale und parallele Resilienzwirtschaft.[54] Das prägnanteste Beispiel, das den Zusammenhang von Effizienz und Resilienz deutlich macht, ist der Rückgang der Biodiversität bei gleichzeitigem Zuwachs an Monokulturen. Man spricht in diesem Zusammenhang vom sechsten Artensterben.[55] Während die ersten fünf durch Meteoriteneinschläge verursacht wurden, liegt der Grund für das sechste Sterben ausschließlich beim Menschen. Die Biodiversität umfasst drei Bereiche: die genetische Vielfalt der jeweiligen Art, die Vielfalt der Arten und ihre Wechselwirkungen untereinander sowie die Vielfältigkeit der Ökosysteme. Die Zahlen zeichnen folgendes Bild: Zu den über 1,7 Millionen derzeit bekannten Arten kommen jährlich 10.000 bis 20.000 Neuentdeckungen hinzu. Gleichzeitig aber sterben circa 30.000 Arten aus. Dieser Rückgang der Diversität wird dann – je nach Rechnung – bis zum Jahr 2050 weitere 20 bis 60 Prozent betragen. Verursacht wird er im Wesentlichen durch fünf Faktoren: die Veränderungen des Lebensraums (etwa Versiegelung des

Bodens), Klimaveränderungen (etwa steigende Vegetationsgrenze), invasive Arten (etwa Asiatischer Karpfen in den USA), die Übernutzung der Bestände (etwa Überfischung im Nordostatlantik) und den Verschmutzungsgrad (etwa Schadstoff- und Düngereintrag der konventionellen Landwirtschaft). Unser expansiver Wachstumspfad führt dem Geoökologen Carsten Neßhöver zufolge zu einem Verlust des »Facettenreichtums der Natur«[56] bei gleichzeitiger Zunahme an Monokulturen. Deutlich wird das im Bereich der Ernährung. Von den 16.000 essbaren Pflanzen, die uns weltweit zur Verfügung stehen, ernähren wir uns zu 75 Prozent von zwölf Pflanzen. Mais, Reis und Kartoffel stehen dabei ganz oben. Das alles macht unser Ökosystem für den Menschen kurzfristig extrem effizient, aber zugleich weniger robust gegenüber externen Schocks.[57] Die folgende Abbildung zeigt den Zusammenhang in allgemeiner Form.[58]

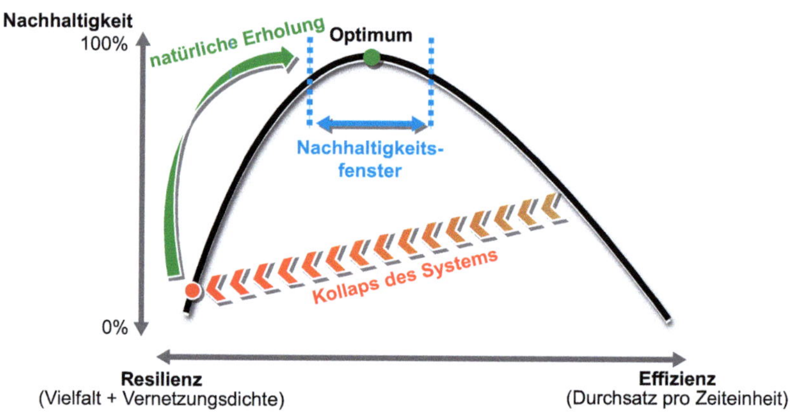

Abb. 11: Effizienz und Resilienz (nach Bernard Lietaer et al. 2012/2013)

Drittens sind alle Technologien, die eine entsprechende Marktfähigkeit erreicht haben, von Rebound- oder Rückschlageffekten bedroht. Gemeint ist damit, dass die Einsparungen, die eine neue Technologie erzielt, durch einen höherer Verbrauch wieder neutralisiert werden. So sind Flachbildschirme zwar im Vergleich zu Röhrengeräten energieeffizienter, aber sie sind auch leistungsfähiger. Die höhere Leistungsfähigkeit ermöglichte es wiederum, immer größere Flachbildfernsehgeräte herzustellen, was das anfängliche Energieeinsparpotenzial wieder schrumpfen ließ. Mittlerweile sind über ein Dutzend solcher Reboundeffekte beschrieben worden.[59] Aus den Ergebnissen der empirischen Verhaltensökonomie lässt sich als Faustregel ableiten, dass die Verbindung von Verhaltensänderungen (etwa mehr Fahrradfahren und weniger Autofahren) und dem Kauf von umweltfreundlicheren Technologien lediglich eine Entlastung von 10 bis 15 Prozent ermöglicht, ohne Berücksichtigung von Reboundeffekten.

Der Grundmechanismus von höherer Energie- und Ressourceneffizienz und höherem Verbrauch ist durch William Stanley Jevons seit über 150 Jahren in der Ökonomie bekannt. Hinzu kommt, dass sich einzelne Reboundeffekte gegenseitig aufaddieren, wenn Effizienzsteigerungen erst zu Kosteneinsparungen und dann zu Mengenausweitungen führen. Die Maximalvariante des Reboundeffektes ist das Backfire: Dabei werden Effizienzgewinne zu mehr als 100 Prozent durch Mengeneffekte wieder wettgemacht. In Teilen der chinesischen Industrie kann man das bereits feststellen. Der Volkswirt Roland Zieschank und der Umweltexperte Hans Diefenbacher sprechen von einem Leerlaufwachstum (2008), da jede zusätzlich generierte Einheit an einer anderen Stelle eigentlich nur noch für Reparaturaufgaben benötigt wird, um den Status quo zu halten. Empirische Arbeiten wie die von Kenneth Gillingham zeigen, dass die Reboundeffekte auf der Mikroebene bis zu 50 Prozent betragen können (2013). Eine Sättigung tritt zwar ein, aber erst viel später, und sie hängt vom Einkommen der Konsumenten ab. Je reicher die Konsumenten beziehungsweise je näher sie an der konsumptiven Sättigungsgrenze sind, desto wahrscheinlicher ist es, dass sie nicht mehr vom billigeren Gut konsumieren, das heißt umso geringer ist der Rebound. Ärmere Konsumenten stecken die Geldersparnis eher in mehr Konsum vom gleichen Gut oder von anderen vergleichbaren Gütern. Insgesamt addieren sich die Reboundeffekte dann schnell auf über 100 Prozent. Der Nettoeffekt und die Anstrengungen aus dem technologischen Effizienzstreben sind somit sogar negativ.

Aus verhaltenspsychologischer Sicht bedeutet Effizienz nicht, sparsamer zu sein, sondern mehr von etwas zu haben, das billiger ist. Die Abbildung 12 zeigt den Zusammenhang in systematischer Form.[60]

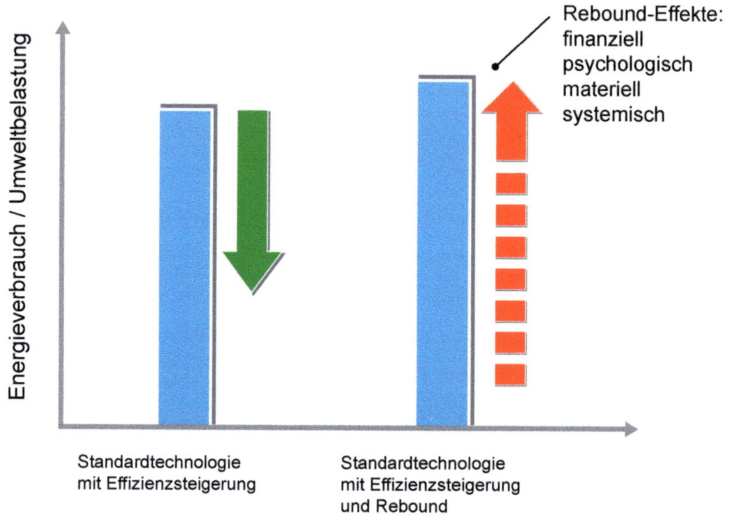

Abb. 12: Technologische Effizienzsteigerung (grün) und verhaltenspsychologischer Rebound (rot)

Mit Blick auf die billigen Güter lohnt sich eine weitere Differenzierung. Wenn eine Ware oder eine Dienstleistung einen niedrigen Ladenpreis hat, heißt das zunächst einmal nicht, dass die Herstellung effizienter oder besser ist. Als Faustregel gilt vielmehr: Je billiger Produkte innerhalb der gegenwärtigen sozioökologischen Rahmenbedingungen am Markt angeboten werden, um so teurer sind sie in Wirklichkeit. Man nennt das eine Konsumentenillusion. Denn wir haben mit dem günstigen Preis nicht die ganze Rechnung bezahlt. Es gibt einen Differenzbetrag zwischen dem Ladenpreis und den realistischen Kosten eines Produktes, der von den Steuerzahlern, der Umwelt und den zukünftigen Generationen getragen wird. Er entsteht durch niedrige Löhne und Sozialstandards sowie ein reduziertes Sozialkapital und geht auf Kosten des Gesundheitszustandes der betroffenen Bevölkerungsschichten.

Exakt beziffern können wir die realen Kosten eines Produktes nicht, aber wir wissen sicher, dass sie mit dem Ladenpreis nicht viel zu tun haben. So sind eine Milliarde Plastiktüten pro Jahr, die die Menschheit produziert, viel teurer, wenn man die Kosten für die Müllentsorgung, die Kläranlagen, den Umwelt- und Artenschutz und den Verbrauch von fossilen Brennstoffen mit berücksichtigt. Fast-Food-Produkte sind unbezahlbar, wenn man die Gesundheitskosten, steuerfinanzierte Subventionen sowie den Wasser- und Energieverbrauch einpreist. Ein Burger liegt dann schnell bei über 200 US-Dollar. So ist der globale Individualverkehr viel zu teuer, wenn man Unfalltote, Luftverschmutzung und staatliche Subventionen einkalkuliert. Auch eine Kilowattstunde Atomenergie hätte ein anderes Preisschild, wenn man die Risikoaufschläge und Versicherungsprämien einrechnen würde.

Selbst die IT-Branche bleibt nicht verschont. Der Laptop auf meinem Schreibtisch wiegt zwei Kilogramm. Für seine Herstellung werden aber zwei Tonnen Ressourcen verbraucht. Das heißt: Die 1998 Kilogramm sind irgendwo auf der Welt verteilt bereits verbraucht worden. Für eine reale Preisfindung fehlen dann immer noch die Kosten für den Elektromüll von derzeit zwei Milliarden Endgeräten, die eine Laufzeit von drei bis fünf Jahren haben. Wenn wir anfangen würden, die Kosten für Bürgerkriege bei der Gewinnung von seltenen Erden mit einzurechnen oder wenn wir die Lohnpolitik in Monopolmärkten (wie bei manchen Discountern) mit dem Verlust an regionalem Sozialkapital und Arbeitsplatzverlusten mit verstärkten steuerfinanzierten Sozialleistungen verrechnen würden, dann wären viele Produkte schlicht zu teuer.[61] Der reale Preis entsteht aber nur zu einem Teil durch eine zunehmende Internalisierung all dieser Kosten, sondern viel stärker durch eine geänderte Sozialpraxis. In späteren

Kapiteln werde ich das an einigen Beispielen zeigen. Die Abbildung 13 gibt hierzu einen ersten Überblick und zeigt, dass erst eine Vergemeinschaftung der Kosten Produkte billig macht.

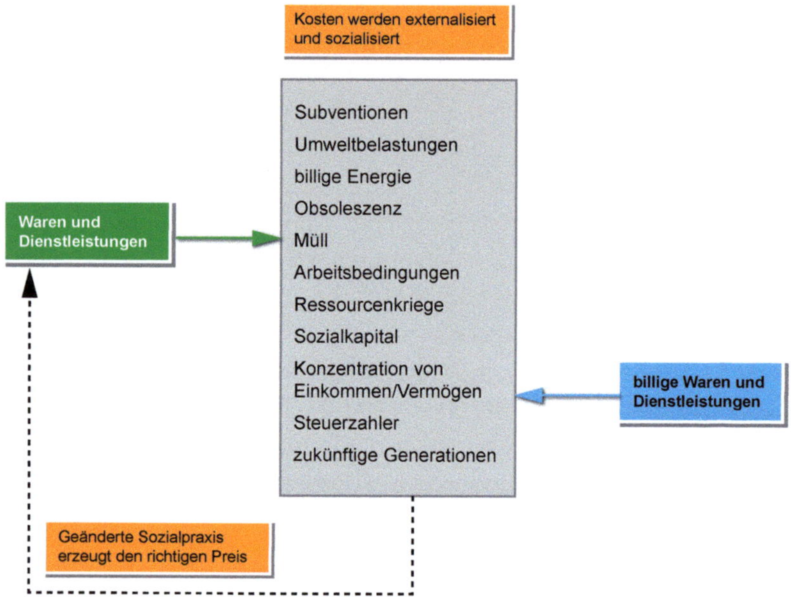

Abb. 13: Die Konsumenten-Illusion: Billig ist ein Hinweis dafür, dass etwas zu teuer ist. Nicht die Internalisierung von Kosten, sondern eine geänderte Sozialpraxis wird uns den richtigen Preis nennen.

Zusammenfassend lässt sich festhalten: Das Verhältnis von Effizienzsteigerung und nachfolgendem Rebound kann den Zusammenhang von innovativen Technologien, Energieeinsatz und humaner Arbeit und dessen Beziehung zur Wachstumsdynamik nicht umfassend abbilden. Dieser Zusammenhang hat tiefere Ursachen und bedarf einer weiteren Erläuterung. Global gesehen gibt es genügend fossile Energieträger für mindestens 200 weitere Jahre. Die Hoffnung, dass der Markt über ein Preissignal Knappheit abbildet und dass wir infolge erhöhter Energiepreise einlenken, ist psychologisch gesehen eher unrealistisch.

Energie: Der heimliche Katalysator wirtschaftlicher Wertschöpfung

Der technische Fortschritt der vergangenen 200 Jahre wurde durch eine massive Ausweitung des intelligenten Energieeinsatzes getragen, der sich an wenigstens drei Stellen zeigt: erstens im Betrieb von Maschinen und Robotern, die den Menschen von schweren und gefährlichen Tätigkeiten entlasten, aber auch verdrängen; zweitens in der Herstellung und Nutzung von Informationstechnologien (Computer, Smartphones, Internet);[62] und drittens in der Nutzung von sogenannter Prozessenergie[63] zur Herstellung von Grundstoffen (etwa in der chemischen Industrie, in Zementfabriken und in Aluminiumschmelzen). Unser aktuelles westliches Wohlstandsmodell beruht darauf, dass jedem Bürger dadurch Energiedienstleistungen zur Verfügung stehen, die rein rechnerisch der körperlichen Schwerarbeit von mehreren Dutzend Menschen (»Energiesklaven«) entsprechen. So lag der deutsche Primärenergieverbrauch 2013 bei 131 kWh pro Kopf und Tag, was fast 45 »Energiesklaven« entspricht. Die USA kamen mit 228 kWh gar auf über 75 »Energiesklaven«.

Diese aus Sicht der Naturwissenschaften evidente Bedeutung der Energie als Produktionsfaktor findet jedoch keine hinreichende Entsprechung in den Theorien der meisten ökonomischen Schulen: So erklären die klassischen Wachstumstheoretiker wie Robert M. Solow (1957), dass wirtschaftliches Wachstum mit einem Mehreinsatz der Produktionsfaktoren Arbeit und Kapital in Verbindung mit einem nicht näher spezifizierten und daher auch nicht quantifizierten technischen Fortschritt einhergehe. Der Energieeinsatz als eigenständiger Faktor tritt nicht in Erscheinung. Damit lassen sich aber weder kurzfristige Konjunkturschwankungen (wie etwa während der Ölkrisen der 1970er-Jahre) noch das längerfristige reale Wirtschaftswachstum in den Industrieländern verstehen. Die neoklassische Wachstumstheorie kann beispielsweise gerade einmal 13 Prozent des Wirtschaftswachstums der USA im Zeitraum

1909 bis 1949 quantitativ erklären. Der unerklärte Rest von 87 Prozent – das sogenannte Solow-Residuum – wird dem technischen Fortschritt zugeschrieben. Damit wird im Grunde genommen tautologisch ein unverstandenes Phänomen durch ein anderes ersetzt.

In neueren Studien wird dagegen die Leistungsfähigkeit der einzelnen Produktionsfaktoren, insbesondere der Energie, mittels Zeitreihenanalysen empirisch bestimmt. Als Maß für die Leistungsfähigkeit eines Produktionsfaktors dient dabei die Produktionselastizität (anschaulich: Produktionsmächtigkeit). Sie bezeichnet das Gewicht, mit dem (prozentuale) Veränderungen im Einsatz eines Produktionsfaktors auf die Wertschöpfung durchschlagen. Die Produktionsmächtigkeit stellt die Frage, wie empfindlich die Wertschöpfung von Schwankungen im Einsatz des betreffenden Faktors abhängt. Je größer dieses Gewicht ist, desto bedeutsamer wird der jeweilige Produktionsfaktor. Für die Wirtschaft der Bundesrepublik Deutschland im Zeitraum von 1960 bis 2000 ergaben diese Zeitreihenanalysen Produktionselastizitäten für die Faktoren Kapital, Arbeit und Energie wie in Abbildung 14 dargestellt.[64]

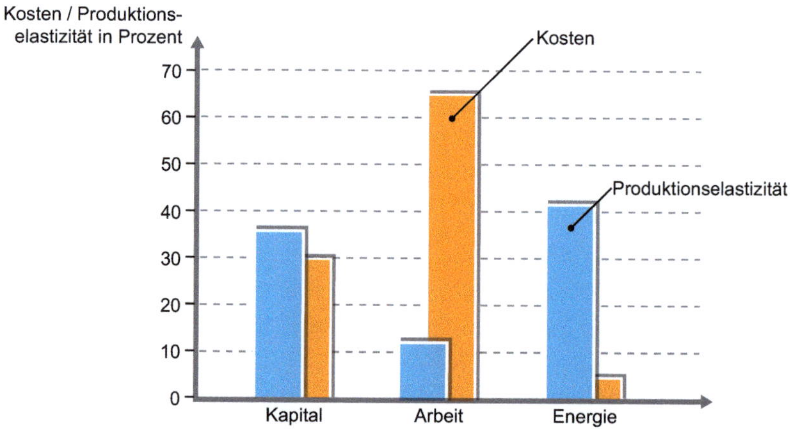

Abb. 14: Produktionselastizität einzelner Faktoren der Wertschöpfung (Kapital, Arbeit, Energie) im Vergleich zu den Kosten (BRD)

Analysen für die USA und Japan kommen übrigens zu ähnlichen Werten. Die Ergebnisse bedeuten, dass die ökonomische Wertschöpfung auf Veränderungen im Energieeinsatz etwa dreimal empfindlicher reagiert als auf Veränderungen im Einsatz menschlicher Arbeit. Für das Thema Nachhaltigkeit ist interessant, dass die empirisch bestimmten Produktionselastizitäten und die Kostenanteile der einzelnen Produktionsfaktoren weit auseinanderklaffen. In Zahlen bedeutet das: In den Industriestaaten entfallen im Schnitt circa 70 Prozent der Produktionskosten auf den Faktor Arbeit, 25 Prozent auf den Faktor Kapital und nur fünf Prozent auf Energie. Den Löwenanteil der Kosten macht die menschliche Arbeit aus, die aber nur eine geringe Produktionselastizität aufweist, während es sich beim Faktor Energie genau umgekehrt verhält. Das heißt: Eine Erhöhung des Faktors Arbeit um zehn Prozent lässt – unter gleichen Umständen – die Wertschöpfung einer Gesellschaft nur um 1,4 Prozent (nämlich 14 Prozent von 10 Prozent) anwachsen, steigert die Kosten aber um sieben Prozent. Währenddessen steigert die Erhöhung des Energieeinsatzes die Wertschöpfung um 4,1 Prozent (nämlich 41 Prozent von 10 Prozent), die Kosten aber nur um 0,5 Prozent. Durch einen Mehreinsatz an Energie kann man also die Wertschöpfung stärker steigern als die dabei anfallenden Kosten. Bei der menschlichen Arbeit ist es genau umgekehrt.

Das erklärt, weshalb unser derzeitiger Wachstumspfad seit Langem geprägt ist von der fortwährenden Substitution teurer und relativ produktionsschwacher Arbeit durch billige und produktionsmächtige Energie in Verbindung mit Kapital (Technologie). Das erklärt auch – zumindest teilweise – die seit einiger Zeit beobachtete Entkopplung von Wirtschaftswachstum und Beschäftigung.[65] Bei diesem Substitutionsprozess werden fortlaufend Arbeitskräfte »freigesetzt«, die nur dann an anderer Stelle unterkommen können, wenn die Volkswirtschaft schnell genug expandiert.[66] Erfahrungsgemäß ist das erst ab der Beschäftigungsschwelle von zwei bis drei Prozent Wachstum der Fall.[67] Und da der Faktor Arbeit (über Löhne und Gehälter wie auch über die daran gekoppelten Steuern und Abgaben) der zentrale Transmissionsriemen für die Verteilung des Erwirtschafteten und die Finanzierung der Gemeinschaftsaufgaben darstellt, führen niedrigere Wachstumsraten zu einer unablässigen Zuspitzung der Krise der Sozialversicherungen und der Staatsfinanzen. Die Folge ist, dass immer weniger Geld für technologiearme und dienstleistungsintensive Aufgaben wie Bildung und Forschung, Gesundheit, aber auch für Renten, Umweltschutz und andere Gemeinschaftsaufgaben zur Verfügung steht. Insofern ist es die Schieflage zwischen Arbeit und Energie, die uns in die Wachstumsabhängigkeit gebracht hat. Wir sind psychologisch gezwungen zu wachsen, um Arbeitsplätze zu schaffen oder andere sozioökologische Probleme zu lösen: Mit dem Arbeitsplatzargument können Rüstungsexporte genauso wie fragwürdige ökologische Infrastrukturprojekte oder auch der übereilte Einsatz neuer, in ihren Auswirkungen völlig unübersehbarer Technologien gerechtfertigt werden.

Vor diesem Hintergrund wird auch deutlich, weshalb sowohl der (neo-)liberale als auch der keynesianische Ansatz zur Bewältigung des Transformationsprozesses unvollständig bleiben: Während die neoliberale Idee niedrige Unternehmenssteuern, Deregulierungsmaßnahmen, eine Privatisierung öffentlicher Güter, eine Liberalisierung der Kapital- und Güterströme, verbesserte Abschreibungen und einen flexibleren Kündigungsschutz einfordert, steht der keynesianische Ansatz für eine antizyklische Defizitfinanzierung, höhere Löhne und besseren Kündigungsschutz. Die Gemeinsamkeit beider Ansätze besteht darin, dass sie zuvörderst Wachstum generieren wollen, um den Wohlstand zu mehren. Bei beiden Ansätzen kommt aber die Asymmetrie zwischen den Faktoren Arbeit und Energie nicht in den Blick. Der keynesianische Ansatz übersieht, dass höhere Löhne – wie sie zur Ankurbelung der Binnennachfrage vorgeschlagen werden – höhere Arbeitskosten und damit eine Verschärfung der Schieflage bedeuten und dass durch zusätzliche Schulden die Abhängigkeit von weiterem Wachstum zunimmt. Der unternehmerfreundliche Ansatz der Liberalen, die mit ihren Maßnahmen das Investitionsklima verbessern wollen, übersieht, dass angesichts der bestehenden Schieflage Investitionen nicht unbedingt in mehr Arbeitsplätze, sondern ebenso in effizientere Automatisierungsmaßnahmen fließen.[68] Wir kommen auf den Unterschied von Wachstum und Wachstumsabhängigkeit ausführlicher im Abschlusskapitel zurück. Dass es neben neoliberaler und keynesianischer Politik Alternativen gibt, wird am Beispiel der Komplementärwährungen noch vertiefend besprochen.

Das Mantra des immerwährenden Wachstums

Der dritte Pfeiler des Standardarguments betrifft unseren Wachstumspfad. In der Bundesrepublik wurde mit dem Wachstums- und Stabilitätsgesetz von 1967 die Grundlage für die Wohlstandsentwicklung der Nachkriegszeit gelegt und angemessenes Wachstum zum Staatsziel erklärt. 2009 wurde mit dem Wachstumsbeschleunigungsgesetz als Reaktion auf die Finanzkrise 2008 diese Grundidee erneut rechtlich verankert und die rechtliche Voraussetzung und die Legitimation unserer Wohlstandsentwicklung definiert. Expansives Wachstum, gemessen als Bruttoinlandsprodukt, gilt als Indikator für den Wohlstand einer Gesellschaft, wobei Verteilungsmuster und Umweltbelastungen traditionell nicht abgebildet werden. Aus Sicht der empirischen (Sozial-)Psychologie ist der Zusammenhang von Wohlstand und Wachstum aber alles andere als zwingend. Das Zwei-Prozent-Wachstum in der heutigen Bundesrepublik (zwei Prozent von 2000 Milliarden) ist mehr als zehn Prozent Wachstum in den 1950er-Jahren (zehn Prozent von 300 Milliarden), und zwei Prozent in der heutigen BRD sind immer noch mehr als acht Prozent Wachstum in China (pro Kopf 40.000 US-Dollar versus 8500 US-Dollar). In jeder Dekade hat die Wirtschaftsleistung der Bundesrepublik um durchschnittlich circa 30 Milliarden pro Jahr zugenommen – egal, was wir gemacht haben, und egal, wie groß die historische Bezugsgröße war. Der Wachstumspfad ist im Zehnjahresvergleich linear und nicht exponentiell wie in manch anderen Ökonomien.

Das bedeutet für unseren Zusammenhang mindestens Folgendes: Einmal ist der realökonomische Wachstumspfad so robust, dass es unerheblich ist, welche Wirtschaftspolitik gewählt wird, welches Zinsniveau herrscht, wie die Weltkonjunktur gerade aussieht, welches Regierungsprogramm umgesetzt wird und wie hoch die Arbeitslosigkeit ist.[69] Zweitens geht ein erheblicher Teil der Bruttowertschöpfung in Zinszahlungen (Zinserträge der Banken 1970: 15 Milliarden Euro; 1990: 200 Milliarden Euro; 2000: 382 Milliarden Euro, 2009: 433 Milliarden Euro). Die Zinszahlungen der öffentlichen Hand lagen seit den frühen 1990er-Jahren zunächst bei 30 Milliarden im Jahr und seit 1995 bei 60 bis 85 Milliarden Euro im Jahr. Dadurch wird das System immer ineffizienter bezogen auf das Arbeitseinkommen und die Realökonomie. Des Weiteren nimmt der Anteil an ökologischem und sozialem Desastermanagement von Jahr zu Jahr zu. So belaufen sich die externen Effekte auf über zehn Prozent des Sozialprodukts. Und schließlich lässt sich der lineare und gleichbleibende Zuwachs als ein historischer Zwischenschritt deuten: Nach der exponentiellen Entwicklung der Frühindustrialisierung stehen wir nun an einer Schwelle, an der das lineare Wachstum in eine S-Kurve, idealtypisch in einen Steady-State- oder einen Postgrowth-Zustand ausläuft. Die Abbildungen 15a und 15b zeigen die Zusammenhänge im grafischen Überblick.

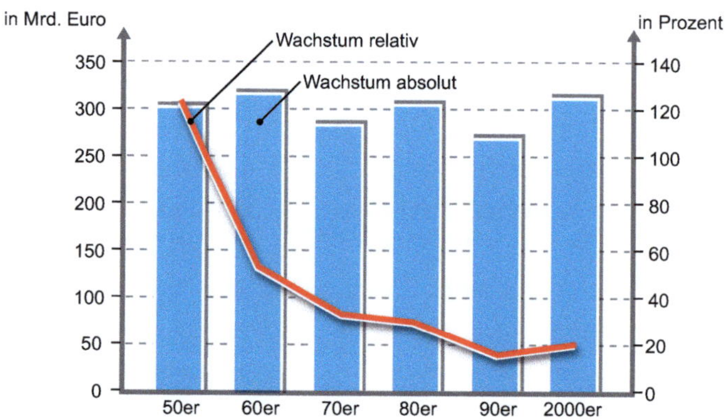

Abb. 15a: Lineares Wachstum und rückläufige Wachstumsrate (Institut für Wachstumsstudien [IWS], aktualisiert)

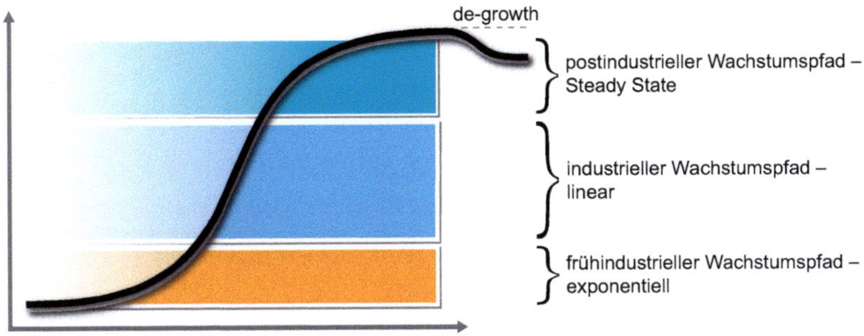

Abb. 15b: Idealtypischer Verlauf eines Wachstumspfads: exponentielles Wachstum in der Frühindustrialisierung, lineares Wachstum seit 1950 und Übergang in einen Steady State mit De-Growth im 21. Jahrhundert (Institut für Wachstumsstudien 2013; Madison 2001)

Die Arbeitsproduktivität ist, wie bereits erwähnt, in der EU seit einem halben Jahrhundert etwa um den Faktor vier gestiegen, die Ungleichheiten aber ebenso. Wenn wir das alles wissen, warum halten wir an dem Wachstumsparadigma fest? Eine Erklärung lässt sich aus dem von dem Soziologen Ulrich Beck beschriebenen Fahrstuhleffekt ableiten: Beck zeigt auf, dass die Wohlstandsentwicklung der Nachkriegsgesellschaft zu einem kollektiven Mehr an Einkommen, Bildung, Mobilität und Massenkonsum geführt hat. Die sozialen Klassen der Gesellschaft sind – um im Bild zu bleiben – mit dem Fahrstuhl eine Etage höher gefahren. Diese Erfahrung nährt bis heute die Überzeugung, dass Wachstum immer die theoretische Möglichkeit impliziert, das zusätzlich Erwirtschaftete anders zu verteilen. Was wir aber stattdessen sehen, ist, dass die soziale Ungleichheit zunimmt und atypische Beschäftigungsverhältnisse weltweit über weite Strecken stark angestiegen sind. Wenn wir davon ausgehen, dass in der Bundesrepublik das Sozialprodukt dekadenbereinigt linear um circa 30 Milliarden Euro wächst, wird es in Zukunft eher darum gehen, wie wir Arbeit so qualifizieren, ausstatten und verteilen, dass mehr öko-sozial qualifiziertes Wachstum entsteht.

Zudem hängen expansives Wachstum und Technologietransfer eng zusammen. Bei einem Prozent Wachstum verdoppeln sich die

Güter und Dienstleistungen innerhalb von 70 Jahren. Das heißt: Innerhalb einer Lebensspanne kann ein sinnvoller Einsatz von innovativen Technologien noch stattfinden. Liegt das Wachstum aber beispielsweise bei fünf Prozent, verdreißigfacht sich die Menge an Gütern und Dienstleistungen innerhalb einer Zeitspanne von 70 Jahren. Das erklärt dem Sozialpsychologen Harald Welzer und dem Kulturwissenschaftler Bernd Sommer zufolge nicht nur den hohen Verbrauchswert und Substitutionszwang durch immer neue Geräte, sondern verunmöglicht auch eine sinnvolle Integration von nachhaltigen Technologien.[70] Hinzu kommt, dass über 40 Prozent der Arbeitsplätze durch weiterführende Automation in den nächsten Jahren gefährdet sein werden.

Der isolierte Blick auf Produktivitätssteigerungen verstellt leider die Sicht auf die reale Übernutzung unseres Planeten. Zwei Beispiele sollen das untermauern. Das erste ist die fortschreitende direkte und virtuelle Bodennutzung: Global hat sich die verfügbare Fläche pro Kopf seit 50 Jahren halbiert und liegt derzeit bei 0,22 Hektar. Jedes Jahr gehen weitere 20 Milliarden Tonnen Mutterboden verloren. Global macht das ein Prozent Mutterbodenverlust pro Jahr aus. Für die Bundesrepublik sind das circa 100 Fußballfelder am Tag. Die EU ist im internationalen Vergleich der größte indirekte – virtuelle – Flächenimporteur. In Zahlen gesehen muss irgendwo auf der Welt ungefähr die doppelte Fläche der EU dafür herhalten, dass wir Europäer unseren Lebensstandard aufrechterhalten können. Das Entsiegeln oder Dekontaminieren von Flächen ist gleichzeitig extrem energieaufwendig und nur über lange Zeiträume hinweg realisierbar. Der Mutterboden beheimatet ein Viertel aller irdischen Lebewesen, und der Aufbau eines 10 Zentimeter tiefen Mutterbodens dauert zwischen 300 und 2000 Jahren.[71]

Zweitens werfen wir den Blick auf das Konzept des virtuellen Wassers: Der Geograf John Anthony Allan hat in den 1990er-Jahren nachgerechnet, wie viel Wasser für die Erzeugung einzelner Produkte notwendig ist. Während der direkte Wasserverbrauch etwa in der Bundesrepublik, rückläufig ist und täglich bei circa 130 Litern pro Kopf liegt, beträgt der indirekte – virtuelle – Wasserverbrauch circa 4000 Liter pro Kopf und Tag. Die Zahl ergibt sich aus dem hohen Wasserverbrauch der Produkte unseres täglichen Lebens. So benötigt eine Tasse Tee 15 Liter, eine Tasse Kaffee 150 Liter, ein Kilogramm Rindfleisch 15.000 Liter und ein PKW über 100.000 Liter für die jeweilige Herstellung.[72]

Der Begriff virtuell steht für: nicht direkt sichtbar, aber dennoch wirksam. Wenn wir ökonomisch wachsen, ohne den versteckten Anteil in der Wohlstandsentwicklung zu berücksichtigen, dann verhalten wir uns so wie ein Unternehmen, das seine Steuern auf einem Offshore-Finanzplatz verrechnet, um zu Hause keine Steuern bezahlen zu müssen. Wir kommen später am Beispiel des zivilgesellschaftlichen Paradoxes auf diesen Zusammenhang zurück. Es ist relativ einfach, Beispiele zu nennen, bei denen eine sinkende Arbeitsproduktivität ein Mehr an gesellschaftlicher Qualität bedeutet: mehr Krankenschwestern pro Patient oder weniger Kinder pro Lehrer. Bloßes technologiegetriebenes, expansives Wachstum wird aber obdachlos, weil es nirgendwo hinführt, nirgendwo zu Hause ist und immer weniger an die Lebenswelt zurückgebunden ist. Die Sozialfigur des Vagabunden drängt sich hier bildlich auf.

Green New Deal und Global Marshall Plan

Die Bevölkerung nimmt bis 2050 in der mittleren Projektion um circa 40 Prozent zu, bei einem Anstieg von circa 78 Millionen Menschen im Jahr. Das weltweite Sozialprodukt von derzeit 74 Billionen US-Dollar wird dann bei über 200 Billionen US-Dollar liegen. Um diesen Wachstumspfad gerechter zu verteilen, schlägt die Global-Marshall-Plan-Initiative eine Kofinanzierung gegen Standards vor. Solche Standards sind wichtig, denn Märkte sind kommunikative Akte und brauchen Regeln, um zu funktionieren. Sie sind in dieser Eigenschaft einem Gespräch sehr ähnlich, das ebenfalls nur auf der Basis von gemeinsam getroffenen Vereinbarungen funktioniert.[73] Wie aber sehen solche Regeln aus? Je nach Berechnungsgrundlage werden 0,5 bis 3 Prozent des Weltsozialprodukts dem Wirtschaftskreislauf durch Besteuerung entzogen und in sozioökologische Projekte der Dritten Welt investiert. Gleichzeitig soll das globale Wachstum über mehrere Jahrzehnte asymmetrisch stattfinden: Über die nächsten 75 Jahren soll sich – so der Vorschlag – die Wirtschaftsleistung verzehnfachen, bei gleichzeitiger Dematerialisierung der Wirtschaft ebenfalls um den Faktor zehn. Der Norden würde dann um den Faktor vier, der Süden um den Faktor 34 wachsen. Das entspricht einem jährlichen Wachstum von 1,9 Prozent im Norden und 4,8 Prozent im Süden und bewirkt, dass der gesellschaftliche Reichtum fairer verteilt wird. Im Durchschnitt haben dann die oberen 20 Prozent der Gesellschaft zwischen 35 und 50 Prozent, während die anderen 80 Prozent immer noch 50 Prozent oder mehr besitzen.

Eine solche Verteilung hat den Vorteil, dass Gesellschaften stabiler werden. Der entscheidende Unterschied zur Verteilungssituation vor 200 Jahren ist, dass wir damals nur eine Milliarde Menschen waren, die Wirtschaftskraft heute um den Faktor zehn höher ist als damals und dieser Mehrwert zukünftig umwelt- und sozialverträglich sein soll. In der Regel kommt es dann zu einer globalen Konvergenz der Wachstumspfade. Das Pro-Kopf-Einkommen steigt in den Ländern mit dem geringsten Ausgangswert am schnellsten, wobei moderne Technologien die Aufholjagd unterstützen (Leapfrogging). So hatte Asien vor 200 Jahren einen Anteil am Weltsozialprodukt von über 50 Prozent und fiel bis Mitte des vergangenen Jahrhunderts auf 18 Prozent. Dann setzte die Wachstumskonvergenz ein, und Asien wird in der mittleren Projektion bis 2050 wieder über 50 Prozent des Weltsozialprodukts erwirtschaften. Das Standardargument besteht nun darin, dass eine Expansion der jährlichen ökonomischen Wertschöpfung entlang des gegebenen Wachstumspfads und in Verbindung mit alternativen Technologien, die ressourcenschonender und effizienzsteigernder sind, eine nachhaltige Gesamtentwicklung ermögliche. Nachhaltig meint in diesem Zusammenhang: ökologisch vertretbar, universal anwendbar und sozial verträglich.[74] In dieser Denkfigur legitimiert sich der Wachstumspfad gewissermaßen erst im Nachhinein qualitativ über zukunftsfähige, kohlenstoffärmere Technologien, mehr Arbeitsplätze, sozialpolitische Spielräume, höhere Wettbewerbsfähigkeit und ein gutes Gewissen bezogen auf die Umwelt, die Entwicklungsländer und zukünftige Generationen. Der Mathematiker und Wirtschaftswissenschaftler Franz Josef Radermacher spricht von einer klassischen Win-win-Situation (2015).

Der Charme dieses sogenannten Green-New-Deal-Arguments liegt vor allem darin, dass wir unseren Lebensstil und unsere Governance nicht nennenswert ändern müssen. Es handelt sich vielmehr um eine Verlängerung des gegenwärtigen Wachstumspfads mit anderen Mitteln. Denn ob der Strom aus der Steckdose über fossile oder regenerative Energien kommt, ist für die Wahrnehmung des Endverbrauchers (fast) egal. Er spürt den Unterschied nicht und spürt in Folge auch keine Notwendigkeit, sein Verhalten zu ändern. Auch bei der Steuergesetzgebung und der Unternehmensverfassung muss sich nicht viel ändern. Beispielhaft sind hier leider auch zahlreiche Corporate-Social-Responsibility-Initiativen (CSR): Die fehlende Rechtsverbindlichkeit und der Umstand, dass die Nichtbefolgung einen Wettbewerbsvorteil mit sich bringen kann, machen aus etwas, das gut gemeint ist, eben noch nichts Gutes. Gut wird es erst, wenn wir anfangen die CSR-Programme aus der freiwilligen Selbstverpflichtung zu nehmen und sie zu einem Instrument der politischen Steuerung machen.[75] Die Gemeinwohlökonomie hat eine Reihe konkreter Vorschläge unterbreitet wie etwa einen verminderten Mehrwertsteuersatz, die privilegierte Berücksichtigung bei öffentlichen Aufträgen oder ein konsequentes Des-Investment bei Nichtbefolgung von CSR-Standards.

Selbst die Finanzarchitektur und der Geldschöpfungsmechanismus bleiben in einem Green-Deal-Szenarium unangetastet.

So zeigen Modellrechnungen gegenüber einem BAU-Szenarium (Business-as-usual), dass ein Green Deal für Deutschland höheres Wachstum (2,4 Prozent im Vergleich zu 1,8 Prozent) und weniger Arbeitslose (5,6 Prozent im Vergleich zu 8,5 Prozent) erzeugen würde.[76] Insgesamt ist das Argument von der Idee getragen, dass nachhaltigere Technologien den relativen Ressourcenverbrauch pro Produktionseinheit erniedrigen und damit effizienter sind und in der Folge mehr Spielräume für das Erreichen des Zwei-Grad-Ziels bestehen. So zeigt eine Reihe von Längsschnittstudien, dass sich die Effizienz in der EU im Zeitraum 1975 bis 2003 in der Tat pro Jahr um circa ein Prozent pro eingesetztem US-Dollar erhöht hat. Ein Teil dieser Effekte geht auf das Konto einer simplen Verlagerung der Wertschöpfungskette ins Ausland, ein anderer Teil ist auf den allgemeinen Trend der Deindustrialisierung zurückzuführen. Dennoch beschreibt dieser Zusammenhang die relative Entkopplung von Wertschöpfung und Ressourcenverbrauch.

Die Betrachtung von technologischen Lösungen lässt allerdings nur auf den ersten Blick den Schluss zu, dass ein nachhaltigeres Zusammenleben auf diesem Planeten durch konventionelle Wachstumsstrategien und deren Messmethoden prinzipiell möglich ist. Denn damit eine Wachstumsdynamik in Verbindung mit einer gegebenen Technologie nachhaltig wird, ist keine relative, sondern eine absolute Entkopplung notwendig.[77] Psychologisch scheint das Entkopplungsmotiv dem Bedürfnis zu entspringen, ein Kohärenzgefühl zu erzeugen, das uns hilft, unerträgliche kognitive und lebenspraktische Dissonanzen zu kompensieren. Nochmals zur Erinnerung: Wir müssten unseren Kohlenstoffausstoß um mindestens sieben Prozent pro Jahr senken (!), um das Ziel zu erreichen, die Treibhauskonzentration auf 450 ppm[78] zu begrenzen (IPCC 2014). Anders formuliert: Um das Zwei-Grad-Ziel mit einer Wahrscheinlichkeit von 70 Prozent zu erreichen, müssten wir die Konzentration von CO_2 in der Atmosphäre bei 400 ppm stabilisieren. Im Mai 2015 wurde dieser Wert bereits erreicht. Wer würde heute in ein Flugzeug steigen, das mit 30 Prozent Wahrscheinlichkeit abstürzt? Derzeit tun wir aber genau das (Meinhard Miegel 2010). Mittlerweile ist der CO_2-Anstieg mit 5,9 Prozent sogar höher als das globale Wachstum mit fünf Prozent.[79]

Eine vollständige ökologische Entkopplung wird im realen Leben wohl nicht realisierbar sein. Effizienz ist somit immer eine Frage der relativen Perspektive: Eine Kalorie Arbeitsenergie hat historisch zehn Nahrungskalorien erbracht. Heute brauchen wir zehn fossile Kalorien, um eine Nahrungskalorie zu erzeugen, und nennen das Fortschritt. Der Effizienzbegriff ist eben nur sektoral und perspektivisch sinnvoll und gilt auf weiten Strecken nur unter Laborbedingungen. Er verliert seine Bedeutung auf globaler Ebene. Denn selbst Passivhäuser, Ökohemden, Biolandwirtschaft und Solarenergie sind so lange nicht absolut entkoppelt, solange Rebound, Externalitäten und das Entsorgungsproblem nicht gelöst sind. Wahrscheinlich wird uns nur ein relativer Rückbau der gegebenen Infrastruktur eine solche Entkopplung ermöglichen. Alternative Technologien sind für sich betrachtet eben niemals nachhaltig oder nicht nachhaltig, sondern gewinnen diese Kategorien erst durch den Lebensstil, innerhalb dessen sie angewandt werden. Bevor wir uns diesem Thema näher widmen, möchte ich die Rechnung des Ökonom Jeffrey Sachs vorstellen.

Resümee: Jeffrey Sachs' Rechnung

Wir halten gewissermaßen drei Bälle in der Luft (Demografie, Technologie und Wachstum) und wollen damit sieben Probleme lösen (Armut, Polarisierung, globale Erwärmung, Biodiversität, Bildung, Gesundheit und Energie). Jeffrey Sachs (2007) hat in diesem Zusammenhang folgende Rechnung aufgemacht: Das globale Energiesystem benötigt zur Zeit 170 Kilogramm Öl als Primärenergie pro 1000 US-Dollar Output. Wenn man alle Energiequellen zusammennimmt (Gas, Öl, Atomkraft und so weiter), dann trägt jede Einheit (deren Energieertrag dem einer Tonne Erdöl entspricht) 2,4 Tonnen CO_2 in die Atmosphäre ein. Sachs rechnet mit einem globalen Bruttosozialprodukt von 90 Billionen US-Dollar (kaufkraftadjustiert). Das entspricht dieser Rechnung zufolge 36 Milliarden Tonnen CO_2 pro Jahr. Da die Weltökonomie wie die Bevölkerung um drei bis vier Prozent wachsen wird, wird sich die Emission bis 2050 auf 50 Milliarden Tonnen im Jahr erhöhen. Das heißt: Anstelle der 560 Milliarden Tonnen CO_2 hätten wir dann 1550 Milliarden Tonnen CO_2 produziert. Um das Zwei-Grad-Ziel zu erreichen, müssten wir aber bis 2050 die Emission auf 15 Milliarden Tonnen im Jahr senken. Bis zum Jahr 2050 wird die Weltökonomie bei einem Bevölkerungswachstum von 7,2 auf 9,3 Milliarden Menschen aber von derzeit 90 Billionen auf mindestens 280 Billionen US-Dollar wachsen, verbunden mit einer Verdreifachung des Durchschnitteinkommens pro Kopf. Unter der Annahme des Status quo im Einsatz von Technologien und Energiemix erhöht sich der CO_2-Gehalt entsprechend. Gleichzeitig müsste sich die Emission also mehr als halbieren! Keine mir bekannte Publikation kann schlüssig darstellen, wie das alles lebenspraktisch gehen und gesellschaftspolitisch umgesetzt werden soll.

Für Jeffrey Sachs gibt es zwei technologische Strategien: Erstens fordert er eine Steigerung der Energieeffizienz. Das bedeutet einen massiven Rückgang an Primärenergie pro Einheit Output. Bei 170 Kilogramm Öl-Äquivalenten pro 1000 US-Dollar Output müsste die Energieeffizienz um den Faktor fünf größer werden (30 bis 35 kg pro 1000 US-Dollar Output). Hinzukommen müsste zweitens ein Wechsel hin zu einer kohlenstoffärmeren Gesellschaft, um weniger CO_2-Emission pro Energieeinheit zu produzieren. Derzeit haben wir 2,4 Tonnen CO_2 pro Tonne Öl-Äquivalent. Gefordert wäre ein alternativer Energiemix, der eine Reduktion um 40 Prozent – also auf 1,5 Tonnen CO_2 – erlaubt. Dies zusammen würde 14 Milliarden Tonnen CO_2 bis 2050 ergeben und uns innerhalb des Zwei-Grad-Ziels halten.

Die Rechnung ist nicht falsch, wohl aber ungenau und lässt sich aus psychologischer Sicht durch folgende Aspekte modifizieren und ergänzen: Einmal ist davon auszugehen, dass Reboundeffekte auftreten, die einen erheblichen Teil der Effizienzsteigerung wieder neutralisieren. Es ist nicht zu erwarten, dass Menschen ihr Verhalten automatisch an gesteigerte Effizienzkriterien anpassen und weniger Energie verbrauchen. Zweitens ist davon auszugehen, dass wir wegen des Auseinanderfallens von äußerer Realität und innerer Wahrnehmung auch weiterhin dazu neigen, unser inneres Narrativ so lange umzuschreiben, bis es mit der äußeren Realität kompatibel ist. Der psychologische Mechanismus der kognitiven Dissonanz wird uns später näher beschäftigen. Neben diesen beiden eher negativen Aspekten gibt es aber auch zwei positive: Menschen scheuen bei Unsicherheit das Risiko. Daniel Kahneman hat in umfangreichen empirischen Arbeiten (für die er als erster Psychologe den Nobelpreis für Ökonomie bekommen hat) diese Zusammenhänge deutlich gemacht. Wenn wir alle Zahlen auf den Tisch legen und einen fairen öffentlichen Diskurs über die realen Zusammenhänge zwischen unserem Lebensstil und einer globalen Nachhaltigkeit führen, dann werden wir mit großer Wahrscheinlichkeit eher Entscheidungen treffen, die Risiko und Verluste vermeiden helfen, als dass wir uns entscheiden, weitere Gewinne und Zuwächse zu generieren. Wenn wir nicht wissen, wie eine Situation ausgeht, suchen wir eine Position, bei der wir ein möglichst geringes Risiko eingehen, und dies um den Faktor zwei (!) im Vergleich zu möglichen Gewinnen.

Neben den zwei technologischen Strategien fordert Jeffrey Sachs drittens, dass drei bis vier Prozent der Weltwirtschaftsleistung als Hilfsprogramme zur Bekämpfung von absoluter Armut, zum Erhalt der Biodiversität, zur Verringerung der globalen Erwärmung und für eine basale Gesundheitsvorsorge zur Verfügung gestellt werden. Das wäre Liquidität, die dem gegebenen Finanzsystem an verschiedenen Stellen graduell entzogen würde. Wenn man das zu Ende denkt, bedeutet das: Wenn wir drei bis vier Prozent zur Bekämpfung der oben genannten Probleme benötigen und gleichzeitig drei bis vier Prozent global wachsen, kommt das de facto einem Null-Wachstum in den Geberländern gleich. Das heißt: In der OECD werden keine weiteren Arbeitsplätze geschaffen, dafür aber in der Dritten Welt und in den Schwellenländern. Bei konsequenter Zunahme der Produktivität und konsekutivem monetärem Wachstumszwang (Zins und Schulden) bedeutet das außerdem einen Rückgang des materiellen Wohlstandsniveaus in den Geberländern.

Unter systemischen und entscheidungspsychologischen Gesichtspunkten ist diese Umverteilung im besten Falle umständlich, im schlechtesten Falle ineffizient – wahrscheinlich sogar beides. Anders formuliert: Durch Philanthropie und Steueranreize werden jährlich Milliarden Dollar in einem System erzeugt, das in sich instabil, ungerecht und nicht nachhaltig ist, um dann die Beträge am Ende des Jahres zugunsten von sozialen, kulturellen und ökologischen Projekten wieder dem Kreislauf zuzuführen. So haben die Geberländer in den vergangenen 50 Jahren durchschnittlich 15 US-Dollar pro Kopf und Jahr Entwicklungshilfe geleistet. Wenn man bedenkt, dass im gleichen Zeitraum der Anteil absoluter Armut in der Gesamtbevölkerung von 60 Prozent im Jahre 1950 auf 15 Prozent um die Jahrtausendwende gefallen ist, so zeigt das, wie effektiv die Hilfe war. Trotzdem reichen die Summen nicht. Inflationsbereinigt wurden nach dem Zweiten Weltkrieg durch die Marshall-Plan-Initiative 85 US-Dollar pro Kopf in Europa ausgegeben. Dennoch sind solche Transferleistungen vom Staat an die Gesellschaft prinzipiell vorteilhaft.[80] Eine Liquiditätsalternative wird ausführlicher im nächsten Kapitel diskutiert.

Es drängt sich die Frage auf, warum wir glauben, dass wir die Big 7 dennoch erreichen werden. Könnte es sein, dass psychologische Mechanismen auf kollektiver Ebene aktiv verhindern, dass wir uns mit der gegebenen Realität faktisch auseinandersetzen? Wenn ja, wie sehen solche Mechanismen aus und was sagt die Wissenschaft dazu? Die folgenden Kapitel beschäftigen sich damit, warum es eben nicht darum geht, dass wir einen Hamburger in wiederverwertbares Papier einrollen, Autos fahren, die statt sechs nur drei Liter Benzin verbrauchen, und Passivhäuser herstellen, die zwar im Prinzip Energie produzieren, deren Herstellung aber extrem teuer ist; sondern dass es darum geht, dass wir einen individuellen und kollektiv vermittelten Bewusstseinsschwerpunkt entwickeln, der es erlaubt, die Widersprüche und Ambivalenzen, Ungerechtigkeiten und Externalitäten, die unser gegenwärtiges Wohlstandsmodell tagtäglich generiert, in einen größeren Gesamtzusammenhang einzubetten.

5. Finanzmärkte und Nachhaltigkeit aus sozialpsychologischer Sicht

Der Fehler im System

Es gibt mittlerweile eine fast unübersehbare Flut an Literatur zum Thema Finanzmärkte und Psychologie.[81] Im Mittelpunkt stehen oft trivialpsychologische Analogien wie etwadie , dass das Auf und Ab an den Finanzmärkten einer bipolaren Psychose gleiche, bei der sich manische und depressive Phasen abwechselten; oder dass die Finanzszene von Psychopathen oder Narzissten unterwandert sei – obwohl wir wissen, dass Intelligenz und Psychopathologie gesellschaftlich gleich verteilt sind. Der Kerngedanke solcher Analogien ist dennoch nicht ganz von der Hand zu weisen, denn natürlich sind es einzelne Menschen, die entscheiden und deren Handlungen in der Summe makroökonomische Veränderungen hervorrufen können. Ein genauerer Blick lohnt schon deshalb, weil wir uns immer dann, wenn es zur Krise kommt, die gleiche Geschichte erzählen, in der es Schuldige gibt und eine Lehre, die wir aus dem Ereignis ziehen können. Es spielt dabei keine Rolle, ob wir uns einer liberalen oder einer sozialdemokratischen Agenda verpflichtet fühlen, ob wir politisch links oder rechts stehen, ob wir einer Expertenmeinung folgen oder ein spezifisches Regierungsprogramm verantwortlich machen. Das folgende Kapitel will diese Ansätze um die Erkenntnisse der verhaltensorientierten Finanzmarkttheorie (Behavioral Finance) ergänzen, in denen es um Entscheidungsprozesse unter den Bedingungen von Unsicherheit und Knappheit geht. Denn während wir uns über Jahrzehnte hinweg auf Bevölkerungspolitik, Technologien und Initiativen wie den Green Deal konzentriert haben, zeigt die neuere Forschung, dass, jenseits von Realökonomie, Naturschutz und Sozialstandards, das Design unseres Geldsystems der eigentliche Hebel zugunsten oder zuungunsten unserer Zukunft ist. Systemtheoretisch gesprochen ist unser Geldsystem ein Attraktor, auf den unterschiedliche Variablen unseres Wirtschafts- und Gesellschaftssystems zulaufen.[82] Die Abbildung zeigt den Unterschied in grafischer Form.

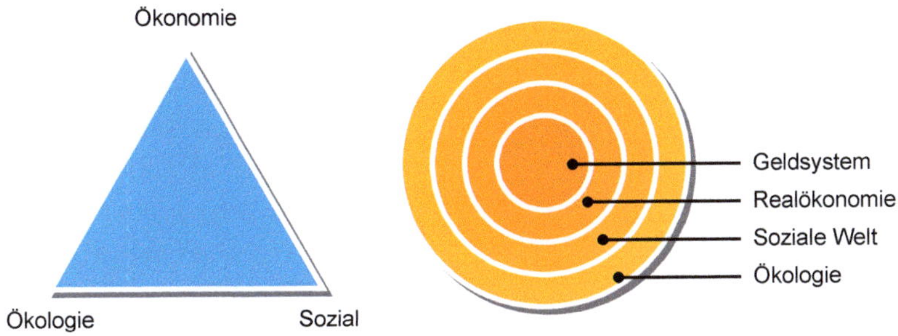

Abb. 16: Magisches Dreieck versus integrale Betrachtung: Bei einer integralen Betrachtung steht das Finanzsystem als Attraktion im Mittelpunkt jeder nachhaltigen Entwicklung.

Dennis Meadows' Bericht zu den »Grenzen des Wachstums« von 1972 kommt in diesem Zusammenhang das Verdienst zu, das Thema einer nachhaltigen Gesamtentwicklung ins öffentliche Bewusstsein gebracht zu haben. Interessanterweise schätzt er dabei das Geld- und Finanzsystem als neutral ein, das heißt, er schreibt ihm keinen nennenswerten Einfluss auf die realökonomischen Bedingungen beziehungsweise auf das Verhalten der Menschen zu. Für Meadows bleibt Geld eine Recheneinheit oder ein neutraler Filter, über den hinweg reale Güter- und Dienstleistungsströme abgewickelt werden. In der Zwischenzeit hat sich die Situation dramatisch verändert. Banken- und Währungskrisen treten signifikant häufiger auf als früher, der spekulative Anteil auf den Devisenmärkten liegt bei über 98 Prozent und wird durch den Hochfrequenzhandel, der bereits zwei Drittel des Börsenumsatzes ausmacht, weiter destabilisiert. Täglich werden auf den Devisenmärkten vier Billionen US-Dollar umgesetzt. Nur zwei Prozent davon wären für den realökonomischen Güter- und Dienstleistungsverkehr notwendig. Derivatmärkte erreichen – je nach Zählweise – einen Umfang des 12- bis 15-fachen des globalen Sozialprodukts. Und der Bankensektor verdient dem Vorstandssprecher der GLS Gemeinschaftsbank, Thomas Jorberg, zufolge nur noch circa zehn Prozent seines Vorsteuergewinns mit der Realwirtschaft.[83] Hinzu kommt, dass auf den USA ein riesiges Doppeldefizit (Staat und Außenhandel) lastet. US-Dollar werden in großem Umfang von asiatischen Zentralbanken aufgekauft – zur Stützung ihrer eigenen Währung. Niemand kann exakt vorhersehen, was passieren würde, wenn auch nur ein kleiner Teil dieser US-Dollarbestände auf den realen Markt zurückfließen und eine Inflation auslösen würde. Die Konsequenzen wären wahrscheinlich gravierend: Armut, Unsicherheit und soziale Spannungen würden zunehmen, während die ökologische Erneuerung ins Stocken geriete.

Schließlich hängt die Frage der finanziellen Entscheidungsspielräume auch am Umfang der Schuldenlast einer Gesellschaft. Weltweit beläuft sich die nominale Schuldenlast mittlerweile auf 150 Billionen US-Dollar – das sind 40 Prozent mehr als vor der Krise 2008. Stapelt man diese 150 Billionen Dollar als Ein-Dollar-Noten übereinander, entsteht ein Turm, der fünfzigmal bis zum Mond reicht. Über 40 Prozent der Schulden belasten die öffentliche Hand.[84] Dem stehen Zentralbanken, Staaten, internationale Unternehmen und Privatpersonen als Gläubiger gegenüber: Bankeinlagen, Versicherungen sowie Pensionsfonds und Wertpapiere (Aktien und festverzinsliche Wertpapiere) teilen sich grob zu je einem Drittel dieses Vermögen. All diese makroökonomischen Entwicklungen sind über weite Strecken bekannt und in Medien, Politikbetrieb und Öffentlichkeit in unterschiedlicher Form präsent.

Im Folgenden soll deutlich werden, dass und wie das gegenwärtige Finanzsystem unser Verhalten negativ beeinflusst. Das klingt auf den ersten Blick trivial, ist es aber nicht. Denn jedes

Mal, wenn wir einen Yen, US-Dollar, Euro oder Renmimbi in die Hand nehmen und eine Transaktion tätigen, wird das unseren eingeschlagenen Nachhaltigkeitspfad konterkarieren.

Geld stinkt nicht? Doch!

Fast alle unsere realökonomischen Transaktionen von Gütern und Dienstleistungen werden mit Geld abgewickelt, das vom Geschäftsbankensystem herausgegeben wird. Dieses Geldsystem ist monopolistisch über Zentralbanken organisiert, es kommt mehr oder weniger dereguliert weltweit zum Einsatz, trägt eine Liquiditätsprämie (Zins) und initiiert eine Schuldendynamik. Die Geldmenge wird verknappt und zu Spekulationszwecken eingesetzt. Der Vorteil dieses Geldsystems besteht darin, dass Volkswirtschaften, die ein nachholendes und expansives Wachstum benötigen (etwa die BRIC-Staaten und Afrika), über eine hohe Sparquote einen Kapitalstock aufbauen und die Voraussetzungen für Industrieanlagen, öffentliche Infrastruktur und soziale Sicherungs- und Bildungssysteme schaffen können. Hinzu kommt, dass der erwirtschaftete Wohlstand steuerlich umfinanziert werden kann, eine hohe überregionale Arbeitsteilung und Spezialisierung möglich wird und die Liquidität dorthin gelangt, wo ein hoher Kapitalstock benötigt wird. Das Design unseres Geldsystems ist jedoch gegenüber der Realökonomie kein neutraler Schleier, und es produziert selbst gravierende Nebenwirkungen. Folgende sind besonders wichtig:[85]

Immanente Instabilität: Unser Geld- und Kreditsystem wirkt immer prozyklisch und verstärkt den realwirtschaftlichen Konjunkturzyklus in beide Richtungen. Seit 1950 gab es 186 Schuldenkrisen, 96 Staatsbankenkrisen und 180 Austritte aus Währungsunionen. In den vergangenen 40 Jahren lassen sich zudem 425 Banken- und Währungskrisen aufaddieren. Das macht global gesehen mehr als zehn Ereignisse im Jahr. Insofern stellte die Krise 2008 keine Ausnahme dar, sondern den Normalfall. Außergewöhnlich war indes, dass erstmals drei Viertel aller IWF-Mitglieder betroffen waren und es die finanzkapitalintensiveren Volkswirtschaften stärker traf als die Peripherie des Finanzsystems. Finanz-, Währungs- und Bankenkrisen verschlechtern die Situation der öffentlichen Haushalte durch einen durchschnittlichen Schuldenzuwachs von 25 Prozent des Sozialprodukts über einen Zeitraum von drei Jahren hinweg. Und die Logik von Krisenentstehung und Krisenbewältigung entbehrt nicht einer gewissen Ironie: Staaten müssen sich von dem Finanzsystem Geld leihen, das sie dann retten müssen, um im Nachhinein von Akteuren desselben Finanzsystems – Ratingagenturen – als nicht mehr hinreichend konsolidiert oder kreditwürdig eingestuft zu werden.[86]

Während in den 1970er- und 1980er-Jahren die einzelnen Asset-Märkte (Gold, Anleihen, Aktien, Kredite, Derivate) auf weiten Strecken gegenläufige Reaktionen zeigten, existiert dieser gegenseitige Stabilisator inzwischen nicht mehr: Der hohe Liquiditätsgrad und die zunehmende Vernetzung führen bei nahezu allen Akteuren zu gleichsinnigen Reaktionen. So heißt es zutreffend: *When it rains, it pours* – Ein Unglück kommt selten allein. Diese prozyklischen Instabilitäten und Dauerkrisen sind zudem relativ teuer. Wenn beides – also Währungs- und Bankenkrise – zusammenkommt, akkumulieren sich schnell Beträge von 15 bis 20 Prozent des Sozialproduktes über drei bis fünf Jahre, wenn wir neben den direkten Kosten (Produktivitätsausfälle) auch die Transferkosten (Belastungen des Steuerzahlers) und die indirekten, also zusätzlichen krisenbedingten Kosten für Krankheit, Arbeitslosigkeit und Armut einbeziehen. Nach einer konservativen Schätzung verursachte die Krise 2008 allein zehn Billionen US-Dollar direkte Kosten.[87] Die Rechnung zahlte bisher ausnahmslos der Steuerzahler. Finanzkrisen führen zu irrationalen Ansteckungseffekten, die sich auf der Verhaltensebene schnell aufschaukeln. Den Akteuren ist dann weitgehend unklar, wer zuständig ist, wer welche Verantwortung trägt und wie die Risiken fair verteilt werden können.

Ist das alles Zufall, ist es Ausdruck einer spezifischen nationalen Wirtschaftspolitik, oder ist es ein Managementproblem? Ist es zyklisch, und sollten wir uns einfach darauf einstellen, dass solche Krisen kommen und gehen? Oder ist es systemisch, und beruht es auf dem Design, der Konstruktion unseres Geldsystems? In einer Analogie gefragt: Wenn unser Auto zehn Mal im Jahr einen Motorschaden hätte, würden wir dann nicht zu dem Schluss kommen, dass das Auto falsch konstruiert wurde?

Der Zusammenhang mit unserem Nachhaltigkeitsthema ist noch tiefreichender: Es liegt mittlerweile sowohl eine umfangreiche und robuste empirische Datenlage als auch die historische und theoretische Evidenz vor, das das Geldsystem, über das wir unsere komplette Gesellschaft organisieren, an mindestens vier Stellen menschliches Verhalten zuungunsten der Nachhaltigkeit steuert. Erstens favorisiert unser Geldsystem immer die *Kurzzeitbetrachtung*. Schuld daran ist der sogenannte Discounted Cash-Flow: Die Zukunft wird über den Zins zur Gegenwart hin ständig abgewertet (abdiskontiert). Das führt zur Myopie, also zu jener Kurzzeitbetrachtung von Entscheidungen, die wir heutzutage sehen.[88] Es gab bereits Gesellschaften, die genau das Gegenteil hatten, die Demurrage-Gebühr (Standgebühr). Ein solcher Negativzins würde das komplette Investitionsverhalten verändern und unser Denken und Planen auf langfristige Entscheidungshorizonte einstellen. Zweitens beeinflusst unser Geldsystem die *Wachstumsdynamik*. Langfristig gesehen sind Systeme nur nachhaltig, wenn sie einer s-förmigen Wachstumsdynamik folgen. Unser Geldsystem verfügt mit dem Zinseszinsmechanismus jedoch über eine exponentielle oder hyperexponentielle Variable, die nie nachhaltig sein kann.[89] Denn oft steht ein Kredit am Anfang ökonomischer Aktivitäten. Über die Laufzeit des Kredites hinweg muss dann ein Cashflow erwirtschaftet werden, der neben den Dividenden und der Eigenkapitalrendite auch die Schulden bedient. Je höher der Zins ist, umso schneller und umso mehr müssen wir erwirtschaften. Für einen Konsumentenkreditnehmer bedeutet das etwa, dass er Karriere machen muss und sich nicht scheiden lassen darf. Für den verschuldeten Unternehmer besteht die Aufgabe darin, dass er ständig wachsen muss, um seine Kreditzinsen bedienen zu können.

Ein Nullwachstum – ceteris paribus – ist bei den gegebenen monetären Bedingungen nicht möglich, weil sich der Akteur dann früher oder später wegen Überschuldung und Insolvenz vom Markt verabschieden muss. Hoch verschuldete Individuen, Unternehmen, Staaten, ja ganze Weltregionen sind gezwungen, ungerichtet möglichst stark zu wachsen, um ihre Schulden tilgen zu können. Je höher die Schulden, umso stärker beschränken sich die Handlungsmöglichkeiten der betreffenden Akteure aus. Manche OECD-Ländern geben mittlerweile mehr Geld für Zinsen als für das Gesundheitssystem aus. Dieser Mechanismus ist übrigens auch mitverantwortlich dafür, dass die Kapitalflüsse vom Süden an den Norden die Transferzahlungen vom Norden an den Süden um ungefähr 150 Milliarden US-Dollar jährlich übersteigen.

Drittens unterstützt unser Geldsystem eine *zunehmende Einkommensdisparität.* Die Unterschiede in der Vermögens- und Einkommenszusammensetzung gehen auf viele Ursachen zurück und sind empirisch robust validiert. Dabei spielen beispielsweise Wirtschafts- und Steuerpolitik, Globalisierungseffekte und Ausbildungsstand eine wichtige Rolle. Hinzu kommt das Finanzsystem: Im Rahmen einer Staatsschuldenkrise müssen sich die Staaten zusätzlich verschulden – natürlich bei Privatpersonen, die vermögend sind. Damit verstärken sie die Einkommensschere.[90] Hinzu kommt, dass der Zinsanteil im Preis von Gütern und Dienstleistungen zu einer ständigen Verschiebung von Vermögensanteilen an die Spitze der Gesellschaft führt.[91]

Schließlich ist unser Geldsystem nicht neutral in Hinblick auf das, was Sozialwissenschaftler *Sozialkapital* nennen. Die Frage, die hinter dieser Diskussion steht, lautet: Was hält eine Gesellschaft zusammen beziehungsweise was macht eine Gesellschaft resistenter und weniger störanfällig? Zwei Wissenschaftler, Francis Fukuyama (1995) und Robert Putnam (2000), sind dieser Frage im Besonderen für Märkte und Demokratien nachgegangen. Nach ihren Erkenntnissen hängt die Funktionstüchtigkeit einer Gesellschaft nicht davon ab, ob ihre Mitglieder die gleiche Religion praktizieren, die gleiche Sprache sprechen oder nahe beieinander leben, sondern davon, ob in der Gesellschaft der Vertrauens-, Verantwortungs- und Solidaritätsanteil hoch ist. Dieser Punkt ist in unserer Diskussion um Nachhaltigkeit zentral, weil unser Geldsystem gerade nicht Vertrauen, Solidarität, Verantwortung begünstigt – sondern zugunsten von Angst, Gier und Wettbewerbsverhalten selektiert.[92] Bereits bevor es zur Finanzkrise kommt, konterkarieren wir jedes Mal, sobald wir einen Euro, einen Dollar, einen Renmimbi oder einen beliebigen Betrag einer anderen Währung in die Hand nehmen, um irgendeine Transaktion durchzuführen, eine nachhaltige Entwicklung unserer Gesellschaft. Die Frage lautet: Warum müssen wir unsere komplette Realwirtschaft, vom internationalen Handel bis zur Regionalwirtschaft, von den Kindergärten bis zum Max-Planck-Institut, von der Hochtechnologie bis zum Handwerk, von der Forstwirtschaft bis zur Rohstoffextraktion, vom Flug auf den Mars bis hin zur Nachbarschaftshilfe, von der Arbeitslosigkeit bis zum Erhalt der Biodiversität über dieses eine Geldsystem organisieren? Ein System, das, wie gesagt, einen Zins trägt, von einer Zentralbank monopolistisch herausgegeben wird, spekulativ ist, das einem Knappheitskriterium folgt und dabei über einen Kreditschöpfungsmechanismus der Geschäftsbanken[93] genährt wird. Das Geldsystem ist ein System, das ständig Schulden generiert, immanent instabil ist und darüber hinaus menschliches Verhalten so verändert, dass es nachhaltiges Verhalten verunmöglicht.[94] Geld ist verhaltenspsychologisch eben kein neutraler Schleier, der sich einfach über die Realwirtschaft legt. Das ist im Gesamten nicht nur unvorteilhaft für das Geldsystem selbst, weil es instabil ist, nicht nur unvorteilhaft für die Gesellschaft, weil es extrem teuer ist, sondern auch noch unvorteilhaft für unsere Zukunft, weil es nicht nachhaltig ist. Anders formuliert: Wenn wir uns für ein Design entschieden haben, das Wachstumszwang, Kurzfristigkeit, Einkommensdisparität, reduziertes Sozialkapital und Instabilität produziert, sollten wir uns nicht wundern, wenn wir das am Ende herausbekommen.[95] Deshalb ist die folgende Frage von höchster Relevanz: Was wäre, wenn wir ein anderes Geldsystem hätten?

Eine Alternative: Das monetäre Ökosystem

In Kapitel 2 habe ich auf Jeremy Rifkins Prognose, die Null-Grenzkosten-Gesellschaft, hingewiesen. Er zeigt, dass bereits jetzt eine neue Form des Wirtschaftens entsteht, die sich parallel zur konventionellen Ökonomie entwickelt. Diese Entwicklung ist kein Fehler im System, sondern ergibt sich zwangsläufig aus der Logik der Grenzkostenentwicklung und fügt sich darüber hinaus in erste Überlegungen zu Wachstum und Entwicklung ein. Tatsächlich organisiert die Shared Economy bereits weite Teile unseres Zusammenlebens. Beispiele sind Airbnb für den Tourismus, Smart Grid in der Energieversorgung, Facebook und Twitter in der Kommunikation, Massive Open Online Courses in der Bildung und Uber im Transportwesen. Shared Economy ist dezentral und horizontal (P2P) und erzeugt dabei laterale Skaleneffekte – vor allem durch verbesserte Vernetzung und Interaktion. Bei der Durchführung von Geschäften und Transaktionen jeglicher Art trifft sie jedoch auf ein konventionelles Finanz- und Geldsystem, das seine Gewinne vertikal, also Top-down erwirtschaftet, dabei wiederkehrenden Systeminstabilitäten und umständlichen Transferleistungen unterworfen ist und dauerhafte Verzerrungen unseres Verhaltens produziert. So vergrößern intelligente neue Technologien zwar den Kuchen, aber sie bieten keine Garantie dafür, dass er fairer verteilt wird. Informations- und Kommunikationstechnologien folgen eher dem Alles-oder-nichts-Gesetz, bei welchem einige wenige (im Extremfall ein Einzelner) Milliarden von Menschen bedienen können, und führen letztlich zu Monopolgewinnen (Brynjolfsson McAfee 2014).[96]

Wir benötigen circa 500 Milliarden US-Dollar im Jahr über einen Zeitraum von 10 bis 15 Jahren für die Finanzierung und die technische und logistische Umsetzung der zentralen Nachhaltigkeitsfragen (globale Erwärmung, Armut, Biodiversität, Gesundheit und soziale Sicherung). Das haben global tätige Initiativen (etwa Global Marshall Plan) errechnet. Diese Initiativen wollen nicht in erster Linie die Realwirtschaft, sondern die internationale Finanzwirtschaft zur Kasse bitten – und zwar über die Einführung einer Transaktionssteuer, die Verhinderung von Off-Shore- und Off-Sheet-Transaktionen, eine progressive Einkommens- und Vermögensbesteuerung etc. Die so gewonnenen Gelder sollen an die Forderung nach höheren sozialen und ökologischen Standards gekoppelt werden und damit eine nachhaltige Gesamtentwicklung sichern. Die Gegenfinanzierung der Nachhaltigkeitsthemen trifft – bezogen auf die Finanzwirtschaft – aber auf die gleichen Widerstände wie bei der Realwirtschaft. Auch hier gibt es klar definierte Eigentums- und Rechtstitel, Lobbyisten und Herausforderungen in der internationalen Koordination. Hinzu kommt, dass bei solchen konventionellen Finanzierungsvorschlägen das prinzipielle Problem der Nicht-Neutralität ungelöst bleibt: Geld ist weiterhin kurzsichtig, prozyklisch, unterstützt den Wachstumszwang, und die Finanzierung verbleibt innerhalb des bekannten instabilen Rahmens. Zudem läuft dieses Kofinanzierungsmodell – Geld gegen die Einhaltung sozialer und ökologischer Standards zur Verfügung zu stellen – Gefahr, in einem Nullsummenspiel zu enden, bei dem die Stärkeren die abgeschöpften Gelder als Kosten an die Schwächeren weiterreichen und dadurch deren Liquidität verringern, was wiederum das Wachstum bremst. Und am Ende ist für die Lösung von Systemfragen wieder kein Geld mehr da. Wenn man dann noch die regelmäßigen Kosten (Produktionsausfälle, Transferkosten und indirekte Kosten) berücksichtigt, die für die Korrektur der Instabilität des Finanzsektors anfallen, nämlich durchschnittlich 25 Prozent des Sozialproduktes über drei Jahre, wird die Bilanz sogar negativ.

Es könnte anders funktionieren, zum Beispiel mit einer Out-of-the-Box-Lösung, für die es bereits ein historisches Vorbild gibt: John Maynard Keynes zeigte 1936, dass sich Ungleichgewichte auf Märkten und Marktversagen nicht selbst ausbalancieren, sondern einen externen Akteur benötigen, der antizyklisch in das Geschehen eingreift. Er sah für die Situation der 1930er-Jahre den Staat als einen solchen externen ökonomischen Akteur zur Stabilisierung der Volkswirtschaften. Das Konzept eines monetären Ökosystems ist eine inhaltliche Weiterentwicklung dieser Ideen, angepasst an die spezifischen Erfordernisse des 21. Jahrhunderts. Es hat folgende Komponenten:

Erstens gilt, dass unser gegenwärtiges Geld- und Finanzsystem zwar effizient ist und, wie Ökonomen sagen, eine hohe allokative Kompetenz in der Verteilung von Risiken und Ressourcen hat. Es ist aber nicht hinreichend resilient gegenüber externen Schocks, es ist instabil. Effizienz und Resilienz verhalten sich hier in Grenzen gegenläufig, und es gilt, das richtige Maß zwischen beiden Polen zu finden. Je effizienter ein System ist, um so stärker setzt es auf den Durchsatz pro Zeiteinheit – und das gelingt am besten mit einem einzigen System, einem Monopol. Das entscheidende systemische Kriterium für Resilienz ist das Ausmaß an Diversifikation. In der Resilienzforschung wird das auf die Formel »Nicht alle Eier in einen Korb« gebracht. Diversifikation, Dezentralisierung und regionale Vernetzung reduzieren zwar in Teilen die Effizienz des Marktes, aber vor Ort erhöhen sie die Resilienz und senken die Kosten zur Stabilisierung des konventionellen Systems im Gesamten. Aktuell verfügen wir über eine effiziente monetäre Monokultur, über die wir alle ökonomischen Vorgänge abwickeln. In diesem Sinne folgen alle Währungsräume dem gleichen Aufbau: Zinstragende Fiatwährungen, die durch eine Zentralbank herausgegeben und knapp gehalten werden, weltweit konvertierbar und für Spekulationszwecke einsetzbar sind.

Zweitens wird ein erheblicher Anteil der systemischen Instabilität dem immanenten Kreditschöpfungsmechanismus der Geschäftsbanken zugeschrieben. 97 Prozent der weltweiten Kreditsumme fällt in diesen Bereich. So waren nach Berechnungen des Wirtschaftswissenschaftlers Dirk Solte[97] die Kreditvolumina weltweit bereits im Jahr 2007 um den Faktor sieben höher als die Sparquote, die traditionell das Äquivalent zur Kreditvergabe darstellt. Und drittens wird für die Lösung der Big 7 zusätzliche Liquidität gefordert, die gleichsam nur von außerhalb in einer intelligenten und zielgenauen Weise in das realökonomische System eingebracht werden kann.

Und noch eine andere Zahl: Die durchschnittliche Kreditaufnahme in der Eurozone lag vor der Krise bei rund 800 Milliarden Euro pro Jahr. Kommt es zu höherer Arbeitslosigkeit, liegt die notwendige Liquiditätsreserve also bei circa einer Billion Euro pro Jahr, die der Euroraum benötigt, um die anstehenden sozioökologischen Herausforderungen zu meistern.[98] Die rationale Reaktion darauf wäre, das System liquider und resilienter zugleich zu machen.

Ein monetäres Ökosystem versucht beides – Liquidität und Resilienz – über die Einführung eines externen Akteurs zu erhöhen. Dieser ist aber nicht wie bei Keynes der Staat, sondern ein *gesellschaftlich anerkanntes standardisiertes Zahlungsmittel parallel zum Bankschuld-Geld*. Solche Parallelwährungen erhöhen zunächst die Resilienz des Systems, indem jenseits des Kreditschöpfungsmechanismus der Geschäftsbanken andere monetäre Anreizstrukturen und Transmissionsriemen etabliert werden. Sie dienen als Ausweich- und Ausgleichsmechanismen und folgen einem anderen Design. Genutzt werden sie immer dann, wenn der konventionelle Pfad der Fiatwährungen versagt, etwa bei Banken- und Währungskrisen oder einer galoppierenden Inflation. Sie entsprechen einem parallel geschalteten Stromnetz. Zudem wird durch ein monetäres Ökosystem dem System die regionale Liquidität zugeführt, die es benötigt. Welche komplementären Transmissionsriemen auf welcher Ebene (lokal bis global) tatsächlich zum Einsatz kommen, ist dann eine Frage der gesellschaftspolitischen Debatte sowie der regionalen Besonderheiten und Bedarfe.[99] Das System aber würde stabiler, gerechter und risikoärmer werden. Denn ein solches monetäres Ökosystem folgt einer grundlegend anderen Logik. Derzeit fließt Geld dorthin, wo die höchsten Renditen locken, und nicht dorthin, wo es am meisten gebraucht wird, nämlich für soziale, kulturelle und ökologische Projekte. Zuerst im Profitsektor Gewinne zu erwirtschaften, um dann durch Philanthropie und Steuertransfers Projekte der Nachhaltigkeit zu finanzieren, kann nicht der Weg sein.[100]

Zugegebenermaßen reduziert sich in einem parallelen Multiwährungsraum die Effizienz, da beim Wechsel von einem monetären Abrechnungssystem in ein anderes Reibungsverluste durch den Umtausch und andere Prozesse entstehen werden. Die EZB errechnete beispielsweise, dass bei der Aufhebung der verschiedenen Währungen zugunsten des Euros einmalig Kosten von mindestens 0,5 Prozent des Sozialprodukts anfielen. Die Einführung von regionalen oder sektoralen Parallelwährungen würde wohl einen ähnlichen Kostenfaktor bedeuten. Doch diese Effizienzverluste müssen mit den Resilienzgewinnen verrechnet werden, und die Kosten für die Etablierung eines monetären Ökosystems dürften wohl um ein Vielfaches geringer sein als die Gegenfinanzierung ständig auftretender Währungs- und Bankenkrisen oder die Risiken einer konventionellen Geldmengensteuerung durch die Zentralbank.

Man kann das mit einer weiteren Rechnung untermauern: Die Umsetzung der Freihandelsabkommen (Doha) im Sinne einer Liberalisierung des Handels weltweit würde bis 2030 elf Billionen Euro zusätzliche Wertschöpfung erbringen, die vor allem den Bauern der Dritten Welt zugutekäme und damit Millionen von Menschen aus der Armut befreien könnte. Die dabei anfallenden Kosten für Werbemaßnahmen, Verhandlungen, Entschädigungszahlungen für regionale Arbeitsplatzverluste und Administration würden mit 234 Milliarden Euro zu Buche schlagen. Eine gewaltige Summe – aber nicht viel im Vergleich zur letzten Finanzkrise, die die Menschheit 11 Billionen US-Dollar kostete. Wenn wir die Kosten für die weitere Deregulierung in Relation setzen zu den Kosten für eine intelligente Stabilisierung und Regulierung des Systems, rentieren sich Letztere also immer noch mit einem Faktor über 40. Doch ohne ein komplementäres monetäres Ökosystem wird es nicht gehen, weil wir die Symptome und nicht die systemischen Ursachen bekämpfen.

Seit über 30 Jahren gibt es eine wachsende Anzahl an Parallelwährungen weltweit, und es ist nicht erstaunlich, dass sie insbesondere im Zuge der Finanzkrisen seit der Jahrtausendwende an Bedeutung gewonnen haben. Sie erlauben es, eine regionale Nachfragelücke zu füllen, die das konventionelle Geldsystem nicht hinreichend bedienen kann. Auf der Angebotsseite haben wir beispielsweise Hotels, Kinos und regionale Dienstleister, die über ungenutzte Kapazitätsreserven verfügen. Gleichzeitig besteht auf der Nachfrageseite ein Überangebot an Arbeitskräften. Ziel ist es, diese über ein computergestütztes monetäres Anreizsystem – auf regionaler Ebene – intelligent zusammenzubringen.

Auf globaler Ebene sind etwa 200 Millionen Menschen arbeitslos, deren humanes Kapital nicht annähernd genutzt wird, eine Milliarde Menschen leben in Armut, viele öffentliche Haushalte sind marode, 200 Millionen Minderjährige leisten Kinderarbeit, und unzählige soziokulturelle und ökologische Projekte können aufgrund fehlenden Geldes nicht realisiert werden. Die notwendige Liquidität kann durch ein monetäres Ökosystem außerhalb des konventionellen Geldsystems geschaffen werden, das gleichzeitig die Realökonomie stabilisiert. Komplementärwährungen wirken wie ein Beiboot in stürmischer See. Kritiker merken zu Recht an, dass Parallelwährungssysteme die Produktivitätslücke zwischen armen und reichen Regionen nicht hinreichend schließen können. Großen Teilen der Weltbevölkerung fehlt eine vergleichbare Kaufkraft und Wettbewerbsfähigkeit, um Produkte und Dienstleistungen zu erwerben, wie sie auf den globalen Märkten angeboten werden. Das trifft allerdings nur so lange zu, wie den Parallel- oder Komplementärwährungen der Status als offizielles Zahlungsmittel, insbesondere für Steuerzahlungen, nicht zuerkannt wird. Wie das doch gehen kann, werde ich später am Beispiel eines Tabubruchs beschreiben.

Komplementärwährungen lösen im Gegensatz zu konventionellem Geld eine völlig andere verhaltenspsychologische Reaktion aus. In diesem System geht es nicht darum, ständig mehr

Geld, Vermögensanteile oder Gewinne zu akkumulieren, sondern bestimmte, ausgewiesene Projekte, Bedürfnisse und Fragestellungen direkt zu lösen.[101] So können etwa sogenannte Zeitkreditkonten (zum Beispiel das Time-Dollar-System) dazu beitragen, dass das Sozialkapital in der Region verbessert, die soziale Exklusion verringert und das Vertrauen Einzelner in ihrer Fähigkeiten gestärkt werden. Andere Parallelwährungen haben das Ziel, lokale Umweltprobleme zu lösen, wieder andere dienen dazu, die regionalen Wertschöpfungsketten zu unterstützen, damit die Wirtschaftskraft in der Region verbleibt und die Region gegenüber globalen Krisenszenarien besser geschützt ist (zum Beispiel WIR-System oder Bristol Pound). Oft steigt dann die Kundenzufriedenheit und die Identifikation der Teilnehmer mit lokalen Gegebenheiten. Im richtigen und intelligenten Design führen sie zu reduzierten Kosten (Transport, Werbung, Personalkosten) und erhöhen damit die Wettbewerbsfähigkeit. So hätte ein Euro, der zeitlich und geografisch auf eine bestimmte Region begrenzt bliebe (etwa eine Art Griechenland-Euro) genau diesen Effekt: eine optionale Parallelschaltung von Dienstleistungs- und Güterströmen, die die regionale Resilienz und Kaufkraft auf Kosten der Effizienz erhöht. Hinter dem jeweils individualisierten Design und der Zielsetzung steht also eine Resilienzstrategie. Gesellschaften und Regionen, die über Parallelwährungen verfügen, sind robuster gegenüber Krisen und lösen Probleme zielgenauer. Und das ist genau das, was wir für einen Nachhaltigkeitspfad benötigen.

Geld ist eben kein Ding, sondern eine Konvention, vergleichbar mit einem Ehevertrag oder einer Vereinsordnung. Es ist eine Absprache zwischen Menschen, etwas in einer Gesellschaft als standardisiertes Zahlungs- und Tauschmittel zuzulassen. Müssen wir den Taxifahrer in Tokio und den Nachhilfelehrer vor Ort, den Bäcker um die Ecke oder die kommunale Infrastruktur mit dem gleichen Geldsystem abwickeln wie etwa eine Marsmission oder ein Staudammprojekt? Eigentlich nicht. Unser konventionelles Geldsystem war für das Industriezeitalter gemacht, ist aber wohl für die Herausforderungen des 21. Jahrhunderts als alleiniges, monopolisiertes System überfordert.[102] Die Grafik zeigt mögliche Alternativen.

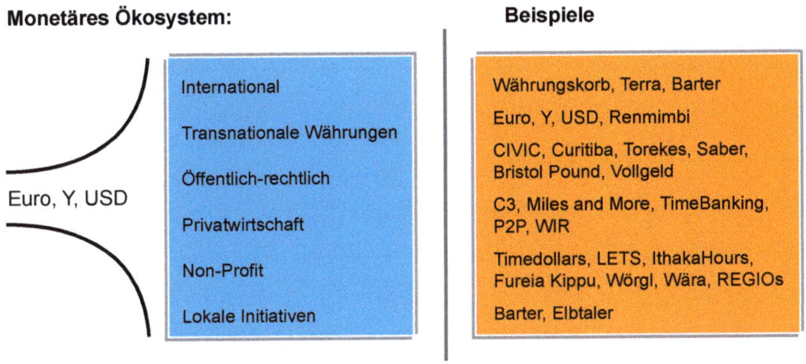

Abb. 17: Keynes 2.0: Ein monetäres Ökosystem für das 3. Jahrtausend

Komplementäre Währungen helfen uns auf dem Nachhaltigkeitspfad, da sie einen wichtigen Beitrag zur Demokratisierung des Finanzsystems leisten. Während der Zugang zum konventionellen Kreditsystem durch die Kreditwürdigkeit geregelt wird, an der es weltweit bei großen Bevölkerungsteilen mangelt, werden komplementäre Währungen über soziale Kooperation und gegenseitige Kontrolle reguliert und erhöhen dadurch die soziale Kohäsion einer Gesellschaft. Die Erfahrungen mit Mikrokrediten zeigen, dass das grundlegend geht. Sie leisten einen wichtigen Beitrag zur Stabilisierung einer ganzen Volkswirtschaft.

Vorausgesetzt, eine Gesellschaft verfügt über eine solche zusätzliche Liquidität, kann dadurch – mit dem richtigen Design – ein antizyklischer Effekt entfaltet werden: Komplementärwährungen werden in Boomzeiten weniger nachgefragt, da genügend Geld beziehungsweise Liquidität im System ist und die Arbeitslosigkeit niedrig ist. Gerät eine Wirtschaft über durch externe, nicht kontrollierbare Ereignisse in eine Schieflage, kann eine Region auf diese Transaktions- und Zahlungsvorgänge zurückgreifen. Der Haupteinwand, dass sie inflationär wirken, lässt sich bei den derzeitig operierenden Systemen im Feldversuch nicht nachweisen. Im Gegenteil:[103] Komplementärwährungen sind nicht knapp wie das Zentralbankgeld und auch nicht im Überfluss vorhanden, sondern eben ausreichend.

Außerdem schaffen regionale Währungssysteme zusätzliche zielgenauere regionale Liquidität und über einen Zirkulationsanreiz zusätzlichen Wohlstand. Viele soziale und ökologische Projekte wären ohne den Einsatz solcher Währungssysteme nicht realisiert worden. Die Transportwege für Güter werden kürzer, da regionale Anbieter den Wirtschaftskreislauf verstärkt bedienen, und zugleich steigt die Diversität an regionalen Produkten. So werden Zusatzgeschäfte möglich, die fehlende Nachfrage und Überangebot zusammenbringen. Die konkrete Leistung und die Fähigkeiten des Einzelnen können unmittelbar und direkt in ein multilaterales Kreditsystem auf regionaler Ebene eingebracht werden. Sie folgen damit nicht der linearen Top-down-Logik einer über die Zentralbank ausgegebenen Währung, sondern vielmehr einer horizontalen Netzwerkökonomie. Mit jedem zusätzlichen Teilnehmer wächst dem Metcalf-Gesetz zufolge das Netz exponentiell. Zudem würden Komplementärwährungen die Sozialkosten reduzieren, da ein Teil der Sozialleistungen nicht mehr über das gegebene Finanzsystem abgewickelt werden müssten beziehungsweise wegen fehlender sozialer Exklusion erst gar nicht anfallen würden. So ist zu erwarten, dass die Kriminalitätsrate, die Ausgrenzung großer Teile der Bevölkerung, aber auch der Krankenstand in den betreffenden Regionen sinken. Je nachdem, wie intelligent die Komplementärwährungen angelegt sind, können sie durch die neu geschaffene Liquidität zusätzliche Arbeitsplätze schaffen, da vor allem kleine und mittlere Unternehmen und Entwicklungsländer auf diese Zahlungsform zurückgreifen können.

Der konventionelle Weg, wie ihn etwa die Vertreter einer ökosozialen Marktwirtschaft vertreten, stößt dagegen an Grenzen. Denn das gegenwärtige Finanzsystem ist zu ineffizient, zu instabil und zu teuer erkauft, um damit die sozioökologischen Fragestellungen zu

Wachstum und Umverteilung lösen zu können. Bei der komplementären Liquidität geht es nicht um eine Ex-post-Verteilung, sondern darum, dass die soziale Praxis, der Transmissions- und Transaktionsmodus selbst geändert wird. Deshalb diskutieren wir eine Zweizügelstrategie (twin strategy) mit konventionellenund komplementären Elementen. Historisch gab es immer wieder Zeiten, in denen ein lokales beziehungsweise regionales Währungssystem das konventionelle Währungssystem ergänzte. Die Abbildung zeigt den Zusammenhang der Nicht-Neutralität des Geldsystems in seiner Beziehung zu konventionellen und komplementären Strategien zur Stabilisierung des Gesamtsystems.

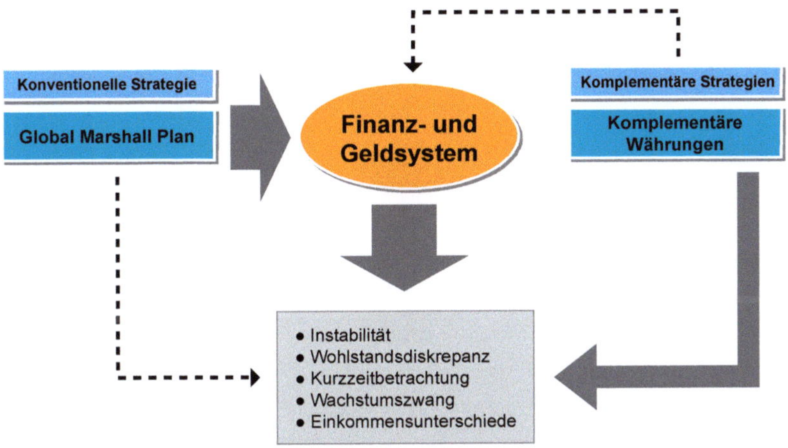

Abb. 18: Konventionelle und komplementäre Ansätze: Die Twin-Strategie

Warum also eine Twin-Strategie? Weil man mit einem Hammer zwar hämmern, aber schlecht malen kann. Das will heißen: Unser konventionelles Geld- und Finanzsystem ist ein hervorragendes Informationssystem, wenn es darum geht, einen Pentiumchip zu entwickeln, einen quantitativen Wachstumspfad zu generieren oder auf den Mond zu fliegen – aber nur bedingt geeignet, soziale und ökologische Probleme vor Ort zu lösen. Komplementäre monetäre Strategien dagegen können das. Die EU-Legislative täte einen wichtigen Schritt, wenn sie diesen Ansatz der globalen

Ko-Finanzierung und komplementären Re-Regionalisierung in der Verfassung ermöglichen würde. Von dem Soziologen Georg Simmel stammt das Zitat: »Die Zukunft des Geldes wird sich nicht um Inflation oder Deflation drehen und nicht um feste oder schwankende Wechselkurse, um Goldstandard oder Papiergeld, sondern um die Frage, in welcher Gesellschaft das Geld gelten soll.«

Die Menschheit steht an einer Weggabelung: Ein Weg führt in mehr Armut, mehr Extremismus, mehr Arbeitslosigkeit, mehr Kriege, mehr Ungerechtigkeiten, mehr globale Erwärmung und mehr Instabilitäten. Und ein anderer Weg führt in ein nachhaltiges und gleichgewichtiges Zusammenleben. Und auf diesem zweiten Weg spielt die Korrektur und Ergänzung unseres Geld- und Finanzsystems eine zentrale Rolle. Gleichwohl ist es (mit J. M. Keynes) nicht schwierig, neue Ideen zu formulieren, aber viel schwieriger, die alten aus dem Kopf zu bekommen (1936, 7).

Gefühlte Fairness oder: Wie kommt die Moral in den Menschen?

Die Neurobiologie und die Sozial- und Entwicklungspsychologie beschäftigen sich in den letzten Jahren verstärkt mit Fragen der Entwicklung des Moralbewusstseins und den zerebralen Korrelaten des Empfindens und Bewertens von Fairness und Unfairness. Die Forscher haben dazu zahlreiche empirische Befunde und Ergebnisse geliefert, die alle einen direkten oder indirekten Bezug zur Nachhaltigkeitsfrage haben: Denn es geht bei Fairness schließlich auch darum, wie der Zugang zu Gütern (Wasser, Energie, Klima, Rohstoffe, Nahrungsmittel), Dienstleistungen (Gesundheit, Bildung, IT) und Anrechten (Biodiversität) geregelt und wie sie intra- und intergenerationell verteilt werden.[104] Bereits im Brundtland-Bericht von 1987 steht: »Eine nachhaltige Entwicklung befriedigt die Bedürfnisse der Gegenwart, ohne dass zukünftige Generationen eingeschränkt oder schlechter gestellt sind.«[105] Dennoch wird die aktuelle Diskussion dadurch verkompliziert, dass bei Zurechnungs- und Verteilungsfragen die traditionelle Zuordnung »reicher Norden und armer Süden« nicht mehr komplett zutrifft: Denn wie lässt sich der Sozialhilfeempfänger des Nordens mit einem Millionär aus Neu Delhi verrechnen? Und wie sollte man es bewerten, dass der Norden zahlreiche Erfindungen und Entdeckungen (Antibiotika, Kraftfahrzeuge, Solarenergie, Internettechnologien) gemacht hat, die nun der Süden nutzen kann, um ein besseres Leben zu führen? Einfache Antworten sind hier nicht zu erwarten.

Die Equity-Forschung[106] zeigt uns, dass Gesellschaften dann am nachhaltigsten sind, wenn sie einen Verteilungsschlüssel implementieren, der den vermögendsten 20 Prozent der Bevölkerung weniger als 50 Prozent des Gesamtwohlstands einbringt. Das heißt im Umkehrschluss: 80 Prozent einer Gesellschaft sollten mindestens über die Hälfte des Wohlstands verfügen.[107] Über einen solchen Verteilungsschlüssel lässt sich soziale Stabilität und Inklusion, ökonomisches Wachstum und patentgestützte Innovationen, demokratische Teilhabe, stabile Governance und aktiver Umweltschutz am besten realisieren. Gesellschaften sind also erfolgreicher, wenn sie Wohlstand intelligent verteilen. Ein weiterer Befund ist ebenso wichtig: Der Sozialforscher Richard Wilkinson und die Gesundheitswissenschaftlerin Kate Pickett werteten 2009 einer Reihe von epidemiologischen Datensätzen aus und fanden eine klare Korrelation zwischen relativer Armut und einer Reihe von sensiblen sozialen und gesellschaftlichen Parametern. Von der Lebenserwartung, der Lese- und Rechenfähigkeit, der Kindersterblichkeit, der Suizidhäufigkeit, dem Anteil der Gefängnisinsassen über Teenagerschwangerschaften, die Prävalenz psychischer Erkrankungen, Suchtentwicklungen und Übergewicht bis hin zur sozialen Mobilität und dem gesellschaftlichen Vertrauens-Index: Es entscheiden immer die *relativen* Einkommensverhältnisse darüber, wie gesund, gut, nachhaltig und gerecht das Leben der Menschen ist. In Gesellschaften oder Regionen mit einer hohen Polarität im Einkommen und Vermögen geht es den Menschen – und zwar den Armen wie den

Reichen! – in allen gemessenen Parametern schlechter.[108] Hohe Einkommens- und Vermögensunterschiede machen eine Gesellschaft also insgesamt ärmer, da es ihr nicht gelingt, das Potenzial ihrer Mitglieder hinreichend zu mobilisieren.[109]

Die experimentelle Sozialforschung wirft mit dem Ultimatum-Game-Ansatz[110] ein weiteres Schlaglicht auf das Gerechtigkeitsempfinden. Der Spielaufbau dieses Experiments: Man teilt die Versuchspersonen in zwei Gruppen ein, die nicht miteinander komunizieren dürfen. Gleichzeitig wird ein festgelegter Geldbetrag auf den Tisch gelegt. Die erste Gruppe erhält nun das Privileg, nach eigenem Gerechtigkeitsempfinden einen Teil des Geldbetrags für die eigene Gruppe zu nehmen; der Rest geht an die zweite Gruppe. In der anschließenden Evaluation zeigt sich, dass ein Verteilungsmuster ab 20:80 als klar unfair eingestuft wird und in der Folge die zweite Gruppe die Kooperation verweigert. Im realen Leben bedeutet das Streiks, Unruhen und Demonstrationen. Die Ergebnisse dieses Experiments sind kulturübergreifend recht stabil. Ich möchte darauf hinzuweisen, dass wir auf globaler wie auf nationaler Ebene die 20:80-Verteilung bereits oft überschritten haben.[111] Das Thema Fairness und Verteilung ist eben nicht nur ein Thema der praktischen Philosophie, der Ethik und der Ökonomie, sondern auch der klinischen Psychologie. Denn letztlich geht es um die Frage, als wie fair ein Zugang oder eine Verteilung bewertet wird – und hier spielen kognitive und emotionale Faktoren eine zentrale Rolle.

Ebenso sind die Ergebnisse aus der empirischen Moralpsychologie von besonderer Bedeutung. Lawrence Kohlberg war einer der ersten Forscher, die sich empirisch und systematisch mit der Entwicklung der menschlichen Moral auseinandergesetzt haben. Um Überzeugungen und Einstellungen zu untersuchen, hat er seine Probanden mit einer ethischen Dilemmasituation konfrontiert und sie dann entscheiden und anschließend die Entscheidung begründen lassen. Eines der bekanntesten moralischen Dilemmata von Kohlberg ist das Heinz-Dilemma: Heinz will für seine sterbenskranke Frau ein heilendes Medikament besorgen.

Entwickelt hat es der einzige Apotheker in der Stadt, der es aber nur für einen sehr hohen Preis verkauft. Heinz gelingt es nicht, das nötige Geld aufzubringen. Er bricht in die Apotheke ein und stiehlt das Medikament. Die Probanden müssen – auch mit verschiedenen Varianten der Geschichte – entscheiden, ob Heinz das Recht hatte, das Medikament zu stehlen und ob und warum der Richter ihn für den Diebstahl bestrafen sollte. Wichtig waren Lawrence Kohlberg vor allem die kognitiven Beurteilungsmuster. In ihnen erkannte er qualitative Unterschiede in den Sequenzen des Urteilens, die sich in ihrer Höherentwicklung immer mehr einem universellen Gerechtigkeitsbegriff annäherten. Kohlberg entwickelte daraus eine Theorie und ein sechsstufiges Modell der moralischen Entwicklung. Der von ihm beschriebene Entwicklungsprozess ist wiederum kompatibel mit den in Kapitel 2 beschriebenen Entwicklungsebenen präkonventionell, konventionell und postkonventionell.

1. Stufe: Die Argumentation ist unmittelbar an Strafe, Gehorsam oder Belohnung ausgerichtet. Das heißt, gut und richtig ist, was eine Belohnung einbringt oder wofür man nicht bestraft wird, etwa wenn man den Diebstahl des Medikaments ablehnt, weil man dafür bestraft werden kann. Der Inhalt der Handlung spielt letztlich keine Rolle. Es gilt der Gerechtigkeitsgrundsatz: Der Stärkere hat Recht. Es besteht in diesem Sinne noch keine Gegenseitigkeit. Der Gedankengang ist durch den Wunsch nach Repressionsfreiheit gesteuert.

2. Stufe: Hier ändert sich die Sichtweise, und es gilt: Wie du mir, so ich dir. Du hast mir Schaden zugefügt, indem du mir das Medikament verweigerst, also füge ich dir Schaden zu, indem ich es stehle. Gerecht ist eine Handlung dann, wenn sie beide Beteiligten für sich beanspruchen können und sie reziprok Nachteile vermeiden hilft oder aber für beide Vorteile verspricht. Gerechtigkeit ist noch konkret, situativ, unmittelbar zweckorientiert, und die Beziehung zwischen den Beteiligten ist instrumenteller Natur. Für die ersten beiden Stufen gilt, dass der Inhalt der Gerechtigkeitsnorm noch nicht über einen vorgegebenen Gemeinschaftskodex vermittelt wird. Es besteht nur eine konkrete Reziprozität. Beide Stufen nennt Kohlberg deshalb präkonventionell.

3. Stufe: Jetzt werden Gerechtigkeitsvorstellungen durch die gemeinsamen Überzeugungen der jeweiligen Bezugsgruppe bestimmt. Eine Einstellung ist gut oder gerecht, wenn sie den Erwartungen und Vorstellungen der Sozietät entspricht, der man angehört. Man ist dann ein »guter Junge« oder »gutes Mädchen«, »weil das eben so üblich ist«. Bezogen auf das Heinz-Dilemma bedeutet Argumentieren auf dieser Stufe zum Beispiel, dass die Entscheidung von Heinz, das Medikament zu stehlen, falsch war, weil man das nicht darf. Die Regeln werden jetzt inhaltlich reflektiert, und der Betroffene setzt sich in Beziehung zur Erwartungshaltung der jeweiligen Bezugsgruppe.

4. Stufe: Hier wird das gerechte Handeln auf das jeweilige Gesellschaftssystem hin transzendiert. Gerechtigkeit wird zu einer Moral von Gesetz und Ordnung. Das Stehlen des Medikaments ist falsch, weil es gegen das Gesetz verstößt. Während sich die Stufen eins bis drei aus einer Subjekt-Subjekt-Beziehung erklären lassen, wechselt die Perspektive jetzt zu einer Subjekt-System-Beziehung. Die vorgegebenen Moralvorstellungen werden als bindend erlebt und entsprechend argumentativ herangezogen. Die Stufen drei und vier verbleiben aber Kohlberg zufolge auf konventionellem Niveau.

5. Stufe: Hier beginnt die postkonventionelle Ebene, und jetzt wird erstmals die gegebene Binnenmoral selbst in Frage gestellt. Anstelle der bloßen Übernahme von Normen wird der Einzelne selbst zum Mitglied einer gesetzschaffenden Instanz. Es ist die Stufe des »Gesetzgebers«. Gesetz und Moral fallen erstmals auseinander. Die Gerechtigkeitsvorstellung muss sich zum einen selbst begründen können, zum anderen gilt es, die Gesetzgebung inhaltlich zu maximieren – etwa, wenn ein Proband beim Heinz-Dilemma die ausweglose Situation als mildernde Umstände ins Felde führt, obwohl der Diebstahl gegen das Gesetz verstößt.

6. Stufe: Die letzte Stufe umfasst darüber hinaus eine Reflexion von Verträgen und Vereinbarungen der Stufe fünf im Hinblick auf allgemeingültige und universalisierbare moralische Prinzipien – etwa wenn jemand beim Heinz-Dilemma argumentiert, dass das Leben als moralisches Gut höher zu werten ist als das Eigentum und deshalb geschützt werden muss. Hier geht es um die Gleichberechtigung aller Ansprüche von Personen in allen erdenklichen Situationen. Dies bedeutet mindestens dreierlei: einmal die Übernahme einer kollektiven Verantwortung gegenüber der Realisierung und der Vermittlung zwischen den unterschiedlichen Stufen; dann ein pädagogisches Engagement gegenüber denjenigen, die die höchste Stufe noch nicht erreicht haben; und drittens den Selbstanspruch, dee Stufe-sechs-Moral auch für das eigene Leben faktisch zu realisieren.

Präkonventionell	Stufe 1	Macht des Stärkeren
	Stufe 2	»Wie du mir, so ich dir«
Konventionell	Stufe 3	Moral der Peergroup
	Stufe 4	Law-and-Order-Moral
Postkonventionell	Stufe 5	Law-Maker-Moral
	Stufe 6	Universalisierte Moral

Abb. 19: Stufenfolge der Moralentwicklung nach L. Kohlberg

Die Stufen beschreiben in aufsteigender, hierarchisierter Form die moralisch-kognitive Kompetenz einer immer differenzierteren Rollenübernahme und eines immer umfassenderen Perspektivenwechsels in Bezug auf Gerechtigkeitsstandards. Mit jeder nächsthöheren Sequenz werden immer leistungsfähigere und nachhaltigere Problemlösungsstrategien ermöglicht, die die jeweils vorhergehende Stufe einbeziehen und gleichzeitig überwinden. Das normative Element der Moralentwicklung liegt in der mentalen Einsicht in die zunehmende Vernetztheit und Verbundenheit mit dem anderen, der Gesellschaft und der Natur. Mehr Vernetztheit bedeutet mehr Moralbewusstsein. Aber auch das

Umgekehrte gilt: Je mehr Moralbewusstsein, umso mehr werden Vernetzungsgrade berücksichtigt.

Das Verständnis von Gerechtigkeit ist offenbar immer mehrdeutig, polysemantisch, kontextabhängig und evolutionär determiniert. Je nachdem, ob man von Bedarfs-, Leistungs-, Zugangs-, Ausgangs-, oder Verteilungsgerechtigkeit spricht, welches Zeitfenster man wählt und innerhalb welchen Wertehorizonts man diskutiert, ergeben sich völlig andere Ergebnisse. Wenn man darüber hinaus die Dreiteilung von egozentrischem, ethnozentrischem und universellem Bewusstsein als Unterscheidungsmaßstab für den individuellen Entwicklungsstand eines Erwachsenen heranzieht, wird deutlich, welche Bedeutung psychologische Fragestellungen in diesem Zusammenhang haben können. Sitzt man einem Mensch gegenüber, bei dem sich alles nur um ihn selbst dreht, entsteht ein völlig anderes Verständnis von Verteilung, Fairness und Gerechtigkeit, als etwa bei einem Gegenüber mit einem ethnozentrischen Selbst- und Weltbild. Bei der zweiten Person wird es um den Gegensatz von Wir und Ihr gehen. Wiederum anders ist es, wenn man auf eine Person trifft, die von Anfang an einem globalen Verteilungsbegriff folgt, der jenseits von Religion, Geschlecht, Rasse und ethnischer Zugehörigkeit nach Kriterien für unser nachhaltiges Zusammenleben sucht.

Nachhaltigkeit als Fairness hat aus psychologischer Sicht eine evolutionäre Struktur und ist das Ergebnis einer sich entwickelnden, expansiven Introspektionsfähigkeit jedes Einzelnen. Ändert man den Bewusstseinsschwerpunkt, ändert sich alles. Empirisch haben circa drei bis fünf Prozent der Weltbevölkerung einen globalen Bewusstseinsschwerpunkt, mehr leider nicht.[112]

Warum Ungleichheit auch ungerecht ist: Thomas Pikettys Welt

Thomas Piketty wirft als Wirtschaftshistoriker und Statistiker einen weiten und tiefen Blick auf gesellschaftliche Entwicklungen. Untermauert mit umfangreichem Datenmaterial rekonstruiert er die Geschichte des Kapitalismus der vergangenen Jahrhunderte. Konkret geht es ihm um die Entwicklung der Vermögen und Einkommen. Seit der Industrialisierung lässt sich seinen Zahlen zufolge ein jährliches Wirtschaftswachstum von 1,6 Prozent bestimmen, wobei 0,8 Prozent auf die Zunahme der Bevölkerung und 0,8 Prozent auf die Zunahme der Produktivität, dass heißt auf den technologischen Fortschritt, zurückzuführen sind. Wachstumsraten von vier bis fünf Prozent wie in der Nachkriegszeit in Europa oder sieben bis zehn Prozent wie derzeit in China stellen historische Ausnahmen dar. Und sie werden es wahrscheinlich auch bleiben, da sich das Bevölkerungswachstum bis Mitte des 21. Jahrhunderts stabilisieren wird und damit dieser Wachstumsfaktor entfällt. Die Renditen auf Kapital (r) (vor allem Zins, Dividenden, Mieten) lagen laut Piketty historisch bei vier bis fünf Prozent, während sich die Entwicklung der Arbeitseinkommen (g) an der allgemeinen Produktivität und dem Wirtschaftswachstum orientiert – und damit unterhalb der Kapitalrenditen bleibt. Diese Differenz $r > g$ führt also zu einer systematischen Verzerrung der Einkommens- und Vermögensverhältnisse, die dem nicht regulierten Kapitalismus immanent ist, und die Piketty zufolge die »mächtigste destabilisierende Kraft« (2014, 785) darstellt. Die Verteilung im Kapitalismus akkumuliert folglich asymmetrisch, wobei die Ungleichheit der Vermögen um ein Vielfaches höher ist als die Ungleichheit der Einkommen. Hinzu kommt, dass die privaten Nettovermögen (das heißt alle Geldvermögen unter Abzug der Schulden) in Europa, Japan und den USA um den Faktor vier bis fünf höher sind als die öffentlichen Schulden in diesen Regionen.[113]

Europa ist in dieser Betrachtung mit 500 Millionen Einwohnern, 15 Billionen Euro Sozialprodukt und 50 Billionen Euro Privatvermögen wohl die reichste Region der Welt – noch vor den USA und Japan. Die Gesellschaften des Westens sind insgesamt reich, arm sind lediglich die Haushalte, die für die öffentlichen Güter (Straßen, Sicherheit, Bildung, Infrastruktur, Gesundheit, soziale Sicherung) zuständig sind. Dieser Prozess der Polarisierung der Vermögens- und Einkommensverhältnisse zwischen arm und reich und privat und öffentlich wurde in der westlichen Welt über ein halbes Jahrhundert durch eine progressive Vermögens- und Bestandsbesteuerung politisch im Gleichgewicht gehalten. Von 1930 bis 1980 lag der durchschnittliche Spitzensteuersatz bei über 80 Prozent und niemals unter 70 Prozent. Heute unterschreitet die Kapital- und Unternehmensbesteuerung die 30-Prozent-Marke.

Instabilität und Ungleichheit sind somit zwei immanente gesellschaftliche Folgen eines nicht regulierten Wettbewerbsmarktes.[114] Die Lösung sieht Thomas Piketty in einer progressiven Kapitalbesteuerung sowie in Moratorien, Rückzahlungsverweigerungen und Schuldenschnitten. Umverteilungen dienen der Finanzierung öffentlicher Aufgaben, wie sie typisch für Europa und erfolgreich sind. Sie dienen aber auch der Stabilisierung unserer Demokratie. Für unseren Zusammenhang ist aber weniger die aktuelle Rezeption von Thomas Pikettys Werk interessant,[115] sondern vielmehr die Erkenntnis, dass Wachstum, Wohlstand und Ressourcenverteilung keine Naturgesetze sind, sondern von Menschen gemacht werden und über die Geschichte hinweg immer wieder unterschiedlich geregelt wurden. Eigentlich eine simple Erkenntnis – die uns gleichwohl manchmal verloren geht.

Die eigene Scholle: Kapital durch Eigentum

Der peruanische Ökonom Hernando de Soto hat in bahnbrechenden Arbeiten (2002) seit der Jahrtausendwende eine Fülle von empirischen Befunden dafür vorgelegt, dass ein erheblicher Teil der Armutsproblematik in Entwicklungsländern und den ehemals kommunistischen Blockstaaten nicht durch die internationale Entwicklungshilfe beeinflussbar ist. Die Ursachen der Armut liegen nach seinen Erkenntnissen darin begründet, dass die Eigentumsverhältnisse vor Ort nicht hinreichend klar sind beziehungsweise eine Klärung mit erheblichem administrativem und zeitlichem Aufwand verbunden ist – und dieser es faktisch unmöglich macht, Privateigentum zu erwerben.

De Soto unterscheidet dabei zwischen Besitz und Kapital: Besitz bezeichnet die bloße Landnahme von Grund und Boden. Kapital sind hingegen die durch Eigentumsvorschriften gesetzlich geregelten Rechtstitel. Wenn wir auf die Zahlen in diesen Ländern schauen, ergibt sich folgendes Bild: 80 Prozent der Bevölkerung lebt und arbeitet unter informellen, extralegalen Verhältnissen, und dies in Bezug auf fünf Sechstel des dort vorliegenden Grund und Bodens. Dieses extralegale Territorium wächst seit 50 Jahren schneller als der formelle Sektor, in dem die Eigentumsverhältnisse geklärt sind, und er reorganisiert sich immer wieder aufs Neue. Würde dieser Betrag kapitalisiert werden, entspräche das einem Gegenwert von über neun Billionen US-Dollar. Entwicklungsländer und die ehemaligen kommunistischen Staaten sind folglich endogen unterkapitalisiert. Der Betrag ist etwa zwanzigmal höher als alle ausländischen Direktinvestitionen und um mehr als das Neunzigfache höher als die internationale Entwicklungshilfe.[116]

Ein Fünftel bis zwei Drittel des ökonomischen Outputs werden in Entwicklungsländern im extralegalen Bereich erwirtschaftet. In der Russischen Föderation beispielsweise sind es bis zu 50 Prozent des Sozialprodukts. Laut de Soto arbeiten etwa in Mexiko über 2,5 Millionen Mikro- und Kleinstgeschäfte unter diesen ungeklärten Verhältnissen. Die Internationale Organisation für Arbeit (ILO) geht davon aus, dass 85 Prozent der neuen Jobs in Südamerika im informell-extralegalen Sektor entstehen. Solange keine klaren Eigentumstitel in Bezug auf den ruralen und urbanen Landbesitz bestehen, so lange besteht auch keine klare Haftungs- und Risikoregelung, keine hinreichende Zurechenbarkeit im Hinblick auf die Instandsetzung und Pflege, kein Anschluss an einen Immobilienmarkt, der die Handelbarkeit, Teilbarkeit, multiple Nutzung (Büro, Hotel, Werkstatt) und die Werthaftigkeit regelt, und keine Möglichkeit der Kreditaufnahme und der Inpreissetzung.

Fehlt eine integrierte Eigentumsgesetzgebung (Grundbuch-, Katasterämter), die einem standardisierten Verfahren folgt und öffentlich zugänglich ist, bleiben öffentliche Dienstleistungen wie die Wasser- und Stromversorgung, aber auch eine geregelte Steuergesetzgebung schwer organisierbar – und damit oft fast unmöglich. Erst durch eine klare Regelung kommt es zu der notwendigen Differenzierung von physisch-geografischem Ort und Gegenstand, also zwischen dem realen Asset an Grund, Boden oder Wohnraum und den legalen Eigentumstiteln, die Voraussetzung für eine hinreichende Kapitalbildung sind. Frühere Hochkulturen verfügten über dieses Wissen: So hat das Römische Reich die Entlassung eines Sklaven immer an die Freigabe von Grund und Boden gekoppelt, da es sonst zu Armut, Aufständen und Kriminalität gekommen wäre. Doch diese Situation haben wir heute in vielen Ländern: Armut, Aufstände, Kriminalität und illegale Geschäfte. De Soto zeigt, dass der formale Eigentumserwerb in den meisten Ländern zudem mit unzähligen administrativen Hürden (in manchen Fällen bis über 700 Einzelschritte) verbunden ist und sich häufig über sieben bis neun Jahre erstreckt.

Ähnlich wie beim Konzept der Komplementärwährungen geht es weniger darum, dass wir mehr Geld zur Verfügung stellen, sondern dass die institutionellen Rahmenbedingungen des Eigentumserwerbs rechtsstaatlichen Prinzipien folgen. Solange die Dritte Welt an dieser Stelle unterkapitalisiert bleibt, das heißt über viel totes Kapital verfügt, das keinen hinreichenden Anschluss an den Markt bekommt, so lange bleiben Armuts-, Verteilungs- und Wohlstandsfragen unlösbar. Für unseren Zusammenhang ist von besonderer Bedeutung, dass selbst der Geld- und Kreditschöpfungsprozess, der tagtäglich über die Geschäftsbanken praktiziert wird, klare Eigentumsverhältnisse voraussetzt.[117] Die Geldvermehrung und die Kreditvergabe sind dem Eigentumstitel prozedural und strukturell nachgeordnet. Kapital entsteht nicht durch Geld, sondern erst durch dokumentiertes, akkumuliertes und rechtlich ausgewiesenes Eigentum. Das ist übrigens nicht nur bei Tangible Assets wie Grund und Boden so, sondern bei allen Finanzprodukten. Die Bruttowertschöpfung im Derivathandel mit 600 Billionen US-Dollar im Jahr folgt der gleichen Logik. Legal einklagbare und haftungsrechtlich relevante Eigentumszuschreibungen generieren die Kreditexpansion – und nicht ausländische Direktinvestitionen, internationale Hilfen oder die bloße Schaffung eines neuen Wertpapiers.

Der ökonomische Wachstumsvorgang ist eng an die spezifischen Eigentumsverhältnisse gekoppelt. Während der reine Besitz letztlich nur den Zugang, den Gebrauch und die physische Handhabe regelt, kommt durch die Eigentumsnahme eine weitere Qualität hinzu, die wesentlich an den expansiven Wachstumspfad gebunden ist. Eigentum ermöglicht nämlich, dass zwischen dem materiellen und dem legalen Anrecht unterschieden wird. Und erst durch diese Trennung werden die Voraussetzungen für Handel, Leasing und Verkauf geschaffen. Erst durch klar definierte, formalisierte, rechtlich einklagbare Eigentumsrechte entsteht die Voraussetzung zur Kapitalisierung mittels Kreditvergabe, entstehen Haftungsansprüche und die Möglichkeit, Gewinne zu erwirtschaften.[118]

Für unsere Fragestellung ist dabei von besonderer Bedeutung, dass Eigentum, Kreditvergabe und Kapitalisierung in einem selbstverstärkenden Verhältnis zueinander stehen. Je größer die Eigentumsansprüche, umso stärker ist die Kommodifikation – das heißt die Fähigkeit, das Eigentum in ein marktförmiges Gut zu verwandeln. Dies wiederum erhöht die Kreditfähigkeit und in der Folge dann wiederum die Kapitalisierung. Der Zwang zum expansiven Wachstum liegt gewissermaßen in den internen Vorentscheidungen, wer was sein Eigentum nennen darf. Hätten wir andere Eigentumsverhältnisse, hätten wir eine andere Wachstumsdynamik. All das fehlt beim bloßen Besitz.[119] Der Umkehrschluss trifft ebenfalls zu. Überall dort nämlich, wo keine formalisierten Eigentumsverhältnisse vorliegen, kann kein expansives Wachstum stattfinden. Für zahlreiche Schwellen- und Entwicklungsländer konnte dies nachgewiesen werden.[120] Hinzu kommt, dass der ganze Vorgang der Ineigentumsnahme nicht verteilungsneutral ist. Die Beispiele überschuldeter Bauern in Entwicklungsländern, der Opfer der Subprimekrise in den USA (2008) oder auch der in Haftung genommenen Familien bei der Vergabe von Mikrokrediten in Indien zeigen, wie schnell instabile Eigentumsverhältnisse, Überschuldung und soziale Exklusion zusammenfallen und dabei die sozial Schwächeren zugunsten der Reichsten die Rechnung begleichen müssen. Das Argument steht: Hätten wir andere Eigentums- und Besitzverhältnisse, hätten wir eine vollständig andere Verteilung von Wohlstand und Vermögen und eine andere Form von Wachstum und Entwicklung. Auf diese Zusammenhänge komme ich in späteren Kapiteln nochmals zu sprechen.

De Sotos Forschungsergebnisse sind aus Sicht der Sozialpsychologie unter anderem deshalb so wichtig, da es erneut nicht um neue Technologien oder ein Mehr an Wachstum geht, sondern darum, dass sich die soziale Praxis ändern muss: Die »bottom billion« der ärmsten Menschen auf der Welt braucht ein stabiles Rechtssystem, eine gänzlich andere öffentliche Verwaltung und schließlich eine anderes Wertesystem. Individuelles Eigentum ist nicht erst seit den Menschenrechtserklärungen von 1948 ein Grundrecht, sondern findet sich auch in der katholischen Soziallehre beziehungsweise in den Stellungnahmen internationaler Organisationen wie UN oder ILO. Und es ist dem Souveränitätsanspruch eines Staates formalrechtlich vorgeordnet. Eine gesellschaftliche Transformation hin zu mehr Nachhaltigkeit wird es ohne eine kritische Auseinandersetzung über die gegenwärtigen Privilegien um Grund und Boden und ohne die Klärung der Monopolstellung in der Geldschöpfung nicht geben. In beiden Fällen spielt der Diskussionsstand der Humanwissenschaften eine kritische Rolle. Dieser Zusammenhang wird uns nochmals begegnen, da es primäre Motivsysteme im Menschen gibt, die genau diese Forderungen unterstreichen.

Resümee

Ein Nachhaltigkeitspfad benötigt aus sozialpsychologischer Perspektive eine Korrektur und Ergänzung des Finanzsystems. So wäre ein reines Green-Deal-Szenario nicht zielführend, da es den Einfluss des Finanzsystems auf unser Verhalten unberührt lässt. Ebenso verhält es sich mit dem Kofinanzierungs-Argument der Marshall-Plan-Initiative, da jede Transferleistung auf die Instabilität des internationalen Finanzsystems trifft. Hinzu kommt, dass innerhalb eines konventionellen Wachstumspfads Transferleistungen als alleinige Strategie logistisch und geografisch umständlich und ineffizient sind. Die Kunst der Transformation besteht vielmehr darin, eine veränderte psychosoziale Praxis zu erreichen. Die Frage ist nämlich primär nicht: Welche Produkte stellen wir mit welcher Technologie her. Die Frage ist auch nicht, wie zusätzliche Verteilungsspielräume innerhalb des gegebenen Wachstumspfades gerechter verteilt werden können. Diese Fragen haben wir über ein halbes Jahrhundert diskutiert. Thomas Piketty zeigt uns, dass Ungerechtigkeiten, wie sie in den gegenwärtigen Vermögens- und Einkommensunterschieden vorliegen, Ausdruck eines nicht regulierten Kapitalismus sind. Das kann man ändern. Dennoch tragen die aus der Diskussion hervorgegangenen zahlreichen Regulierungsmaßnahmen trotz intellektueller Präzision und akademischer Redlichkeit das Problem in sich, dass sie alle nicht auf der grünen Wiese umgesetzt werden können. Die Situation ist vergleichbar mit der eines Langstreckerläufers, der am offenen Herzen operiert wird und gleichzeitig einen Marathon laufen soll.[121] Wir können immer nur Korrekturen diskutieren, die den Langstreckenläufer nicht tangieren dürfen, weil er sonst sterben würde.

Derzeit versuchen wir durch unzählige Programme und Reformen[122] die Symptome zu bekämpfen, ohne die systemischen Ursachen in den Blick zu nehmen. Die Frage, die wir stattdessen diskutieren sollten, ist: Wie können wir eine zusätzliche Liquidität von circa 500 Milliarden Euro generieren, um zentrale Systemfragen beantworten zu können? Eine Antwort gibt das Keynes-2.0-Konzept: Kernstück des Konzeptes ist die Etablierung eines monetären Ökosystems als einer notwendigen Bedingung für ein nachhaltiges Zusammenleben auf einem nachhaltigen Planeten. Die Stabilität des Finanzmarktes und der gesamten Volkswirtschaft wird darin über einen extramuralen Agenten gewährleistet. Während bei Keynes der Agent der Staat war, der antizyklisch intervenierte, um ein Marktversagen zu kompensieren, sind es im 21. Jahrhundert Komplementärwährungen, die die entscheidende zusätzliche Liquiditätsreserve für mehr Stabilität, mehr Arbeitsplätze, mehr sozioökologische und kulturelle Projekte und eine nachhaltigere regionale Infrastruktur generieren sollen. So entsteht ein nachhaltiges Finanzsystem mit einer direkten Beziehung zu Fairness und Gerechtigkeit. Denn Gerechtigkeitsfragen sind nicht damit gelöst, dass man Hilfe leistet, philanthropisch tätig ist, den Serotoninspiegel verändert oder auf intellektuelle Begründungsstrategien verweist, über die die Mehrzahl der Menschen noch gar nicht verfügt. Wichtig ist, dass sich mit der Entwicklung unseres Bewusstseinsschwerpunkts auch das Verständnis von Verteilungs- und Gerechtigkeitsfragen verändert. Das heißt: Der Bewusstseinsschwerpunkt bestimmt die inhaltliche Ausgestaltung positiver Rechte und negativer Pflichten, die Struktur formaler Anrechte und die Inhalte eines guten Lebens. Sozialpsychologisch spielen dabei relative Verteilungsmuster eine deutlich wichtigere Rolle als absolute Werte.

6. Leben im Widerspruch

Die wohl meisten Menschen würden sich – bei einer Umfrage zum Beispiel – für die Einhaltung des Zwei-Grad-Ziels, gegen Armut und für mehr Wohlstandsgerechtigkeit aussprechen. Es wird auch nur wenige Menschen geben, die prinzipiell gegen Biodiversität oder Habitatschutz sind. Auf weiten Strecken konsensfähig ist sicherlich auch, dass wir weniger Energie und weniger Wasser verbrauchen sollten. Aber gleichzeitig nehmen wir gerne das Angebot des Billigfliegers an und freuen uns, dass es beim Discounter günstigen Wein aus Spanien gibt oder Rosen aus Tansania. Wenn ein T-Shirt nur fünf Euro kostet, wundern wir uns vielleicht über den niedrigen Preis, kaufen es aber dennoch.

Doch das Thema ist leider komplexer: Jede regional begrenzte Klimapolitik sowie jedes gut gemeinte individuelle Umweltverhalten weisen den Mangel auf, dass dadurch die globale Nachfrage nach fossilen Energien sinkt und in der Folge die Weltmarktpreise fallen. Weil fossile Energie billiger wird, können »Nicht-Kyoto-Länder«, also Länder, die sich nicht auf eine Einsparung von konventionellen Energien geeinigt haben, billiger einkaufen. In der Konsequenz heißt das, dass die regionale Klimapolitik und alle, die sich daran halten, indirekt die Energierechnung der anderen Ländern subventioniert. Hinzu kommt, dass es für Anbieter innerhalb eines solchen Szenariums zweckrational ist, die verbleibenden Ressourcen möglichst schnell auf den Markt zu werfen. Die entstandenen Überkapazitäten führen zu weiteren Preissenkungen und verhindern schließlich einen ökologisch sinnvollen Wachstumspfad. So beschreibt Hans-Werner Sinn das »grüne Paradox«.[123] Die logische Konsequenz ist, dass wir das grüne Paradox nur über eine Global Governance, das heißt eine weltweite Regelung, an die sich alle halten, überwinden. Das Problem ist also nicht einfach zu lösen.

Auch bei den dann formulierten zivilgesellschaftlichen Protesten erfährt man in der Regel wenig über die Bedeutung des eigenen Engagements oder über individuelle Einschränkungen. Wiederkehrendes Thema ist stattdessen, dass die politischen Mandatsträger, die in der Regel demokratisch legitimiert sind, oder die börsennotierten transnationalen Konzerne, die im Portfolio unserer Rentenversicherung liegen, ihre Hausaufgaben nicht gemacht haben, soziale Mindeststandards unterbieten, unter dem Druck von Lobbyisten einknicken oder Ähnliches. Das Verschieben der Verantwortung entlastet. Und angesichts einer globalisierten Wirtschaft schwinden ja anscheinend die Einflussmöglichkeiten des Einzelnen.[124]

Die klinische Psychologie ermöglicht uns hier einen detaillierteren Blick und ein besseres Verständnis für das Auseinanderfallen von Überzeugung und Handeln. Denn zumindest Teile dieses Phänomens sind vor allem in der Traumaforschung recht gut untersucht. Die Mechanismen heißen Dissoziation und projektive Identifikation. Sie sind evolutionsbiologisch angelegt und sorgen immer dann für einen Selektionsvorteil, wenn Informationen inhaltlich nicht mehr verarbeitet werden können – wie etwa bei einem Trauma (Verkehrsunfall, Krieg, Vergewaltigung) – oder wenn schlicht zu viele Reize auf uns einströmen. Unser Gehirn schaltet selektiv ab beziehungsweise projiziert fragmentierte Anteile auf die Außenwelt. Dieser Shut-down schützt die Betroffenen vor einem psychischen Zusammenbruch oder vor dem Abrutschen in eine Psychose. Der Prozess lässt sich klinisch gesehen als ein Kontinuum verstehen. Er beginnt bei der bloßen Unterscheidung von wichtig und unwichtig und führt über die kognitive Dissonanz bis hin zu Dissoziation und projektiver Identifikation, die Extremfälle darstellen. Ab dem Punkt, an dem die Aufnahmekapazität – quantitativ und/oder qualitativ –

überfordert ist, droht ein Integrationsdefizit. Die vorgehaltene Information kann schlicht nicht hinreichend ins Bewusstsein engrammiert, also dauerhaft im Langzeitgedächtnis gespeichert werden. Bei der Dissoziation kommt es zu einem teilweisen oder völligen Verlust der normalen Integrationsleistung, die sich auf die Erinnerung an die Vergangenheit, das Identitätsbewusstsein, die unmittelbare Empfindung und auf die Kontrolle von Körperbewegungen bezieht. Informationen werden dann nicht mehr als integrierte Erfahrung mit allen Sinnen, Affekten und Kognitionen abgespeichert, sondern nach einem Dissoziationsvorgang fragmentiert, das heißt meist im nichtsprachlichen Bereich des zentralen Nervensystems isoliert. Die Informationen sind dann einer weiteren Verarbeitung nicht mehr hinreichend zugänglich. Man spricht von einem Frozen-in-Time-Effekt. Bei der Projektion wird der Inhalt gar nicht mehr als zur eigenen Person gehörig betrachtet, sondern nur noch als Defizit, Fehler, Mangel oder Makel am anderen wahrgenommen, beispielsweise bei den transnationalen Konzernen oder politischen Mandatsträgern.[125]

Die der Dissoziation und Projektion zugrunde liegenden Mechanismen können sehr unterschiedlich aussehen. Die klinische Forschung unterscheidet Erinnerungslücken (Amnesien), Entfremdungsfantasien gegenüber der eigenen Person und/oder der Umwelt (Depersonalisation und Derealisation), Spaltungsmechanismen von Affekt und Kognition (Borderlinestörungen), eine Tendenz zu imaginativen Erlebnisweisen (Stupor, Fugue), aber auch körperlich anmutende Beschwerden, sogenannte pseudoneurologische Symptome, wie Bewegungsstörungen (Lähmungen, Krampfanfälle, Sprechstörungen) und Empfindungsstörungen vor allem im Bereich des Sehens, Hörens und Riechens. Die Maximalvariante ist dann die multiple Persönlichkeit, bei der in einer Person mehrere Anteile ausbildet werden, die oft im Konflikt zueinander stehen (Altersregression, Dritte Person, Stimmenhören). Gemeinsam ist allen diesen Unterformen, dass das Bewusstsein überfordert ist, die Person den Rückzug von der Welt antritt, zunächst in der Fantasie, dann im sozialen Kontext und gegenüber der Körperwahrnehmung und den Gedanken und schließlich im mentalen Bereich zwischen einzelnen Bewusstseinsinhalten. Über mediale Berichterstattung und öffentliche Diskurse wird aus diesem individuellen Bewältigungsmechanismus ein kollektives Muster im Umgang mit komplexen, vermeintlich unausweichlichen und aversiven Situationen.

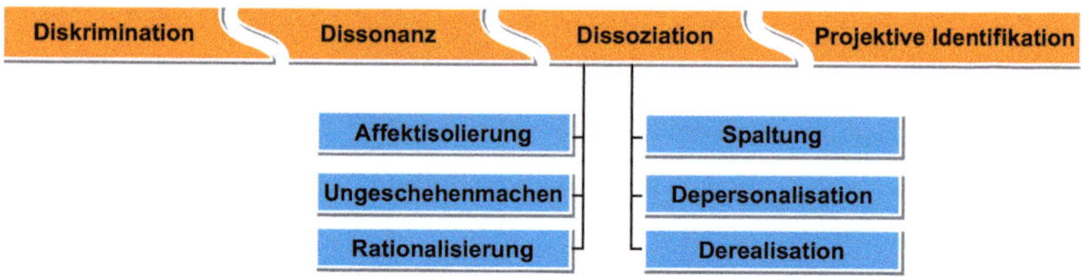

Abb. 20: Wie wir uns und unsere Welt wahrnehmen: Ein Kontinuum von Diskriminierung, Dissonanz, Dissoziation und projektiver Identifikation

Betrachten wir in diesem Zusammenhang noch einmal die Zahlen des Standardarguments eines Green Deal: Das IPCC (Intergovernmental Panel on Climate Change) geht davon aus, dass wir bis 2050 886 Gt CO_2 zur Verfügung haben, um das Zwei-Grad-Ziel zu erreichen.[126] Davon ist bereits jetzt ein Drittel verbraucht. Das heißt, es verbleiben noch zwei Drittel (565 Gt CO2). Das Weltsozialprodukt liegt derzeit bei 75 Billionen US-Dollar und wird bis 2050 auf über 200 Billionen US-Dollar steigen. Wir gehen weiterhin von einer Effizienzsteigerung von einem Prozent pro Jahr aus, die jedoch durch vielfältige Reboundeffekte mindestens teilweise neutralisiert wird. Das IPCC fordert in einem solchen Szenarium eine Senkung der CO_2-Emissionen um 50 Prozent bis 2050. Das erfordert mindestens sieben Prozent Rückgang pro Jahr. Gleichzeitig entsteht erstmals eine globale Mittelschicht von 4,9 Milliarden Menschen bis zum Jahr 2030.

Bis jetzt existiert kein überzeugendes Konzept, wie das Zwei-Grad-Ziel innerhalb des gegebenen Wachstumspfads erreicht werden soll. Denn der Energiebedarf wird sich nicht wie gefordert halbieren, sondern verdoppeln (World Energy Council). Aus der Sicht der klinischen Forschung sind wir angesichts der globalen Herausforderungen auf individueller und medial vermittelter kollektiver Ebene ständig dabei, zu dissoziieren und zu projizieren. Zugegebenermaßen erklärt ein einzelner psychologischer Mechanismus nicht umfassend unseren Umgang mit komplexen Problemlagen, wie sie die Nachhaltigkeitsfrage kennzeichnen, aber er leistet einen Beitrag für ein besseres Verständnis.

Vor diesem Hintergrund werfen wir einen genaueren Blick auf die Wahrnehmung von Klimaveränderungen und mögliche Reaktionsformen: Die klimatischen Auswirkungen unseres Lebensstils spüren wir mit etwa zehn Jahren Zeitverzögerung. Das lässt sich heutzutage relativ genau messen. Das heißt: Das, was wir gegenwärtig an Folgen der globalen Erwärmung registrieren (Extremwetterlagen, Artenschwund, Gletscherschmelze, Meeresspiegelanstieg, Versauerung der Meere und vieles mehr), ist das Ergebniss unserer Vergangenheit.[127] Gleichzeitig zeigt diese Zeitverzögerung, dass die jetzt lebenden Generationen die aktuellen Effekte unseres Wohlstandsmodells noch erleben werden und entsprechend reagieren müssen.[128] Auf der anderen Seite gibt es eine Reihe von Klimaeffekten (wie die Gletscherschmelze und den Anstieg des Meeresspiegels), die selbst bei erfolgreicher CO_2-Reduktion noch mehrere Jahrzehnte weiterbestehen. Angesichts der aktuellen Wachstumsdynamik, der zunehmenden globalen Vernetzung und des damit verbundenen Ressourcen- und Energieverbrauchs kommt das eigentliche Drama erst in den nächsten zwei bis drei Dekaden auf uns zu. Die Risikolage ist also zu abstrakt, als dass sie hier und jetzt hinreichende Verhaltensänderungen hervorbringen würde.

Uns stehen zwei Hauptstrategien zur Verfügung, um mit einem solchen Phänomen umzugehen. Einmal können wir verzögert, dann aber rasch reagieren. Das heißt: Wir warten ab und reagieren erst, wenn erste Ereignisse eingetreten sind. Der Vorteil besteht darin, dass unter dem Druck aktueller Katastrophen erfahrungsgemäß ein hohes Maß an Solidarität und Hilfsbereitschaft mobilisiert werden kann. Die Ereignisse erfahren eine starke mediale Aufmerksamkeit und bieten den Menschen ein hohes Identifikationspotenzial. Der Nachteil ist, dass es dann vielleicht zu spät ist beziehungsweise die Kosten für Umsetzung und Koordination auf globaler Ebene extrem hoch ausfallen könnten. Zweitens können wir früh reagieren und versuchen, Einfluss auf spätere Katastrophen und systemische Großrisikoereignisse zu nehmen – wissen aber nicht, wie das Ergebnis aussehen wird. Bei dieser Strategie werden uns Verhaltensänderungen abgefordert, deren Effekte wir zwar nicht unmittelbar, aber doch noch zu Lebzeiten sehen sollten. Diese frühe Reaktionsform lässt sich wiederum in sieben Unterformen differenzieren:

1. Eine adaptive Reaktion: Dabei passt sich die Gesellschaft an die neuen Gegebenheiten an, der grundlegende Wachstumspfad bleibt aber der gleiche. Wir bauen beispielsweise Hochwasserdämme, entwickeln neue Insektizide, bekämpfen invasive Arten oder installieren Klimaanlagen.

2. Eine akkommodative Reaktion: Wir versuchen, die Umweltbedingungen an die Bedürfnisse der Gesellschaft anzupassen. Hierzu zählen dann etwa Monokulturen und Rodungen, Trockenlegungen, Versiegelungen oder der Verlust an Biodiversität.

3. Die dissoziative Reaktion: Wir können die Schlussfolgerungen, die sich durch die Bewertung einer zukünftigen Katastrophe ergeben, in ihrem Bedeutungsgehalt nicht hinreichend mental integrieren. So entstehen dann Geschichten, die die halbe Wahrheit erzählen oder nur Teile davon wiedergeben. Wir leugnen Kausalzusammenhänge oder ignorieren wissenschaftliche Befunde, wie etwa den Konflikt zwischen der Zunahme der globalen Mittelschicht und einer geforderten Reduktion der CO_2-Emission um 50 Prozent bis 2050.

4. Eine resignative Reaktion: Wir geraten in eine Giving-up-giving-in-Situation und zeigen weder argumentativ noch verhaltensmäßig eine Anpassung – wir ergeben uns dem Schicksal. Teile der globalen Oberschicht scheinen sich diesen Modus bereits zu eigen gemacht zu haben.

5. Die Priorisierung: Wir favorisieren einzelne Ziele unter ökonomischen oder auch ideologischen Gesichtspunkten und geben dann entweder sozialen oder ökologischen Zielen der Vorrang. Der Kopenhagener Konsens folgt dieser Logik.

6. Mitigative Reaktionen: Wir versuchen, die Folgeeffekte durch Vorsorge und Prävention abzuschwächen. Hierzu zählen etwa der Einsatz von alternativen Technologien, Green-Deal-Szenerien, eine aktive Bevölkerungspolitik oder auch Lebenstilanpassungen mit weniger Mobilität und weniger Fleischkonsum.

7. Eine integrative Reaktionsform: Diese Haltung ist von der Einsicht getragen, dass wir zu wenig wissen, um damit eine komplette Risikoanalyse durchführen zu können, und dass wir unter diesen Bedingungen risikoaversiv agieren. Deshalb realisieren wir akkomodative, adaptive, mitigative und priorisierende Reaktionsformen innerhalb eines Postwachstumsszenariums, da mit dieser Strategie die Wahrscheinlichkeit eines nachhaltigen Zusammenlebens am größten ist.

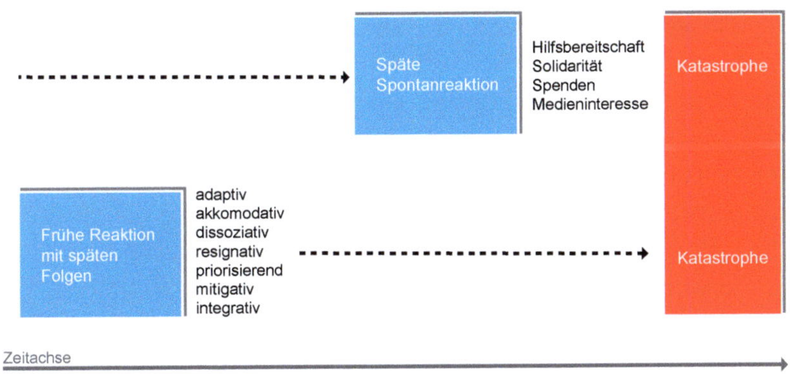

Abb. 21: Verhalten und Katastrophe: Späte Spontanreaktion und frühe Reaktion mit späten Folgen

Gewinne – Verluste – Framing – Ankereffekte

Unser Umgang mit Unsicherheiten und Risiken ist eine anthropologische Konstante. Wir können nicht anders, als uns ständig einzugestehen, dass wir viel zu wenig wissen. Dieser Makel bestimmt unseren Alltag und wird gern durch die Selbstversicherung maskiert, dass wir doch irgendwie Bescheid wüssten und klar sähen. Das ist bei einem Direktor eines Max-Planck-Instituts nicht grundlegend anders als bei einem Menschen mit einer bildungsferneren Sozialisation. Vor diesem Hintergrund ist es psychologisch sinnvoll, dass wir uns als Gemeinschaft auf ein Vorgehen einigen, das diesem Umstand grundlegend Rechnung trägt. Der Psychologe Gerd Gigerenzer unterscheidet dabei zwei Formen von Risiken und Unsicherheiten.[129] Risiken erster Ordnung führen zu vorhersehbaren Folgen, und die Wahrscheinlichkeit ihres Eintretens ist statistisch berechenbar. Ein (öffentlicher oder akademischer) Diskurs über mögliche Trends und Alternativen kann helfen, die richtigen Entscheidungen zu treffen. Hierzu gehören medizinische Entscheidungen im Rahmen von klinischen Richtlinien, Gensequenzierung, eine Reihe politischer und unternehmerischer Entscheidungen oder auch der Besuch im Casino. Das Prozedere ist kompliziert, mit einer hohen Informationsdichte versehen, aber prinzipiell überschaubar. Risiken zweiter Ordnung hingegen sind nicht linear, unvorhersehbar und systemischer Natur, da sie nicht auf Kausalzusammenhängen beruhen. Risiken zweiter Ordnung sind komplexe Systemzusammenhänge. Sie tragen Widersprüche in sich, die sich mithilfe einer Problemanalyse nicht auflösen lassen.[130] Die Veränderungen jenseits des Zwei-Grad-Ziels oder auch die Instabilität der Finanzmärkte gehören dazu. Heuristische Entscheidungsmethoden können dann zielführender sein als Diskurse und Problemanalysen. Heuristiken zielen nicht darauf ab, die Realität möglichst detailgenau abzubilden, sondern suchen nach einfachen, schnellen, manchmal intuitiven Entscheidungen. Gerd Gigerenzer nennt sie gemeinhin Bauchentscheidungen.

Ein generelles Problem besteht darin, dass Situationen zu wenig auf die unterschiedlichen Formen von Risiken hin angeschaut werden. Die Entscheidungsträger in Wirtschaft und Politik verwechseln bei der Einschätzung von Kreditereignissen auf internationalen Finanzmärkten die Risikoprofile erster und zweiter Ordnung systematisch miteinander. Das ist nicht trivial – die Berechnungsgrundlage bilden häufig sogenannte Sigma-Ereignisse im Rahmen der Value-at-Risk-Methode. Gefragt wird dabei nach der Wahrscheinlichkeit, mit der ein unerwünschtes Ereignis außerhalb der Standardabweichung vom Mittelwert eintritt. Ein Ein-Sigma-Ereignis tritt mit einer Wahrscheinlichkeit von 32 Prozent ein, ein Zwei-Sigma-Ereignis mit einer Wahrscheinlichkeit von 4,5 Prozent und ein Drei-Sigma-Ereignis mit einer Wahrscheinlichkeit von 0,27 Prozent. Ein Acht-Sigma-Ereignis weist nur noch eine Wahrscheinlichkeit von 1,2 mal 10^{-13} auf. Spätestens jetzt wird der ganze Vorgang irreal: Stellen Sie sich vor, ein gleichbleibendes, normalverteiltes Experiment würde alle zehn Minuten durchgeführt werden. Dann können wir damit rechnen, dass ein unerwünschtes Acht-Sigma-Ereignis in der Zeit vom Urknall bis zur Gegenwart (14 Milliarden Jahre) genau einmal auftritt. Einige Finanzakteure hatten mit Zwanzig-Sigma-Ereignissen gerechnet und waren dann überrascht, als unerwünschte Ereignisse (wie etwa ein Kursverfall) zweimal mal pro Monat (!) auftraten. Statistisch gesehen hatten die Finanzexperten angenommen, dass die Wahrscheinlichkeit so gering sei wie die, in einer 6-aus-49-Lotterie zwölf Mal hintereinander sechs Richtige zu erzielen.[131]

Ob Risiken erster und zweiter Ordnung zu einer Gefahr oder einer Chance für den Einzelnen oder die Gemeinschaft werden, hängt also wesentlich davon ab, wie wir auf der Verhaltensebene damit umgehen. Das Erlernen von Heuristiken kann dabei hilfreich sein; Gigerenzers Bauchentscheidungen vernachlässigen allerdings den kognitiven Anteil einer Entscheidungsfindung. Andere Heuristiken, wie zum Beispiel die Psychoedukation, die wir aus dem klinischen Kontext kennen und deren Prinzipien auch Aufklärungskampagnen prägen, arbeiten wiederum ausschließlich mit dem kognitiven Anteil der Informationsvermittlung und beachten die motivationale Ebene zu wenig. Werfen wir dennoch einen Blick auf die Psychoedukation: Es handelt sich dabei um die rationale Aufklärung von Patienten, Angehörigen oder in unserem Kontext von Bürgern über ein zu erwartendes Ereignis (etwa eine Operation, eine Naturkatastrophe oder einen Finanzcrash). Diese rein kognitive Aufklärung zeigt in der Regel keine langfristigen Transformationseffekte, da sie meist nur von außen motivierend wirkt und lediglich den logischen Sachverhalt erläutert. Deutlich besser funktioniert das sogenannte metakognitive Training, bei dem es um das Denken über das Denken geht. Der Psychologe John H. Flanell hat diesen Ansatz 1976 entwickelt und als eine Form der »Auseinandersetzung mit dem eigenen Denken« beschrieben.[132] Was Flanell meint, kennen wir eigentlich alle: Wir alle haben bereits die Erfahrung gemacht, dass der eigene, eintrainierte Denkstil an seine Grenzen stößt. Wir bemerken das zum Beispiel, wenn wir voreilig schlussfolgern, verallgemeinern statt argumentieren, ausschließlich schwarz-weiß denken, katastrophisieren, die Stimmigkeit der eigenen Überzeugungen überschätzen oder Gefühl und Fakten vermischen. Die Einsicht in die Fehlbarkeit des eigenen Denkens, Zweifel am vermeintlich Sicheren und die Demut gegenüber der Unwissenheit fordern die ständige Bereitschaft zur Korrektur. Das ist eine der Eigenschaften, die für eine nachhaltige Verhaltensänderung im Umgang mit Systemrisiken zweiter Ordnung eine große Rolle spielen, weil sie eine Veränderung des Bewusstseinsschwerpunkts und eine veränderte soziale Praxis fordern. Dass wir diese Fähigkeit gezielt erlernen können, zeigen uns die Ergebnisse des metakognitiven Trainings.[133] Ich komme auf diesen Zusammenhang ausführlicher zurück.

Wie wir uns in Risikosituationen zweiter Ordnung tatsächlich entscheiden, untersucht der Psychologe und Nobelpreisträger Daniel Kahneman. Er beschäftigt sich mit Fragen der Wahrnehmungsverzerrung und Entscheidungsfindung unter unsicheren Bedingungen und kann beispielsweise zeigen, dass Wahrscheinlichkeiten regelmäßig falsch eingeschätzt, Kausalzusammenhänge mit schlichten Korrelationen verwechselt und absolute Werte und relative Veränderungen durcheinandergebracht werden. Für unseren Zusammenhang spielen aber vor allem zwei andere Forschungsergebnisse eine Rolle: Kahneman kann einerseits zeigen, dass wir in Situationen, in denen wir Gewinne erwarten, völlig anders entscheiden als in Situationen, in denen wir Verluste befürchten. Andererseits stellt er heraus, dass subjektive Schlussfolgerungen und Entscheidungen in großem Umfang von einem Referenzwert abhängig sind.

Eigentlich würde man erwarten, dass Menschen prinzipiell immer ihren Nutzen maximieren, egal, ob es darum geht, Gewinne zu steigern oder Verluste zu minimieren. Kahneman zufolge ist das Bestreben, Verluste zu vermeiden, jedoch 2 bis 2,5-mal stärker als das Streben nach Gewinnen. Wenn wir Gefahr laufen, etwas zu verlieren, überwiegt der Impuls zur Vermeidung von negativen Folgen gegenüber dem Drang nach positiven Ergebnissen. Strategien zur Verhinderung von Vermögenseinbußen sind uns wichtiger als das Streben nach zusätzlichen Gewinnen. Die Grafik zeigt den Zusammenhang, der als Prospect Theory in die Forschung eingegangen ist.

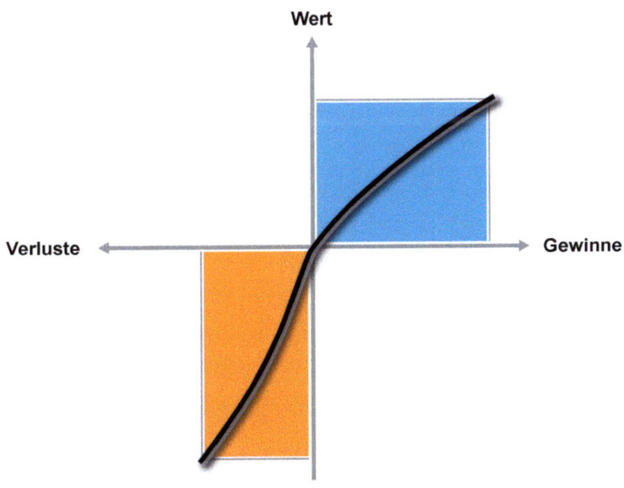

Abb. 22: Asymmetrie von Gewinn und Verlust: Kahnemans Prospect Theory (2011)

Sobald man sich mit Verlustereignissen auseinandersetzen muss oder sie zu erwarten sind (Naturkatastrophen, Finanzcrashs,

Einkommens- und Vermögensverluste), wird die Kurve steiler, nehmen subjektive Aversions- und Vermeidungsstrategien stärker an Bedeutung zu. Menschen werden innovationsscheuer und gleichzeitig strukturkonservativer.

Die zweite wichtige Schlussfolgerung aus der Prospect Theory lautet, dass das Ausmaß an Verlusten oder Gewinnen nie absolut, sondern immer nur relativ zu einem gegebenen Referenzwert wahrgenommen wird. Man nennt solche Effekte Anker-Effekte oder Framing-Effekte. Was ist damit gemeint?

Der Soziologe und Volkswirt Ortwin Renn zählt eine Reihe von Studien auf, die zeigen, dass Expertenmeinungen in der Beurteilung von politischen Ereignissen nicht besser abschneiden als der Zufall (2014). Gleiches konnten Wissenschaftler für den Finanzsektor belegen. Auch hier reicht die Einschätzung der Kursentwicklung im Wertpapierhandel nicht über die Werte der Zufallsverteilung hinaus. Ein Experiment zeigt jetzt, dass es neben dieser chronischen Fehlbarkeit weitere Einflüsse gibt, die erstaunlich sind: Forscher baten Vorstandsmitglieder von Unternehmen zunächst darum, die letzte Zahl ihrer Telefonnummer aufzuschreiben. Danach sollten sie dann den zukünftigen Kurs ihres Unternehmens auf dem Aktienmarkt einschätzen. Das Ergebnis: Diejenigen Teilnehmer, bei denen die letzte Zahl der Telefonnummer hoch war, bewerteten den zukünftigen Kurs positiver als diejenigen, die eine niedrige Zahl hatten. Dies wird Ankereffekt genannt – aber es bedeutet nicht, dass Vorstandsmitglieder, institutionelle Anleger oder Politologen komplett inkompetent wären. Die Ergebnisse zeigen auch nicht, dass die beteiligten Akteure böswillig die Öffentlichkeit täuschen wollen oder fahrlässige Bewertungen abgeben. Sie zeigen etwas anderes.

Unsere Psyche ist so aufgebaut, dass sie immer wieder Kausalitäts- und Kompetenzillusionen produziert. Das ermöglicht es uns, in sensiblen persönlichen und gesellschaftlichen Bereichen mentale Schlussfolgerungen aufzustellen, die auf uns kohärent wirken, sinnvolle Narrative darstellen – aber objektiv schlicht falsch sind. Wir laufen Gefahr, uns in der Einschätzung von sensiblen Bereichen zu überschätzen und die Grenzen unseres Wissens nicht zu erkennen, und neigen zur intellektuellen Vermessenheit. Die bereits beschriebenen Reboundeffekte bestätigen diese Forschungsergebnisse übrigens, denn ihnen liegt ein Anker-Effekt zugrunde: Bei einem vorgegebenen Wachstumspfad mit seinen ebenso vorgegebenen Anreizstrukturen (Anker) ist es für den Akteur rational, mehr zu konsumieren, nicht weniger. Erst die Veränderung des Ankers oder des kognitiven Rahmens würde auch das Verhalten verändern. Solche Entscheidungsalgorithmen sind übrigens universell.[134] Auf was es also ankommt, ist unser Bewusstseinsschwerpunkt – und nicht die angewandte Technologie. Aber welche Anker müssen wir setzen, um eine Gesellschaft zu denken, die nachhaltig und gerecht ist?

Die Philosophie hat spätestens mit John Rawls' »Theorie der Gerechtigkeit« aus dem Jahr 1971 ein Verfahren vorgelegt, das es erlaubt, rationale Entscheidungen »hinter dem Schleier des Nichtwissens«, wie Rawls es ausdrückt, gedanklich-experimentell zu validieren und damit die Zufälligkeit und Kontingenz unseres Lebens zu minimieren. In einem Gedankenexperiment lässt der Philosoph Menschen die Merkmale und die Grundstruktur des gesellschaftlichen Zusammenlebens entwickeln, ohne dass die Teilnehmer wissen, welche Position sie innerhalb dieser Gesellschaft einnehmen werden, wenn am Schluss der Schleier des Nichtwissens gehoben wird. Modifiziert auf das Thema Nachhaltigkeit müssen wir uns also mit Rawls fragen: Für welche sozialen, ökologischen und ökonomischen Standards würden wir uns entscheiden, wenn unsere Zukunft nicht hinreichend vorhersehbar ist? Wenn wir nicht wissen, ob wir reich oder arm, gesund oder krank, arbeitslos oder erwerbstätig sein werden? Wenn wir nicht wissen, ob wir in der Sahelzone bei 40 Grad Celsius einen Zwanzig-Kilometer-Fußmarsch für drei Liter Wasser auf uns nehmen müssen oder in einem vollklimatisierten Büro in Manhattan dreistellige Millionenbeträge verschieben und dafür mit üppigen Bonuszahlungen bedacht werden? Wenn wir nicht wissen, ob wir eine reiche Erbtante haben werden oder in den

Straßen von La Paz den Rest unseres Lebens verbringen müssen, ob wir Analphabet bleiben oder einen Abschluss in Princeton erreichen werden? Wie würden wir uns entscheiden, wenn wir das alles nicht wüssten – das heißt wenn wir uns in einer komplexen Risikosituation zweiter Ordnung befänden?

Diese Fragestellungen sind erstaunlich realitätsnah – schließlich leben wir in einer global vernetzten Welt, in der unvorhersehbare Terroranschläge zu den Tagesmeldungen gehören, Währungsspekulationen innerhalb von Stunden die lebenslange Altersvorsorge zunichtemachen, klimabedingte Extremwetterlagen innerhalb von Minuten ganze Landstriche verwüsten, ein unverschuldeter Verkehrsunfall zu einer lebenslangen Querschnittlähmung führen kann, die eine 24-Stunden-Betreuung notwendig macht, welche aber von der Krankenkasse nicht übernommen wird, und in der Arbeitslosigkeit mittlerweile alle sozialen Schichten betrifft. In einer solchen Welt gibt es keine Sicherheit. Das Unvorhersehbare gehört zum Alltag. Und trotzdem tun wir so, als ob wir die Zukunft im Griff hätten.

In Hinblick auf juristische Standards ist eine Einigung »hinter dem Schleier des Nichtwissens« vergleichsweise einfach. Da keiner der Beteiligten weiß, wo er landen wird, werden sich alle auf unveräußerliche Menschenrechte, freie Mobilität und freie Meinungsäußerung einigen (Egalitätsprinzip). Bei sozioökonomischen Standards und Fragen der psychosozialen Lebensführung wird die Situation allerdings komplizierter. In einer vernetzten Gesellschaft wird es immer Menschen geben, die aufgrund von Talent, Risikobereitschaft und Engagement bereit sind, mehr zu leisten und zu wagen als andere, und dafür an der potenziellen Wohlstandsentwicklung auch überproportional beteiligt sein wollen.

Aus sozialpsychologischer Sicht ergeben sich dennoch einige Konsenspunkte, auf die die Menschen sich wahrscheinlich einigen, wenn die Zukunft äußerst ungewiss ist: Da wir nicht wissen, wie und wo in Zukunft Wohlstandseffekte entstehen und wie sie verteilt werden, ist es für einen Akteur hinter dem Schleier sinnvoll und rational, Regelungen zuzustimmen, die den am wenigsten begünstigten Akteur an der zukünftigen Wohlstandsentwicklung beteiligen. Zu diesem sogenannten Kofinanzierungsprinzip gibt es mittlerweile eine Reihe von Vorschlägen, die von einer internationalen Harmonisierung der Steuergesetzgebung und der Regulierung von Off-Shore-Plätzen über die Einführung einer Devisentransaktionssteuer und die Bereitstellung von Mikrokrediten bis hin zu Steuervermeidungs- und Antikorruptionsgesetzen sowie einer Abgabe auf den internationalen Warenverkehr reichen. Der Grundgedanke ist schlicht: dass Wohlstandseffekte – wo auch immer sie global entstehen mögen – auch zur Finanzierung der am wenigsten Begünstigten verwandt werden.

Ein weiteres Beispiel sind kollektive soziale Sicherungssysteme: In einer Welt, in der die Zukunft offen ist und in der wir nicht wissen können, was morgen passiert, ist es nicht rational, dass individuelle Lebensrisiken – von Krankheit bis Arbeitslosigkeit – persönlich getragen werden. Hinter dem Schleier des Nichwissens wäre es rationaler, sich für ein System zu entscheiden, das auf ein Höchstmaß an Solidarität baut und individuelle Profite so weit wie möglich ausblendet. Und da in einem solchen Zustand alle Beteiligten eingebunden sind, wird die Situation für jeden Einzelnen in der Realität besser, und die Freiheitsgrade steigen. Mehr noch: Die Risikobereitschaft jedes Einzelnen, seinen eigenen Weg zu gehen und Lebensträume zu realisieren, wird gesteigert und nicht verhindert. Individuelle Lebensentwürfe und eine selbstverantwortete und kreative Lebensplanung setzen einen solchen kollaborativen, kooperativen Konsens voraus. Aus dieser Sicht bekommt die allgemeine Versicherungspflicht eine besondere Bedeutung, unter anderem deshalb, weil die Gemeinschaft die immensen individuellen Kosten von Nichtversicherten im Zweifelsfall über Steuerzahlungen doch übernehmen muss. Die Absicherung von Lebensrisiken unterliegt nicht dem Moral Hazard oder einem gesteigerten individuellen Wettbewerb.[135] Solche Externalitäten sind makroökonomisch ineffizient und ungerecht, aber vor allem entsprechen sie nicht der psychologischen

Verfasstheit des Menschen. Denn Menschen reagieren unter Unsicherheit eben eher risikoaversiv.

Gedankenspiele wie dieses zeigen, dass die mental-reflexive Infrastruktur, die Fähigkeit zum gedanklichen Rollenwechsel und die gedankliche Einnahme einer idealtypischen virtuellen Position wichtige Voraussetzungen für gesellschaftliche Veränderungen darstellen. Psychologie ist nicht alles, aber ohne Psychologie ist alles nichts.

Wenn man die Frage nach dem nachhaltigen Zusammenleben über einen Gerechtigkeitsdiskurs hinweg stellt, gelangt man regelmäßig zu einer ganze Reihe von Konzepten. Fünf Positionen sind dabei vorherrschend:[136] (a) Die Priorisierung: Diese Position folgt dem Argument, dass es in einer Welt knapper Ressourcen und mit begrenztem Zeithorizont gerecht ist, eine Gewichtung vorzunehmen. Dabei werden soziale gegen ökologische und heutige gegen zukünftige Fragestellungen abgewogen. Zum Beispiel genießt in diesem Konzept die aktuelle Armutsbekämpfung den Vorrang vor der Klimafrage, die erst in dreißig Jahren akut werden wird. (b) Das Verursacherprinizip: In diesem Konzept soll derjenige zur Kasse gebeten werden, der die sozioökologische Belastung verursacht hat. In einer vernetzten Welt sind solche isolierten kausalen Zuschreibungen aber schwierig bis unmöglich. Hinzu kommt, dass manche Verursacher bereits tot sind und nicht in Haftung genommen werden können. (c) Das Argument der Pro-Kopf-Verteilung: Hier lautet das Postulat, dass jeder Mensch im Hinblick auf die Grundgüter beziehungsweise in Bezug auf die CO_2-Belastung die gleichen Rechte haben sollte. Auch diese Position ist rational-gerecht. Doch erstens gibt es geografische Bedarfsunterschiede. Zum Beispiel müssen Menschen in nördlichen Ländern mehr heizen. Zweitens würde diese Position zu einer völligen Überforderung des westlichen Wohlstandsmodells führen, was mit einem Kollaps der Weltökonomie einherginge. (d) Grandfathering: Da wir so wie bisher nicht weitermachen können, sollten wir uns einen »Haircut« verpassen.

Das heißt: Wir reduzieren unseren gegenwärtigen Wohlstand um 10 bis 20 Prozent und fangen dann eine erneute Diskussion um die Belastungsgrenzen und Verteilungsspielräume an. Das klingt theoretisch gut, ist aber praktisch unmöglich. (e) Darüber hinaus gibt es egalitäre Positionen, die davon ausgehen, dass alle Menschen gleich sind und auch die zukünftigen Generationen gleiche Anrechte haben sollten. Hier ergibt sich die Frage, wie weit man die Zukunft einrechnen soll und welche Rolle der technologische Fortschritt spielt. Indigene Völker schauen zum Beispiel bis zu sieben Generationen in die Zukunft.

Keine der Gerechtigkeitspositionen ist falsch, aber für alle lassen sich Ausnahmen von der Regel formulieren, und jede der Positionen hat ihre Schwächen. In der konkreten Situation treten meist Mischformen auf. Welches Konzept sich im gesellschaftlich-politischen Leben durchsetzt, hängt am Ende weniger davon ab, wie beeindruckend die intellektuelle Schärfe und Brillanz des Argumentationsgangs ist oder welche rationalen Letztbegründungsstrategien gewählt werden, sondern davon, wie entwickelt unsere Affektprofile sind. Denn Affekte übersteuern auf der Verhaltensebene immer den Intellekt.

Alle Gerechtigkeitskonzepte sind rational-logische Denkübungen, und alle konkurrieren früher oder später darum, diese Denkübungen emotional zu integrieren. Wenn die Mehrheit der Weltbevölkerung – wie wir noch sehen werden – einen prärationalen oder präkonventionellen Bewusstseinsschwerpunkt hat, indem Ängste sowie Aus- und Abgrenzungsszenarien vorherrschen, werden sich auch die Gerechtigkeitskonzepte danach ausrichten. Für das Erreichen der globalen Nachhaltigkeitsziele, der Big 7, wie wir sie oben genannt haben, benötigen wir aber einen transrationalen und transkonventionellen Bewusstseinsschwerpunkt. Ein solcher Bewusstseinsschwerpunkt wird vor allem durch Affekte vermittelt, die wir postkonventionelle Affekte nennen. Hierzu zählen Demut, Vergebung, Dankbarkeit und globale Empathie. So entsteht Dankbarkeit beispielsweise immer dann, wenn die konkreten Erwartungen übertroffen werden und wenn wir einsehen, dass wir auf den Schultern der Generationen vor uns in die Zukunft schauen.

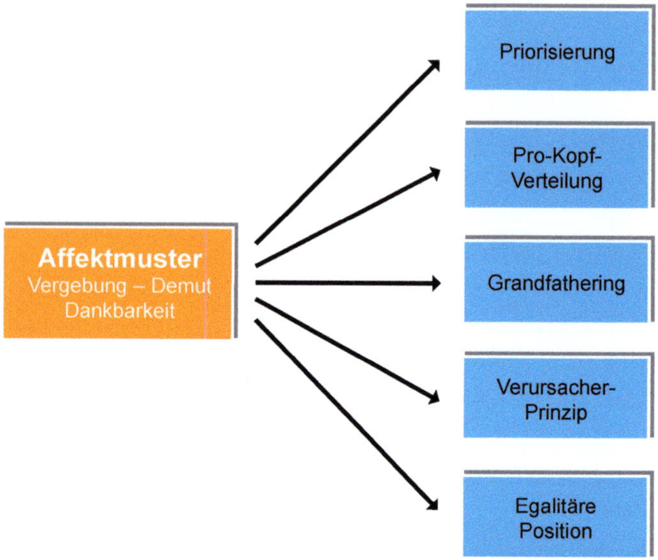

Abb. 23: Affekte übersteuern das Nachdenken über Gerechtigkeit

Das grüne Dilemma oder: Warum wir das Richtige im Falschen tun müssen

Eine zentrale Aussage dieses Buches ist, dass menschliches Verhalten und Erleben einer Entwicklung unterliegen, dass diese Entwicklung einer inneren Regelmäßigkeit folgt und dass die Entwicklung mit der Ich-Entwicklung nicht endet. Diese Entwicklungslogik hat an mehreren Stellen eine zentrale Beziehung zu unserem Thema. Eine der Herausforderungen, die auf dem Weg zu mehr Nachhaltigkeit immer wieder auftaucht, ist das sogenannte grüne Dilemma oder die Frage: Was passiert, wenn wir das Richtige im Falschen tun?

Die Frage begegnet uns regelmäßig in der Diskussion um sinnvolle Lebensstile:[137] Etwa bei alternativen Formen der Mobilität, bei der Einschränkung unseres Fleischkonsums[138], bei der Nutzung von erneuerbaren Energiequellen oder auch bei Vorschlägen für eine intelligente Regionalisierung von Wirtschaftskreisläufen. Wir können einen Wandel hin zu einem richtigen, also bezogen auf die Nachhaltigkeit ethisch guten Handeln sehen. So gibt es etwa in Italien mehr Fahrrad- als Autokäufe, in Deutschland sind über 51 Prozent der Solarzellen in privater Hand, circa ein Drittel der Bevölkerung gärtnert, und in den Städten werden weltweit bereits bis zu 20 Prozent der Lebensmittel durch Urban Gardening hergestellt.[139]

Das ist alles richtig. Potenziell falsch wird es, weil hier eine Minderheit auf eine Mehrheit trifft, die etwas ganz anderes will. Die globale Mehrheit will mehr Mobilität, mehr Fleischkonsum, mehr fossile Brennstoffe und mehr globale Vernetzung – und konterkariert damit das Anliegen der Minderheit. Denn wenn die Minderheit ihren Lebensstil an ihre Überzeugungen anpasst, provoziert sie gleichzeitig einen Nachfragerückgang bei den jeweiligen Gütern (Autos, Fleisch, Öl). In der Folge kommt es zu einem Preisverfall, von dem die Mehrheit profitiert und noch mehr konsumiert, sodass sich die Gesamtsituation weiter verschlechtert. Es entsteht ein Dilemma, das auf dieser Ebene nicht lösbar ist, denn die Mehrheit folgt dem Grundsatz: Je weiter weg (zeitlich und emotional) die Konsequenzen eines Lebensstils sind und je schleichender der Prozess ist, umso geringer ist die Motivation, sich gegenwärtig zu ändern. Wir verhalten uns stattdessen wie der Frosch im Warmwasserbad, der der Legende nach im eigenen Saft verkocht, weil ihm der lebensrettende Sprung aus dem immer heißer werdenden Wasser nicht gelingt. Der Unterschied zwischen Mensch und Frosch ist, dass wir uns zumindest dann ändern, wenn es beginnt wehzutun.

Aber es tut noch nicht hinreichend weh. Jede heute akzeptierte Einschränkung zugunsten einer Reduktion der globalen Erwärmung wird erst in zehn Jahren einen sichtbar positiven Effekt auf das Klima haben. Warum also sollten wir heute etwas tun? Herkömmlicherweise verfolgen wir im gesellschaftspolitischen Umfeld eine Art Doppelstrategie, wie wir sie etwa von der NATO oder aus der globalen Governance-Forschung kennen. Sie folgt dem Prinzip: »Wir sind nicht Ihrer Meinung, bleiben weiterhin gesprächsbereit, zeigen Alternativen auf, wie es gehen könnte, werden aber alles tun, damit wir uns nicht schaden, und verweisen dabei auf die Notwendigkeit von internationalen Vereinbarungen.« Übersetzen wir es in die Sprache der Nachhaltigkeitsdebatte, heißt das: »Wir glauben nicht, dass fossile Brennstoffe die zentralen Energieträger des 21. Jahrhunderts sind und dass mehr Mobilität und mehr Fleischkonsum dem Klima dienen. Wir wissen auch, dass eine intelligente Regionalisierung, veränderte Lebensstile und ein geringerer materieller Wohlstand bei höherem Zeitwohlstand der gerechtere und nachhaltigere Weg sind. Aber wir sind uns bewusst, dass wir damit das Richtige im Falschen tun und Gefahr laufen, die aktuelle Situation zu verschärfen.«[140]

Warum aber ist es dennoch richtig, das Richtige im Falschen zu tun? Die Antwort scheint zunächst simpel: Weil mitzumachen, weil es alle tun, nicht automatisch eine bessere Entscheidung bedeutet – auch wenn Vertreter der Schwarmintelligenz das gelegentlich behaupten. Gruppenentscheidungen sind Einzelentscheidungen nicht zwangsläufig überlegen, denn ein Zuviel an Vernetzung birgt die Gefahr von Ansteckungseffekten, die eine Entwicklung in die falsche Richtung lenken können. Wir konnten das beim Entstehen der Finanzblasen auf den Aktienmärkten sehen. Auch bei Massenhysterien oder bei eklatanten Fehlentscheidungen im Rahmen basisdemokratischer Meinungsbildung tritt dieses Effekt auf.

An dieser Stelle kommt die sozialpsychologische Forschung ins Spiel: Eine Reihe von Studien konnte aufzeigen, dass Menschen generell – das heißt unabhängig von Alter, Geschlecht, Bildungsstand und Gesinnung – anfällig sind gegenüber Konformitätsdruck in der Gruppenkonstellation. Je homogener die Zusammensetzung der Gruppe und je größer die Gruppe ist, umso stärker steht der Einzelne unter Konformitätsdruck. Wenn beispielsweise einzelne Menschen im Kreis gehen,[141] dann erhöht das die Wahrscheinlichkeit, dass immer mehr Menschen im Kreis gehen, auch wenn sich ihnen der Sinn dieser Aktivität nicht erschließt. Ein bekanntes Beispiel aus dem Alltag ist das Verhalten an einer roten Ampel: Je mehr Menschen an der Ampel warten, um so wahrscheinlicher ist es, dass der Einzelne stehen bleibt.

Solche Beispiele sind zwar eher trivial, aber sie verweisen darauf, dass Kooperation und Konformität in uns angelegt sind und wahrscheinlich einen konkreten Überlebensvorteil mit sich bringen. Konformität und kollektive Regelbefolgung sind schon aus dem Grund nicht schlecht, dass wir erst durch Konsens, Rituale, einen gemeinsamen Sprachgebrauch und eine gemeinsame Gesetzgebung die Voraussetzung für ein Zusammenleben schaffen. Das Bedürfnis nach der Zugehörigkeit zu einer Gruppe ist oft sogar stärker als das, seinen autonomen und individuellen Überzeugungen zu folgen – denn wir begeben uns dann in die Gefahr, aus der Gruppe ausgeschlossen zu werden.[142] Der Zusammenhang hat auch in der aktuellen Flüchtlingsdebatte in der EU eine zentrale psychologische Bedeutung: Der Umfang und die Vielfältigkeit an Identifikationen bestimmt über weite Strecken die Stabilität der personalen Identität. Das heißt: Solange die personale Identität nur über die ethnische und nationale Zugehörigkeiten definiert ist und keine anderen Identifikationen zulässt (etwa Geschlechterrolle, Religionszugehörigkeit, Körperbild, soziale Rollen wie Nachbarschaft, Vereinszugehörigkeit, Partei, Menschenrechte), so lange kann alles Fremde schnell zu einer Gefahr für die eigenen Identität werden.

Problematisch wird es zudem, wenn der Regelkonformismus trotz besseren Wissens und entgegen der eigenen Gesinnung von uns das Falsche fordert. Eine intrapsychische Lösung des Konfliktes besteht dann darin, dass wir unser konformes, aber falsches Verhalten der Situation und dem Kontext zurechnen, um uns so zu entlasten – während wir die Fehler der anderen mit deren jeweiliger Gesinnung und inneren Einstellung begründen.

In der sozialpsychologischen Literatur spricht man hierbei von einem systematischen Attributionsfehler. Der Psychologe Solomon Asch konnte 1965 in seinen klassischen Experimenten zur Konformität zeigen, dass Menschen unter Gruppenzwang sogar einer offensichtlich falschen Aussage zustimmen. Dafür wurde den Versuchspersonen eine Linie gezeigt, deren Länge sie mit Vergleichslinien abgleichen sollten. Eine der Vergleichslinien war jeweils deutlich erkennbar gleich lang. Trotz dieser eindeutigen Sachlage waren Versuchspersonen bereit, sich einer offensichtlich falschen Einschätzung zu unterwerfen, wenn sie einstimmig von der Gruppe kam.[143] Neben Aschs Konfomitätsexperimenten ist in diesem Zusammenhang vor allem das Experiment von Stanley Milgram aus dem Jahr 1963 berühmt geworden. Auf autoritäre Anweisungen hin sollten die Versuchspersonen einen vermeintlichen Schüler (eigentlich Helfer des Versuchsleiters) mit Stromstößen bestrafen, wenn er Aufgaben falsch gelöst hatte. Über zwei Drittel der Versuchspersonen gingen in der Bestrafung so weit, dass sie Stromstöße auslösten, die, wenn sie echt gewesen wären, den Tod des Schülers zur Folge gehabt hätten.

In einer historischen Aufarbeitung zum Nationalsozialismus konnten Michael Pauen und Harald Welzer (2015) die Bedeutung des informellen Gruppenzwangs am Beispiel des Reserve-Polizei-Bataillons 101 der deutschen Wehrmacht zeigen. Die Soldaten des Bataillons waren unter anderem für die Erschießung von Zehntausenden von Juden hinter der Frontlinie verantwortlich. Das Bataillon bestand aus Menschen, die bis dato keine auffälligen psychopathischen Biografien hatten. Sie waren in die Gesellschaft integriert, waren keinem besonderen Training oder einer besonderen Kampfpropaganda ausgesetzt worden, und sie waren nicht per Befehl oder Strafandrohung zu den Erschießungen gezwungen worden. Die Teilnahme an den Verbrechen wurde ihnen sogar freigestellt. Es war allein der Gruppendruck, der sie zu Tätern machte. Vielen Mitgliedern des Bataillons 101 war dabei durchaus bewusst, dass sie abscheuliche Verbrechen begingen.

Aus der militärwissenschaftlichen Forschung sind diese Zusammenhänge seit über fünfzig Jahren bekannt: Es sind weder spezifische Persönlichkeitsvariablen wie Extraversion, Disziplin, Offenheit für Lernerfahrungen oder Intelligenz noch kognitiv-ideologische Kategorien wie Vaterlandstreue und religiöse oder weltanschauliche Überzeugungen, die Gruppenverbände zusammenhalten und motivieren, sondern das In-Group-Erlebnis – das heißt das Bedürfnis, nicht ausgegrenzt zu werden. Die Zugehörigkeit zu bestimmten Ritualen, die emotionalen Bindungen, interne Hierarchien und Anforderungen sind die entscheidenden Gruppeneffekte, die genutzt werden, um schwierige Herausforderungen zu meistern. Sie tragen wesentlich zur Identität des Einzelnen bei. Das heißt: Das unspezifische Gefühl der Zugehörigkeit, das mit der gleichzeitigen Abgrenzung gegenüber dem Fremden oder dem Feind einhergeht, übersteuert fast alles.[144]

Zusammenfassend lässt sich sagen, dass sich Menschen vor allem dann an einem bestehenden Gruppenverhalten orientieren, wenn eine Situation zweideutig, unsicher und widersprüchlich ist und die Gruppe eine sehr homogene Meinung ausbildet.[145] Das Verhalten kann dann – von außen betrachtet – rasch dysfunktional, falsch, ungerecht, sinnlos und realitätsfern werden. Was bisher als Ausnahme oder gar Anomalie verstanden wurde, wird zur Normalität. Aber Normalität ist in diesem Fall eben nur ein statistischer Mittelwert. Es ist also ein Fehlschluss, das Handeln der Mehrheit als naturgegeben zu interpretieren, und es ist ebenso falsch, daraus eine ethische Norm abzuleiten. Denn würden wir ein so verstandenes Normalitätsverständnis zur ethischen Grundlage für unser Handeln machen, dann würde das die seltsamsten Blüten treiben.[146]:

Was können wir aus den Befunden der klassischen Sozialpsychologie für unsere Nachhaltigkeitsdebatte mitnehmen? Menschen reagieren extrem sensitiv auf unmittelbare Kontextbedingungen, Anreizstrukturen und soziale Umstände. Und zwar so sensitiv, dass auch stabile Persönlichkeitsvariablen, jahrelang eingeübte

Verhaltensweisen, charakterbildende rationale Überzeugungen und willentliche Kundgebungen schnell übersteuert werden können. Wenn wir Nachhaltigkeitsziele erreichen und Menschen dabei mitnehmen und begeistern wollen, dann geht es weniger um die ethischen oder religiösen Grundüberzeugungen, die biografischen Zusammenhänge und Motive, philosophische Letztbegründungsstrategien oder ökonomische Effizienzorgien, sondern darum, wie der Einzelne in Gruppen und Gruppen wiederum in Großgruppen unter konkreten Bedingungen reagieren.[147]

Für das Verständnis von ökonomischen Vorgängen sind diese Zusammenhänge essenziell. Ordoliberale Marktwirtschaftler wie der Ökonom Walter Eucken (1891–1950)[148] beschreiben vorrangig Regeln und Gesetze, die den Markt effizienter machen. Dazu gehören vor allem Antikartellgesetze, Haftungs- und Konkursbestimmungen, eine gerechte Einkommensverteilung, aber auch die Berücksichtigung von externen Effekten gegenüber der Umwelt sowie Mindeststandards am Arbeitsmarkt. Die Stärke dieser Betrachtung liegt darin, dass ein funktionierender Wettbewerb den besten Verteilungs- oder Allokationsmechanismus darstellt, den wir Menschen kennen. Er garantiert ein Höchstmaß an Effizienz und Freiheit. Der Neoliberale Wilhelm Röpke verglich 1950 in diesem Zusammenhang das Verhältnis von Staat und Markt mit einem Fußballspiel: Der Staat ist der Regelgeber und Schiedsrichter, alle anderen dürfen Fußball spielen.

Die Schwäche dieser Sichtweise besteht darin, dass sie die Mikro- und die Makroebene gleichsetzt. Sozialpsychologisch ist es jedoch etwas anderes, ob man das Verhalten einer Einzelperson untersucht und es dann multipliziert oder ob man das Verhalten von Einzelnen in Gruppen, Kollektiven oder gar einer Nation untersucht, um es zur Grundlage politischer Entscheidungen zu machen. Der höhere Vernetzungsgrad des Einzelnen in der Gruppe bedeutet, dass vielfältige Rückkopplungen sowie Ansteckungs- und Imitationseffekte das Verhalten des Einzelnen beeinflussen. Das, was auf individueller Ebene rational, einsichtig und vernünftig ist, verliert auf einer kollektiver Ebene möglicherweise seinen Sinn, wenn es alle tun. Wenn beispielsweise alle sparen oder alle konsumieren, dann fehlt entweder das Geld, oder die Preise steigen ins Unermessliche. Individuelles Verhalten kann aus der Innenperspektive jedes einzelnen Akteurs rational sein – und gleichzeitig auf einer kollektiven Ebene zu massiven Verlusten führen, wenn es nicht entsprechend korrigiert und ausbalanciert wird. Oder, um auf unser Beispiel zum richtigen Verhalten im Falschen zurückzukommen: Die sozialpsychologischen Befunde zeigen deutlich, dass die Gemeinschaft eben keine einfache Verlängerung des Individuellen ist.[149]

Jede Verhaltensänderung trifft auf ein spezifisches Set an Rationalitätsstandards, das den Grund dafür liefert, sich zu ändern oder auch nicht. Die kognitive Einsicht allein reicht offenbar für eine gesellschaftliche Transformation nicht aus. Die Frage ist vielmehr: Wann tut es weh? Das psychologische Korrelat dieses Schmerzes hat zwei Bestandteile: die Fähigkeit zur Empathie und die Fähigkeit zur Versöhnung von Effizienz und Resilienz. Beim Ersten handelt es sich eher um einen emotionalen, beim Zweiten eher um einen kognitiven Vorgang.

Die Empathie als die Fähigkeit, sich in andere hineinzuversetzen, lernen Kinder ab dem dritten Lebensjahr. Diese Fähigkeit stellt einen zentralen Überlebensvorteil für uns Menschen dar – und ist auch für das Thema Nachhaltigkeit entscheidend. Denn erst wenn wir das unerträgliche Leid, das über eine Milliarde Menschen tagtäglich in absoluter Armut ertragen müssen, die schreiende Ungerechtigkeit in den Wohlstandsunterschieden, den Schwund an Artenvielfalt und ökologischen Habitaten oder auch die globale Erwärmung als einen Anteil unseres eigenen Selbst und unserer Lebensentwürfe erleben, sind die emotionalen Voraussetzungen für einer Verhaltensänderung innerhalb eines grünen Dilemmas gegeben. Das ist zweifellos anspruchsvoll, aber nicht unmöglich. Wie das funktionieren kann, wird uns in den nächsten Kapiteln beschäftigen.

Doch auch die Fähigkeit zur Versöhnung von Resilienz und Effizienz ist zentral: Selbst wenn es unter Effizienzkriterien subjektiv rational erscheint, einen Preisvorteil auszunutzen und mehr von billigen, aber wenig nachhaltigen Gütern zu konsumieren, verschiebt sich durch eine veränderte Perspektive gerade diese Form der rationalen Entscheidung. Systeme sind nur dann nachhaltig, wenn sie auf einem ausgewogenen Verhältnis zwischen Durchsatz pro Zeiteinheit und Diversität mit Vernetzung beruhen. Preissignale, die nur durch Effizienzsteigerungen entstehen, haben den intrinsischen Mangel, dass ihnen in der Regel Resilienzfaktoren fehlen. Ein Mensch in einer solchen Situation weiß, dass die reine Steigerung von Effizienz zwangsläufig zum Zusammenbruch des Systems, zu immensen Folgekosten und zu weniger Nachhaltigkeit führt. Eine intelligente Form der Regionalisierung von Wirtschaftskreisläufen versöhnt die Effizienz mit gesellschaftlichen Formen der Robustheit und Widerstandsfähigkeit und schafft damit einen anderen kognitiven Rahmen in der Bewertung von Mobilität, Fleischkonsum und alternativen Energiequellen.

Wenn wir uns auf dem Weg in eine andere Zukunft an den Ergebnissen der Life Sciences (klinische Psychologie, Neurobiologie, Sozial- und Systemforschung etc.) orientieren, haben wir ein gute Chance, friedlicher, gerechter und nachhaltiger zusammenleben zu können. Das Richtige im Falschen bleibt aber so lange ein Dilemma, solange wir nicht die entsprechende globale Empathie und die kognitiven Voraussetzungen für die Stärkung regionaler Resilienz und zur Überwindung von sektoraler Effizienz ausgebildet haben. Beides sind psychologische Kategorien eines veränderten Bewusstseinsschwerpunkts und nicht Ergebnis innovativer Technologien oder weiteren expansiven Wachstums.

Spätes Glück und frühe Förderung: Shunyata, die Heckman-Kurve und der Kopenhagener Konsens

Die empirische Glücksforschung geht zurück auf die philosophische Ethik des Utilitarismus. Dem Utilitarismus geht es um das »größte Glück der größten Zahl«, wie es Jeremy Bentham (1748–1832) ausdrückte – ein Ansatz, der zwar als Grundlage ökonomischer Modellrechnungen genutzt wird, aber psychologisch schwer zu bestimmen ist und sich dem öffentlichen Zugriff entzieht. Denn individuelles Glückserleben und die Interessen des Gemeinwohls können sehr schnell auseinanderfallen. Man braucht nicht erst den westlichen Lebensstil zu bemühen, um seine fehlende Verträglichkeit mit dem globalen Gemeinwohl zu konstruieren. Es reicht aus, sich ausgefallene individuelle Vorlieben vorzustellen, die dem Einzelnen ein Glückserlebnis bescheren, aber für alle anderen eine Zumutung sind. Das ist einer der Gründe, weshalb Glückserlebnisse und Wohlstandsmaximierungen eher eine private als eine öffentliche Aufgabe darstellen. Dennoch steht ein nachhaltiges gesellschaftliches Zusammenleben mit dem Wohlbefinden und Glückserleben der Mitglieder der Gesellschaft in Beziehung.

Die klinische Forschung unterscheidet zwischen mindestens drei psychischen Zuständen: Das *Glückserleben* ist ein recht kurzfristiger Zustand der Befriedigung auf einen Stimulus oder Reiz hin. *Wohlergehen* oder Zufriedenheit beschreibt einen Ich-Zustand, der länger andauert und in den autobiografische Ereignisse im Längsschnitt integriert sind. Man entwickelt ein historisches Bewusstsein, baut einzelne Ereignisse in Erinnerungsspuren ein und gewichtet sie. Bei den *Flow-Zuständen* geht schließlich die Autorschaft des Egos selbst verloren. Flow beschreibt das Empfinden eines mühelosen Einsseins mit einem Objekt oder Handlungsablauf von Augenblick zu Augenblick. Diese Zustände sind nicht an eine bestimmte Technik gebunden und können beim Spiel, beim Sport, bei einer Rede, einer Meditation, einer künstlerischen Tätigkeit oder auch bei der Arbeit eintreten. Sie liegen gewissermaßen zwischen Angst und Langeweile. Flow ist vor allem intrinsisch motiviert und bleibt in der Regel ein mentales Spitzenerlebnis. 90 Prozent der Menschen geben an, solche Flow-Erlebnisse zu kennen.[150]

Positive Erlebnisse und Gemütszustände wie diese werden neurobiologisch im Nucleus accumbens codiert – einer Region im Gehirn, die allgemein bei positiven Emotionen aktiv ist. Erstaunlicherweise aktivieren auch Einkaufen oder Suchtverhalten diese Hirnregion, obwohl sie eigentlich für andere Zustände vorgesehen ist: Aus evolutionsbiologischer Perspektive benötigen wir das Areal, um unvorhersehbare, nicht erwartete Ereignisse positiv zu bewerten und eine Lernerfahrung machen zu können.

Initiale Glückserlebnisse werden nach kurzer Zeit, nach wenigen Tagen oder Stunden, manchmal sogar schon nach Minuten, vollständig kompensiert. Jeder Mensch verfügt wohl über einen individuellen Set-Point für sein Wohlergehen, um den herum Lebensereignisse (positiv und negativ) verarbeitet werden und der nach ein bis zwei Jahren immer wieder neu ausgependelt wird. Das gilt übrigens für fast alle Lebenssituationen, außer bei absoluter Armut: Sie lässt psychologisch keine Adaptation zu. Die Glücksrendite ist erstaunlicherweise nicht dann am höchsten, wenn wir Gegenstände für den eigenen Gebrauch kaufen, sondern bei altruistischem Verhalten, bei Sozialkontakten, bei immateriellen Werten und schönen Erlebnissen. Das heißt: Wenn wir unser Geld für andere ausgeben oder wenn wir reisen oder Feste feiern, dann ist die Wahrscheinlichkeit am größten, Glück zu empfinden. Das ist ein Grund, weshalb Bonuszahlungen, wenn sie denn eher unerwartet sind, zwar zu einem initialen Glückserleben beitragen, dieses jedoch nach einigen Wochen wieder neutralisiert wird. Ein schönes Erlebnis oder ein Geschenk für andere bleibt dagegen als Teil der Person in Erinnerung, manchmal sogar lebenslang, und wird mit der Zeit immer positiver erinnert und bewertet.[151]

Peter Layard zufolge steigt das subjektive Glücksempfinden bis zu einem Jahreseinkommen von 25.000 bis 35.000 Euro pro Kopf an, danach entkoppelt es sich vom materiellen Wohlstand.[152] Auch die Lebenserwartung nimmt oberhalb dieses Betrags nicht mehr nennenswert zu.[153] Ein Grund könnte sein, dass wir, je mehr Güter wir besitzen, umso weniger Zeit haben, sie zu nutzen und zu genießen. Stattdessen sind wir damit beschäftigt, den relativen Status zu halten beziehungsweise das Vermögen zu verwalten. Die Befriedigung von Grundgütern folgt also einer anderen Psychologie als die der relativen Positionsgüter, die mit dem Grenznutzentheorem der Ökonomie besser erklärt werden kann. Entsprechend stagniert das Glücksempfinden in der westlichen Welt seit fünfzig Jahren oder zeigt sogar trotz Wirtschaftswachstum einen leichten Abwärtstrend.[154] Die Wahrscheinlichkeit für das Auftreten psychischer Erkrankungen bleibt europaweit mit circa 30 Prozent (Ein-Jahres-Prävalenz) auf hohem Niveau.

Auch Zufriedenheit und Einkommen hängen zusammen; das lässt sich empirisch gut nachweisen. Allerdings trägt ein Einkommenszuwachs nur zu einem kleineren Teil zur Zufriedenheit bei, nämlich zu circa 20 Prozent. Je höher das Einkommensniveau ist, umso höher sind die Erwartungen hinsichtlich weiterer Steigerungen – und circa 60 bis 80 Prozent dieses zusätzlichen Einkommens werden dann durch Gewöhnungseffekte wieder schnell neutralisiert. Ein bedeutsamerer Faktor als die Höhe des Einkommens oder Vermögens stellt dagegen der Einkommens- und Vermögensvergleich mit anderen dar. Ökonomen nennen diesen Zustand die Statustretmühle: Eine Quelle der Zufriedenheit darin liegt, mehr zu verdienen und zu besitzen als die Menschen in der Umgebung, also Freunde, Bekannte, Kollegen.

Die Kopplung von Wohlergehen und Glück an expansiven materiellen Wohlstand ist ein spezifisch westliches Konstrukt. Eine buddhistische Ökonomie sieht das anders:[155] Hinter Ungerechtigkeiten, Hunger, Armut, Leid, Katastrophen, Kriegen und sogenannten Sachzwängen und Alternativlosigkeit stehen aus buddhistischer Perspektive Unwissenheit, Gier und Aggression – Unwissenheit darüber, dass eine isolierte Person, ein Ego, nicht existiert, sondern alle Organismen in einer wechselseitigen Abhängigkeit zueinander stehen. Es gibt keinen neutralen Ort, von der aus unsere Welt erklärbar wäre, sondern wir handeln immer in multiplen, wandelbaren Abhängigkeiten (Skr. pratityasamutpāda),[156] hinter denen letztlich eben Nichts oder Leerheit (Skr. shunyata) steht.

Die Annahme eines isolierten Subjekts, das sich dann verdesellschaftet, wie es der Westen etwa im (methodischen) Individualismus durchdekliniert, ist im buddhistischen Sinne eine mentale, psychologische und kognitive Täuschung mit verheerenden Folgen für unser Zusammenleben. Gier in Form von Gewinnmaximierungen, Effizienzsteigerungen, unbegrenzten Bedürfnissen, Kriegen, Leid und Umweltkatastrophen entstehen gerade aus dieser Fehlwahrnehmung. Das alles ist für einen westlich sozialisierten Akademiker eine intellektuelle Zumutung, zumindest aber befremdlich. Aber es stimmt trotzdem.[157] Durch äußere Regeln und Institutionen werden Probleme des Individualismus benennbar und eingrenzbar, aber eben nicht gelöst. So kann es auch aus buddhistische Sicht nicht eine abstrakte Lösung für unsere Nachhaltigkeitsfragen geben. Es lässt sich in einer interdependenten Welt nicht sagen, ob wir mehr Staat, mehr Markt oder mehr Dritten Sektor benötigen. Auch die Lösungsvorschläge, die hier diskutiert werden, wie Komplementärwährungen, Grundeinkommen, Marshall-Plan-Initiative, modifizierte Eigentumsverhältnisse und regionale Kreislaufwirtschaft erfordern je nach Kontext und Situation eine spezifische Antwort.[158]

Der gemeinsame Nenner zwischen dem von uns beschriebenen Nachhaltigkeitspfad und der buddhistischen Weltsicht sind nicht die abstrakten Regeln, auf die wir uns einigen, sondern es ist die Ähnlichkeit in der Motivstruktur des Mitgefühls, die uns den Weg in die richtige Governance weist. Im Zentrum buddhistischer Ökonomie steht die Einsicht, dass Glück in einer interdependenten Welt nicht durch Maximierung des Eigeninteresses, schon gar nicht an materiellen Dingen, sondern nur in den verschiedenen Formen des Mitgefühls nachhaltig erlebbar wird. Gewaltfreiheit, konstruktive Kritik, reziproke Toleranz, Großzügigkeit, Hilfe, Demut und Altruismus konstituieren positive Gewohnheiten, eine andere soziale Praxis und in der Folge auch andere Institutionen. Tatsächlich wird diese östliche Rezeption von Wohlstand, Glück, Empathie und den damit verbundenen Affektprofilen durch die empirischen Ergebnisse westlicher Forschung bestätigt.[159] Ein aufgeklärtes Eigeninteresse ist somit nicht egoistisch, sondern immer altruistisch geprägt.

Es ist eines der selten zitierten, aber dennoch beeindruckenden empirischen Ergebnisse im Spannungsfeld sozialpsychologischer und ökonomischer Forschung: Der Ökonom und Nobelpreisträger James Heckman konnte zeigen, dass Sozialprogramme vor allem für marginalisierte Gruppen, etwa Frühförderprogramme, dem ökonomischen Grundsatz der Effizienz nicht – wie traditionell angenommen – widersprechen. In der öffentlichen Wahrnehmung werden solche Programme nämlich häufig als zwar notwendige, aber eigentlich lästige Umverteilungsmaßnahmen beschrieben, die man lediglich aus Barmherzigkeit und Nächstenliebe aufrechterhält.

Kinder wählen bekanntlich nicht ihre Eltern, sondern werden in ein familiäres Umfeld hineingeboren, das mehr oder weniger unterstützend ist. Spätestens mit drei Jahren laufen die Entwicklungslinien auseinander: Kinder aus einer bildungsbürgerlichen Mittelschicht verwenden zum Beispiel mit drei Jahren bereits doppelte so viele Wörter wie Gleichaltrige aus sozial prekärem Milieu, nämlich 1000 versus 500 Wörter. Für den späteren gesellschaftlichen Erfolg spielen weitere Fähigkeiten eine ebenso bedeutsame Rolle: vor allem die Impulskontrolle[160], die Aufmerksamkeitsspanne, Mut, Durchhaltevermögen, die Fähigkeit zum kurzfristigen Konsumverzicht, Selbstwirksamkeit sowie die Unterstützung und der Ausbau von Primärmotiven und Tugenden. Sie korrelieren statistisch hoch mit der Lebenserwartung, der Kriminalitätsrate, prosozialem Verhalten im Erwachsenenalter, dem Einkommen, dem Gesundheitszustand und Erfolg – und sind allesamt sensomotorische und sozioemotionale Fertigkeiten, die Kinder in den ersten fünf Jahren erlernen. Deshalb ist die gesellschaftliche Investition in das familiäre Umfeld von Kindern nicht nur ein Akt der Solidarität, sondern ökonomisch hoch relevant; denn 50 Prozent der Unterschiede in der Verteilung von Einkommen und Wohlstand sind bis zum achtzehnten Lebensjahr bereits festgelegt. Dass es dabei gerade die frühe Förderung ist, die einen hohen gesellschaftlichen Return on Investment bringt, zeigt die Heckman-Kurve. Ineffizient und teuer sind dagegen späte sozialpolitische Interventionen. Hinzu kommt, dass Frühförderung nicht nur die ökonomische Produktivität im späteren Leben erhöht, sondern auch die Sozialkosten reduziert und die Ungleichheit in einer Gesellschaft mindert.

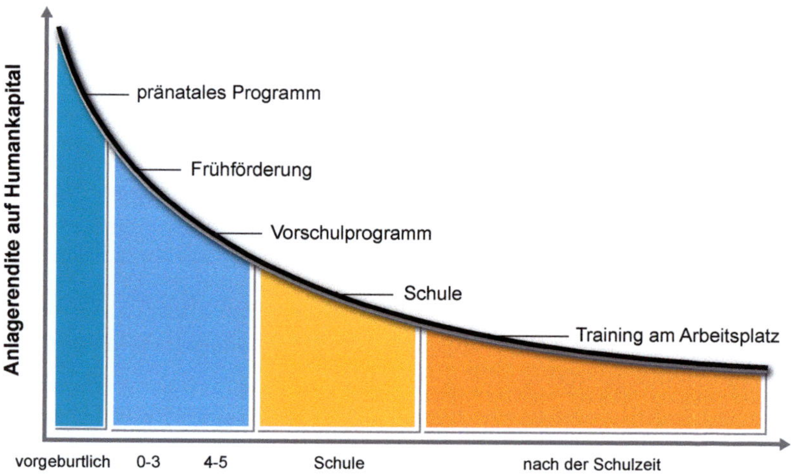

Abb. 24: Heckman-Kurve: Die Investition in die frühe Kindheit hat ökonomisch den größten Effekt.[161]

Wenn wir mehr soziale Mobilität, mehr Chancengleichheit, mehr gesellschaftliche Inklusion und weniger Kriminalität haben und dabei auch mehr Glück empfinden wollen, dann müssen wir uns also um andere kümmern – und das Timing unserer Sozialprogramme zugunsten der ersten Lebensphasen korrigieren.

Eine ähnliche Logik zeigt derzeit der sogenannte Kopenhagener Konsens. Die Weltgemeinschaft plant bis 2030 einen Betrag von 1,2 Billionen US-Dollar in unterschiedliche Nachhaltigkeitsprojekte zu investieren. Dabei geht es vor allem um den Übergang von den Millennium Development Goals (MDG), die bis 2015 gelten, zu den Sustainable Development Goals (SDG). Derzeit diskutieren die Delegierten der Vereinten Nationen 17 Haupt- und 169 Unterziele, und zwischen all den Zielen gibt es multiple Vernetzungen, Subkategorien, weitere Einteilungen und relevante Systematiken.

In einer Welt mit limitierten monetären Ressourcen müssen Ressourcen unter Kosten-Nutzen-Gesichtspunkten maximiert und einzelne Nachhaltigkeitsziele priorisiert werden. Der Ökonom Bjorn Lomborg und sein Team zeigen anhand von zahlreichen empirischen Beispielen, wie das gehen kann (siehe Grafik). Die zentrale Frage lautet: Wie hoch ist der relative ökonomische, soziale und ökologische Nutzen, wenn man einen US-Dollar in eines der folgende Projekte investiert?

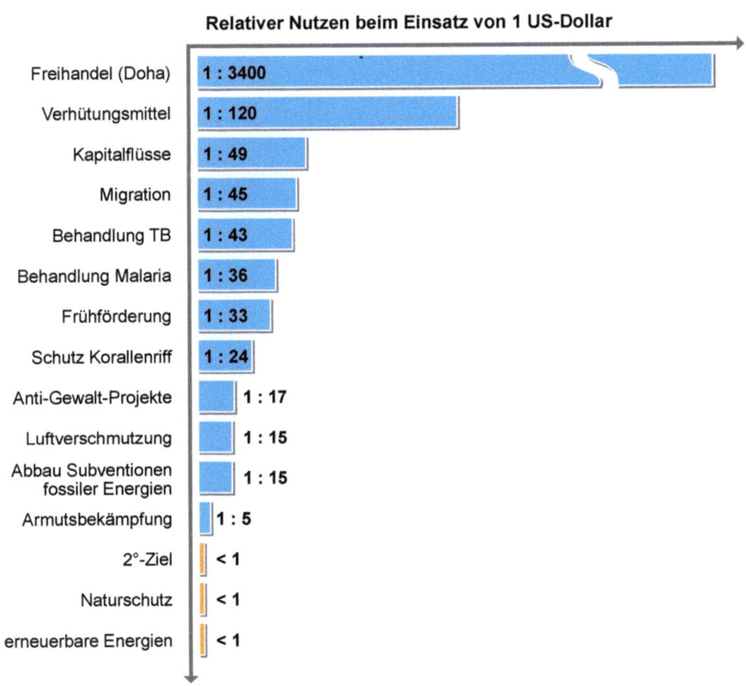

Abb. 25: Kosten-Nutzen-Analysen bei ausgewählten Nachhaltigkeitszielen

Gemäß der Kopenhagener Konsensgruppe erzielt die Schaffung einer Freihandelszone für Entwicklungsländer relativ zum eingesetzten Kapital mit Abstand den höchsten Nutzen und würde beispielsweise Millionen von Menschen aus der absoluten Armut befreien. Der Zugang zu Verhütungsmitteln und Aufklärungskampagnen im Bereich der reproduktiven Medizin zeigt ebenfalls einen enormen Effekt von 1:120. Hier kommen verschiedene Aspekte zusammen: geringere Kinder- und Müttersterblichkeit, höhere demografische Dividende sowie eine geringere Fertilitätsquote. Ein weiteres Beispiel sind illegale Kapitalflüsse (Schmuggel, Steuerhinterziehung, Kriminalität). Jährlich werden den Nationalökonomien über illegale Wege geschätzt eine Billion US-Dollar entzogen und auf ausländische Konten überführt. In der Folge kommt es zu einem massiven Abfluss von Liquidität. In Afrika gehen dadurch etwa zehn Prozent des Sozialprodukts verloren, was den Kontinent rein rechnerisch sogar zum Nettokreditgeber macht. Tatsächlich werden diese Beiträge niemals zurücküberwiesen, obwohl sie vor Ort real erwirtschaftet wurden.

Politische Maßnahmen wie die Veröffentlichung der Nutznießer könnten einen erheblichen Effekt auf die Geldströme haben. Bereits eine Senkung des Abflusses um ein Zehntel würde innerhalb einer Dekade 750 Milliarden US-Dollar mehr Liquidität für Afrika bedeuten. Ein anderes Beispiel: Die Herausforderungen der Überbevölkerung in einigen Regionen der Welt und der Alterung von Gesellschaften in anderen Teilen der Welt ließen sich durch eine Erleichterung der Freizügigkeit und Migration abmildern. Die Forscher errechnen einen Nutzen für soziale Sicherungssysteme und Bildung von mindestens 1:45. Auch die Bekämpfung von Tuberkulose (1:43) und Malaria (1:36) sind weitere Bespiele. Der Schutz von Korallenriffen und seine positiven Auswirkungen auf die Stabilität des Ökosystems werden mit einem Nutzen von 1:24 beziffert.

Eine Investition in Bildungsangebote lässt unter Kosten-Nutzen-Gesichtspunkten folgende Schlussfolgerung zu: Eine Investition in die Frühförderung (erstes bis sechstes Lebensjahr) in

Gebieten der Subsahara kommt auf eine Kosten-Nutzen-Relation von 1:33. Wird das Programm zur universellen Frühförderung erweitert, reduziert sich der Quotient auf 1:7. Will man gar eine Primärbildung weltweit umsetzen, wird der Quotient auf 1:4 gesenkt.

Ein weiteres anschauliches Beispiel sind die Ergebnisse zum Thema Gewalt. Die weltweiten sozialen Kosten, die durch menschliche Gewaltanwendung entstehen, werden mit circa sechs Billionen US-Dollar pro Jahr beziffert. Über 90 Prozent davon entstehen im häuslichen Umfeld – und weitere 100 Milliarden US-Dollar durch militärische Auseinandersetzungen und terroristische Aktionen. Insgesamt macht diese Summe fast zehn Prozent des Weltsozialproduktes aus! Programme zur Reduktion von Gewalt würden sich rein rechnerisch mit dem Faktor 1:17 positiv niederschlagen. Interessant sind auch empirisch gestützte Ergebnisse zur Überwindung des globalen Hungers. Forscher haben errechnet, dass einer der Engpässe die fehlende Infrastruktur (Schienen-, Straßen- und Stromnetze) ist. Um die Nahrungsmittelversorgung sicherstellen zu können, insbesondere hinsichtlich Kühlkette und sicheren Transportwegen, würde der Ausbau dieser Infrastruktur in den betroffenen Regionen etwa 239 Milliarden US-Dollar kosten, aber über einen Zeitraum von fünfzehn Jahren einen Nutzen von 3,1 Billionen US-Dollar mit sich bringen. Bei 900 Millionen chronisch unterernährten, hungernden Menschen global stellt diese Maßnahme einen wichtigen Baustein dar.

Auch im Energiesektor kommen die Experten zu faszinierenden Ergebnissen. Der Rückbau der Subventionen für fossile Energieträger würde sich beispielsweise im Verhältnis 1:15 rentieren. Durch Luftverschmutzung im häuslichen Umfeld sterben zudem über sieben Millionen Menschen pro Jahr. Durch die simple Maßnahme, traditionelle Feuerstätten durch Herde mit externer Entlüftung zu ersetzen, können jährlich etwa 500.000 Todesfälle verhindert werden. Der relative Nutzen wird hier mit 1:10 veranschlagt. Schließlich wäre auch die Überwindung extremer Armut rein ökonomisch betrachtet ein Gewinn, denn jeder US-Dollar, der hier investiert wird, bringt einen fünffachen Nutzen.

Diese Daten lesen sich für Nicht-Ökonomen fast etwas zynisch. Denn wie will man die Verhinderung absoluter Armut mit der Bekämpfung von Tuberkulose oder Malaria vergleichen? In welchem Verhältnis soll man Gewaltprävention mit illegalen Kapitalströmen verrechnen? Und wie sollen Aufklärungskampagnen und der Schutz von Korallenriffen zusammengehen? In nüchternen Kosten-Nutzen-Analysen geht man von Kausalketten aus, die es in der Realität nicht gibt, denn hier hängt eben alles mit allem zusammen. So geht im Kopenhagener Konsens der positive Beitrag für Klimaschutz, Naturschutz und erneuerbare Energien ökonomisch verloren. Ich möchte das hier nicht weiter kommentieren.

Aber solche Ergebnisse zwingen uns zu einer öffentlichen Diskussion über den intelligenten Einsatz knapper Ressourcen – in einem sich schnell schließenden Zeitfenster. Zusammenfassend lässt sich sagen: Wenn wir die derzeit 169 diskutierten Nachhaltigkeitsziele intelligent priorisieren und uns auf 19 Ziele einigen, könnten wir im Vergleich zum Gießkannenprinzip den Effekt mindestens vervierfachen:[162] Statt bei zwei Billionen US-Dollar läge der Effekt dann bei fast zehn Billionen US-Dollar. Was in der gesamten Debatte um Millenniumsziele oder Sustainable Development Goals dennoch erneut fehlt, sind die Auswirkungen des monetären Sektors: Empirisch gesehen ist der monetäre Sektor extrem instabil. Wie bereits erwähnt, ereignen sich regelmäßig Banken-, Währungs- und Staatsschuldenkrisen: über 425 Ereignisse in über vierzig Jahren. Unser Geldsystem ist gegenüber jedweden Nachhaltigkeitszielen nicht nur nicht neutral, sondern systematisch nicht nachhaltig. Die bei einer größeren Krise wie 2008 anfallenden Kosten – bedingt durch Produktions- und Steuerausfälle sowie zusätzliche Sozialkosten – werden kumulativ über drei Jahre mit 15 bis 20 Prozent des Sozialprodukts beziffert.[163] Die fehlende Umsetzung von sozialen und ökologischen Projekten aufgrund Geldmangels ist dabei noch gar nicht mitgerechnet. Wenn wir nun über die Kosten-Nutzen-Analysen von Gewaltprävention, Bildungsprogrammen, Gesundheitsinitiativen und dem Schutz der Korallenriffe sprechen, dann müssten wir angesichts der immensen Kosten, die ein instabiles Finanzsystem mit sich bringt, Alternativen diskutieren. Die zu Recht geforderten 1,2 Billionen US-Dollar, die über die nächsten 15 Jahre notwendig sind, stellen im Grunde genommen die notwendige zusätzliche komplementäre Liquidität dar, die benötigt wird, um die genannten Probleme zu lösen.[164] Die Etablierung eines monetären Ökosystems mit Parallel- und Komplementärwährungen verfolgt ebenso ein Nachhaltigkeitsziel, nämlich das Ziel stabiler Finanzmärkte. Für welche Programme wir uns entscheiden, ist dann eine normative Frage und keine Frage der ökonomischen Vernunft.

Der Rorschach-Test und Tabus in der Ökonomie: Dauerhafte Stagnation und quantitative Lockerung

Der über hundert Jahre alte Rorschach-Test ist ein projektiver Test. Dem Teilnehmer werden bedeutungsfreie Tintenkleksbilder vorgelegt, die er dann frei assoziativ interpretieren soll. Das heißt: Der Teilnehmer soll alles, was ihm in den Sinn kommt, ohne Umschweife aussprechen. Der Theorie nach erlauben die Assoziationen dann einen Einblick in die Einstellungen, Überzeugungen und in die Vorstellungswelt dieses Menschen. In der klinischen Anwendung ist der Test inzwischen umstritten. Aber mir geht es hier um etwas anderes: Der Wirtschaftshistoriker Berry Eichengreen hat die Interpretation des Phänomens der dauerhaften Stagnation als einen Rorschach-Test für Ökonomen bezeichnet. Legt man Ökonomen Grafiken zum Beispiel zu den rückläufigen Wirtschaftstrends in Europa und den USA vor, so stellen die Interpretationen der Fachleute nicht etwa objektive Analysen dar. Die Interpretationen der Experten demaskieren vielmehr deren eigene Wertvorstellungen.

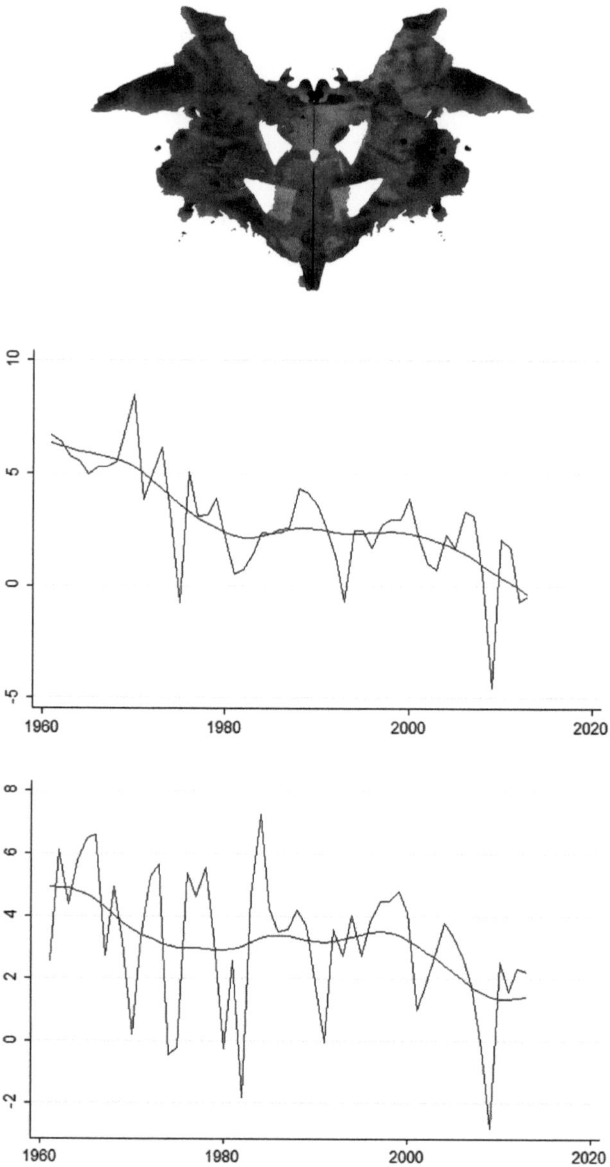

Abb. 26: Rorschach-Test und wirtschaftliche Stagnation: Zwei Beispiele für einen Rorschach-Test in der Ökonomie: Rückläufige Wachstumstrends in der EU (Mitte) und den USA (unten)[165]

Aber gehen wir zunächst einen Schritt zurück, um zu klären, was eine dauerhafte Stagnation ist: Ökonomen verstehen darunter eine gesellschaftliche Situation lang anhaltender Wachstumsschwäche bei niedrigen Zinsen. Der Begriff geht auf den Wirtschaftswissenschaftler Alvin Hansen zurück, der mit diesem Konzept die Wachstumsschwäche der 1930er-Jahre erklärte.[166] Kern des Konzeptes bilden strukturelle Faktoren wie die Alterung der Gesellschaft, ein verlangsamtes Bevölkerungswachstum, eine nicht ausreichende öffentliche Infrastruktur und ein mangelhaftes Bildungsniveau. Hinzu kommt ein hoher Überschuldungsgrad, der Anleger und Investoren zögern lässt, sich in neuen Geschäftsbereichen zu engagieren. Mit Realinvestitionen sind kaum mehr Gewinne zu machen; stattdessen kommt es zu Aktienrückkäufen sowie steigenden Aktienkursen und Immobilienpreisen. Darüber hinaus führen die zunehmenden Einkommensungleichheiten zu einer geringeren Gesamtnachfrage.

Die Folge ist, dass die Sparquote im Vergleich zur Investitionsquote zu hoch wird. Das viele Geld führt dazu, dass sich die Realzinsen (Nominalzinsen minus Inflation) auf einem niedrigen Niveau nahe oder unter null einpendeln. In einer solchen Situation hat die konventionelle Geldpolitik einen geringen Spielraum, um gegenzusteuern, da weiteres zur Verfügung gestelltes Geld von der Wirtschaft nicht aufgenommen wird. Fehlende Investitionen führen dann zum Arbeitsplatzabbau, was wiederum weniger Nachfrage und in der Konsequenz eine deflationäre Gesamtsituation nach sich zieht.

Über die Kernelemente dieses Konzepts besteht unter Ökonomen weitgehende Einigkeit. Die Erklärungen und die Gewichtung der einzelnen Parameter fällt aber durchaus unterschiedlich aus, je nachdem, in welcher Reihenfolge sie kausal zugeordnet werden. Ganz gleich, ob die Analogie zwischen der Interpretation der Wirtschaftsschwäche und dem Rorschach-Test eigentlich ernst gemeint ist: Aktuell haben sich in diesem »Rorschach-Test für Ökonomen« mindestens zwei Lager gebildet, die die Situation nach der Krise 2008 unterschiedlich interpretieren. Auf der einen Seite stehen Wissenschaftler wie Robert Gordon[167] und Gregory Kasparov[168]. Sie betonen, dass der Wirtschaft die Innovationen fehlen, was zu geringerer Produktivität, mehr Arbeitslosigkeit, einer gedämpften Lohnentwicklung und weniger Bildung führt. Ihre Sichtweise ist also angebotsorientiert. Die Krise wird so letztlich als das Ergebnis einer Spekulationsblase interpretiert, die nicht hinreichend marktbereinigt wurde und die stattdessen die Notenbanken beziehungsweise die Staaten mit öffentlichen Anschlusskrediten gegenfinanzierten. Hätte man der Entwicklung ihren Lauf gelassen, so wäre die jetzige Ausgangslage eine andere.

Auf der anderen Seite stehen Forscher wie etwa Paul Krugman[169] und Larry Summers[170]. Für sie ist die Wachstumsschwäche das Ergebnis einer zunehmenden Ungleichheit in der Vermögens- und Einkommensentwicklung. Da Menschen mit höherem Einkommen eine höhere Neigung zum Sparen haben als der Rest der Bevölkerung, dämpft diese Entwicklung insgesamt den Konsum. Zudem verstärken geringere Aufstiegs- und Bildungschancen, auch für Akademiker, die Dynamik des Prozesses und machen die Gesellschaft insgesamt ärmer, da der Einzelne sein Potenzial nicht mehr voll entfaltet kann. Das Gegenrezept heißt bei der ersten Betrachtungsweise mehr marktkonforme Effizienz. Im zweiten Fall verhelfen antizyklische Staatsausgaben und eine expansive Geldpolitik zu mehr Bildung und besserer Infrastruktur.

Wer hat nun recht?

Wechseln wir die Perspektive: Aus sozialpsychologischer Sicht ist es nicht verwunderlich, dass wir uns in einem Zustand der Wachstumsschwäche befinden. Denn innerhalb des gegebenen expansiven Wachstumspfads ist es bei einem Nullzins wenig sinnvoll, sich zu engagieren und zu investieren: Wir produzieren anhaltend externe Effekte, die Preise spiegeln nicht die realen Kosten wider, ein erheblicher Teil des Wachstums wird nicht in innere Entwicklungsvorgänge, sondern in Katastrophenmanagement investiert und der andere Teil verbleibt im Finanzsektor.

In der Realökonomie kann so kein weiteres Einkommen und kein weiterer Wohlstand geschaffen werden, und die gegenwärtige Schuldenlast werden wir wohl niemals zurückzahlen können. Darüber hinaus trägt die momentane globale Sicherheitslage dazu bei, dass man eher abwartet und schaut, was da kommen mag.

Es ist an dieser Stelle fast egal, ob wir die Stagnation aus einer angebotsorientierten Perspektive betrachten, in der unternehmerische Innovationen und Effizienzsteigerungen gefragt sind, oder aus einer nachfrageorientierten Perspektive, die den globalen Nachfragemangel aufgrund von Arbeitslosigkeit und niedrigen Löhnen beklagt – der Mensch hinter beiden Betrachtungsweisen ist der gleiche. Das psychologische Korrelat zur Wachstumsschwäche ist eine Wait-and-see-Strategie. Mich erinnert das eher an ein Mikadospiel: Derjenige, der sich als Erster bewegt, hat verloren. Wenn wir uns wirklich bewegen wollen, das heißt wenn das Thema der gesellschaftlichen Transformation bei allen angekommen ist, dann werden wir uns einem Tabu zuwenden müssen. Die zunehmenden ökologischen Kosten des Wachstums machen Realinvestitionen immer weniger rentabel, und eine sich öffnende Wohlstandsschere zeigt an, dass der Zusammenhalt unserer Gesellschaft gefährdet ist. Gleichzeitig haben wir über 200 Millionen Arbeitslose weltweit und unzählige soziale und ökologische Probleme, die nach einer Lösung rufen. Die dafür notwendige Liquidität steht aber nicht zur Verfügung.

Zurück zum Rorschach-Test: Es ist für den Blick in die Vorstellungswelt des Probanden nicht nur das interessant, was er erzählt, sondern vor allem auch das, was er *nicht* erzählt. Wir haben uns mit der Diagnose der dauerhaften Stagnation in eine selbstverschuldete Situation gebracht, die mit dem zu tun hat, was Kulturanthropologen und Psychologen ein Tabu nennen. Was heißt das?

Ein Tabu ist ein blinder Fleck im Bewusstsein, den man irgendwie und unscharf kennt, über den aber ein allgemeines Sprechverbot verhängt wurde. Ein Tabu beruht auf der stillschweigenden Übereinkunft einer Gesellschaft über das, was ausgesprochen werden darf und was nicht, was akzeptiert und was verboten ist. Als soziale Norm wird ein Tabu damit einer kritisch-rationalen und öffentlichen Auseinandersetzung entzogen. Alle Gesellschaften zu allen Zeiten kannten Tabus, und nahezu alles konnte zu einem Tabu werden, auch wenn sich die Inhalte und der Umgang damit veränderten. Tabus sind nicht in jedem Fall schlecht oder falsch – sie erfüllen aber immer den Zweck, eine gesellschaftliche Ordnung und deren Machtstrukturen unausgesprochen und unkritisch aufrechtzuerhalten: Das Inzesttabu und das Kannibalismustabu sind Beispiele sinnvoller Tabus und feste Bestandteile fast aller Gesellschaften auf der Erde.

Während die Einhaltung eines Tabus in der Regel mit Affekten wie Ehrfurcht, Angst, Scheu, kognitiv-intellektueller Distanzierung und natürlich mit dem Verbot der Thematisierung einhergeht, sodass das Tabuden Charakter der Numinosen und Heiligen annimmt und damit menschliches Verhalten im sozialen Kontext einschränkt,[171] sind Tabubrüche mit Sanktionen und Ausgrenzung, Abwertungsorgien und Unverständnis verbunden.[172] Doch das Tabu verschwindet nicht, es wird im Gegenteil um so wirkmächtiger, vor allem auf emotionaler und sozialer Ebene: Der sprichwörtliche Elefant steht im Wohnzimmer, es spricht nur keiner darüber. Sigmund Freud hat das Tabu mit einem kollektiven Verdrängungsmechanismus erklärt. Entscheidend ist, dass das Tabu einer rational-kritischen Diskussion entzogen bleibt, es damit dem Bewusstsein in seiner ganzen Tragweite und Bedeutung nicht präsent ist und sich so der individuellen und kollektiven Kontrolle entzieht. Ein Tabu wirkt in einer Form auf uns, wie wir es eigentlich nicht wollen, und es verhindert gesellschaftliche Veränderungen, denn eine Veränderung setzt oftmals die Aufkündigung eines Tabu voraus.

Mächtige Tabus in unserer Gesellschaft sind das Infragestellen des Mechanismus der Geldschöpfung[173] und der damit verbundenen Instrumente der Geldmengensteuerung – technisch gesprochen der quantitativen Lockerung (englisch: Quantitative Easing, QE). Unter der quantitativen Lockerung verstehen wir eine geldpolitische Maßnahme der Zentralbanken, bei der durch den Aufkauf von privaten und staatlichen Anleihen die Zinsen gesenkt und in der Folge die Kreditvergabe und schließlich die Investitionstätigkeit in einer Wirtschaft erhöht werden soll. Wirkungsgeschichtlich stellt die Geldschöpfung eine kulturelle Errungenschaft der Menschheit dar, die man ohne Zögern mit der Erfindung des Rades, der Beherrschung des Feuers oder dem Flug auf den Mond gleichsetzen kann. Gesellschaften haben einen Mechanismus entdeckt, der es erlaubt, zusätzlichen Wohlstand zu schaffen – und zwar aus dem Nichts.[174] Nicht umsonst nennt man unser Geld auch Fiatgeld, Bezug nehmend auf »Fiat lux«, »Es werde Licht«.[175] Die Zentralbanken schaffen diese sogenannte monetäre Basis,[176] die dann von den Geschäftsbanken über einen Kreditschöpfungsmechanismus, der für 95 Prozent der weltweit umlaufenden Kredite zuständig ist, an die Realwirtschaft vergeben wird (siehe oben). Reicht die Geldmenge nicht aus, wird sie über eine quantitative Lockerung weiter erhöht. Dieser Mechanismus schreibt gleichzeitig ein Monopol fest: Alle ökonomischen Transaktionen werden durch *ein* Geldsystem und *eine* Institution kontrolliert und ausgeführt.

Was hat das mit unseren Thema von Tabu und Transformation zu tun? Im September 2015 wurden die Millenniumsziele durch siebzehn Nachhaltigkeitsziele, sogenannte Sustainable Development Goals (SDG), ersetzt. Die Weltgemeinschaft hat sich also auf einen gemeinsamen Fahrplan geeinigt und die Problemfelder identifiziert, die es in den nächsten Jahren zu lösen gilt. Die Kosten dafür sind hoch. Die Vereinten Nationen (UN) gehen mittlerweile von 4,5 Billionen US-Dollar pro Jahr über einen Zeitraum von mindestens fünfzehn Jahren aus – etwa sieben Prozent des derzeitigen Weltsozialproduktes –, die für sozioökologische Projekte ausgegeben werden sollen. Eine immense Summe, die alles Bisherige in den Schatten stellt. Woher soll das Geld kommen?

Die globale Ausgangslage ist denkbar ungünstig. Die Erwartung, nach Ende des Kalten Krieges eine Friedensdividende von 0,7 bis 1 Prozent des Sozialprodukts erzielen und sie für humanitäre und ökologische Projekte bereitstellen zu können, hat sich nicht erfüllt. Zudem ist selbst ein Prozent des Weltsozialproduktes (750 Mrd USD) viel zu wenig, um das Erreichen der Nachhaltigkeitsziele zu finanzieren. Hinzu kommt, dass 2007 die öffentliche Verschuldung stark zugenommen hat und so die öffentliche Hand als Finanzierungsquelle praktisch ausfällt.[177]

Aber der alles entscheidende technische Mangel liegt darin, dass der konventionelle Lockerungsmechanismus der Zentralbanken, der dazu dienen sollte, die Wirtschaft wieder in Schwung zu bringen, völlig versagt hat. Es ist vor allem den Arbeiten von Richard Koo, dem Chefökonomen am Nomura Research Institute in Tokio, zu verdanken, diesen Zusammenhang deutlich gemacht zu haben.[178]

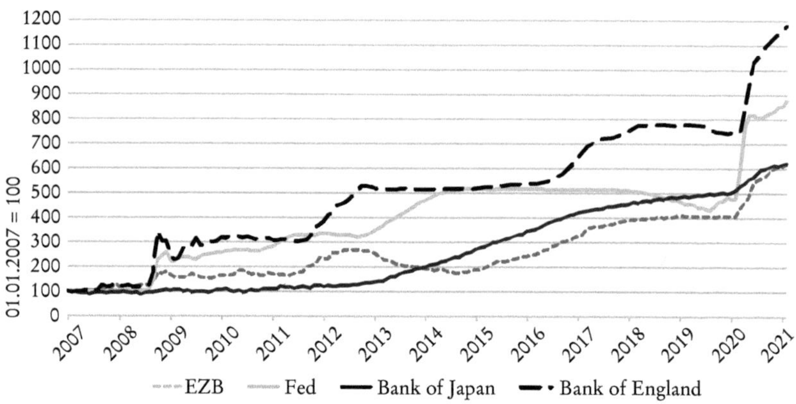

Abb. 27: Die Liquiditätsfalle: Warum mehr Geld nicht gleich mehr Wohlstand ist. Die Zahlen sind auf das Jahr 2008 mit 100 indexiert. So hat die EZB bis 2021 fünfmal so viel Geld geschöpft im Vergleich zu 2008. Der Anteil an Krediten an den Privatsektor blieb während des gleichen Zeitraums unverändert.

Wenn man den August 2008 als Grundlage der Berechnung mit 100 Einheiten annimmt, ergibt sich, dass die Notenbanken ein Mehr an Liquidität um den Faktor drei bis vier vor allem über den Mechanismus der quantitativen Lockerung produziert haben, dieses Mehr jedoch an keiner Stelle zu einem Mehr an

Krediten in der Realwirtschaft geführt hat. Ganz im Gegenteil: Der Effekt war teilweise sogar negativ, wie die Grafik zeigt. Man nennt das technisch eine Liquiditätsfalle. Bei einem Zins nahe null oder negativ kann die Zentralbank zwar Liquidität schaffen, die Wirtschaft nimmt sie jedoch nicht auf. Der Mechanismus der quantitativen Lockerung hat in seiner derzeitigen Form versagt. Das liegt aber nicht an den Zentralbankern, sondern am Mechanismus.[179]

In Bezug auf die Nachhaltigkeitsziele stellt sich also weiter die Frage: Woher sollen die 4,5 Billionen US-Dollar kommen? Innerhalb eines monopolistischen Geldsystems gibt es immer nur den einen Weg, Geld zu schaffen: Die Notenbanken stellen Fiatgeld zur Verfügung, das dann vom Geschäftsbankensystem über Kredite an die Realökonomie weitergegeben wird. Die Idee alternativer und parallel wirksamer Geldsysteme bleibt ein Tabu. Mit diesem Zusammenhang haben wir uns im Kapitel über Finanzmärkte aus sozialpsychologischer Sicht am Beispiel eines monetären Ökosystems bereits beschäftigt. Das Argument des Keynes-2.0-Ansatzes lautete: *Wir brauchen mehr, aber andere Liquidität für die Finanzierung sozio-ökologischer Projekte.* Ein Tabubruch beginnt damit, Fragen zu stellen: Was wäre, wenn wir den Alleinstellungsauftrag eines monopolistischen Geldschöpfungsmechanismus auf den Prüfstand stellen würden? Was wäre, wenn wir einen zweiten, komplementären Lockerungsmechanismus hätten, dem nur die Aufgabe zukäme, die Nachhaltigkeitsziele zu finanzieren? Und was wäre, wenn dieser Mechanismus ein anderes Design hätte als das Fiatgeldsystem der Zentralbanken?

Erst wenn wir diese Fragen sanktionslos diskutieren und beantworten können, wird auch die folgende Utopie denkbar: Die Chefin des Internationalen Währungsfonds (IWF), die Weltbank, einflussreiche Finanzminister dies- und jenseits des Atlantiks und Pazifiks, die Präsidentin der amerikanischen Zentralbank (FED) und der Chef der Europäischen Zentralbank (EZB) sowie die Vertreter der BRIC-Staaten (Brasilien, Russland, Indien und China) vereinbaren eine komplementäre Geldschöpfung, der ausschließlich die Aufgabe zukommt, die Nachhaltigkeitsziele der Vereinten Nationen (UN) zu finanzieren, und zwar im Umfang von rund fünf Billionen US-Dollar pro Jahr.[180] Damit das Geld auch faktisch zur Verfügung gestellt wird, müssten die Institutionen sicherstellen, dass die Investitionen auch durchgeführt werden. (Zentral-)Banker, Weltbank, IWF und Regierungen würden zu Investmentbanken, nur dass sie im Dienste der Nachhaltigkeit stünden.[181]

Technisch und elektronisch ist das alles relativ einfach – und eine solche zweite, komplementäre Lockerung hätte zahlreiche Vorteile für die Gesellschaft:[182] Die notwendige Liquidität könnte relativ rasch zur Verfügung gestellt werden und dann über die Regierungen, Nichtregierungsorganisationen und Privat-Public-Partnerships in die Verfolgung der Nachhaltigkeitsziele fließen. Die Liquiditätsfalle wird umgangen, bei richtigem Design werden Millionen Arbeitsplätze weltweit geschaffen – und das alles innerhalb des vereinbarten Korridors der Nachhaltigkeit.

Ein weiterer Effekt wäre, dass der Schwarzmarkt – der derzeit ein vergleichbares Volumen umfasst wie das offizielle Weltsozialprodukt (nämlich 75 Billionen US-Dollar) und der wesentlich zur Stabilisierung der Weltökonomie beiträgt – über die Jahre hinweg durch den Nachhaltigkeitsmarkt ersetzt und ausgetrocknet werden würde: Menschen verdienen und geben ihr Geld innerhalb der Nachhaltigkeitskorridors aus. Eine elektronisch gesicherte Dokumentation verhindert die gegenseitige Kontamination von Schwarzgeld und nachhaltigem Geld. Die Staatsschuldenfalle, in der sich die meisten Länder befinden, wird über eine komplementäre, parallele Lockerung entschärft und langfristig überwunden, da innerhalb des Nachhaltigkeitskorridors neue Einkommen und neuer Wohlstand geschaffen werden, über die ebenso wieder Kredite bedient werden können. Zudem würde dieser zusätzliche zielgenaue Liquiditätsfluss in die siebzehn Nachhaltigkeitsziele den Konflikt oder Trade-off zwischen ökologischem Fussabdruck und Wohlstandsentwicklung entschärfen. Beides wird stattdessen synchronisiert: Die Überwindung von

Armut geht zeitlich einher mit dem Einsatz von alternativen Technologien, der Schutz der Biodiversität und Bildungsprogramme sind keine konkurrierenden Projekte mehr, und die Bekämpfung von Wohlstandsunterschieden und die der globalen Erwärmung können entscheidungspsychologisch leichter versöhnt werden. Im Übrigen ist eine komplementäre Lockerung nicht inflationär: Erstens trifft die zusätzliche grüne Liquidität[183] auf eine deflationäre globale Gesamtsituation von 4,5 Billionen US-Dollar, die es zu beheben gilt, und zweitens ist die Liquidität an reale Investitionen gekoppelt und schafft damit fortlaufend Einkommen.

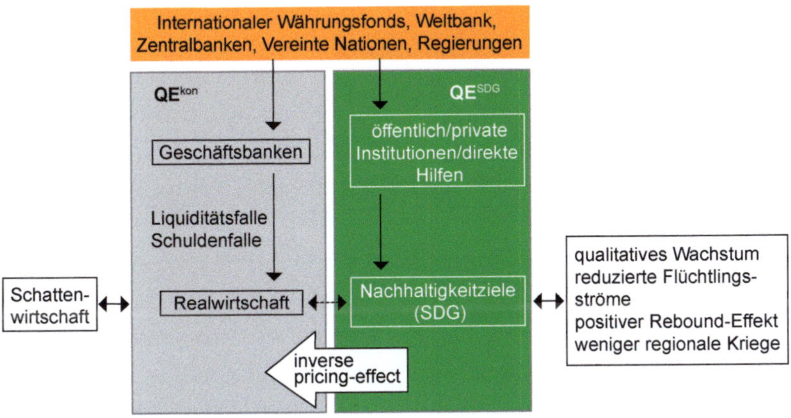

Abb. 28: Der Tabubruch der quantitativen Lockerung; links: der konventionelle Weg, der in eine Schulden- und Liquiditätsfalle geführt hat; rechts: die Institutionen entscheiden sich zu einer quantitativen Lockerung in Bezug auf die 17 Nachhaltigkeitsziele, parallel zur konventionellen Lockerung. Der inverse pricing effect *hält das Preisniveau stabil.*[184]

Das klingt vielleicht abenteuerlich, aber jeder Tabubruch ist abenteuerlich. Doch Geld ist eben kein Ding, sondern eine Konvention. Es hat immer eine psychosoziale Dimension, die man gestalten kann.

Wir müssen diese Diskussion nur führen. Wir wissen, was ein Tabu ist und was ein Rorschach-Test ist, und wir wissen, was sie mit den beiden eher technischen Begriffen der dauerhaften Stagnation und der quantitativen Lockerung zu tun haben. Beim Umgang mit so komplexen Themen kann die Psychologie keine Lösungen vorgeben, aber sie kann zeigen, warum sie noch nicht angegangen wurden. Oder anders formuliert: Die Kunst der Transformation benötigt mehr an Bewusstsein und weniger an Tabus.[185]

Resümee

Die Realität in unserem Kopf ist nicht identisch mit der äußeren Wirklichkeit. Das ist nicht zwangsläufig ein Problem oder eine Anomalie. Evolutionsbiologisch hat das Auseinanderfallen von innerer und äußerer Realität offenbar einen Selektionsvorteil mit sich gebracht. Wird die äußere Realität als unsicher wahrgenommen, ist das Bestreben nach Stabilität und Verlustvermeidung stärker als das nach Veränderung, Innovation und Neugierverhalten. Der menschliche Geist ist konservativ organisiert.

Solche empirischen Befunde können teilweise das Reboundphänomen und damit auch das grüne Dilemma psychologisch erklären. Wenn auf potenziellen Verlust eher aversiv und auf potenzielle Gewinne eher expansiv reagiert wird, dann ist einsichtig, dass Menschen auf eine Preissenkung (die durch die Konsumverweigerung einer Minderheit entstehen kann) mit Mehrkonsum reagieren. Wie aber kann man dieses grüne Dilemma überwinden? Sicherlich nicht durch mehr oder andere Technologien und auch nicht durch mehr Marktwirtschaft oder ein anderes Regelwerk – sondern einzig durch die Ausbildung globaler Empathie und die mentale Versöhnung von Effizienz und Resilienz. Das Richtige im Falschen ist eben nicht nur etwas für Eremiten, Nonnen, Mönche, Heiler, Kontaktgestörte, Aufgebrachte, Aussteiger, Verlierer und Sonderlinge, sondern für jeden.

Ganz allein bin ich mit dem Argument nicht: Über 60 Prozent der Menschen in der BRD glauben nicht, dass sich weiterer

Wohlstand mit Wachstum erzeugen lässt. 80 Prozent wünschen sich eine neue Wirtschaftsordnung. Gleichzeitig glauben aber 93 Prozent, dass Wachstum wichtig oder sehr wichtig ist (Bertelsmann-Stiftung 2012). Wie passt das zusammen? Eigentlich gar nicht. Es hat damit zu tun, dass wir zwischen Wachstums- und Entwicklungsvorgängen nicht hinreichend differenzieren – ein Zusammenhang, der uns im Abschlusskapitel weiter beschäftigen wird. James Heckmans Kurve ist in diesem Zusammenhang von besonderer Bedeutung, da sie sich mit den Befunden aus der klinischen Entwicklungspsychologie trifft: Die frühe Kindheit ist entscheidend für den gesellschaftlichen Erfolg eines Menschen und das weitere Zusammenleben in einer Gesellschaft. Gesellschaften, die das berücksichtigen, sind gerechter, nachhaltiger, klüger, effizienter und menschenwürdiger.

Der Kopenhagener Konsens folgt einer ähnlichen Logik. Mit begrenzten Mitteln müssen wir eine Priorisierung der Ziele vornehmen. Kosten-Nutzen-Analysen können hier ein wichtiger Wegweiser sein, auch wenn sie uns nicht von der Frage entbinden, für welche Ziele wir uns dann endgültig entscheiden. Was allerdings auch beim Kopenhagener Konsens völlig fehlt, ist das Nachhaltigkeitsziel der stabilen Finanzmärkte. Sie sind ein zentraler Ankerpunkt für mehr Wohlfahrt und Gerechtigkeit.

Dennoch hilft der ganze ökonomische Verstand nichts, wenn er nicht mit den Erkenntnissen aus den Lebenswissenschaften abgeglichen wird. Am Beispiel der Interpretation von Wachstumsentwicklungen wird wie bei einem Rorschach-Test deutlich, wie Ökonomen ticken. Die Interpretationen sind gewissermaßen der Offenbarungseid ökonomischer Identität. Und mit der Demaskierung der Geldwertschöpfung als gesellschaftliches Tabuthema wird die Bedeutung klinischer Psychologie sichtbar: Zwar kann die Psychologie das Problem der quantitativen Lockerung nicht lösen, aber sie kann zeigen, was notwendig wäre, damit es gelöst wird. Die Fragen, die uns im nächsten Kapitel beschäftigen werden, sind: Welche Beziehung haben die Erkenntnisse aus der Glücksforschung und das Wissen um Framing, kognitive Dissonanz und den Ankereffekt zu einem gesellschaftlichen Gleichgewicht? Welche Argumente lassen sich daraus für eine Kunst der gesellschaftlichen Transformation ableiten?

7. Affekte – Attachment – Anerkennung – Aggression

Die Spieltheorie kennt – neben den Ultimatum-Games – weitere Versuchsanordnungen, die menschliches Verhalten und Entscheiden in unsicheren Situationen untersuchen. Das Gemeinwohl-Experiment ist ein solches: Die Teilnehmer verfügen über ein gewisses Kapital und können anonym einen Teil oder den gesamten Geldbetrag für ein gemeinschaftliches Projekt spenden. Anschließend wird die Summe der Spenden durch den Spielleiter vervielfacht und wiederum in gleichen Teilen an alle Teilnehmer zurückverteilt. Die Teilnehmer können also solidarisch agieren, indem sie spenden – oder sie können sich auf die Einzahlungen der anderen verlassen und gar nichts oder nur sehr wenig geben. Wie verhalten sich die Teilnehmer in dieser Spielanordnung?

Fast alle spenden, und die durchschnittlich eingezahlten Beträge liegen zwischen 20 und 65 Prozent des eigenen Kapitals. Menschen, die nichts oder nur sehr wenig abgeben – sozialpsychologisch spricht man von Trittbrettfahrern –, treten nur vereinzelt auf. Zu ähnlichen Ergebnissen kommt auch die Wirtschaftsnobelpreisträgerin Elinor Ostrom in einer Studie aus dem Jahr 1990: Sobald Menschen anfangen, über das Arrangement und die Verwaltung von Gemeingütern zu sprechen, treten Erwägungen zum Eigennutzen, Egoismen und das Festhalten an individuellen Positionsinteressen interessanterweise hinter die Interessen der Gemeinschaft zurück. Das heißt: Stimmen die Rahmenbedingungen, ist egoistisches Verhalten eher ein Sonderfall als die Regel. Weitere empirische Studien[186] sehen den Anteil der Menschen, die sich rein egoistisch verhalten, andere ausnutzen und nicht kooperieren, bei ungefähr sieben Prozent. Was bedeutet das für unser Thema?

In einer globalen Situation, in der Ressourcen wie Energie, Wasser und Land knapp werden, die Bevölkerung stetig zunimmt und gleichzeitig Verteilungsmuster jeglicher Art ungerecht sind, gehören Ressourcenkriege, Immigrationsbewegungen, soziale Verwerfungen und kriegerische Auseinandersetzungen zur alltäglichen Berichterstattung. Aggressionen, aversive Affekte wie Wut oder Ekel oder auch antisoziales Verhalten mit ausgeprägtem Egoismus und ruinös unfairem Wettbewerbs- und Dominanzgebaren werden – anders als es die Ergebnisse der experimentellen Studien zum Kooperationsverhalten nahelegen – als normal und zum Menschen dazugehörig erlebt. In den USA haben Kinder nach Abschluss der Grundschule über die Medien bereits von mindestens 8000 Morden und über 100.000 weiteren Straf- und Gewalttaten erfahren. Die Korrelation zwischen fortschreitender Aggression und gewaltvermittelndem Medienkonsum ist so groß wie die zwischen Lungenkrebs und dem Rauchen. Alle dreißig Minuten wird in den USA ein Mord begangen, alle sechs Minuten eine Vergewaltigung und alle dreißig Sekunden eine schwere Körperverletzung. Ich wage die These, dass die absolute Häufigkeit von aversiv-aggressivem Verhalten im zivilen, nichtmilitärischen Umfeld um ein Vielfaches höher ist als in kriegerischen Auseinandersetzungen.[187]

In Bezug auf die Weltbevölkerung hat die Gewalt über die vergangenen Jahrtausende jedoch deutlich abgenommen, nämlich um den Faktor 25 bis 50. Lag die Wahrscheinlichkeit, eines gewaltsamen Todes zu sterben, in Jäger- und Sammlerkulturen bei bis zu 15 Prozent, sinkt sie im 17. Jahrhundert auf zwei Prozent und im 20. Jahrhundert auf lediglich ein Prozent – und das trotz der beiden verheerenden Weltkriege. Aus dieser Perspektive sind Verstümmelungen, Folter, Vergewaltigungen, Kriege, Morde, Tötungen rückläufig, auch wenn sie medial ständig vermittelt und im Bewusstsein präsent sind. Der Psychologe

Steven Pinker[188] führt das auf einen kollektiven Lernprozess und einen moralischen Fortschritt zurück, der sich in mehr Empathie und kritischer Aufklärung, einer zunehmenden Feminisierung unserer Kultur, dem verstärkten Einsatz von Forschung, Wissenschaft und Bildung, der Schaffung von demokratischen Institutionen und der fortschreitenden ökonomischen Globalisierung äußert.

Manchmal ist es also sinnvoll, eine größere Perspektive einzunehmen, um zu sehen, was wir in der Entwicklungsgeschichte erreicht haben und was wir verlieren würden, wenn wir nicht aufpassen. Gewalt gegen andere entmenschlicht das Sozialgefüge, ob nun virtuell über den Bildschirm oder real, ob verbal oder physisch, ob als Zeuge oder als Täter. Zweifellos besteht zwischen egoistischem Wettbewerbsverhalten, einem terroristischen Akt, einer Wut- oder Hassreaktion im familiären Umfeld und der subtilen Ausgrenzung ethnischer Minderheiten im öffentlichen Raum ein spürbarer Unterschied, der sich nicht nur in der Graduierung niederschlägt.[189] Dennoch haben sie eines gemeinsam: In all diesen Fällen handelt es sich um ein Verhaltensrepertoire, bei dem prosoziale Faktoren wie Bindung, Kooperation, Empathie und Gerechtigkeit tendenziell verloren gehen.

Gut oder böse: Was ist des Menschen Natur?

Historisch gesehen gab es bereits unzählige Versuche, das Aggressivitätspotenzial des Menschen zu erklären. Im vorwissenschaftlichen Zeitalter wurde das Narrativ der Erbsünde herangezogen. Im 20. Jahrhundert hatten Sigmund Freuds These vom Aggressionstrieb (1923) und der von dem Verhaltensforscher Konrad Lorenz beschriebene innerartliche Kampftrieb[190] einen großen Einfluss. Flankiert wurde die Debatte von soziobiologischen Annahmen, wie der vom egoistischen Gen von Richard Dawkins' (1976). All diese Positionen verfestigten das Meinungsbild, dass Menschen primär aggressiv seien. Die Zusammenhänge sind jedoch komplexer. Der Wissenschaftsbetrieb hat in den vergangenen zwei Jahrzehnten wesentlich dazu beigetragen, die Erklärung menschlicher Aggressionen um eine These zu erweitern: Statt die Aggression im Wesen des Menschen zu verankern, lässt sie sich neueren Erkenntnissen zufolge besser als eine Reaktion auf die Bedrohung der primären, nämlich auf Interaktion und Kooperation ausgelegten Motivation des Menschen verstehen. Die Schwelle für aversives Verhalten hängt dann wiederum stark von Kontextfaktoren ab. Lärm, Gestank, Hitze, Alkoholmissbrauch und ein feindseliges Umfeld senken zum Beispiel die Hemmschwelle, selbst aggressiv und antisozial zu agieren. Ohne externen Druck und Provokation fügen Menschen anderen nicht automatisch Leid zu. Mehr noch: Vor dem Hintergrund der Ausstattung unseres primären Motivationssystems ist es schlicht sinnlos, aggressiv zu sein.

Wie passen die sich widersprechenden Befunde zusammen? Der Unterschied zwischen Freud, Lorenz, Dawkins auf der einen Seite und den Ergebnissen der psychosozialen und neurobiologischen Wissenschaft aus den vergangenen zwanzig Jahren auf der anderen liegt in der Ursachenzuschreibung. Während für Freud, Lorenz und Co. der Mensch primär böse, egoistisch, schlecht und aggressiv ist, geht die moderne Forschung davon aus, dass sozial-aversive Verhaltensweisen zwar neurobiologisch angelegt sind[191], aber erst durch eine Bedrohung der grundsätzlichen prosozialen Motive aktiviert werden: Aggression ist also sekundär. Sie ist eine dispositionelle Eigenschaft, das heißt, es ist ein spezieller Kontext notwendig, der sie hervorbringt. Aggression wird erlernt und ist damit ein Produkt der Sozialisation und unserer kulturellen Normen.[192]

Wenn man Aggression verstehen will, muss man das Motivations- und Belohnungssystem des Menschen verstehen. Mindestens sechs Komponenten gehören zur primären Ausstattung des Motivationsapparats, die miteinander verwoben, aber lebens- und forschungspraktisch unterscheidbar sind. Die

Komponenten sind komplementär aufgebaut, das heißt, sie umspannen zwei gegensätzliche Pole. Das erste Motivpaar ist das Bedürfnis nach Bindung und das Such- beziehungsweise Explorationsstreben. Spätestens seit den Arbeiten von John Bowlby aus dem Jahr 1951 wissen wir, dass der Mensch ohne emotionale, physische und soziale Bindung nicht leben kann. Tierexperimente haben den Befund bestätigt und darüber hinaus zeigen können, dass ein defizitäres Bindungsverhalten bis in die dritte nachfolgende Generation weitergegeben wird. So konnte man bei Primaten traumabedingte Deprivationserfahrungen noch in der überübernächsten Generation nachweisen, obwohl die nachgeborenen Generationen keinen Traumata mehr ausgesetzt waren.

Klinisch werden verschiedene Bindungstypen beschrieben (stabil, ambivalent, vermeidend, chaotisch). Der Wunsch nach sozialer Bindung ist stellenweise so stark, dass er andere basale physiologische Antriebe wie etwa Hunger, Durst oder Schlaf übersteuern kann. Das Komplement zur Bindungserfahrung ist das Explorations- und Suchverhalten, das aus einer sicheren emotionalen Bindung heraus entsteht. Wenn man bedenkt, dass über 50 Prozent der Bevölkerung der EU und in den USA ein instabiles und/oder chaotisches Bindungsverhalten aufweisen, wird deutlich, welche gesellschaftliche Bedeutung diesem Primärmotiv zukommt.[193]

Das zweite relevante Motivpaar betrifft das implizite Wissen um faire Verteilungen und den Wunsch nach Korrektur von Ungerechtigkeiten. Es wird zwischen den Polen Gerechtigkeitsempfinden und Selbstinteresse austariert. Über die kulturellen Unterschiede hinweg besteht zwar eine relative Toleranz gegenüber Ungleichverteilungen. Das trifft vor allem auf die unterschiedliche Bewertung von Risiko- und Leistungsbereitschaft und den Bedarf bei Notfällen zu. Zudem gibt es eine grundsätzliche Akzeptanz einer Rangordnung innerhalb der Gesellschaft. Dennoch haben wir alle ein feines Gespür für Ungleichheiten. Diesem Zusammenhang widmet sich bereits Kapitel 5.

Ein drittes Motivationssystem liegt im Wunsch nach sozialer Anerkennung zum einen und dem Streben nach Autonomie zum anderen. Die Studienlage zur sozialen Anerkennung ist eindeutig: Fehlende Teilhabe am gesellschaftlichen Leben löst nicht nur Apathie und Resignation, sondern auch Aggression und Wut aus.[194]

Viertens treibt uns das Streben nach Glück und Wohlbefinden an. Die Zusammenhänge sind hier zwar komplizierter, aber durchaus rekonstruierbar. Dauerhaftes Glücksempfinden ist an soziale Sinngefüge gekoppelt. Das Erleben von Wohlbefinden korreliert weniger mit materiellen Gütern, sondern eher mit der Fähigkeit des Teilens und Schenkens und mit immateriellen Gütern wie etwa Freundschaft. Komplementär zum Glücksstreben steht ein innerer Drang zum bewussten Konsumverzicht und Triebaufschub.

Das fünfte Motivpaar ist das Aufrechterhalten und Akzeptieren eines Reviers auf der einen Seite und das Kooperationsstreben auf der anderen. Die Ausbildung von Identität und Zugehörigkeitsgefühl verläuft über ein gestuftes Motivationssystem von der Wahrung des geografischen Raumes für eine Gemeinschaft und der topografischen Distanz zum Nächsten über den Respekt gegenüber dem sozialen Nahraum des Einzelnen bis hin zur Achtung des psychischen Binnenraumes. Das dem Revierverhalten komplementäre Streben wird als Bridging bezeichnet und beschreibt unterschiedliche Kooperationsformen, wie wir sie beim reziproken Altruismus, bei wechselseitigem Miteinander, bei strategischen Hilfsangeboten, Gastfreundschaft oder Tit-for-Tat-Strategien finden.[195]

Schließlich motiviert uns sechstens die Fähigkeit zur Selbstwirksamkeit. Gemeint ist damit das subjektive Erlebnis, etwas zu erreichen, eine Form der Meisterschaft zu entwickeln, dabei eine hinreichende Kontrolle über den Vorgang zu haben und das Ergebnis dem eigenen Tun attribuieren zu können. Ob damit nun ein akademischer Abschluss gemeint ist, eine gelungene Partnerschaft oder Fertigkeiten wie Kochen, Sport, Musik oder ein Handwerk: Jedes Mal geht es um die Erfahrung der Selbstwirksamkeit. Dieses Bedürfnis ist wie alle anderen Motive auch nicht an spezifische Kulturleistungen, an ein Bildungsniveau oder eine Religionszugehörigkeit gekoppelt. Das Komplement ist das Transzendenzstreben, das heißt das Bedürfnis, die ich gesteuerte, autonome und ego logische Kontrolle aufzugeben und das subjektiv gesteuerte Handeln in einen größeren Gesamtzusammenhang hinein aufheben zu können.

Alle diese Motivsysteme haben einen prosozialen Charakter: Altruismus, reziproke Hilfe, ein sensibles Verständnis von fairen Verteilungsmustern, die Wahrung eines identitätsstiftenden Binnenraums, Zugehörigkeit, Erfahrung der Selbstwirksamkeit und Bindungserfahrungen sind die primären Motoren unseres Daseins, die durch Neugierverhalten, Selbstinteresse, Autonomie, Konsumverzicht und Triebaufschub, Bridging-Erfahrungen und Transzendenzerlebnisse im Gleichgewicht gehalten werden. Die Natur selektiert nicht Einzelpersonen, die im Wettbewerb anderen Einzelpersonen überlegen sind, sondern Gruppen, denn die Gruppe weist gegenüber dem stärksten Einzelwesen die höhere Fähigkeit zur Anpassung und den größeren Überlebensvorteil auf. Es spricht vieles dafür, dass der Mensch psychologisch und neurobiologisch prinzipiell auf Bindung, soziale Akzeptanz, Fairness, Kooperation, Empathie, Glückserlebnisse und Selbstwirksamkeit ausgelegt ist.[196] Erst wenn eines oder mehrere dieser Motivsysteme in Gefahr sind, aus der Balance zu geraten, reagieren wir mit Schmerz, Leid, Drohgebärden, blindem Wettbewerb, Egoismus, Angst, Hass sowie körperlicher und verbaler Aggression.

Sozialaversive Reaktionen sind nicht unnötig, denn sie haben eine wichtige Signalfunktion, wenn basale Bedürfnisse bedroht sind. Aber sie sind sekundär, nicht primär. Sie sind Ausdruck eines nicht hinreichend gesättigten, nicht hinreichend stabilisierten primären Selbst, das wesentlich über die sechs hier genannten Motivsysteme aufgebaut ist. Entscheidend für unsere Fragestellung ist, dass unsere aktuellen Governancestrukturen und unsere Kultur des ständigen materiellen Wachstums unter Knappheitsbedingungen dieses primäre Motivsystem nicht hinreichend fördern.[197] Kriegerische Auseinandersetzungen, Terrorakte, xenophobe Reaktionen[198], aber auch körperliche und seelische Folter sind kein genetisch festgelegtes Grundbedürfnis des Menschen, sondern Ausdruck einer nachweisbaren Psychopathologie – von Verzweiflung, Kränkungserlebnissen, erlittenen Traumata und sozialer Exklusion.[199]

Die Aggression ist kein Selbstzweck, sondern Mittel zum Zweck. Sie steht – evolutionsbiologisch gesehen – im Dienste prosozialer Motive und hat eine wichtige kommunikative, regulative, protektive, dienende Funktion zur Stabilisierung von Habitat, Revier und psychischem Binnenraum. Hätten wir das Aversiv-Egoistische-Aggressions-System (AEA) nicht, wären soziale Dysbalancen nicht hinreichend regulierbar und ein Zusammenleben schlecht vorhersehbar. Können die erwähnten primären Motivsysteme nicht hinreichend sozialisiert werden, bleibt auch der AEA-Reflex verroht, wenig kultiviert und primitiv.

Wäre die Reihenfolge umgekehrt, das heißt wären Aversion, Aggression und negative Affekte primär, würde dies bedeuten, dass Zuwendung, Vertrauen und Fairness nur ein Mittel zum Zweck wären. Die Erkenntnis steht im Widerspruch zu einer der zentralen Annahmen der Ökonomie: dem Modell des Homo oeconomicus, dessen Kernaussage darin besteht, dass der Einzelne unter allen Umständen seine individuellen Interessen maximieren will. Dieses Menschenbild ist die Grundlage aller Modellbildungen sowie der volkswirtschaftlichen und mikroökonomischen Rechnungen und der daraus sich ergebenden politischen Schlussfolgerungen.

Das Modell hat den Charme, dass es sehr gut operationalisierbar und quantifizierbar ist.[200] Und den rationalen Nutzenmaximierer, der mit manipulativem Verhalten, reduzierter Impulskontrolle und der Tendenz, andere auszunutzen oder zumindest zu übervorteilen, durch die Welt geht, gibt es klinisch in der Tat. Er ist jedoch bevölkerungsstatistisch in der Minderheit. Je nach Ein- und Ausschlusskriterien kommt man auf gerade einmal 7 bis 15 Prozent der untersuchten Gruppe.[201] Die Mehrheit der Menschen haben einen primären Impuls zu Fairness und Interessenausgleich. Das heißt, zuerst wird nach Gerechtigkeitskriterien entschieden. Gelingen jene nicht, entstehen sogenannte Tit-for-Tat-Strategien (Wie du mir, so ich dir), und erst bei weiterhin fehlender Kooperationsbereitschaft entsteht eine Situation, in der Menschen ihren Nutzen maximieren und dabei die Situation anderer vernachlässigen. Der Punkt ist aber, dass der Homo oeconomicus eine sekundäre Sozialfigur ist – und keine primäre. Wenn wir folglich von Anfang an eher kooperative Institutionen schaffen, werden wir auch eher kooperatives Verhalten bekommen. Das Umgekehrte gilt gleichermaßen. Erst wenn Kooperationsszenarien versagen, entstehen kompetitive Ausweichreaktionen.

Wenn wir die Ergebnisse aus der empirischen Spieltheorie und aus der Bindungsforschung mit den Ergebnissen aus der biologischen Anthropologie zum Revierverhalten und der klinischen Forschung im Bereich Compliance oder auch der Meditationsforschung zusammenführen, entsteht also folgendes Bild: Der Mensch ist primär durch prosoziale Motive gekennzeichnet.[202] Im Licht der aktuellen Motivationsforschung besehen, läuft die These des primären Aggressionstriebes letztlich Gefahr, zirkulär zu werden: Der Mensch ist primär aggressiv, weil er sich in einem aggressiven Umfeld aggressiv verhält. Ungleiche globale Verteilungsmuster von Wohlstand und Einkommen, fehlende Anerkennung von ethnischen Minderheiten (Revierverhalten), soziale Exklusion, mangelnde Selbstwirksamkeit, aber auch Angst, Gier und Misstrauen, wie wir sie etwa am Beispiel der Finanzarchitektur diskutiert haben, sind die empirisch nachvollziehbaren Folgesymptome einer Gesellschaft, die nach innen wie außen die primären Motivationssysteme ihrer Mitglieder nicht hinreichend würdigt und der es nicht gelingt, sie in entsprechende Institutionen zu übersetzen.

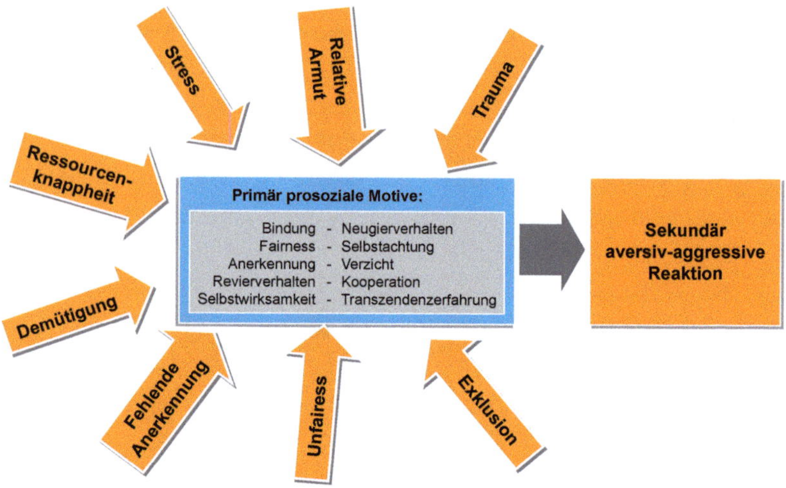

Abb. 29: Psychobiologisches Verständnis von primär-prosozialem und sekundär-antisozialem Verhalten. Sind prosoziale Grundbedürfnisse gefährdet, werden aversive, eher individuelle Reaktionsformen aktiviert, die sich dann auch verselbständigen können.

Auch Fühlen will gelernt sein: Die Entwicklung der Affekte

Wir haben bisher etwas unsystematisch von Emotionen und Affekten gesprochen. Diesen Teil des Arguments gilt es nun stärker zu klären und zu systematisieren, da er auch in der öffentlichen Diskussion immer wieder durcheinandergerät, dem menschlichen Affektapparat aber eine zentrale Rolle im Zusammenhang von Bewusstsein und Nachhaltigkeit zukommt.[203] Vor dem Hintergrund der Annahme, dass sich Erleben und Verhalten entwickeln, ist also zu fragen, ob es eine reproduzierbare Gesetzmäßigkeit in der ontogenetischen Entwicklung des menschlichen Affektsystems gibt. Gibt es also Affekte, die in der Entwicklung früher, und solche, die später auftauchen? Lassen sich Emotionen wie Gier oder Neid, Ehrfurcht oder Hass klinisch systematisieren? Und welche Bedeutung haben sie für die Kunst der Transformation?

Was verstehen wir unter Affekten? Affekte treten als eine relativ eigenständige psychologische Kategorie in der Entwicklungsgeschichte des Individuums auf. Diese Einordnung geht im Wesentlichen auf William James (1890) zurück und gilt seither für zahlreiche psychologische Schulen. Ihm zufolge stellen die Affekte eine autonome psychologische Ebene in der Bewertung von Zuständen, Situationen, Ereignissen und körperlichen Vorgängen dar. Sie sind keine kognitiven Urteile und lassen sich nicht auf logische Schlussfolgerungen, abstrakte Beweisführungen, reflexive Begründungen oder bloße Information zurückführen.

Wie das Erleben und Verhalten entwickeln sich auch die Affekte in einer gesetzmäßigen Reihenfolge: Basisaffekte, selbstevaluative Affekte und transpersonale Affekte. Obwohl die Literatur in Hinblick auf angeborene Basisaffekte noch nicht abgeschlossen ist, kommen die meisten Autoren darin überein, dass der Mensch über eine endliche Zahl (in der Regel fünf bis sieben) an affektiven Zuständen verfügt, die uns von Geburt an zur Verfügung stehen. Sorge, Interesse, Ekel, Angst und Wohlbefinden gehören sicherlich dazu. Basisaffekte haben eine protokognitive und eine präsemantische Struktur. So kann etwa ein exploratives Verhalten eines Dreijährigen von der Mutter als Neugierverhalten oder als aggressives Verhalten gedeutet werden und wird in der Folge vom Kind mit dem jeweiligen Bedeutungsgehalt (Neugier oder Aggression) internalisiert. In beiden Fällen ist die Sozialisation der Affektentwicklung eine andere und kann die weitere Biografie des Kindes wesentlich beeinflussen.

Neben den Basisaffekten unterscheidet man klinisch und taxonomisch sogenannte selbstevaluative Affekte (SEA). Bei den SEA oder Me-Emotions spielen zwei Aspekte eine Rolle, die bei den Basisaffekten noch keine wesentliche Bedeutung hatten: Erstens sind sie durch eine fortschreitende Ich-Entwicklung gekennzeichnet. Das heißt, diese Gefühlszustände betreffen mehr oder weniger immer das Selbstsystem und beziehen sich dabei reflexiv auf die eigene Person und das Selbstbewusstsein. Neid, Schuld, Kränkungserlebnisse, Erhabenheit,

Stolz, Peinlichkeiten sind Beispiele. So ergibt sich empirisch ein enger Zusammenhang zwischen der Ausbildung von SEA und dem positiven und sicheren Bindungsverhalten sowie der Fähigkeit zur Empathie. Zweitens sind die selbstevaluativen Affekte im Vergleich zu den Basisaffekten stärker durch die Lerngeschichte beeinflusst – sie sind stärker über die individuelle Biografie rekonstruierbar und vorrangig aus der Erziehungspraxis und den jeweiligen gesellschaftlichen Normerwartungen und gesellschaftlichen Idealen verstehbar. Beispielsweise sind das Schamerleben oder Neiderfahrungen in hohem Maße kulturabhängig. Selbst Erfahrungen wie Peinlichkeiten oder Kränkungserlebnisse lassen sich ohne Rückgriff auf den entsprechenden historischen und ethnosoziologischen Kontext nicht hinreichend entschlüsseln.[204]

Darüber hinaus existiert eine Reihe emotionaler Zustände in der Selbst- und Weltsicht, die sich im Rückgriff auf die Basisaffekte und selbstevaluativen Affekte nicht hinreichend verstehen lassen. Diese dritte Gruppe sind die transpersonalen Affekte (TPA). Dabei handelt es sich um Affektzustände, bei denen die innere Verbindung zum anderen, zur Natur und zur Gesellschaft im Allgemeinen in den Vordergrund und die Bedeutung des Ichs in den Hintergrund tritt. Gleichzeitig verlieren Grenzen, wie die Subjekt-Objekt-Grenze und Subjekt-Subjekt-Grenze, an Bedeutung. Es handelt sich um Erlebnisformen, die nicht über die erste Person Singular (»ich denke«, »ich meine« oder »ich fühle«) hinreichend charakterisiert sind. Gleichwohl sind sie an eine erfolgreiche Entwicklung der Person geknüpft. So stark selbstevaluative Affekte durch die gegebenen sozialen Verkehrsformen der jeweiligen Kultur geprägt und damit perspektivisch, kritisch-rational, egologisch und kontingent sind, so stark sind transpersonale Affekte durch ein Referenzsystem charakterisiert, das diese konventionellen Rationalitätsstandards transzendiert. Hierzu zählen beispielsweise der Universalismus, die Fähigkeit zu reziproker Anerkennung und das globale Toleranzprinzip.

Man kann mit Lawrence Kohlberg von einer ontogenetischen Entwicklungslogik der Bewertungs- und Entscheidungskompetenz sprechen. Denn es sind im Rahmen der emotionalen Entwicklung des Menschen eben nicht kognitive Urteile, sondern viel eher affektive Bewertungsvorgänge, die in besonderer Weise der Entwicklung unterliegen. Die Frage muss also lauten: Um welchen emotionalen Schwerpunkt sind die Leit- und Spitzenaffekte organisiert, die die Selbst- und Weltsicht einer Person bestimmen? An welcher Stelle kann man von reiferen, späteren oder integrierteren Emotionen oder Affektzuständen sprechen? In Anlehnung an Ken Wilber[205] lässt sich innerhalb dieser Systematik eine präkonventionelle, eine konventionelle und eine postkonventionelle Ebene unterscheiden, und wir können so verschiedene affektive Schwerpunkte im Selbst- und Weltverständnis identifizieren. Mit jeder Stufe der Affektentwicklung ändert sich das Selbst- und Weltverständnis, obwohl aus der Binnenperspektive jede Stufe in sich als stimmig, quasi-rational und abgeschlossen erlebt wird. So gehören Basisaffekte (wie Angst, Wut, Trauer, Freude, Ekel, Überraschung) zur präkonventionellen Ebene. Negative selbstevaluative Affekte wie Kränkungen, Neid, Gier, Schuld, Scham, Schadenfreude lassen sich wie die positiven selbstevaluativen Affekte wie Dankbarkeit, Sorge, Bewunderung, Stolz, Empathie und Mitleid der konventionellen Ebene zuordnen. Und transpersonale Affekte wie Gnade, Würde, Vergebung, universelles Gerechtigkeitsempfinden gehören der postkonventionellen Ebene an.

Während konventionelle Affekte um die Ich-Entwicklung herum organisiert sind, haben transpersonale Affekte einen anderen Organisationsschwerpunkt: Sie sind universell, fordern eine integrale a-perspektivische Sicht, eine globale Form reziproker Toleranz und die Fähigkeit zu einem umfassenden Rollenwechsel. Wir müssen gewissermaßen den egologischen und narzisstischen Standpunkt selbstkritisch transzendieren können, um andere nichtsubjektive oder nicht personale Affekte zu entwickeln. Dies alles ist uns erst auf einer postkonventionellen Ebene hinreichend möglich. Die vorrangigen emotionalen Schwerpunkte sind hier transsubjektiv, transhistorisch und all-perspektivisch. Die Entwicklungslogik der Bewertungs- und Entscheidungskompetenz beschreibt dabei einen fortschreitenden Prozess der Identifikation und Desidentifikation von konventionellen Regeln, Normen und Erwartungen, die schließlich in eine generelle oder universelle Haltung und Einstellung münden. Während auf einer konventionellen Stufe Affekte aus der Identifikation mit der unmittelbaren Gemeinschaft entstehen, wird die Identifikation auf einer postkonventionellen Stufe zugunsten einer Beziehung zum Ganzen – der Weltgemeinschaft – transzendiert.

Weitere postkonventionelle Affekte sind beispielsweise Nächstenliebe, Gewahrsein, globales Erschrecken, universelle Empathie, Demut oder auch religiöse Haltungen. Aber auch universelle Sorge oder unterscheidende Weisheit lassen sich hier einordnen. Diese Affektzustände sind nicht mehr primär personalisiert, sondern universalisiert. Aus dem konkreten Mitgefühl wird eine transzendente Empathie allen empfindungsfähigen Wesen gegenüber. Deshalb spricht man auch von transpersonalen, transrationalen Affekten, da persönliche und selbstbezogene Wünsche, Neigungen und Interessen in den Hintergrund treten. Es geht innerhalb einer ontogenetischen Affektentwicklung offenbar um eine immer sublimere Ausgestaltung der Beziehung von Motivzusammenhängen und Lebenspraxis, die vom bloßen expressiven Verhalten bis zur inneren Haltung der Nächstenliebe und der Demut gegenüber der Natur, der Welt und den Mitmenschen fortschreitet. Im Fortgang der Entwicklung geht es nicht um ein Mehr an Rationalität, sondern viel eher um ein Mehr an Reflexivität, die sich durch einen Zuwachs an Rollentausch, reziproker Anerkennung, Universalität und Pluralismus auszeichnet.[206]

Es gibt einen interessanten empirischen Zusammenhang zwischen unmittelbarem Naturerleben, der Selbst- oder Ich-Entwicklung sowie dem Ausmaß an prosozialem, moralischem

Verhalten beziehungsweise der Fähigkeit zur Empathie.[207] Direkte Naturerlebnisse, wie wir sie etwa beim Spazierengehen oder Bergsteigen, bei der Beobachtung von Naturschauspielen oder bei der Gartenarbeit kennen, führen dazu, dass das Erlebnis des Ich oder Selbst als kleiner und unbedeutender wahrgenommen wird. Das Ich kontrahiert gewissermaßen – und dies vermittelt wiederum eine größere Fähigkeit zu prosozialem Verhalten (etwa zum Teilen oder Unterstützen) und mehr Empathie gegenüber Dritten. Je höher der ästhetische Erlebniswert der Natur ist, umso stärker tritt das Ich-Erleben in den Hintergrund, und umso stärker treten postkonventionelle Affekte wie Demut, Ehrfurcht oder Achtung in den Vordergrund.[208] Dieser restaurative und heilende Charakter der direkten Naturwahrnehmung wurde bereits Mitte der 1990er-Jahre als »Attention Restauration Theory« (ART) beschrieben und korreliert mit zahlreichen Ergebnissen und Erfahrungsberichten aus den Naturheilverfahren.[209] Das ist theoriekonform mit dem hier vorgestellten Entwicklungsparadigma: Postkonventionelle Affekte entstehen über eine erfolgreiche Ich-Entwicklung, transzendieren diese und tragen wesentlich dazu bei, dass der Einzelne sich in einen größeren Gesamtzusammenhang eingebettet weiß. Solche Befunde sind für eine Psychologie der Nachhaltigkeit essenziell. Die Urbanisierung von weiten Teilen der Weltbevölkerung (2010: über 50 Prozent), der hohe Anteil an Screentime pro Tag (bis zu acht Stunden), die vielen lebens- und haushaltsnahen Geräte, die uns umgeben, und die hohe internationale Arbeitsteilung und Spezialisierung – all das, was man unter dem Begriff der Globalisierung zusammenfasst, lässt eher vermuten, dass Naturerlebnisse als Ausdruck, als Korrektiv und als Ursache für einen demütigeren Umgang mit uns Menschen und der Umwelt eher unwahrscheinlicher werden.[210]

Ebenen nach L. Kohlberg	Stufen der Affekte	vorrangige Leit- und Spitzenaffekte	emotive Selbst- und Weltsicht
prä-konventionell	1. impulsiv-expressiv	Basisaffekte: primäre Wut, Freude, Ekel, Trauer, Angst, Überraschung	„Etwas ist eklig, traurig" „Ich habe Angst"
	2. intentional-zweckorientiert		„Der jeweilige Affekt ist gut, weil er die Möglichkeit der Einflussnahme bietet"
konventionell	3. konkret-identifikatorisch	selbstevaluative Affekte: Neid, Schuld, Scham, submissives Verhalten	„Ich bin neidisch, gekränkt, unterwürfig gegenüber einer konkreten Person/Situation"
	4. abstrakt-identifikatorisch	Ironie, Empathie, Sorge	„Ich bin schuldig, verantwortlich ..., weil es die Regeln der Gesellschaft vorgeben"
post-konventionell	5. global-diskriminativ	transpersonale Affekte: Demut, Gnade, Verzicht	„Es besteht eine Sorge oder Verantwortung nicht aus den gegebenen Regeln, sondern aus der Demut und Würde"
	6. global-integrativ	Nächstenliebe, Güte, unterscheidende Weisheit	„Die Sorge über einen Menschen oder die Demut gegenüber der Natur entsteht aus der Einsicht der inneren Verbundenheit aller Lebewesen"

Abb. 30: Systematik der Affektentwicklung

Ich habe diesen Bereich der Affektforschung etwas ausführlicher beschrieben, da er für die Kunst der Transformation von zentraler Bedeutung ist und für den Übergang in ein nachhaltigeres Zusammenleben unverzichtbar sein wird. Wie wir uns selbst und die Welt erklären und welches Narrativ wir über uns erfinden, hängt weniger davon ab, wie viele Informationen wir über uns und die Welt erzeugen, welche kognitiven Schlussfolgerungen wir vollziehen und welche quasi-rationalen Einsichten in Systemzusammenhänge wir konstruieren – es hängt vielmehr davon ab, um welchen affektiv angesteuerten Bewusstseinsschwerpunkt wir unser Selbst und unsere Welt organisiert haben: präkonventionell, konventionell oder postkonventionell. Das gesellschaftliche Resultat ist jedes Mal ein anderes.

Ich bin etwas wert, weil ich bin: Das leistungsfreie Grundeinkommen

In der klassischen Gegenüberstellung führt die reine Staatswirtschaft zu einer Entmündigung des Menschen – und die reine Marktwirtschaft zu seiner Entwürdigung. Diese Gegensatzbeziehung ließe sich durch die Einführung eines leistungsfreien Grundeinkommens intelligent auflösen. Es gibt mittlerweile über ein Dutzend Modellrechnungen und eine jahrhundertealte Diskussion um die Frage, was und wie viel dem einzelnen Mitglied einer Gemeinschaft zusteht oder verwehrt bleibt und was und wie viel er oder sie aus eigener Kraft beitragen kann. Die neuere Geschichte dieses Konzepts beginnt mit Milton Friedmanns Idee von der negativen Einkommenssteuer aus dem Jahr 1971, der zufolge Arbeit und Einkommen an der Armutsgrenze entkoppelt werden sollten und die Gemeinschaft jedem Mitglied ein bedingungsloses Grundeinkommen zur Verfügung stellen müsse.

Ähnlich lang wie die Geschichte des Konzepts ist auch die Liste der dabei ausgetauschten Argumente: Für den Wandel sprechen etwa die gegenwärtig hohe Sozialbürokratie, der Missbrauch der Sicherungssysteme, verdeckte Armut, die Zunahme von atypischen Beschäftigungsverhältnissen, der Zusammenhang von Armut und Morbidität und der Hinweis, dass in den meisten EU-Ländern mit beitragsfinanzierten sozialen Sicherungssystemen über 40 Prozent an Steuertransferleistungen notwendig sind, um das System zu sichern. Zudem zeigen Modellrechnungen, dass durch die Einführung eines leistungsfreien Grundeinkommens die Schwarzarbeit zurückgedrängt werden könnte, über eine Million zusätzlicher Vollbeschäftigungsverhältnisse entstünden, die Steuererhebung vereinfacht und die Konsumsteuer erhöht werden könnte. Im Hinblick auf die Gegenfinanzierung eines Grundeinkommens liegen die Modellrechnungen so weit auseinander, dass vonseiten der Makroökonomie wohl keine hilfreichen, wissenschaftlich belastbaren Stellungnahmen zugunsten oder zuungunsten eines bedingungslosen Grundeinkommens zu erwarten sind.

Aus sozialpsychologischer Sicht geht es in der Diskussion um das Grundeinkommen allerdings darum, welche Bedeutung dem Einzelnen innerhalb des Kollektivs zukommt – das heißt, was der Einzelne wert ist. Empirisch spricht einiges dafür, dass Menschen mit einer bedingungslosen Grundsicherung ihr Verhalten ändern würden: dass sie etwa vollständig auf eine Erwerbstätigkeit im herkömmlichen Sinne verzichten würden, sich biografische Unterbrechungen (Sabbaticals, Erziehung der Kinder, Reisen, zusätzliches Engagement im zivilgesellschaftlichen Bereich) häufen würden oder die Menschen ihre Tätigkeitsbereiche (Studium, Arbeit, Familie) grundlegend wechseln würden. Allerdings hinge die Art der Verhaltensänderung stark von der Höhe des Betrags ab. Dass Menschen prinzipiell aufhören, sich zu engagieren, und nur noch faulenzen, ist sozialpsychologisch unwahrscheinlich, da das nicht der Natur des Menschen entspricht und unter klinischen Gesichtspunkten einen Sonderfall darstellt. Wissenschaftler schätzen, dass sich unter der Bedingung eines Grundeinkommens lediglich etwa ein Prozent der Menschen von der Erwerbstätigkeit verabschieden würde.[211]

Auf sozialpsychologischer Ebene geht es darum, dass eine Gemeinschaft beginnt, die verschiedenen Formen menschlicher Arbeit differenzierter zu bewerten und zu organisieren. Die Erwerbstätigkeit macht nur fünf bis acht Prozent der Lebenszeit eines Menschen aus (Peter Hartz).[212] Warum sollte die komplette existenzielle Sicherung exklusiv gerade über diesen relativ instabilen Tätigkeitsbereich organisiert sein? Der größte Teil der Lebenszeit wird ohnehin für Familie, Zivilengagement und die eigenen Bedürfnissen verwendet. Neben der Verhaltensebene lässt sich aus der Sicht der klinischen Psychologie eine zweite Ebene identifizieren, die ebenfalls einen Bezug zum aktuellen Diskussionsstand hat: Es geht dabei um den Stellenwert einer Person. Das psychopathologische Korrelat hierzu ist die Narzissmuspathologie. Psychiater verstehen unter Narzissmus im engeren Sinne mindestens vier verschiedene Zustandsformen. Beim primären Narzissmus beginnt das Kleinkind sich in Abgrenzung zu anderen als eine eigenständige Person wahrzunehmen und wertzuschätzen (»Ich bin etwas wert, weil ich bin«). Bei einer besonderen Unterform der Cluster-B-Persönlichkeitsstörungen stehen hingegen Kränkungserlebnisse und Selbstwertprobleme im Mittelpunkt. Der sogenannte sekundäre Narzissmus beschreibt das Auftreten von Kränkungserlebnissen und Selbstwertproblemen bei einer Vielzahl anderer psychischer Störungen. So gehen Angsterkrankungen oder Depressionen häufig mit narzisstischen Symptomen einher. Und bei der malignen Form des Narzissmus wird die Selbstwertregulierung in die Tötung oder das Quälen eines anderen Menschen oder Lebewesens mit eingebunden ist.

Das kennzeichnende Merkmal der Narzissmuspathologie ist, dass der Selbstwert durch überwertige Ideen und Abwertungen anderer oder der eigenen Person reguliert werden muss und dass dieses Unterfangen mehr oder weniger mit der Leistungsfähigkeit des Ich in Zusammenhang gebracht wird. Als inneres Erleben und Lebensmotto gilt: »Ich bin nur etwas wert, wenn ich auch etwas tue.« An dieser Stelle stellen unsere sozialen Sicherungssysteme eine Verbindung zwischen Arbeit, Einkommen und Leistung her, die die Narzissmuspathologie institutionell unterhält. Immer dann, wenn wir einer Erwerbstätigkeit nachgehen, ermächtigen wir uns als Person oder werden durch die Gesellschaft legitimiert. Auch das Umgekehrte gilt: Wer nicht arbeitet, soll auch keine leistungsfreie Solidarität erfahren. Wirkliche Kreativität, Selbstbefähigung und Individuation entstehen jedoch erst oberhalb der Grundsicherung, nicht unterhalb. Denn bei Lichte betrachtet ist jede individuelle Wohlstandsentwicklung und persönliche Erfolgsgeschichte immer auch das Resultat eines funktionsfähigen, stabilen Gemeinwesens, das durch Vernetzung, Sozialkontakte, Spezialisierungen und entsprechende kollektive Vorleistungen gekennzeichnet ist, für die der Einzelne (fast) nichts erbracht hat.[213]

Es geht beim leistungsfreien Grundeinkommen nicht um die Sozialfigur der Barmherzigkeit oder des caritativen Engagements, sondern um die tiefere Einsicht in einen zentralen Zusammenhang: dass wir, ob wir das wollen oder nicht, als Gemeinschaft aufeinander angewiesen sind. Solche pro sozialen Affekte und Motivsysteme haben wir oben bereits beschrieben. Solidarität, Bindungsverhalten, Gerechtigkeitsempfinden und leistungsfreie Zugehörigkeit sind an der Stelle keine abgeleiteten Größen eines primär egoistischen Narzissten, sondern Ausdruck unseres Kollektiv-Bewusstseins. Denn ohne Bildung, öffentliche Infrastruktur, Sicherheit, Gesundheitswesen, arbeitsteiligen Markt und Primärfamilie entsteht kein individueller Erfolg. In der subjektiven Wahrnehmung neigen wir zwar dazu, Erfolg uns selbst zuzuschreiben. In der Realität ist dies aber nicht so.

Ob wir uns nun von den Gründen für oder gegen ein Grundeinkommen führen lassen, hängt in erster Linie nicht vom Finanzierungsumfang und auch nicht von den Auswirkungen auf das Erwerbsleben, von der internationalen Wettbewerbsfähigkeit oder der Produktivität eines Unternehmens ab, sondern einzig und allein davon, wie wir Verantwortung, Freiheit und Solidarität interpretieren.[214] Wir können soziale Sicherungssysteme nur im Ausmaß unseres je vorliegenden Bewusstseinsschwerpunkts entwickeln. Deshalb gilt auch hier: Es könnte auch alles ganz anders sein. Institutionen haben in diesem Sinne eine prothetische Funktion für unseren Geist und reflektieren das, was wir denken, wollen und tun. Haben wir ein anderes Bewusstsein, leben wir auch in einer anderen Gesellschaft. Ähnlich wie bei den Parallelwährungen oder der Forderung nach einer expansiven Eigentumsregelung zur Überwindung von Armut gilt das auch für das Grundeinkommen. Wenn uns die Freiheit, Nein zu sagen, und die Fähigkeit zu einem selbstbestimmten Leben in Verantwortung wichtig sind, dann wird auch das Grundeinkommen kommen. Der konkreten, operationalen Ebene geht immer die Vision und das Denken einer anderen Welt voraus.

Resümee

Eine nachhaltige Transformation ohne die Einbeziehung des Diskussions- und Erfahrungsstandes der Bindungs-, Motivations- und Affektforschung wird es nicht geben. Und dieser Diskussionsstand hat relativ wenig mit dem technologischen Knowhow einer Gesellschaft, demografischen Entwicklungen (wie der Alterung der Gesellschaft) oder Immigration und noch weniger mit dem jeweiligen Wachstumspfad zu tun, sondern mit der Rezeption der empirischen und klinischen Ergebnisse der Life Science. Die Unterscheidung in primäre und sekundäre Motivsysteme hat weitreichende gesellschaftliche Implikationen, genauso wie eine Systematik menschlicher Affekte, die über die ichhaften und personalen emotionalen Zustände hinausgeht. Wir würden in einer völlig anderen Gesellschaft leben, würden wir auch nur ansatzweise diesen Diskussionsstand rezipieren.

Es ist in diesem Zusammenhang sinnvoll, eine Sprachregelung zu finden, die hinreichend zwischen *Ego* und *Individualität* unterscheidet. Richtig ist sicherlich, dass eine Transformation in eine nachhaltigere Zukunft individuell-ideografisch konfiguriert ist, da einzelne Lebensstile über das Stadium der Person hinweg gebrochen sind. Das heißt: Das Set an Möglichkeiten und Permutationen, sein Leben zu leben, ist (fast) unendlich groß und korreliert mit der Größe der Weltbevölkerung. Das *Individuelle* entsteht gewissermaßen aus den unzähligen wechselseitigen Verflechtungen, Erfahrungen und Sozialkontakten, in die jeder Einzelne eingebunden ist. Das *Ego* dagegen beschreibt entwicklungspsychologisch einen notwendigen, aber doch vorübergehenden Zustand in der Gesamtentwicklung einer Person. Das Ego vermittelt den Eindruck der Unabhängigkeit, der unveränderlichen Substanz und das Gefühl, dass man sein eigenes Handeln und Denken dem Ich als Ego ursächlich zuschreiben könne. Das ist oft nicht falsch, aber unvollständig. Kinder benötigen dieses Stadium für die Erfahrung der Selbstwirksamkeit und zur Konsolidierung von Ich-Funktionen.

Das Ego-Stadium bleibt im Grunde genommen eine präkopernikanische Sicht auf die Dinge der Welt. Man denkt, dass sich die Welt um einen herum dreht. Stattdessen dreht sich nicht einmal das Ego um die Welt, sondern der Einzelne ist ein Knotenpunkt in einem dezentralen, offenen, letztlich unendlichen Netzwerk. Dennoch gilt, dass das Ego-Stadium eine Übergangsphase darstellt. Ihm geht ein Wir-Bewusstsein im Sinne einer sozialen Identität entwicklungslogisch voraus, und es transzendiert sich zugunsten eines Bewusstseinsschwerpunktes, den wir bereits als postkonventionell oder transpersonal beschrieben haben. Damit ändern sich die Referenzwerte, innerhalb deren individuelle und kollektive Entscheidungen getroffen werden: Dazu gehören etwa die globale reziproke Toleranz, universelles Mitgefühl und Empathie, ein universelles Gerechtigkeitsempfinden, eine integrale Zeitwahrnehmung oder auch Demut, bewusster Verzicht, Vergebung und unterscheidende Weisheit.

Die transformative Entwicklung einer Person hängt letztlich weniger von ihrer genetischen Ausstattung, ihrer individuellen Biografie, biologischen Parametern oder von ihrer geografischen und sozialen Herkunft ab, sondern davon, ob sie die Fähigkeit besitzt, eine eigene und selbstbestimmte Zukunft zu entwerfen.[215] Wie das gelingen kann, sehen wir im nächsten Kapitel.

8. Psychologie der Transformation

Think complex and act simplex: Die Fragen, die die Psychologie in die Nachhaltigkeitsdebatte einbringt, sind wahrscheinlich komplexer als die der Ökonomie oder der Ingenieurswissenschaften. Die Antworten und Reaktionsmöglichkeiten dagegen sind einfacher und trivialer, da sie beide aus einer integralen Sichtweise entstehen.[216] Im Folgenden sollen einige Gesellschaftsbereiche beschrieben werden, die ein Transformationspotenzial haben, weil sie nicht zwangsläufig mit dem Wachstumsparadigma verbunden oder durch den Stand der Technik vorbestimmt sind. Vielmehr sind sie wesentlich beeinflusst durch den Bewusstseinsschwerpunkt jedes Einzelnen und der Gemeinschaft. Aber was bedeutet Transformation eigentlich genau?

Eine kleine kopernikanische Wende

Traditionell betrachten und bewerten wir unser Verhalten und Erleben aus zwei Perspektiven, die miteinander verschränkt sind: Wir haben zunächst gelernt, für unser Verhalten eine Ursache in der Vergangenheit zu suchen. Die Verhaltens- und Kognitionspsychologie identifiziert dabei eine Reihe von Mechanismen entlang einer individuellen Lerngeschichte. So sind Teile unseres Verhaltens durch Modell- und Imitationslernen sowie Konditionierungen und Dekonditionierungen erklärbar und über diese Wege auch veränderbar. Auch psychoanalytische Verfahren richten den Blick in die Vergangenheit. Sie gehen im Wesentlichen auf Sigmund Freud zurück und suchen nach aversiven frühkindlichen Erfahrungen (aversive childhood experiences), um unser aktuelles Erleben verstehen zu können. Gewalterfahrungen in der Kindheit, dysfunktionale Erziehungsstile oder chronische Kränkungserlebnisse bahnen den Weg in eine leidvolle Krankengeschichte.

Die rückwärtsgewandte Betrachtung beider psychologischen Schulen ist nicht falsch, für sie sprechen robuste empirische Belege – aber sie ist einseitig. Denn menschliches Verhalten und Erleben auf frühere Erlebnisse zurückzuführen, ist selbst bereits theoriegeleitet und damit ein Konstrukt unseres Geistes. Zudem begreifen beide Verfahren mentale Vorgänge und Symptome in erster Linie als Ausdruck einer Psychopathologie. Auch das ist sicherlich nicht falsch, aber eben unvollständig.[217] Man kann auf mentale Zustände und ihre Ausdrucksformen auch ganz anders blicken: Die Salutogenese von Aaron Antonovsky, die positive Psychologie von Martin Seligman, das Konzept des Flow-Erlebens von Mihály Csíkszentmihályi oder auch die Resilienzforschung tun das. Sie fragen nicht nach dem, was war, sondern nach dem, was sein wird. Ihnen zufolge wird aktuelles Verhalten und Erleben durch die Erwartungen, die mentalen Konstrukte und Visionen von der Zukunft bestimmt. Dadurch entstehen andere Fragen und andere Sichtweisen als durch einen Blick in die Vergangenheit. An die Stelle eines ausschließlichen Zurückführens des Aktuellen auf Früheres, das zugleich das aktuelle Erleben im Lichte des Krankhaften und Psychopathologischen klassifiziert, tritt eine multimodale Betrachtung, die Wohlbefinden, psychisches Wachstum, Resilienz und Glück zum Ausgangspunkt macht.[218]

Diese kleine kopernikanische Wende in der Psychologie entstand durch die Erkenntnis, dass Selbstaktualisierung, Selbstfindung oder Individuation – wie es Carl Gustav Jung ausdrücken würde – nicht nur durch die Abwesenheit von Beschwerden und Symptomen, sondern durch ein Zusammenspiel und durch die Ausbildung von positiven Affekten wie Dankbarkeit, Bewunderung, Vergebung, Empathie, Großzügigkeit, Mut,

Ehrlichkeit, Ehrfurcht, Kreativität, Liebe, Freude, Glück, Zufriedenheit und Gnade geschieht. Das sind alles Affektzustände, die einen prosozialen und transpersonalen Charakter haben. Sie sind selbstverstärkend und entstehen nicht aus dem Druck der Vergangenheit, sondern aus dem Sog der Zukunft. Doch im Gegensatz zur kopernikanischen Wende, die das geozentrische durch ein heliozentrisches Weltbild ersetzte, brauchen wir für eine Kunst der Transformation beide Perspektiven. Wir brauchen die Regression, um unsere eigene Geschichte besser zu verstehen, und die Progression, um uns als Personen weiterzuentwickeln. Transformatives Potenzial liegt ebenso in einem besseren Verständnis der Geschichte wie in einem progressiven Flow-Erleben.

Das Überschreiten des Rubikon: Was wir brauchen, um uns zu ändern

Nehmen wir Folgendes an: Wir wissen, dass wir das Zwei-Grad-Ziel auf unserem derzeitigen Weg nicht erreichen werden. Wir sind hinreichend über das Ausmaß an Ungerechtigkeit informiert und kennen die verheerenden Zahlen in Bezug auf Armut, Wohlstandsentwicklung und Artenschwund. Dennoch tun wir wenig, manchmal gar nichts dagegen. Der Begriff der Transformation stammt aus der sozialwissenschaftlichen Forschung. Er beschreibt den Übergang von ehemaligen Diktaturen, kommunistischen Staaten und Entwicklungsländern hin zu Demokratien und modernen Marktwirtschaften. In einer retrospektiven Analyse haben die Sozialwissenschaften Ereignisse und Parameter identifiziert, die für diesen Übergang charakteristisch sind: so etwa die Bedeutung der Mittelschicht, die Ausdifferenzierung von gesellschaftlichen Bereichen wie Medien, Wissenschaftsbetrieb, Kirchen, Drittem Sektor und Rechtsstaatlichkeit oder auch das erreichte Bildungsniveau und ein expansives Wirtschaftswachstum.

Die psychologische Forschung versteht dagegen unter Transformation den Prozess einer Bewusstseins- und Verhaltensänderung, der durch vier Merkmale gekennzeichnet ist: Die psychologische Transformation konzentriert sich erstens auf den Attraktor, der aus der Zukunft kommend unser aktuelles Verhalten bestimmt. Zweitens ist ein transformatives Vorgehen mehr als die bloße Umdeutung von Ereignissen (Translation). Translationen sind in der Regel Narrative, die von Wachstum und Glück, von Wohlstand und Stabilität erzählen. Manche sind richtig, manche nicht, aber immer bleiben sie Erzählungen, die uns psychische Stabilität geben und Sinn für den Einzelnen sowie für die Gemeinschaft vermitteln.[219]

Narrative deuten die Welt horizontal. Die Transformation weist uns dagegen vertikal die Richtung in eine Zukunft, auf die wir unser gegenwärtiges Handeln ausrichten können. Dabei geht es drittens um einen Weg, den wir noch nicht kennen, und nicht um eine Wiederanpassung an den gesellschaftlichen Status quo. Auf diesem Weg kann es Mängel, Anomalien, Defizite, Probleme und Ambivalenzen geben, aber er führt in eine andere Zukunft, statt lediglich Reparaturmaßnahmen, Korrekturen und Reformen beim Einzelnen oder der Gesellschaft auszulösen. Da es nicht nur um Effizienzsteigerungen und die Verstärkung des einmal eingeschlagenen Wachstumspfads geht, sind Transformationen immer auch disruptiv.[220]

Zum Gedanken der psychologischen Transformation gehört schließlich viertens eine veränderte psychosoziale Praxis. Gemeint sind hier einfache, erlernte und bewusst-gewollte Formen eines anderen Tuns. Es ist wie die Umsetzung eines Kochrezepts, einer Yogaübung oder einer Gebrauchsanweisung, die uns dann eine andere Welt erschließt.

Zusammenfassend lässt sich also unter einem transformativen Vorgehen ein Vorgehen verstehen, das bei einem Akteur oder einer Gruppe eine nachhaltige Verhaltensänderung bewirkt, die in der Einsicht, der Praxis und dem Wissen auf einen zukünftigen

Vektor hin ausgerichtet ist, sodass daraus ein Mehr an ökologischer, sozialer und ökonomischer Balance und damit ein Mehr an Bewusstsein resultiert.

Die inneren und äußeren Antreiber

Basierend auf den Ergebnissen der Motivationspsychologie lassen sich extrinsische und intrinsische Formen der Transformation unterscheiden: Zur extrinsischen Motivation zählen etwa Anreizstrukturen, zum Beispiel durch Belohnungsprogramme. Sie führen zu einer isolierten Konditionierung, das heißt, wir richten unser Verhalten danach aus, belohnt zu werden. In der klinisch-psychiatrischen Praxis werden solche Anreizprogramme bei Patienten mit stationären Langzeitaufenthalten seit vielen Jahren erfolgreich eingesetzt. Die Grenzen der extrinsischen Motivationsanreize liegen darin, dass zum einen die Wirkung kaum generalisierbar ist, das heißt, eine Verhaltensänderung in einem Lebensbereich wird kaum auf einen anderen übertragen. Zum anderen ist der Haftungseffekt (adherence) gering. Sobald die Belohnung ausbleibt, bleibt auch das gewünschte Verhalten aus.

Neben den Belohnungsprogrammen stellen Bestrafungsszenarien (zum Beispiel Bußgelder) extrinsische Motivatoren dar, die unerwünschtes Verhalten vermindern sollen. In der Regel führt die Androhung von Bestrafung dazu, dass Menschen das Verhalten vermeiden und umgehen oder gegen die Regel protestieren. Wie bei den Belohnungsprogrammen wird die Verhaltensänderung meist nicht auf andere Situationen übertragen, und sie bleibt aus, wenn die Bestrafungsandrohung entfällt. Sogenannte deskriptiv-narrative Feedbackstrategien sind eine weitere extrinsische Anreizstruktur: Einer Person wird eine Rückmeldung zu ihrem Verhalten gegeben, wobei sich das Feedback an einem festgelegten Bezugswert orientiert: »In Europa gibt es 30 Prozent Vegetarier. Sind Sie auch einer?« In der Tat ruft die Methode eine rasche Anpassung hervor, erfordert aber, dass man die Feedbackschleife aufrechterhält.

Gemeinsam ist all diesen Verfahren, dass Menschen von außen, also extrinsisch, zu einer Verhaltensveränderung motiviert werden. Der Vorteil ist, dass die Methoden in der Regel schnell und auf viele Menschen wirken. Zudem gibt es einen direkten inhaltlichen und unmittelbaren Zusammenhang zwischen dem äußeren Anlass und dem veränderten Verhalten. Die extrinsische Form der Transformation funktioniert nach diesem Prinzip. Sie umfasst zwei Typen: Beispiele für den ersten Typus sind Naturereignisse wie Erdbeben, Tsunami und jede Art der technologischen Innovation, wie etwa Smartphone, Cloud-Computing, Hochleistungswerkstoffe, reversive 3D-Drucker, extraterrestrische Solarenergie, Exocortex, kognitives Computing und viele andere. All diese Technologien haben unzweifelhaft Transformationspotenzial – das heißt, sie verändern unser Verhalten und unsere soziale Praxis.

Der andere extrinsische Subtyp umfasst Veränderungen im institutionellen Arrangement: Die Governance- und Marktstrukturen einer Gesellschaft, demokratische Mitbestimmung, Regeln, Steuern, Abgaben, Preissignale, Werbung, Propaganda und Marketing wirken transformativ. Das Gleiche gilt für zukunftsweisende Modifikationen in den Anreizstrukturen wie etwa Komplementärwährungen, Shared Economy, digital-basisdemokratische Partizipationsformen, expansive Eigentumsverordnungen, alternative Unternehmensverfassungen, Commons oder auch das bedingungslose Grundeinkommen und supranationale Behörden mit demokratischem Mandat. Gemeinsam ist den extrinsischen Formen der Transformation, dass der Adressat passiv und reaktiv bleibt und erst die adaptive Verhaltensänderung zu einem modifizierten Erleben führt. Der Vektor ist folglich: von der Technologie und der Governance zur Verhaltensänderung und dann zum veränderten Erleben.

Die intrinsischen Formen der Transformation stellen Veränderungen dar, die von innen heraus durch Überzeugungen, Werte und Identifikationen erzeugt werden. Der Veränderungsprozess dauert meist länger, aber die Verhaltensänderung ist umso nachhaltiger. Menschen, die intrinsisch motiviert sind, interessieren sich neben einem bestimmten Ergebnis vor allem auch für den Prozess der Veränderung selbst – die Veränderung selbst wirkt motivational. Intrinsische Motivationen sind psychologisch komplexer und voraussetzungsvoller als extrinsische. Der Zusammenhang zwischen Verhaltensänderung und Zielvorgabe ist oft nicht direkt, sondern eher indirekt und mittelbar gegeben. Die Veränderung ergibt sich aus der Kontrast- und Gegensatzerfahrung, eben dem Unterschied zur gängigen Praxis. Beispiele sind multisensorische Lernerfahrungen im Vergleich zum rein virtuell gestützten Lernen; Fasten gegenüber Konsum; Stille, Schweigen und Leere gegenüber Fülle und Reden.

Solche Beispiele mögen im Kontext der Nachhaltigkeitsdebatte überraschen, da wir Lösungsstrategien vor allem von außen erwarten, wie etwa durch den Einsatz von ökonomischen Steuerungselementen und technologischen Großprojekten. Aber sie sind eben nur die eine Hälfte des Vorgangs. Auch bei der intrinsischen Form der Transformation lassen sich zwei Subtypen abgrenzen: Zum einen existieren Modifikationen, die zum Beispiel durch Interaktionserfahrungen angeregt werden. Hierzu gehören militärische Auseinandersetzungen, Massen- und Immigrationsbewegungen, öffentliche Diskurse, die Medien und der gesamte Symbolgehalt unseres Kultur- und Wertesystems. Die zweite Form besteht aus primären Veränderungen unseres Bewusstseinsschwerpunktes. Im Zentrum befindet sich dabei nicht die Interaktionserfahrung, sondern die subjektive, monologische, introspektive Auseinandersetzung mit sich selbst.

Beide Formen intrinsischer Transformation haben einen anderen Charakter als die extrinsische: Hier geht der Vektor vom Erleben aus, führt dann zu einem modifizierten Verhalten und mündet in die Anwendung einer spezifischen Technologie und die entsprechenden gesellschaftlichen Institutionen. Sie sind eher proaktiv und akkomodativ, indem die Umwelt an das veränderte Bewusstsein angeglichen wird. Intrinsische und extrinsische Transformation widersprechen sich nicht, sondern können sich sinnvoll ergänzen. Entscheidend ist, dass sie richtig aufeinander bezogen sind.

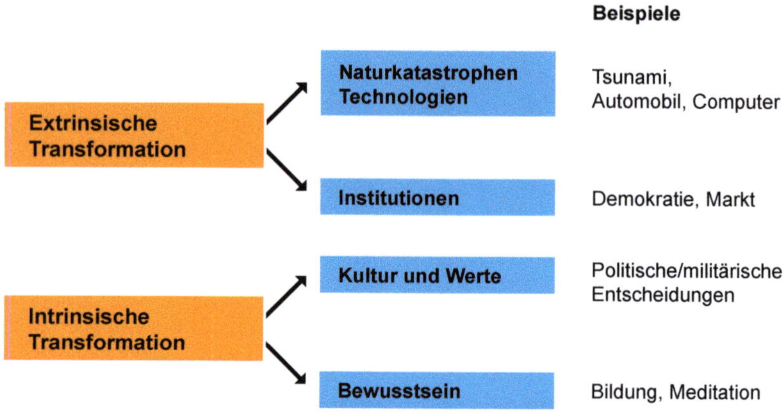

Abb. 31: Erste Systematik von Transformationsprozessen: extrinsischer und intrinsischer Subtyp

Transformationsprozesse sind immer leichter, wenn wir wissen, wo es hingehen soll und welche Schritte dafür notwendig sind. Die Mehrzahl der Forschungsergebnisse für nachhaltige Verhaltensänderungen stammt aus der Medizin und der klinischen Psychologie. So zeigt ein 2015 erschienener Studienüberblick von Anne Marie Ludovici, dass es nur circa 20 Prozent der Bevölkerung gelingt, einen ungesunden Lebensstil nachhaltig zu ändern – etwa die Ernährung umzustellen, sich regelmäßig zu bewegen, mit dem Rauchen aufzuhören oder die Internetsucht in den Griff zu bekommen. Angesichts der weit verbreiteten Aufklärung und des fundierten Wissens um ungesundes Verhalten ist das eine sehr ernüchternde Zahl. Der Autorin zufolge determinieren acht durch Verhalten veränderbare Risikoprofile – zum Beispiel Übergewicht, Rauchen, Alkohol – 15 der wichtigsten chronischen Erkrankungen in der westlichen Welt – darunter Diabetes, Herzerkrankungen und Krebs. Diese schweren chronischen Erkrankungen sind wiederum für 80 Prozent der Gesundheitskosten verantwortlich.

Wenn man mit diesen Zahlen im Hinterkopf einen Blick auf das Nachhaltigkeitsziel wirft, so wird deutlich, wie lang der Weg ist, den wir noch vor uns haben – ein Weg, der ohne Rückgriff auf den Diskussions- und Wissensstand der medizinischen Psychologie wohl nicht gehbar ist. Denn der allgegenwärtige Verweis auf neue und innovative Technologien, die Fortsetzung unseres expansiven Wachstumspfades und das Setzen auf eine aktive Bevölkerungspolitik blenden den entscheidenden Missing Link aus: das Verhalten und Erleben im sozialen Kontext.[221] Dass Informationskampagnen, Psychoedukation und Aufklärung über Risiken und Nebenwirkungen nicht ausreichen, ist hinreichend bekannt. Vor diesem Hintergrund haben James Prochaska und Carlo DiClimente 1997 ein empirisch gestütztes Phasenmodell zur Erklärung und Beeinflussung von Verhaltensveränderungen entwickelt, das sie »transtheoretisches Modell« nennen. Es wird seit Jahren erfolgreich in der Sucht- und Allgemeinmedizin angewandt und kann auf andere gesellschaftliche Bereiche übertragen werden. Die folgende Tabelle gibt einen ersten Überblick über die einzelnen Stadien des Wechsel (stages of change):

	Stadien des Wechsel	Stages of Change	Charakteristika	Anteil: kognitiv-affektiv Selbstwirksamkeit
6.	Abschluss	termination	dauerhafte Veränderung, verinnerlicht und aufrechterhalten	Selbstwirksamkeit
5.	Aufrechterhaltung	maintenance	> 6 Monate neues Verhalten praktiziert	
4.	Handlung	action	Neues Verhalten wird praktiziert	
3.	Vorbereitung	preparation	Veränderung ist für die nahe Zukunft konkret geplant	
2.	Absichtserklärung	contemplation	Veränderung wird eingesehen, aber noch nicht konkretisiert	
1.	Absichtslosigkeit	precontemplation	kein Problembewusstsein und keine Verhaltensveränderung	kognitiv-affektiver Anteil

Abb. 32: Synoptische Darstellung der stages of change *(modifiziert nach J. O. Prochaska und C. C. DiClimente 2002): Der kognitiv-affektive Anteil nimmt kontinuierlich ab, der Verhaltensanteil der Selbstwirksamkeit dabei kontinuierlich zu.*

Der Wechsel von einer Ebene auf die nächste ist individuell und nicht kollektiv vorgegeben. Jeder ist herausgefordert, seinen persönlichen Weg der Veränderung zu gehen. Die Phasenwechsel sind zudem nicht linear, sondern kreis- und spiralförmig und rechnen auch mit Rückfällen und Regressionen. Das Phasenmodell zeigt auch, dass es sich bei einer Verhaltensänderung um einen über weite Strecken mentalen, inneren Vorgang handelt, der mit einer konkreten Absichtserklärung beginnt. Der Vorteil an diesem Vorgehen ist, dass sich die Wahrscheinlichkeit für positive Veränderungen in einem anderen Lebensbereich erhöht, wenn eine Veränderung einmal gelungen ist. Man spricht dann auch von einem ko-aktiven Effekt.[222]

Mit Blick auf dieses Modell bedeutet Transformation, sich durch eine veränderte soziale Praxis in dieser Stufenabfolge immer weiter einem nachhaltigen Lebensstil zu nähern. Diese formalen Aspekte einer Metatheorie des Wandels lassen sich mit inhaltlichen Kategorien zu einer Transformationstreppe ausarbeiten. Die weiterhin offene Frage ist aber: Was wirkt wirklich transformativ?

Schritt für Schritt: Die Transformationstreppe

Wenn Technologien mit schnellen Änderungsraten im Preis-Leistungs-Verhältnis einhergehen, eine breite praktische Anwendung bieten, ökonomisch effizient sind, transsektoral wirken und eine grundlegende Veränderung gegenüber dem Status quo bewirken, spricht man in der Managementliteratur von disruptiven Technologien. In Anlehnung an einen McKinsey-Bericht aus dem Jahr 2014 sind mindestens zwölf solcher zukünftigen Technologien identifiziert worden. Es ist aus sozialpsychologischer Sicht jedoch wenig sinnvoll, über disruptive Technologien zu sprechen, ohne zugleich transformative Psychologien oder Lebensstile zu erwähnen. Beide gehören zusammen, wenn gesellschaftliche Veränderungen in einen Nachhaltigkeitspfad münden sollen.

Disruptive Technologien	**Transformative Lebensstile**
mobiles Internet	Stille, aktiver Verzicht
Automation	Bewegung
Internet der Dinge	Meditation, Achtsamkeit
Cloud-Computing	postkonventionelle Affektprofile
Robotronik	sensomotorisch gestützte Lernerfahrung
3D-Drucker	analoge Face-to-Face-Kontakte
neue Materialien	Umgang mit Risiken 2. Ordnung – Heuristiken
alternative Energien	Lebensstilmodifikationen
Genomics	Resilienzstrategien
autonome Vehikel	7 R: respect, rethink, reuse, reduce, recycle, restore, redistribute
Energiespeicher	Ernährung
erweiterte Extraktion fossiler Energien	Pflege von Primärmotiven

Abb. 33: Auflistung zukünftiger disruptiver Technologien (McKinsey 2014) sowie Auflistung tranformativer Lebensstile. Beide Auflistungen stehen inhaltlich nicht in Beziehung zueinander.

Gegenwärtig suchen wir Glück, Verteilungsgerechtigkeit und Nachhaltigkeit in innovativen Technologien und einem quantitativ aggregierten Wachstumspfad. Im Folgenden sollen einige Ansatzpunkte beleuchtet werden, die ein intrinsisches Transformationspotenzial vom Subtyp der Veränderung unseres Bewusstseins haben. Denn erst dann generieren wir andere Affektprofile und andere Motivationen, nehmen andere Bewertungen vor und modifizieren unser Konsumverhalten:

1. Sensomotorisch gestützte Lernerfahrungen: Wir können nicht nicht lernen. Auch der 90-jährige kann noch Chinesisch lernen – allerdings nicht in der Volkshochschule, sondern wenn er sich in eine Chinesin verliebt.[223] Erfolgreiches Lernen hat neben dem kognitiven immer auch einen affektiven und motivationalen Anteil. Es ist neurobiologisch und lernpsychologisch recht gut untersucht, dass Lernvorgänge dann im Gedächtnis hinreichend gespeichert werden und zu nachhaltigen und verbindlichen Verhaltensveränderungen führen, wenn sie sensomotorisch vermittelt werden. Die Verarbeitungstiefe – deren neurobiologisches Korrelat die Vernetzung von Synapsen ist – hängt an einer sensomotorischen Gedächtnisspur, die durch das praktische Tun vermittelt wird. Damit sind Aktivitäten gemeint wie etwa das Schreiben mit einem Stift, Klavierspielen, sportliche Aktivitäten, Face-to-Face-Interaktionen oder manuelle Tätigkeiten. Der Effekt lässt sich nicht nur für individuelle Lernvorgänge, sondern auch für unser Sozialverhalten nachweisen. Analoge Face-to-Face-Interaktionen korrelieren positiv mit sozial-kognitiven Fähigkeiten wie Empathie, Kommunikation, Gesichtserkennen und emotionalem Response. Diese korrelieren wiederum mit der Größe der Gruppe, in der wir leben, und die Gruppengröße korreliert schließlich mit unserer neurobiologischen Hardware, und hier vorrangig mit dem präfrontalen Cortex. Je mehr analoge Face-to-Face-Interaktionen und je größer die soziale Gruppe, in der jemand lebt, desto ausgeprägter sind die sozial-kognitiven Fähigkeiten inklusive ihrer neurobiologischen Grundlage. Solche Ergebnisse aus der Grundlagenforschung sind für unsere Frage deshalb relevant, weil in Gesellschaften, die sich zunehmend individualisieren, reale Sozialkontakte ausbleiben und dieses Veränderungspotenzial nicht hinreichend ausgebaut wird. Denn selbst unsere Sprache und unser Denken sind letztlich Resultat einer sensomotorisch gestützten Praxis und Handlungserfahrung.[224] So können virtuelle Kontakte zwar mobilisieren, garantieren aber keine nachhaltigen Haftungseffekte und Transformationen. Zumindest sprechen die Ergebnisse aus der klinischen Forschung dagegen: Lerngeschwindigkeit und Lernveränderungen, Konsolidierung und nachhaltige Motivation haben von Anfang an eine motorische Komponente und ein dafür ausgewiesenes neuronales Korrelat. Erst dann entwickelt man das, was Richard Sennett einen *vocational spirit*, eine handwerkliche Einstellung, nennt, die es erlaubt, eine Sache um ihrer selbst willen richtig, gut, ja besser zu machen.[225] Wir sind eben das, was wir produzieren, herstellen und machen, und nicht das, was wir konsumieren, wie Orio Giarini und Patrick Liedtke bereits 1999 in ihrem Bericht an den Club of Rome konstatieren.

2. Kritische Ich-Funktionen: Entwicklungspsychologisch gesehen ist die Ausbildung kritischer Ich-Funktionen die Voraussetzung für eine Transformation. Zu ihnen gehören zum Beispiel die Fähigkeit zur gesteigerten Abstraktion, zur Konkretisierung des diskursiv-kritischen Verstandes, Differenzierungsleistungen, die Fähigkeit zum passageren Rollenwechsel und zum Herstellen von Kausalbezügen, aber auch Impulskontrolle, Realitätsprüfung, relative Autonomie, Aufmerksamkeit, Konzentration, autobiografisches Gedächtnis, Affektdifferenzierung und sensomotorische Meisterschaft (Klavierspielen, Tennis, Kochen). Es ist Teil der Conditio humana, dass wir prinzipiell gegenüber der Natur, der Gesellschaft und gegenüber uns selbst eine kritische Haltung einnehmen können. Die kritischen Ich-Funktionen entwickeln sich im Lauf des Lebens. Sie sind erlernt und unterliegen einem Sozialisationsvorgang. Kritisches Hinterfragen ist entwicklungspsychologisch also Ausdruck von gelungenen Ich-Funktionen. Sie haben immer ein emanzipatives, aufklärerisches und transformatives Potenzial. Zudem ist kritisches Denken selbstreferenziell, das heißt, es umfasst immer auch die Fähigkeit, das eigene kritische Potenzial selbst noch einmal kritisch zu durchleuchten – etwa wenn wir uns fragen, ob eine Kritik hilfreich ist oder letztlich nur das eigene unkritische Rechthabenwollen oder die eigene Unsicherheit maskiert. Die klinische Forschung verfügt über einen reichen, über hundertjährigen Erfahrungsschatz im Umgang mit Interview- und Explorationsverfahren: Eine der eindrücklichsten Erkenntnisse daraus ist, dass über weite Strecken die Fragen den Verlauf des Gesprächs bestimmen. Haben wir in Bezug auf die Vermessung von Wachstum und Entwicklung, in Bezug auf ein Postwachstumsszenarium die richtigen Fragen gestellt? Wie wollen wir leben und arbeiten? Was ist Wohlstand? Wie gehen wir mit unserem Zeitbudget um? Welche Errungenschaften sind uns wichtig in Medizin, Recht, Wirtschaft und in Bezug auf soziale und innere Sicherheit, Bildung und Arbeit sowie individueller Freiheit? Worauf können wir verzichten? Was soll expandieren und wie? Bevor wir für alles immer schon ein Rezept oder eine Antwort haben, sollten wir lernen, die richtigen Fragen zu stellen. Nur ein geringerer Teil der Weltbevölkerung hat diese Funktion durchgängig ausgebildet. Ich würde vor dem Hintergrund meiner klinischen Tätigkeit meinen, dass ein Großteil der Bevölkerung nur vorübergehend Zugang zu dieser psychologischen Funktion hat, insbesondere wenn es um den selbstreferenziellen Anteil geht. Das kann man aber lernen.

3. Compliance: Aus der klinischen Compliance- und Adherence-Forschung, die sich mit dem Befolgen und Einhalten von Regeln durch Patienten beschäftigt, liegen mittlerweile weitere Ergebnisse vor, die erklären können, warum Veränderungen so schwer fallen. Zunächst gilt, dass kein Mensch nicht motiviert ist; man ist vielmehr immer für oder gegen etwas motiviert. Die allgemeine Einschätzung vom unmotivierten Mitarbeiter, Patienten oder Bürger ist ein Märchen. Ähnlich wie der Mensch immer lernt und gar nicht anders kann, als ständig zu lernen, ist es auch mit seinem Motivationssystem. Selbst der vermeintlich arbeitsscheue und unkooperative Mitbürger oder Kollege ist von Motiven getrieben, sich genau so und nicht anders zu verhalten.[226] Die klinische Motivationsforschung hat dies nicht nur bei Suchtpatienten untersucht, sondern wendet die Ergebnisse auch allgemeiner an, etwa in Bezug auf die Einnahme von Medikamenten oder auf Lebensstilveränderungen. Der Grund für eine mangelnde Compliance liegt den Studien zufolge nicht in einer unzureichenden Informationsvermittlung und auch nicht im mangelnden Verständnis über die Sinnhaftigkeit einer therapeutischen Maßnahme. So wissen wir, dass bis zu 50 Prozent der Patienten ihre verordneten Medikamente nicht in der gewünschten Form einnehmen, obwohl sie über die Nebenwirkungen, die Risikoprofile, die Prognose hinreichend aufgeklärt sind. Ebenso wenig hängt die Therapietreue vom Alter, vom Geschlecht, von spezifischen Medikamenten oder Interventionen oder einem bestimmten Krankheitsbild ab – und sie ist nicht kultur- oder länderspezifisch. Die Fähigkeit, eine Verhaltensänderung über die Zeit durchzuhalten, hängt auch nicht mit dem Intelligenzquotienten zusammen und ist über weite Strecken nicht an sozio-ökonomische Faktoren gekoppelt. Selbst intrapersonell gibt es keine stabilen Regelmäßigkeiten. So kann ein Patient in Bezug auf eine Therapiemaßnahme eine sehr gute Compliance zeigen, in Bezug auf eine andere wiederum nicht. Der vermittelnde Faktor liegt vielmehr in der psychologischen Verfasstheit des Menschen, in den Überzeugungen in Bezug auf seine Krankheit und in seiner persönlichen Einschätzung der Zukunft. Dabei kommen zwei gegensätzliche Faktoren zum Tragen: einmal die Einsicht in die Notwendigkeit (necessity), sich zu ändern, und zum anderen mögliche Vorbehalte (concerns), es auch wirklich zu tun. Das hat erhebliche praktische Auswirkungen: So schildern bis zu 30 Prozent der Patienten Vorbehalte gegen eine medizinisch indizierte Intervention oder Verhaltensänderung, obwohl die wissenschaftliche Evidenz und der Informationsstand eindeutig sind. Das heißt: Eine gewünschte Verhaltensänderung hängt an der intrapsychischen Verarbeitung von vier Faktoren: wissenschaftliche Evidenz, persönliche Überzeugungen, Ambivalenz von Notwendigkeit und Vorbehalten sowie Qualität der Therapeut-Patient-Beziehung über den gesamten Prozess hinweg. Das heißt: Nachhaltige Verhaltensmodifikationen sind kein kognitives, sondern ein motivationales Phänomen. Compliance ändert alles: Patienten, das Sozialgefüge, Unternehmen, die Gesellschaft und Politik und auch unsere Zukunft.

4. Achtsamkeit und Transzendenz: Die These lautet, dass mehr Bewusstheit zu mehr Nachhaltigkeit führt. Das psychologische Konstrukt, das diesen Zusammenhang am besten beschreibt, ist das der Achtsamkeit. Wir verfügen mittlerweile über eine robuste Studienlage und eine lange Tradition, die der Frage nachgeht, was Achtsamkeitsübungen sind, welche Bedeutung sie für den Alltag beziehungsweise für einzelne Störungsbilder haben und was den Achtsamkeitspfad zu einem Pfad der Nachhaltigkeit macht. Achtsamkeit bedeutet wertfreie Beobachtung externer und interner Stimuli, akzeptierende Wahrnehmung des Augenblicks sowie empathische, aber wertfreie Wahrnehmung von Erfahrungen. Dieses psychologische Konstrukt geht ursprünglich auf fernöstliche Meditationspraktiken zurück und findet in zahlreichen kontemplativen Übungen ihren Niederschlag. Gefordert wird eine Schulung und Anweisung für spezifische Techniken. Dabei haben alle Weltkulturen ihre spezifischen Beiträge geliefert: Yoga, Tai-Chi, Qigong, Derwisch-Tänze, Vipassana, Gewahrsamkeitsübungen, Meditation, MBCT (Mindfulness Based Cognitive Therapy), Visualisierungstechniken, repetitive Mantras, Sutren, Tonglen, Gesänge, Koans. Die europäische Kultur verfügt beispielsweise im Rosenkranz oder den Kanongebeten, in den konzentrativen Gebeten der christlichen Mystik oder bei prolongierten Fastenzeiten über eine solche Tradition. Dennoch geht es bei Achtsamkeits- und Transzendenzerfahrungen nicht nur um eine religiöse Dimension, sondern sozialpsychologisch auch darum, dass Wirklichkeitsbereiche existieren, die sich der individuellen und kollektiven Kontrolle entziehen und sich jenseits unserer biologischen Disposition ereignen. Eine psychologische Anthropologie wird dies mitberücksichtigen müssen. Die das Konzept stützenden Forschungsergebnisse stammen zunächst aus der frühen US-amerikanischen Stressforschung.[227] Der Kardiologe Herbert Benson hat in den 1970er-Jahren mit der Relaxation Response eine Methode für den Umgang mit Stress entwickelt und damit die psychophysiologische Gegenfunktion zur Flucht- und Kampf-Reaktion der klassischen Stressforschung beschrieben. In der Folge entwickelte der Mediziner Jon Kabat-Zinn standardisierte Mind-Body-Medicine-Programme mit dem Schwerpunkt auf der Achtsamkeitsmeditation für spezifische Störungsbilder. Wissenschaftler konnten in empirischen Clusteranalysen eine Reihe unabhängiger Faktoren identifizieren, in denen sich alle Formen von Achtsamkeitsübungen ähneln: ihre Nicht-Reaktivität gegenüber inneren Erfahrungen; die Beobachtung von Emotionen und Gedanken; ein erweiterter Bewusstseinsschwerpunkt; die Verbalisierung dieser Erfahrungen; und schließlich eine fehlende Bewertung derselben. Der übergeordnete psychologische Mechanismus besteht in einem fortschreitenden Prozess der Desidentifikation gegenüber inneren und äußeren Stimuli und einer Reidentifikation verbunden mit einer je höheren und breiteren Ebene des Bewusstseins.[228] An genau dieser Stelle hat die Achtsamkeitsforschung eine klare inhaltliche Beziehung zu gesellschaftlich-politischen Diskussionen und zur Nachhaltigkeitsfrage: Geht es doch psychologisch darum, mit welchen Fragestellungen das politische Subjekt identifiziert ist und wie es diese Identifikation wieder lösen und stattdessen eine andere, achtsamere, eben transformativere Form der sozialen Praxis finden kann. Auch wenn es nicht auf den ersten Blick einleuchtet: Yoga, Zen und die Mind-Body-Medizin tragen ein transformatives Potenzial in sich, das wir gesellschaftlich noch nicht voll ausgeschöpft haben.[229]

5. Rollenwechsel und multiples Selbst: Die Ausbildung von Ich-Funktionen steht in dem ständigen Bemühen um personale Identität, Authentizität, Kohärenz und Resonanz mit der Umwelt, um die Ausbildung von Meisterschaft in den Bereichen Motorik, Emotionen, Sozialbezüge und sensomotorisch gestützte Lernerfahrungen sowie um die Fähigkeit zur und das Erleben von Selbstwirksamkeit. Im klinischen Kontext spricht man von einer multiplen Persönlichkeit, wenn diese Stabilität nicht hinreichend gegeben ist und zudem die Kriterien einer

Persönlichkeitsstörung nach dem Diagnosemanual ICD erfüllt sind. In der allgemeinen und experimentellen Psychologie wird das Konzept der multiplen Persönlichkeit ebenfalls bemüht, um unterschiedliche mentale Zustände zu beschreiben, die wir miteinander harmonisieren müssen. So spricht etwa Daniel Kahneman von zwei Selbsten:[230] Eines, das allgemeine, langfristige emotionale Zustände wie Zufriedenheit oder auch Unzufriedenheit ausdrückt. Hier kommen vergangene Erfahrungen zum Tragen. Und ein zweites, das aktuell erlebende Selbst, das stark von gegenwärtigen Stimuli und Reizen abhängt. Etwas anders beschreibt es der indische Wirtschaftswissenschaftler, Philosoph und Nobelpreisträger Amartya Sen: Für ihn verbirgt sich hinter dem multiplen Selbst die psychologische Fähigkeit zu vielfältigen Perspektivwechseln und die Fähigkeit, sich mit verschiedenen Aspekten der äußeren Realität zu identifizieren. Im Hinblick auf unsere Fragestellung ist diese psychologische Anlage von besonderer Bedeutung, auch wenn sie nur unzureichend genutzt wird: So sind wir eben nicht nur zum Beispiel Süddeutsche, Europäer, konservative Intellektuelle, Familienväter oder -mütter, Fahrradfahrer, Zen-Praktizierende und Katholiken, sondern auch Vegetarier, Standardurlauber, Bergsteiger und so weiter. In jedem dieser Bereiche erschließen sich wiederum multiple Identifikationen und Weltbilder, die durchaus in Widerspruch zueinander stehen können. Zum Beispiel: Dem Vater einer 5-jährigen Tochter steht eine große, aber feste Summe Geld zur Verfügung, die er für Bildungsmaßnahmen ausgeben will. Soll er nun das Geld für seine Tochter ausgeben, oder soll er das Geld in die kommunale Schule investieren, in die die Tochter geht? Oder macht eine Investition in das Bildungssystem allgemein mehr Sinn, weil dadurch Ungleichheiten verringert werden – und damit die Tochter ebenfalls profitiert? Oder wäre es vielleicht besser, das Geld in die zukünftige Frühförderung zu stecken, da hier der Return of Investment um ein Vielfaches höher liegt als in der Tertiärbildung? Anderes Beispiel: Investieren wir als Gemeinschaft in soziale oder ökologische Projekte, und wenn ja, investieren wir eher in kurzfristige oder langfristige? Welche Fragen wir uns auch stellen – immer wird es darum gehen, dass wir uns in subtilerer Form mental und emotional auf einen differenzierteren Rollentausch einlassen. Historisch sind diese Zusammenhänge seit über humdet Jahre bekannt und beschreiben die Fähigkeit des Menschen zum reziproken, virtuellen und szenischen Rollentausch der eigenen Person in andere Ich-Zustände oder in das Alter Ego.[231] Die damit verbundenen Einsichten und Techniken sind nicht nur durch die Entwicklungspsychologie empirisch recht gut bestätigt, sondern haben in zahlreichen psychotherapeutischen Verfahren ihren Niederschlag gefunden. Vom Psychodrama bis zur kognitiven Umstrukturierung, von der Mediation bis zu Familienaufstellungen werden Techniken des Rollentauschs eingesetzt.[232] Dabei geht es wie in den beiden Beispielen darum, dass in der Binnenperspektive immer wieder verschiedene Positionen, Identifikationen und Rollen virtuell eingenommen und durchgespielt werden, um aus diesem oszillierenden Wechsel eine adäquatere, differenzierte Abbildung der äußeren Realität zu gewinnen. Der idealtypische Fluchtpunkt ist die emotional getragene Einsicht in den Umstand, dass wir nicht nur alle über wenige Vorgänge, Handschläge, Verbindungen und Kontakte immer schon miteinander verbunden sind, sondern dass wir immer auch der *andere* selbst sind. Die Identität des Menschen erschöpft sich nicht in der Ausbildung eines historischen Bewusstseins, sodass er über seine Autobiografie besser Bescheid weiß, und auch nicht in einer kritischen Reflexion des aktuellen Sozialstatus oder der gegenwärtigen Befindlichkeit, sondern sie hat eine innere Beziehung zur Zukunft. Das Thema des Selbst oder der personalen Identität steht und fällt mit der Beantwortung der Frage: Wer werde ich gewesen sein, welche Funktion werde ich in dieser Welt sinnvollerweise innegehabt gehabt haben, welchen Lebensstil werde ich gelebt, genutzt und realisiert haben? Das ist grammatikalisch betrachtet Futur II. Und einmal mehr bestimmen die Fragen, die wir stellen, die Antworten, die wir bekommen. Wenn wir die falschen Fragen stellen, bekommen wir die falschen Antworten. Wenn wir Fragen gar nicht stellen, werden wir keine Antworten bekommen. Damit gewinnt das Thema des multiplen Selbst eine immanente und recht praktische Beziehung zu den erwähnten Nachhaltigkeitsfragen. Insbesondere bei Fragen der gerechten Verteilung, der absoluten Armut, der Vernichtung von anderen Lebewesen sowie bei unsinnigen militärischen Auseinandersetzungen wäre ein solcher Rollentausch heuristisch wertvoll und transformativ, ist aber oft nicht auszuhalten – und führt dann zu kognitiver Dissonanz oder zu projektiver Identifikation. Dennoch gilt, dass Armut, soziale Polarisierungen, Vernichtung von Lebensräumen und die Fortsetzung von Lebensstilen, die nicht globalisierbar sind, zutiefst in psychologische Zusammenhänge eingebunden sind. Mit dem Abwerfen von Lebensmitteln aus Flugzeugen, der Regulierung der Devisenmärkte mittels einer Transaktionssteuer, dem Einwickeln eines Veggieburgers in recycelbares Material oder dem Erwerb eines essbaren Computers oder Tablets sind Nachhaltigkeitsfragen nicht hinreichend beantwortet.

6. Die Sozialisation und Pflege von Primärmotiven und postkonventionellen Affekten: Wir haben bereits eine Reihe von Primärmotiven identifiziert. Bindung und Neugier, Gerechtigkeit und Selbstinteresse, soziale Anerkennung und Autonomie, Wohlbefinden und Verzicht, Revierverhalten und Kooperation sind uns Menschen eigen. Sind sie bedroht, mobilisieren die Beteiligten suboptimale, ineffiziente, psychopathologisch auffällige und aggressive Reaktionsformen. Gleichzeitig haben wir eine Reihe postkonventioneller Affektprofile erkannt, die aus der Entwicklungsdynamik der Person entstehen können. Dazu gehören neben anderen Demut, Würde, Vergebung und unterscheidende Weisheit. Während wir für Primärmotive einen starken genetischen Anteil annehmen, ist die Entwicklung von postkonventionellen Affekten instabiler, unsicherer und in viel stärkerem Maß an die praktische Lebensgeschichte gekoppelt. Unsere gegenwärtigen Institutionen in Gesellschaft, Wirtschaft, Kirchen,

Wissenschaftsbetrieb und Politik fördern jedoch die Primärmotive und postkonventionellen Affekte nicht hinreichend. Eine Geldreform, das Konzept des Grundeinkommens, Komplementärwährungen, eine Shared Economy oder erweiterte Eigentumstitel sind dagegen Beispiele, wie diese psychologische Verfasstheit wohl besser abgebildet werden kann.

7. Lebensstilmodifikationen: Sie stehen an der Spitze einer Transformationstreppe. Wenn Lernerfahrungen sensomotorisch gestützt und kritische Ich-Funktionen ausgebaut sind, wenn alle relevanten Informationen ausgetauscht werden und eine integrale Perspektive eingenommen wird, wenn die inneren Ambivalenzen geklärt sind und die Fähigkeit zu einem fortschreitend universellen Rollenwechsel entwickelt ist, wenn das eigene Ego transzendiert ist und postkonventionelle Affektprofile dauerhaft zugänglich sind, dann fehlt nur noch eine stabile Veränderung der konkreten Lebensform jedes Einzelnen. Zu den wichtigsten gehören veränderte Essgewohnheiten (reduzierter Fleischkonsum, Fasten), angepasste Mobilität (Fahrrad, öffentliche Verkehrsmittel), regelmäßige Bewegung, Sozialkontakte (Nachbarschaft), Auszeiten (Stille, Schlafhygiene, Sabbatical) und eine gesunde Art zu arbeiten (Stressmanagement). Lebensstilmodifikationen sind aus der Sicht der Medizin eine der machtvollsten Interventionen. Nach etwa drei Monaten regelmäßiger Praxis lassen sich auf neuronaler Ebene bereits Veränderungen messen. Dabei sind die Effektstärken in Bezug auf die Gesundheit häufig mindestens vergleichbar mit denen bei der Einnahme eines Medikamentes oder einem chirurgischen Eingriff. Lebensstilmodifikationen sind in unserer Kultur meist komplementär, das heißt, sie fordern ein Engagement gerade in den Bereichen, die der Alltagspraxis zuwiderlaufen oder nicht hinreichend integriert sind. Schweigen statt Sprechen, Fasten statt Essen, Demut statt Wissen und Kontrolle sind solche Beispiele. Entscheidend ist, dass der verhaltensrelevante Bewusstheitsgrad zunimmt und dass jeder Einzelne die Transformationstreppe selber gehen muss. Aus eigener Erfahrung kann ich sagen, dass das anstrengend ist – aber es hilft. Die Kunst der Transformation ergibt sich zusammengenommen aus einem gestuften Vorgehen entlang einer individualisierten Transformationstreppe.[233]

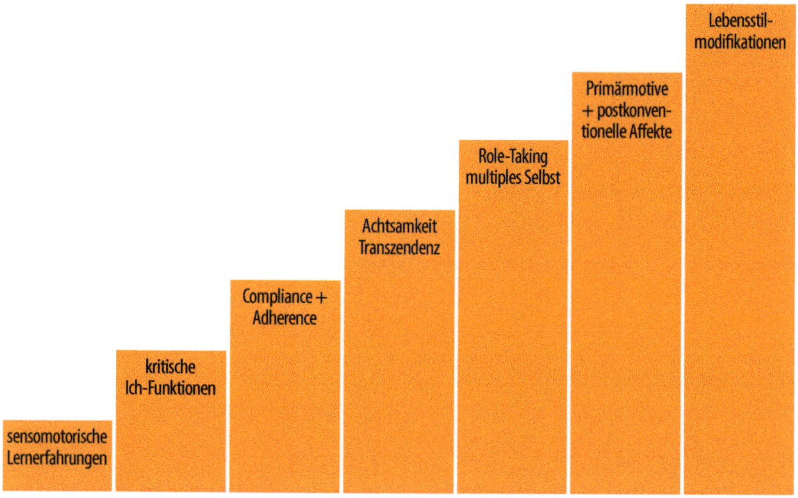

Abb. 34: Die Logik der Transformationstreppe ist: Je höher, umso anstrengender, umso schneller, umso zielgenauer und umso mächtiger kommt man – aus psychologischer Sicht – dem Ideal eines Nachhaltigkeitspfads nahe. Spätere Schritte inkludieren frühere.

Aus klinischer Erfahrung stellen die Ausbildung transrationaler und transpersonaler Affektzustände wie Demut, Gnade, universelle Verantwortung und Weisheit den eigentlichen Dreh- und Angelpunkt dar, wenn wir eine Antwort auf Fragen finden wollen wie: Gelingt es uns, das Zwei-Grad-Ziel bis 2050 zu erreichen? Wie gehen wir mit zunehmendem Habitatverlust um? Wie überwinden wir absolute Armut und begegnen der Polarisierung des Wohlstands? Die Frage der angepassten und nachhaltigen Technologie ist dagegen eine nachgeordnete. Denn es ist zu allererst eine Frage unsere Bewusstseins, ob und in welchem Umfang wir Nanotechnologien, Carbon Capture Storage (CCS), Carbon Capture Use (CCU), Robotronics, artifizielle Intelligenz, das Internet der Dinge und Big Data verwenden; wie wir in Zukunft Brain Chips, Facial-Recognition-Programme, 3D-Drucker und genetisch veränderte Organismen nutzen; wie wir Cloud-Computing, Mensch-Maschine-Hybride oder den globalen Hochfrequenzhandel bewerten; wie wir das genetische Screening beim Abschluss einer Versicherung, aktive Sterbehilfe und die Ergebnisse der Neuroeconomics einschätzen; wie wir mit einer globalen Mittelschicht mit 4,9 Milliarden Menschen, mit zunehmender sozialer Polarisierung, Migrationsströmen und Megacities umgehen oder wie wir uns mit Fundamentalismen auseinandersetzen. Das soll nicht heißen, dass Technologien und ökonomische Anreizsysteme nicht auf unser Verhalten und Bewerten zurückwirken würden. Ganz im Gegenteil: Wir können uns immer noch für oder gegen eine Technologie entscheiden. Der Punkt ist aber, dass ständiges Wachsen und der Zwang zum Wachsen nicht der psychischen Verfasstheit des Menschen entspricht, ständige Veränderung und Entwicklung dagegen schon. Dass Wachstumszwang eine erfüllende Lebensaufgabe sei, widerspricht einfach den Befunden der Humanwissenschaften.

Lust am Verzicht: Warum weniger besser, aber anders ist

Transformationsprozesse sind gekennzeichnet durch Top-down- und Bottom-up-Vorgänge, die zeitgleich stattfinden. In der Abwärtsbewegung geht es um gesellschaftliche Verkehrsformen, Anreizstrukturen und institutionelle Vorkehrungen, die dann Verhaltensänderungen bewirken. So führt etwa unser Geldsystem nachweislich zu einem selektiven Verhalten und zum Erleben von Angst, Gier und kompetitiven Reaktionen. Hätten wir ein anderes Geldsystem, würden wir uns anders verhalten und die Welt anders wahrnehmen. In der Aufwärtsbewegung sind es individuelle Verhaltens-, Entscheidungs- und Wahrnehmungsvorgänge, die zu sozialen und gesellschaftlichen Institutionen kondensiert werden. So befördert die individuelle Wahlfreiheit die Marktwirtschaft, und das Wettbewerbsverhalten des Homo oeconomicus gerinnt auf gesellschaftlicher Ebene zu entsprechenden Unternehmensverfassungen, Aufsichtsbehörden und anderen Regulatorien. Beide Betrachtungen provozieren in Bezug auf die Nachhaltigkeit die Frage: Was genau soll sich auf- und abwärts bewegen?

Innerhalb des gegebenen Wachstumspfades gehen wir davon aus, dass mehr – also mehr Wachstum, mehr Informationen, mehr Globalisierung, mehr Vernetzung – immer auch besser ist. Die Ergebnisse der Neurobiologie und der klinischen Psychologie zeigen uns aber etwas anderes: Ihnen zufolge würden wir vielmehr von einem Lebensstil des Weniger, des Verzichts, des Neinsagens und der Hemmung profitieren. Warum das so ist, hängt mit unseren Exekutivfunktionen zusammen. Entwicklungsbiologisch sind Exekutivfunktionen ein relativ spätes Produkt der Evolution. Sie spielen eine entscheidende Rolle in der Ausbildung der individuellen Identität. Lokalisiert sind Exekutivfunktionen im präfrontalen Cortex, also im Frontalhirnlappen. Beim Hund macht dieser Bereich sieben Prozent der Großhirnrinde aus, beim Affen 17 Prozent und beim Menschen 30 Prozent. Unter dem Begriff Exekutivfunktionen werden verschiedene Fähigkeiten zusammengefasst: die Fähigkeit zum zielgerichteten Handeln, zur Vorwegnahme von Problemkonstellationen, zur Priorisierung von Fragestellungen, zum strategischen Vorgehen, die Fähigkeit zur Impulskontrolle, zur Aufmerksamkeitslenkung, die Fähigkeit, Wünsche und Bedürfnisse aufzuschieben, sowie die Fähigkeit zum Perspektivenwechsel. Diese Fähigkeiten sind nicht das unmittelbare Ergebnis einer Verarbeitung von Sinneswahrnehmungen wie beim Riechen, Schmecken, Tasten, Sehen und Hören. Es findet vielmehr ein inneres Probehandeln, eine gelenkte Fantasietätigkeit statt, bevor eine sensomotorische oder sprachliche Reaktion erfolgt.

Es ist durchaus plausibel, die Exekutivfunktionen zum Repertoire des spezifisch Menschlichen zu zählen, da sie wesentlich über Autonomie und Selbstständigkeit, Lebensführung und Leistungsfähigkeit, Regelbefolgung und Handlungsplanung entscheiden.

Das Eigene, Individuelle, Unkonventionelle, Nicht-Angepasste und Ungewohnte wird an dieser Stelle des Gehirns eingeübt und bildet die Grundlage für einen individuellen Lebensstil. Die Fähigkeit zur Selbststeuerung, Selbstwahrnehmung und Selbstwirksamkeit, die Beziehung zum anderen und zur Natur wird also – und damit sind wir wieder beim Nachhaltigkeitsthema – wesentlich über die Exekutivfunktionen bestimmt.[234] Aber wie genau können sie trainiert werden?

Die Exekutivfunktionen werden zwischen dem dritten und zwanzigsten Lebensjahr ausgebildet. Die Wege dorthin heißen Beschränkung, reziproke Hemmung, Unterscheidung, Kontrolle, Disziplin, Neinsagen und Verweigerung. Folgende Beispiele verdeutlichen, worum es geht: Wenn Menschen in der Lage sind, ein aktuelles Bedürfnis zugunsten eines späteren aufzuschieben, spricht man von Impulskontrolle und Triebaufschub. Wir entscheiden uns beispielsweise, heute Abend für eine Prüfung zu lernen, statt eine Party zu feiern, weil das Bestehen der Prüfung einen Abschluss und in der Folge ein höheres Einkommen und mehr individuelle Freiräume verspricht.

Bei zahlreichen Erkrankungen wie etwa dem Aufmerksamkeits-Defizit-Syndrom oder auch einer Reihe von degenerativen Veränderungen im Stirnlappen ist diese Fähigkeit reduziert. Wie die Fähigkeit zur Impulskontrolle unseren Lebensweg beeinflusst, zeigte eindrücklich die sogenannte Marshmallow-Studie. Das Experiment war eines der ersten, die diesem Zusammenhang wissenschaftlich nachgingen. Die Teilnehmer der Studie, Kinder im Alter von etwa vier Jahren, bekamen im Rahmen eines standardisierten Tests einen Marshmallow vorgesetzt, und man teilte ihnen mit, dass sie einen zweiten bekommen würden, wenn sie mit dem Verzehr des ersten warten würden, bis der Versuchsleiter wiederkäme. Anschließend verließ der Versuchsleiter den Raum und kehrte etwa 10 bis 15 Minuten später zurück. In diesem Zeitraum sollten die Kinder also ihren Impuls aufschieben.[235]

Einigen Kindern gelang das besser, anderen schlechter. Interessant ist, dass sich die Fähigkeit zur Impulskontrolle als ein wichtiges psychologisches Maß für den späteren gesellschaftlichen Erfolg dieser Kinder herausstellte. So korrelierte eine mangelnde Impulskontrolle mit der späteren Entwicklung von kriminellem Verhalten. Die Unterschiede in der Impulskontrolle waren in manchen Fällen ein besserer Prädiktor für den späteren beruflichen Erfolg als soziale Klassenunterschiede und der Intelligenzquotient.[236]

Menschen, die die Fähigkeit zum Bedürfnisaufschub nicht hinreichend ausbilden, weisen häufig eine verminderte Aktivität des präfrontalen Cortex auf. Die Folge sind eine reduzierte Fähigkeit zur Konzentration und Stressverarbeitung, schlechtere Schulnoten und eine geringeres Selbstbewusstsein.[237] Das heißt: Verzicht bedeutet nur auf den ersten Blick ein Weniger. In der Gesamtsicht ist es mehr, aber anders. Es gibt weitere Beispiele wie das sogenannte Multitasking, also die vermeintliche Fähigkeit, mehrere Dinge gleichzeitig zu tun. Die Ingenieurwissenschaften nutzen diesen parallelen Mehrprozessbetrieb erfolgreich zur Prozessoptimierung und Steigerung der Ressourceneffizienz. Es lässt sich aber nicht ohne weiteres auf die Funktionsweise des Gehirns übertragen. Unter Multitasking-Bedingungen ist unsere Leistungs- und Konzentrationsfähigkeit sowohl experimentell als auch in der realen Lebenswelt eher eingeschränkt: Das Reaktionsvermögen sinkt auf das eines Menschen, der einen Alkoholspiegel von 0,8 Promille hat. Und auch die Fähigkeit zur Diskriminierung und Priorisierung nimmt weiter ab, das Stresslevel aber zu.[238]

Neurobiologisch gesehen gibt es sowieso kein Multitasking: Unser Gehirn wechselt stattdessen blitzschnell zwischen den einzelnen Aufgaben hin und her, und es entsteht nur der Eindruck, dass wir mehrere Aufgaben parallel erledigen würden. Zudem erledigen wir die Aufgaben jeweils deutlich schlechter: Wenn man etwa Probanden in einer Testsituation einen Brief schreiben und sie gleichzeitig sequenziell E-Mails abrufen lässt, dann sinkt ihre Leistung um bis zu 50 Prozent.[239] Wir gewinnen nicht an Leistungsfähigkeit, sondern bekommen nur die Hälfte mit. Der

Multitasker erinnert eher an eine Gazelle in der Savanne, die alle Aufmerksamkeitskanäle aktiv halten muss. Bei der Gazelle dient das dem Überleben. Unter menschlichen Normal- und Alltagsbedingungen stellt Multitasking dagegen keinen evolutionären und zivilisatorischen Fortschritt dar, sondern Regression.[240] Ich persönlich habe Multitasking auf wenige Ausnahmen – etwa Spazierengehen und gleichzeitig Kaugummikauen – beschränkt und empfinde dabei keinen nennenswerten Erkenntnisverlust. Womit wir wieder beim Thema wären: Impulskontrolle ist eine hemmende Funktion. Unser Gehirn kann auf Aktuelles verzichten, um später etwas anderes, Wichtigeres zu erhalten. Weniger ist besser, aber anders.

Neben der Verbesserung der Impulskontrolle spielt die Aufmerksamkeitsfokussierung eine zentrale Rolle im Ensemble der Exekutivfunktionen. Dabei geht es nicht um heute versus morgen, sondern um die Fähigkeit, zwischen zwei zeitgleichen Ereignissen sinnvoll zu unterscheiden. Aufmerksamkeit zu fokussieren bedeutet, ein Ereignis zugunsten eines anderen zu unterdrücken. Auch hierzu gibt es interessante klinische Befunde. Ein recht gut untersuchtes Beispiel ist der Erwerb von mehreren Sprachen: Traditionell galt Zwei- oder Mehrsprachigkeit eher als Entwicklungshindernis. Heute weiß man, dass die früh erlernte Fähigkeit, sich in zwei oder mehreren Sprachen auszudrücken, nicht nur die generelle Leistungsfähigkeit und Aufmerksamkeitsspanne steigert, sondern ebenso die sogenannte kognitive Reserve erhöht – jenen Puffer also, der im physiologischen Alterungsprozess eine zunehmende Verschlechterung der intellektuellen Fähigkeiten kompensieren kann: Menschen, die mehrere Sprachen sprechen, zeigen bis zu fünf Jahre später Symptome einer Altersdemenz.[241]

Für unseren Zusammenhang ist entscheidend, dass das Sprachenlernen ebenfalls einen aktiven Hemmprozess voraussetzt, nicht eine ungehinderte Steigerung von Informationen. Jedes Mal, wenn ein Wort ausgesprochen oder ein Gegenstand in einer Sprache genannt wird, muss dabei das Sprachzentrum der jeweils anderen Sprache unterdrückt werden. Erst diese aktive Hemmung steigert die kognitive Flexibilität und Leistungsfähigkeit. Wenn es aber stimmt, dass Schüler bis zu 50 Prozent der Unterrichtszeit und Studenten bis zu zwei Drittel einer Lehrveranstaltung parallel mit ihrem Smartphone beschäftigt sind, der TV-Konsum mehrere Stunden am Tag ausmacht und die Nutzung des Smartphones mittlerweile bei insgesamt fünf Stunden am Tag liegt, dann wird die Lernkurve eher flacher als steiler werden. Auf das ganze Leben gerechnet beträgt die aktuelle Bildschirmzeit übrigens 11,5 Jahre.

Es gibt dafür bereits ein klinischen Begriff: the fear of missing out – die Angst, etwas zu verpassen. Bereits über 50 Prozent der Nutzer von sozialen Netzwerken zeigen jene Symptome. Verstärkte Ängste, etwas zu verpassen, ausgegrenzt zu sein, reduzierte Impulsivität, reduzierte Aufmerksamkeitsspanne und eingeschränkte Konzentration gehören dazu.[242] Zudem beeinflusst die ständige Ablenkung unsere geistigen Aktivitäten. Der durchschnittliche Smartphone-Nutzer versendet bis zum 150 Nachrichten pro Tag, beziehungsweise sieht nach, ob sich irgendetwas Neues ergeben hat.[243] Wenn mentale Arbeit (etwa Büroarbeit) alle drei bis fünf Minuten durch den Kontakt mit dem Internet unterbrochen wird, sinkt die Produktivität. Je nach Studienlage kann dies den ursprünglichen Intelligenzquotienten um bis zu zehn Punkte reduzieren.[244]

Dem Psychiater Manfred Spitzer zufolge korreliert häufiger Medienkonsum mit verringerter Leistungsfähigkeit, niedriger Lebenszufriedenheit, erhöhtem Drogen- und Alkoholkonsum, mehr Angst, fehlenden realen Sozialkontakten und einem ungesunden Lebensstil (Essen, Schlaf, Bewegung).[245] Und die Zahlen geben ihm recht: Je nach Studienlage und Störungsmuster liegen bei bis zu 20 Prozent der Jugendlichen bereits Einschränkungen in den Exekutivfunktionen vor.[246] Auch andere Ergebnisse sind interessant: So untersuchte der Psychologe Berry Schwartz den Zusammenhang zwischen der Maximierung des materiellen Wohlstands und der individuellen Autonomie und Wahlfreiheit.[247] Wenn wir zwischen 48 Fruchteis- und 25 Bionaturjoghurt-Sorten wählen dürfen, dann wird das üblicherweise als Autonomie und Freiheit interpretiert. Entscheidungspsychologisch geht der Umfang an Wahlfreiheit aber nicht mit erlebter Freiheit, Wohlstand und Glück einher, sondern mit dem Gegenteil. Es gibt offenbar eine Grenze, an der Wählen und erlebte Freiheit in eine von Schwartz so bezeichnete »Paradoxie der Wahl« umschlägt. Denn die Opportunitätskosten, das heißt die Kosten für vermeintlich entgangene Optionen, werden unendlich groß: Der Effekt ist, dass wir entweder gar nichts mehr kaufen, weil uns das Angebot mental überfordert, oder dass wir nach dem Kauf weniger zufrieden und weniger glücklich sind.

Es geht bei Autonomie und Freiheit natürlich nicht nur darum, dass man die Wahl hat, die Farbe seiner Krawatte zu bestimmen.[248] Der Vorgang ist psychologisch komplexer. Die Paradoxie der Wahl unterstreicht, dass Hemmung und Verzicht, Grenzen und Impulskontrolle, also das Weniger, eine psychologische und neurophysiologische Kategorie darstellt, die der psychosozialen Verfassung des Menschen eher entspricht als Akkumulation, ständiges Mehr oder Rund-um-die-Uhr-Szenarien.[249]

Zusammengenommen heißt das: Wenn die Weiterentwicklung der Exekutivfunktionen ein Ausdruck der evolutionären Weiterentwicklung des Menschen ist und diese Entwicklung über Verzicht, Disziplin, Aufschub, Hemmung, Frustrationstoleranz und bewusste Beschränkung vorangebracht wird, dann trifft das wohl auch auf eine Kunst der Transformation zu. Ob man nun eher populärwissenschaftliche Begriffe wie den des inneren Loslassens verwendet oder philosophische Termini wie den der Dekonstruktion gebraucht, ist psychologisch von untergeordneter Bedeutung. Wichtiger ist, dass durch diesen Vorgang unser Bewusstsein eine Zeugenfunktion übernimmt und dass wir nicht mehr unmittelbar unseren Ideen, Wünschen, Ängsten und Begierden verhaftet sind, sondern uns eine bewusste Selbststeuerung vorbehalten. Die Theorie einer Postwachstumsgesellschaft hat hier ihre neurobiologische und psychologische Grundlage: Komplexitätsreduktion, Einfachheit, Desidentifikation und die bewusste Fähigkeit zur Kontrolle erzeugen Wohlempfinden, Stressreduktion und Glück.[250] Übrigens: Was nachweislich die Exekutivfunktionen steigert, ist Meditieren, Yoga und Dauerlauf.

Resümee

Psychologische Transformation geschieht nicht von allein, und sie passiert nicht innerhalb eines expansiven Wachstumspfads oder durch innovative, disruptive Technologien. Die Kunst der psychologischen Transformation gelingt uns dann, wenn wir anfangen, uns aus unserer – wie es Immanuel Kant formulieren würde – selbstverschuldeten Unmündigkeit zu befreien. Transformation heißt, dass wir bestimmen, was wir erhalten und bewahren – und gleichzeitig, wovon wir uns trennen wollen. Aber statt einer großen Revolution wird die gesellschaftliche Transformation wahrscheinlich aus vielen kleinen evolutionären Schritten bestehen. Transformative Vorgänge erfordern einen Blick in die Zukunft, weniger in die Vergangenheit, sie sind weniger disruptiv als adaptiv, und sie fordern eine veränderte soziale Praxis statt einer weiteren Deutung unserer Welt.

Während wir aus einer konventionellen Betrachtung heraus die Tendenz haben, die Realität unserem Modell anzupassen, geht eine integrale Betrachtung einen umgekehrten Weg: Das Modell soll die Realität möglichst umfassend abbilden. Daraus ergibt sich eine komplexere Sicht der Dinge, die mit den bekannten Slogan »Think globally and act locally« nicht identisch ist. Eine integrale Betrachtung fordert eine mehrperspektivische Sicht auf die Gerechtigkeitsfrage und gleichermaßen eine entwicklungslogische und genealogische Betrachtung. Das macht den Vorgang zwar zunächst sperriger und weniger handlich.

Eine integrale Sicht aber schlussfolgert aus einer komplexen Betrachtung der Welt kleine, einfache und kohärente Schritte. Aus »Think globally and act locally« wird dann: »Think complex and act simplex«: *Complex* steht für mehr-perspektivisch und evolutionär (und nicht nur für global) und *simplex* für die kohärenten, kleinen, überschaubaren Schritte. Die Standardbetrachtung dagegen favorisiert eine reduktionistische Sichtweise der Realität und entwickelt daraus unüberschaubare und unkontrollierbare Großtechnologieprojekte, die nicht selten Nebenwirkungen wie irrationale Insellösungen und kleinteilige Scheineffizienzen produzieren und damit die Gesamtentwicklung in eine nicht nachhaltige Richtung führen. Singuläre Interventionen schaffen keine integralen Lösungen.

Transformation wird erst dann nachhaltig, wenn sie an den Ergebnissen der Lebenswissenschaften ausgerichtet ist. In einem Szenarium, in dem natürliche Ressourcen begrenzt sind, Zeit limitiert ist und die Akteure hochgradig vernetzt sind, ist die Minimierung des Energie- und Ressourcenaufwandes sowie die Investition in die Qualität der Sozialbeziehungen rationaler als der Weg der Umverteilung über expansives Wachstum. Die Psychologie der Transformation ist dabei nicht nur ein Krisenbewältigungsmechanismus, um danach wieder zum Status quo zurückzukehren, sondern führt in eine neue Form des Zusammenlebens. Die Kunst der Transformation besteht also darin, einer kritisch-aufgeklärten psychologischen Anthropologie zu folgen, die den Menschen mit seiner psychosozialen Verfasstheit ins Zentrum stellt und darauf aufbauend ein gesellschaftliches Narrativ entwirft, dem dann kohlenstoffarme Technologien, veränderte institutionelle Anreize (Eigentum, Geldsystem) und ein qualifizierter Wachstumspfad folgen.

9. Die Vermessung von Wachstum und Entwicklung

Unser Zeitalter wird zuweilen als Anthropozän, als Zeitalter des Menschen, charakterisiert. Der Klimaforscher Paul Crutzen übertrug den Begriff 2011 in die Diskussion um den Zustand des Planeten – und meinte damit, dass der Mensch zu einem geologischen Faktor geworden ist. Wir sind historisch gesehen erstmals mit allen sozioökologischen Folgen konfrontiert, die wir als Art selbst geschaffen haben und die uns zugleich als Art bedrohen. Das ist eine Chance und Herausforderung zugleich. Das westliche Wohlstandsmodell der materiellen Opulenz, des eingebauten Verschleißes, der uneingeschränkten Mobilität, des unbegrenzten Wachstums und Ressourcenverbrauchs war das Modell der Nachkriegszeit im 20. Jahrhundert. Es ist nicht globalisierbar und geht zu Ende. In der Folge wird es zu einer materiellen Entprivilegierung von mindestens 25 Prozent der Weltbevölkerung kommen, wo immer sie auch leben mögen. Verzichten müssen wir allerdings nicht auf Glück, Wohlbefinden und Gerechtigkeit, sondern auf Maßlosigkeit, Überfluss, Stress und Konsumdekadenz. Um die Mehrheit der Weltbevölkerung in dem Prozess einer nachhaltigen Globalisierung mitzunehmen, benötigen wir ein anderes Modell, ein angemesseneres Narrativ.

Ein Narrativ entsteht im Kopf. Es ist vergleichbar mit dem bekannten psychologischen Kippbild, das uns entweder als das gespiegelte Profil einer Frau oder als eine Vase erscheint. Das Bild ist das gleiche, die damit verbundene Realität eine andere.

Abb. 35: Kippbilder vermitteln unterschiedliche Wirklichkeiten – hier am Beispiel von Vase und Frau.

Wir sind daran gewöhnt, Wohlstandseffekte mit quantitativen Kategorien zu versehen – wie etwa Lebensstandard statt Lebensqualität, Bonuszahlungen statt Freizeit, Effizienzsteigerung statt Muße, Wachstum statt Entwicklung. Die Psychologie einer Postwachstumsgesellschaft fordert ein anderes Narrativ, das heißt eine andere Deutung der inneren und äußeren Realität, und eine andere Praxis. Es heißt, dass demjenigen die Zukunft gehört, der die Deutungshoheit besitzt. An die Stelle des Mantras, dass wir erst wachsen müssen, um dann einen Teil des Mehrwerts für soziale, kulturelle und ökologische Belange umzuverteilen, sollte die Einsicht treten, dass zuerst wir uns und unsere soziale Praxis ändern müssen, um dann Technologie, Wachstumsdynamik und institutionelles Design an diesen veränderten Bewusstseinsschwerpunkt anzupassen.

Dass dies weit mehr ist als eine moralische Forderung, zeigen die Ergebnisse der klinischen Forschung. Das Faktische wird eine Normativität entfalten, die uns früher oder später zwingt, solche Wahrheiten anzuerkennen. Ich fasse an dieser Stelle die wichtigsten Befunde der bisherigen Kapitel zusammen: Von zentraler Bedeutung ist die Annahme einer Entwicklungsdynamik. Alles, was ist, ist geworden, und dieser Vorgang ist nicht beliebig, sondern regelhaft. Unser Erleben, Verhalten und Entscheiden folgt einer spezifischen Entwicklungslogik, innerhalb deren es zu Rückschritten, Abbrüchen, Krisen und Fehltritten kommen kann, ohne dass der innere Entwicklungspfad in Gefahr gerät. Wir haben dabei drei allgemeine Ebenen unterschieden: präkonventionell (prärational, präpersonal), konventionell (rational, personal), postkonventionell (postrational, postpersonal). Damit wurde eine erste, wenn auch noch unvollständige Landkarte gezeichnet. Aus ihr wurde deutlich, dass mit dem Entstehen eines personalen Bewusstseinsschwerpunktes die Entwicklung nicht endet, sondern dass im Zuge der Weiterentwicklung post- oder transpersonale mentale Zustände entstehen, die in ihren psychosozialen Konfigurationen denen von präkonventionellen Ebenen ähneln, ohne aber mit ihnen identisch zu sein.

Auf die Nachhaltigkeitsfrage bezogen bedeutet das, dass es von unserem impliziten und expliziten Selbst- und damit von unserem Weltbild abhängt, ob wir uns für eine globale Governance, für regionale Wirtschaftskreisläufe, für eine zentrale oder dezentrale Energieversorgung entscheiden; ob wir alternative Energien oder fossile Energieträger verwenden; ob wir ein Grundeinkommen, eine Vollgeldreform oder Komplementärwährungen haben werden oder ob wir unsere Realökonomie über konventionelle Strategien (mit mehr Transparenz, Stresstests, Bonusregelungen, Transferleistungen und Besteuerungen) monetär abwickeln. Selbst die Frage, welchen Wachstumspfad wir wählen, ob wir qualitativ, quantitativ, Steady-State-orientiert, relativ oder aggregiert wachsen und wie wir Wachstum messen wollen, erschließt sich vor allem durch die Offenlegung und Rezeption des jeweiligen Menschenbildes. Eine integrale psychologische Anthropologie kann dabei einen Weg zeigen.

Technologien sind in dieser Lesart nicht schlecht oder gut, sondern gewinnen ihre Bedeutung erst innerhalb des jeweiligen gesellschaftlichen Kontextes, der jeweiligen Anwendung und des Lebensstils. Das Gleiche trifft auf eine aktive Bevölkerungspolitik zu: eine gesteuerte Immigrations- und Flüchtlingspolitik, spezifische Bildungsprogramme für Frauen, Familienplanung, die Stabilisierung einer globalen Mittelschicht und Maßnahmen für den Umgang mit einer älter werdenden Gesellschaft werden erst dann nachhaltig, wenn sie sich am Wissen um die psychische Verfasstheit des Menschen orientieren. Der bloße Rekurs auf Technik, Wachstum und Demografie ist bei der aktuellen Sachlage eindeutig zu einfach gedacht und kann die Komplexität der Zusammenhänge nicht hinreichend abbilden.

Vor diesem Hintergrund wird eine integrale Betrachtung eines Nachhaltigkeitspfades sichtbar, der aus vier Perspektiven besteht: kohlenstoffarme Technologien, qualifiziertes Wachstum, aktive Bevölkerungspolitik, veränderter Bewusstseinsschwerpunkt. Alle vier sind gleichwertig, und keine Perspektive lässt sich ohne Verlust auf eine der anderen reduzieren. Ken Wilber spricht aus diesem Grund von einer Tetra-Ko-Evolution – und nicht von einer Entwicklung (1998, 2000). Aus einem postkonventionellen Blickwinkel, der um einen Steady State herum organisiert ist, ist der gegenwärtige Wachstumspfad ineffizient, instabil, umständlich, nicht nachhaltig, nicht menschengerecht und sicher nicht globalisierbar. Das Gleiche trifft auf die vielen im Einsatz befindlichen Technologien zu. Solange keine belastbaren empirischen Lebenszyklusanalysen vorliegen, sind auch die als umweltfreundlich etikettierten Solarzellen, Powergridvernetzungen, Geothermieprojekte und Liquid-to-Gas-Technologien nicht nachhaltig. Der Grund dafür liegt in vielfältigen externen Effekten und Reboundphänomenen. In einem solchen Umfeld bleibt jede akademische und öffentliche Kontroverse um den rechten Weg in die Zukunft auf das Maß des Menschen zurückgebunden.

Daraus ergibt sich eine weitere Schlussfolgerung: Soziale Bewegungen wie Carsharing, Ehrenamt, Zeitkonten, Verleihstationen, Reparaturkultur, eingeschränkter Fleischkonsum, Genossenschaften, Komplementärwährungen, Re-Regionalisierung, Common Gardening, Kreislaufwirtschaften mit Leasing und Service, Re-Use, Recycling, Entspezialisierung der Arbeitswelt (Reskilling) sowie Slow City und Slow Food sind keine Anomalien, keine Fehler im System oder krankhafte Entwicklungen. Sie sind vielmehr sozialpsychologische Praktiken, die die kommende gesellschaftliche Entwicklung vorwegnehmen. Sie korrespondieren mit den empirischen und klinischen Befunden einer Entwicklungslogik, wie sie in Kapitel 2 beschrieben und in Abbildung 3 als Kegel visualisiert wurden.

Vom Ergebnis her gesehen, kann der Eindruck entstehen, dass man dann das Richtige im Falschen tut. Denn das Engagement einer Minderheit eignet sich wegen der Reboundeffekte leider nicht dazu, dass die Welt nachhaltiger wird. Aber: Das Richtige für den Menschen bleibt auch dann richtig, wenn die Kultur die falsche ist. Und das Richtige ist weniger davon bestimmt, was machbar oder primär finanzierbar ist, sondern davon, was der menschlichen Verfasstheit am ehesten entspricht. Das Standardargument zur Lösung der Big 7 hat dagegen folgende Logik: Eine aktive Bevölkerungspolitik in Verbindung mit innovativen, kohlenstoffarmen Technologien innerhalb eines quantitativen Wachstumspfades garantiert uns weniger Armut, weniger globale Erwärmung und weniger Folgeeffekte, eine gerechtere Wohlstandsverteilung, ein Mehr an psychophysischer Gesundheit und an Bildung, einen Schutz der Biodiversität sowie die Lösung der Energiefrage.

Aus der Sicht der hier referierten Befunde ist dem aber nicht so. Einmal unterliegen alle Verhaltensanpassungen und Entscheidungsvorgänge wie erwähnt vielfältigen Reboundeffekten. Zweitens sind Effizienzsteigerungen immer Insellösungen mit entsprechenden externen Effekten im sozialen und ökologischen Bereich.[251] Erst mit einem – zugegebenermaßen idealtypischen – globalen Bewusstseinsschwerpunkt fallen Effizienzstandards, Effektivitätskriterien, Resilienz und Nachhaltigkeit wahrnehmungspsychologisch zusammen. Alles andere dient lediglich der Reduktion einer kognitiven Dissonanz. Das heißt: Wir klammern uns an die Geschichte von Nachhaltigkeit durch quantitatives Wachstum, um den Widerspruch aushalten zu können, dass wir eine gerechtere Welt wollen, unser Wachstums- und

Wohlstandspfad aber genau das verhindert. Und drittens treffen Entscheidungen unter Unsicherheit in einem komplexen System immer auf eine Reihe von Heuristiken wie Ankereffekte, Herdenverhalten oder Verlustaversion, die den Wahrnehmungsvorgang formen. Wir sind derzeit psychologisch noch nicht hinreichend alphabetisiert, um die Devise einer Postwachstumsgesellschaft sehen zu können, dass weniger oft besser ist beziehungsweise dass weniger mehr ist, aber anders.

Immanuel Kant beschreibt die Aufklärung als den »Ausgang des Menschen aus seiner selbstverschuldeten Unmündigkeit«[252]. Bezogen auf unsere Frage müsste man sagen: Aufklärung ist ein Vorgang, bei dem der Einzelne seiner selbst bewusster wird. Wenn wir diese Definition für eine aufgeklärte psychologische Anthropologie nutzen, dann kann das nur heißen, dass wir anfangen müssen, den wissenschaftlichen und kritisch-öffentlichen Diskussionsstand der Life Sciences konsequent zu berücksichtigen. Affekt, Motivation, Aggression, Kooperation, der Umgang mit Unsicherheiten, Risiken und Wahrscheinlichkeiten, psychologische Mechanismen wie Dissoziation, Projektion, Identifikation, Desidentifikation, die Macht der Lebensstilmodifikationen und so weiter: Das alles gehört zu einer aufgeklärten psychologischen Anthropologie.

Kant hat mit der Aufklärung darüber hinaus gefordert, die richtigen Fragen zu stellen. Wir können zwar durch innovative Techniken die Dinge größer und kleiner, schneller und langsamer, leichter und bunter machen, aber sie bleiben an einem beliebigen Punkt dann doch komplex, das heißt nicht vollständig transparent und damit unserer Kontrolle potenziell entzogen. Sozialpsychologisch gesehen ist es wichtig, sich zu fragen, warum wir an fixen Wachstumsraten festhalten, die es in Zukunft so nicht mehr geben wird. Diese Wachstumsillusion kommt zwar dem allgemeinen Anspruch entgegen, allen Beteiligten mehr Spielräume verschaffen zu wollen, hat aber mit der Realität nichts zu tun. Wir erwirtschaften heute immer noch drei- bis viermal mehr Güter und Dienstleistungen als während der Zeit des Wirtschaftswunders. Der ganze Vorgang unterliegt wahrnehmungspsychologisch einem Ankereffekt. Und der Anker sind die zwei oder drei Prozent des jeweils vorangegangenen Jahres. So werden 1,5 Prozent Wachstum bereits als Rückschritt interpretiert. Aber drei Prozent Wachstum heute entspricht zwanzig Prozent gegenüber dem Jahr 1950 – hier wird ersichtlich, wie unsinnig und zugleich ökosozial desaströs die relative Wachstumsrate ist. Wir messen das Falsche, und wenn wir das Falsche messen, dann werden wir auch das Falsche tun.

Eine einseitige Ausrichtung auf die Sozialproduktmessung und isolierte Effizienzstandards ohne Berücksichtigung von externen Effekten sind solche Beispiele. Stattdessen kommt es vorrangig auf das innere Motiv an, das heißt auf den Sinn, der den äußeren Tätigkeiten innewohnt. Seelische Vorgänge finden in äußerem Verhalten und in den gewählten Technologien ihren Ausdruck. Das individuelle Leistungsprofil orientiert sich dann nicht mehr an Bonuszahlungen oder Profit, sondern daran, was als Aufgabe jetzt ansteht und getan werden muss. Konkurrenzverhalten dient dann nicht mehr der Selbstdarstellung des Besseren, Schnelleren, Größeren, sondern dient einer verbesserten Kooperation.

Traditionell werden gesellschaftliche Entscheidungen – etwa im Umfeld der oben genannten Big 7 – im Zusammenspiel von politischen Mandatsträgern, Non-Profit-Sektor und Wissenschaftsbetrieb getroffen. Wenn wir aber auf individualpsychologischer Ebene Wahrscheinlichkeiten chronisch falsch einschätzen, auf exponentielle Entwicklungen regelmäßig zu spät oder gar nicht reagieren, Gewinne und Verluste immer wieder asymmetrisch verrechnen, Korrelationen, Kausalitäten und Komplexitäten verwechseln und Risiken erster Ordnung mit denen zweiter Ordnung durcheinanderbringen, ist es sinnvoll, sich über die Architektur der menschlichen Seele Gedanken zu machen. Wenn wir erkennen, dass unsere Wahrnehmungen und Entscheidungen potenziell dysfunktional, durch Heuristiken moduliert und von aversiven Reflexen auf nicht erfüllte Primärmotive gekennzeichnet sind, dann hilft der kollektive Konsens, über seine Verhältnisse zu leben, nicht weiter. Solange wir uns gegenseitig einreden, dass das, was wir tun, das Richtige oder Unvermeidliche ist, erkennen wir das Falsche nicht. Vielmehr wird das potenziell Pathologische dann als Normalität wahrgenommen.

Das Erkennen einer kollektiven Selbstentfremdung setzt eine kritische psychologische Anthropologie voraus. So ist es aus der Sicht der klinischen Psychologie nicht unrealistisch, dass wir erst mit den nackten Tatsachen des bloßen Überlebens konfrontiert werden müssen, um an einem Lebensstil zu kapitulieren, der niemals nachhaltig und globalisierbar war. Begrenzung, Sparsamkeit, Bescheidenheit, Würde, Gnade, Demut und innere sowie äußere Grenzen gehören psychologisch genauso zusammen wie Unbegrenztheit, ständiges Wachstum und Orientierungslosigkeit. Geht das Erste verloren, sind Medien- und Wohlstandsverwahrlosung, psychomotorische Retardierung, Burnout und narzisstische Auf- und Abwertungsorgien, Hass, Egoismus und aversive Reflexe eine notwendige psychologische Konsequenz.

Auf Kollusionskurs: Kollaps, Katastrophen und Kuznets-Kurve

Im Grunde genommen leben wir in einer kollusiven Situation. In der Ökonomie versteht man unter Kollusion die Absprache (etwa durch Kartellbildung) von Akteuren auf Kosten Dritter. Im Privat- und Strafrecht bedeutet es das unerlaubte Zusammenwirken (etwa die Anstiftung) zuungunsten Dritter. In der klinischen Familien-, Paar- und Systemtherapie wird der Begriff der Kollusion verstanden als ein nicht intendiertes, uneingestandenes Zusammenspiel oder Einvernehmen[253] von zwei oder mehreren Menschen mit dem Ziel der wechselseitigen Stabilisierung. Normalerweise sollten Parteien, Paare oder soziale Systeme im konstruktiven Austausch miteinander stehen, sich auf Augenhöhe die Wahrheit sagen und Ratschläge als koordinierte

Problemlösung begreifen können – und nicht als Kränkung oder Taktik. Normalerweise sollte es um Sachkompetenz, Lebenserfahrung und Problemlösung gehen – und nicht um Selbstdarstellung, Eitelkeit und Profitgier. Und normalerweise sollte an die Stelle der Leugnung und Dissoziation der äußeren Realität der schmerzhafte, aber heilsame Weg der Konfrontation, Klärung und Einsicht treten.

In der Kollusion ist das anders: Hier stehen die Akteure in einer wechselseitigen, dysfunktionalen Abhängigkeit zueinander. Beide Seiten stabilisieren sich mit quasirationalen Argumenten gegenseitig, obwohl, von außen betrachtet, das System eben nicht rational getragen, emotional authentisch, sinnvoll oder nachhaltig ist. Das sozialpsychologische Konstrukt kollusiver Verschränkungen hilft besser zu verstehen, warum zwei Menschen zusammenbleiben, obwohl es keinen Sinn ergibt, oder warum Gesellschaften einen Weg einschlagen, der von außen betrachtet falsch ist. Gesellschaftlich geht es darum, dass ungelöste Konflikte, unfaire Verteilungen und irrationale Konstellationen auf Kosten Dritter, auf Kosten der Gesellschaft oder auf Kosten der Natur entstehen. Die Versorgungsansprüche und Veränderungsängste auf Seiten der Bürger treffen auf den Wunsch der Akteure des politischen Systems nach Wiederwahl und Machterhalt. So ist der expansive Wachstumspfad kollusiv mit unserem gegenwärtigen Lebensstil auf Kosten der Dritten Welt, der späteren Generationen und der Natur. Die Gefahr kollusiver Konstellationen ist, dass sie die Wahrheit verstellen, die sich in objektiven Bewertungsmaßstäben, emotional getragenen Risikoeinschätzungen, in den Ängsten angesichts der Einsicht in prinzipielle Unsicherheiten und in dem primären Bedürfnis nach Wohlbefinden, gerechter Verteilung und sozialer Bindung spiegelt. Die dann entstandenen gesellschaftlichen Lösungen sind immer suboptimal, ineffizient und inhuman. Um diese Zusammenhänge deutlicher zu machen, müssen wir abschließend nochmals den Zusammenhang von Wachstumsvorgängen und Entwicklungsfaktoren aufgreifen.

Der Ökonom Simon Smith Kuznets hat sich mit dem widersprüchlichen Zusammenhang von Wirtschaftswachstum und Einkommensverteilung beschäftigt. Nach Kuznets folgen beide Variablen einem Kurvenverlauf, der einem umgekehrten U entspricht (1955). Man kann sehen, dass die Ungleichheit im Zuge des expansiven Wachstums zunächst zunimmt und dann nach Erreichen eines Maximums wieder abfällt. Das heißt: Ökonomisches Wachstum führt, wenn es nur lange genug durchgehalten wird, letztlich zu mehr Gleichheit in der Gesellschaft. Das Gleiche gilt für den Zusammenhang von Nachhaltigkeit und Pro-Kopf-Einkommen. Auch hier zeigt die Kuznets-Kurve, dass die Umweltbelastung zunächst bei niedrigem Einkommen niedrig ist, dann im Zuge des Anstiegs der Einkommen einen Höhepunkt erreicht, um dann wieder abzufallen. Der Rückgang der Umweltbelastung wird vor allem durch den Einsatz effizienterer Technologien, mehr Dienstleistungen und ein verändertes Konsummuster erklärt.

Wenn die Theorie stimmt, würde das bedeuten, dass wir keine isolierte Umweltpolitik benötigen, da sich die sozioökologischen Probleme automatisch durch einen expansiven Wachstumspfad lösen ließen. Empirische Studien stützen die Annahme allerdings nur teilweise: In einzelnen Sektoren wandelt sich die umgekehrte U-Kurve in eine N-Kurve[254], etwa im Bereich der verarbeitenden Industrie, der Chemiebranche oder des Verkehrs- und Transportwesens. Das bedeutet, dass im oberen Einkommensbereich die Umweltbelastung wieder zunimmt. Egal, ob nun Kuznets- oder N-Kurve: Für beide gilt, dass sie lediglich eine relative Entkopplung zwischen dem Wachstumspfad und den sozioökologischen Herausforderungen beschreiben. Um in einem globalen Kontext die allgemeine Belastung zu meistern, benötigen wir jedoch eine absolute Entkopplung der Wohlstandsentwicklung von Umwelteinträgen beziehungsweise Extraktionen. Wir müssen wahrscheinlich noch stärker zwischen äußeren Wachstumsfaktoren und inneren Entwicklungsvorgängen unterscheiden – womit wir dann im nächsten Abschnitt sind.

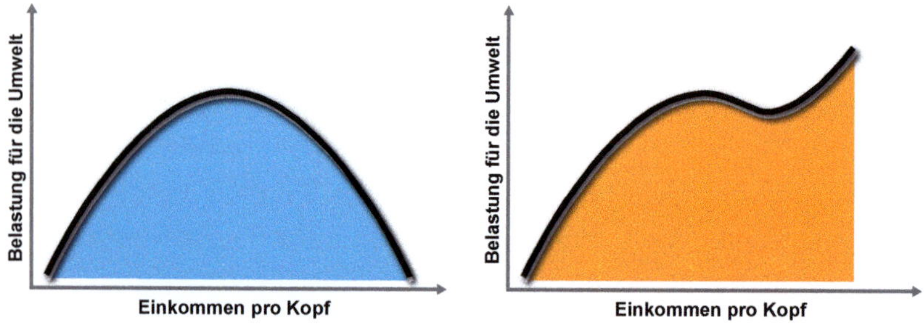

Abb. 36: Kuznets-Kurve und N-Kurve: Zur Beziehung von Nachhaltigkeit und Einkommen

Von äußeren Wachstumsfaktoren und inneren Entwicklungsvorgängen

Nun ist es in der Tat nicht mehr weit, den Zusammenhang von Wachstum und Entwicklung abschließend zu klären: Wachstum, Wohlstand und Wohlbefinden, gemessen an der Steigerung des Sozialprodukts, auf der einen Seite und die innere Entwicklung einer Person und einer Kultur- und Wertegemeinschaft auf der anderen Seite sind nicht mehr im Gleichklang. Die Zusammenhänge sind komplizierter geworden. In Kapitel 3 haben wir von vier nicht reduzierbaren Perspektiven gesprochen, die wir für eine integrale Betrachtung der Nachhaltigkeitsfrage fordern. Sie ist umfassender und einschließender, effektiver und effizienter, komplexer und wahrhaftiger, ehrwürdiger und interdisziplinärer, weiter und tiefer. Das Wissen, das eine nicht reduktionistische und evolutionäre Landkarte in sich trägt, ist in diesem Sinn endogen oder autochthon transformativ. Diesen Gedanken gilt es nun abschließend auch für das Verhältnis von Wachstum und Entwicklung zu nutzen. Zur Erinnerung: Wir haben zwischen individuellen und interindividuellen sowie zwischen inneren und äußeren Faktoren zu unterschieden. Im Hinblick auf eine erste Orientierung ergibt sich folgendes Bild:

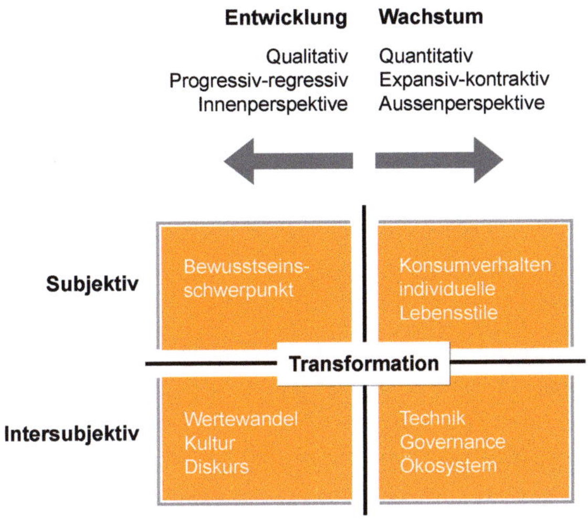

Abb. 37: Zum Verhältnis von Wachstum (außen) und Entwicklung (innen) sowie subjektiver und intersubjektiver Faktoren in einem Veränderungsprozess. Entwicklung (progressiv-regressiv); Wachstum (expansiv-kontraktiv)

In dieser ersten Landkarte charakterisieren Wachstumsfaktoren die äußeren, quantitativen Vorgänge eines Transformationsprozesses. Entwicklungsvorgänge dagegen beschreiben innere, qualitative Vorgänge. Das bedeutet: Wachstumsfaktoren lassen sich in den Dimensionen »mehr Wachstum« (expansiv) oder »weniger Wachstum« (kontraktiv) beschreiben. Entwicklungslinien sind dagegen progressiv (höherer Komplexitätsgrad und höhere Integrationsleistung) oder regressiv (geringerer Vernetzungsgrad und geringere Integrationsleistung). Für beide Seiten lassen sich subjektiv-individuelle, aber auch kollektiv-interindividuelle Faktoren nennen. Beide Seiten stehen in einer Wechselbeziehung zueinander, können sich erfolgreich ergänzen, aber auch auseinanderfallen. Keine der beiden Seiten ist dominant. Schaut man sich den Transformationsprozess genauer an, lassen sich vier Perspektiven erkennen, die es wechselseitig zu vermitteln gilt. Transformation hat – wie es Ken Wilber ausdrückt – eine »quartäre Struktur«: zwei äußere und zwei innere und, damit korrespondierend, zwei subjektiv-individuelle und zwei intersubjektive Perspektiven. Jeder Versuch, eine der Perspektiven auf eine je andere zu reduzieren, wird nur mit einem erheblichen Erkenntnis- und Informationsverlust möglich sein. Das heißt: Alles andere außerhalb einer integralen Sichtweise ist höchstens zweite Wahl.

Es ist aber genau diese Reduktion, die die gegenwärtige Debatte um Nachhaltigkeitsfragen bestimmt. So beschreibt der Wissenschaftsbetrieb vor allem in den konventionellen und alternativen ökonomischen Wachstumstheorien fast ausschließlich Determinanten aus den beiden rechten Quadranten: Da haben wir erstens die ökologischen Grenzen unseres Planeten, die heute mehr als jemals unsere Wachstumsdynamik bestimmen. In diesem Zusammenhang wird über Senken, den Overshoot Day, externe Effekte, den entropischen Sektor, Ressourcenknappheit und technologischen Rebound gesprochen. Zweitens stellen Wachstumstheorien auf die Zusammensetzung und die Größenänderungen einer Bevölkerung (Alter, Mortalität, Fertilitätsquote, Migrationseffekte) und das Missverhältnis in den Produktionselastizitäten von Energie und Arbeit ab. Solange Arbeit zu teuer und im Vergleich zur Energie zu ineffizient ist, werden wir gezwungen sein, weiter zu wachsen, um freigestellte Arbeitnehmer wieder in Arbeit zu bekommen. Fiatwährungen, also Tauschmittel ohne intrinsischen Wert (im Gegensatz etwa zu Gold) mit Zinseszinseffekt und Schuldendynamik, haben ebenfalls einen eingebauten Wachstumszwang. Je mehr Geld in die Schulden- und Zinstilgung geht, umso weniger wird real konsumiert. Dieser Effekt kann dann nur durch weiteres Realwachstum kompensiert werden. Drittens ist die Vermögens- und Einkommenszusammensetzung einer Gesellschaft Teil der ökonomischen Wachstumstheorien. Je stärker der reale Nachfrageausfall der Mittelschicht ist, umso weniger ist mit einem Wachstumsimpuls zu rechnen. Viertens verweisen die Theorien auf die Humankapitalbildung (Gesundheitsstatus, Erziehungs- und Ausbildungsstand). Generell gilt: Je höher der Bildungsstand einer Gesellschaft ist, umso höher ist das potenzielle Wachstum. Fünftens wird mit disruptiven Technologien argumentiert, die überalterte, nicht mehr wettbewerbsfähige Produkte durch neue ersetzen, und sechstens soll ein Wachstumsimpuls durch geplanten Verschleiß (Obsoleszenz)[255] entstehen, weil dann Produkte in erheblichem Umfang nachproduziert werden müssen. Schließlich wird in den durch Werbung und Marketing unaufhörlich neu erzeugten Bedürfnissen und Wünschen ein Ausdruck ständigen Wachstums gesehen. All die genannten Faktoren sind nicht falsch, aber sicher unvollständig. Denn die Faktoren der rechten äußeren Seite unserer Landkarte haben keinen Selbstzweck, sondern stellen immer ein Mittel für innere Entwicklungsvorgänge dar, die auf den beiden linken Quadranten beschrieben werden. Das gilt ausnahmslos für alle hier genannten Wachstumsfaktoren. Die Liste der aufgezeigten Wachstumsfaktoren hat vor allem einen heuristischen Wert. Sie ist nicht vollständig, aber zumindest in Ansätzen repräsentativ. Die Tabelle gibt einen Überblick:

Wachstumsfaktoren	Charakteristika
Technologie im Allgemeinen	Innovative und disruptive Technologien führen zu Effizienzsteigerungen, neuen Märkten und Bedürfnissen und der Verdrängung alter Produkte
geplante Obsoleszenz (*)	eingebauter Verschleiß, der ein Produkt frühzeitig gebrauchsunfähig macht und nach einem Ersatz verlangt
Fiatwährungen mit Zins (*)	Zinseszinseffekte führen dazu, dass in der Realökonomie ständig mehr erwirtschaftet werden muss, der Mehrwert fließt dann an den monetären Sektor
Energie und Arbeit (*)	Ungleichgewichte in der Produktionselastizität von Arbeit und Energie fordern ein ständiges Wachstum um freiwerdende Arbeitskräfte wieder zu integrieren
Einkommens-polarität	Hohe Einkommensunterschiede bestimmen die Wachstumsdynamik, da der Nachfragestabilisator der Mittelschicht rückläufig ist
Währungssystem	Währungsreserven dienen zur Stabilisierung von Wachstumsvorgängen. Fehlen die Reserven, kontrahiert eine Wirtschaft unter internationalen Wettbewerbsbedingungen
Bevölkerungs-wachstum	Zusammensetzung der Altersstruktur sowie absolute Bevölkerungszahlen verändern das Wachstum (Migration, Fertilitätsrate, Mortalität, Altersquotient)
Humankapital	Bildung, Schulungsgrad und Gesundheitsstatus gelten als wichtige Voraussetzungen für Wachstum. Wissenstransfer multipliziert sich innerhalb einer Wissensgesellschaft
gesellschaftliche Auseinandersetzungen, politische Programme	Militärausgaben und zivile Wiederaufbaumaßnahmen nach kriegerischen Auseinandersetzungen, aber auch staatliche Konjunkturprogramme stimulieren das Wachstum
Eigentums-verhältnisse	Eigentumsverhältnisse determinieren Leasing, Handel, Kommodifikation, Kreditvergabe und Kaptialisierungsquote

Abb. 38: Wachstumsfaktoren im Transformationsprozess. Unterschieden wird zwischen Faktoren 1. und 2. Grades (*). Letztere zwingen eine Gesellschaft, kontinuierlich zu wachsen, um Probleme zu lösen.

Die zunächst recht theoretische Unterscheidung von innen und außen hat eine praktische und gesellschaftlich-politische Relevanz. Auf zwei Dinge möchte ich besonders hinweisen: auf die *Bedeutung kritischer Wachstumstheorien* und auf den *Effekt der Wachstumsabhängigkeit*. So zeigen interessanterweise nahezu alle alternativen Vorschläge im Umfeld der kritischen Wachstumsdebatte eine klare Zuordnung zu den beiden rechten, äußeren Quadranten.

	Alternative Vorschläge für Wachstum	**Charakteristika**	**Vertreter**
1.	Grünes Wirtschaften	Einsatz von alternativen Technologien	OECD, UNEP, EU
2.	Blaues Wirtschaften	Innovative Verbindung von Ressourcen und Senken	G. Pauli
3.	Faktor-X-Wirtschaften	Steigerung der Ressourcenproduktivität	E. v. Weizsäcker
4.	Cradle to Cradle	Kreislaufwirtschaft	M. Braungart; W. McDonough
5.	Steady-State-Gleichgewichte	oszillierende Substitution einzelner Faktoren um ein materielles Plateau	H. E. Dali
6.	Postwachstums-szenarien	Nicht-expansives Wirtschaften	T. Jackson
7.	Degrowth-Ökonomien	Gesundschrumpfung, Deindustrialisierung	N. Paech
8.	Transformative Ökonomien	Resilientes regionales Wirtschaften	R. Hopkins
9.	Gemeinwohl-Ökonomien	Solidarische Non-Profit-Grundsätze	Ch. Felber

Abb. 39: Neun alternative Vorschläge für unterschiedliche Wachstumsszenarien

Die einzelnen Vorschläge überschneiden sich teilweise. Gemeinsam ist ihnen, dass sie einen expansiven Wachstumskurs, dessen Erträge dann im Nachhinein sozioökologisch umverteilt werden sollen, prinzipiell kritisieren. Gemeinsam ist den Ansätzen auch, dass es keine unendliche Substituierbarkeit von Naturkapital auf der einen und Sach- und Humankapital auf der anderen Seite gibt. Beide stehen in einem geschlossenen Ökosystem mit endlichen Ressourcen und systematischen Unsicherheiten komplementär zueinander. Auf beiden Seiten gibt es also Grenzen.

Die genannten alternativen Vorschläge gehen vor allem mit der äußeren Dimension eines Transformations- und Veränderungsprozesses einher – und nicht mit dessen inneren Komponenten.[256] Denn alle neun Vorschläge korrelieren mit einer psychosozialen Dimension, die nicht nur ein Derivat oder eine abgeleitete Größe eines äußeren Vorgangs darstellt, sondern eine eigenständige Qualität hat. Um innere Entwicklungsvorgänge und äußere Wachstumsprozesse miteinander zu versöhnen, gilt es aber, jene nichtreduzierbare quartäre Struktur unseres Transformationsprozesses im Blick zu behalten. Die aktuelle Diskussion legitimiert beziehungsweise kritisiert zusätzliches Wachstum,[257] aber sie nimmt zusätzliche Entwicklungsfaktoren, wie sie Gegenstand dieses Buches sind, nicht in den Blick. Die Sollbruchstellen ergeben sich aber zwischen innen und außen und zwischen subjektiven und intersubjektiven Perspektiven. Wenn ich hier eine Diagnose wagen dürfte, dann würde ich sagen, dass die innere Entwicklung der Person und der Gesellschaft und ihre äußeren Entsprechungen in Technik und Governance auseinanderlaufen.

Damit komme ich zu einem weiteren Punkt: Wenn es stimmt, dass ein wesentlicher Hinderungsgrund für eine nachhaltige Transformation darin liegt, dass innere und äußere Faktoren im Veränderungsprozess nicht hinreichend harmonisiert sind, entsteht wahrnehmungspsychologisch der Eindruck der Wachstumsabhängigkeit. Damit wird ein Vorgang beschrieben, der sich nochmals von reinen Wachstumsfaktoren unterscheidet. Das Fahrrad muss nicht nur in Bewegung bleiben, damit es nicht umfällt, sondern es muss immer schneller fahren, damit es irgendwie weitergeht.[258] Man könnte hier auch von Wachstumsfaktoren erster und zweiter Ordnung sprechen, wie sie in Abb. 38 allgemein aufgelistet und unterschieden werden. Wachstumsfaktoren erster Ordnung beschreiben Faktoren, die mit einer quantitativen Zunahme von Gütern und Dienstleistungen einhergehen. So würde etwa eine Zunahme der Bevölkerung um 25 Prozent – vorausgesetzt, alles andere bleibt gleich – auch die Gütermenge in entsprechender Größenordnung erhöhen. Daraus resultiert aber noch kein Wachstumszwang. Zu den wichtigsten Determinanten der Wachstumsabhängigkeit oder des Wachstumszwangs (Faktoren zweiter Ordnung) einer Gesellschaft zählen diejenigen aus den äußeren Quadranten: Zinseszinseffekte einer Fiatwährung mit fortschreitendem Verschuldungsgrad, geplante Obsoleszenz, asymmetrische Produktionselastizität von Energie und Arbeit oder auch die Dynamik des entropischen Sektors fordern von uns, weiter zu wachsen, um den Status quo irgendwie zu halten oder zugunsten eines nachhaltigeren Zusammenlebens zu verbessern. So können die Big 7 (Armut, Klima, Wohlstandsverteilung, Verlust an Biodiversität, Gesundheit, Bildung und Energiefrage) nicht in einem aktiven politischen, gesellschaftlichen Prozess nach rationalen Kriterien entschieden werden, sondern ihr Erfolg hängt an dem primären Zwang zum Wachstum.[259]

Wenn man stattdessen die Big 7 zum Ausgangspunkt der Diskussion machen würde, würden sinnvollerweise manche Sektoren wachsen (Altenpflege und Sozialarbeit, Solarenergie und regionale Biokost, kulturelle Programme und reparative, handwerkliche Dienstleister, Kindergärten, Bildungs- und Kulturangebote), aber eben nicht alle. Das Haircut-Argument, den gegebenen Wachstumspfad über alle Sektoren und Branchen hinweg zurückzufahren, gilt so sicherlich nicht. Ständiger Wachstumszwang ist übrigens kein vorherrschendes Merkmal in der Unternehmenskultur, vor allem nicht bei inhabergeführten Unternehmen bis 499 Mitarbeiter. So ergab eine aktuelle Umfrage des Instituts für ökologische Wirtschaftsforschung, dass nur zwei Prozent der befragten Unternehmer an starkem Wachstum ausgerichtet sind. Für den Rest spielt expansives Wachstum entweder keine Rolle oder stellt nur eine Option neben anderen Unternehmenszielen dar. Expansiver Wachstumszwang kann eben auch zum Risiko werden. Die meisten Unternehmen nennen neben oder anstelle von Wachstumszielen etwa die Verbesserung der Beziehungskultur zu den Zulieferern und Kunden und damit die Verbesserung der Qualität der Vernetzung. Die Situation wird erst anders, wenn Investoren, Kapital- und Kreditgeber oder auch Akteure der internationalen Finanzmärkte ins Spiel kommen. Dann wird der Wachstumskurs zum primären Unternehmensziel.[260]

Zugegebenermaßen liefert die oben genannte Landkarte nur eine erste Orientierung. Aber Landkarten sind eben nicht das Gelände, genauso wenig wie die Speisekarte mit dem Mittagessen identisch ist. Machen müssen wir es dann immer selber.

Letzte Worte

Das Buch analysiert das innere Verhältnis von Bewusstseinsentwicklung, wissenschaftlicher Erkenntnis und nachhaltigem Zusammenleben. Innerhalb der einzelnen wissenschaftlichen Disziplinen produzieren wir dazu exponentiell viele statistisch signifikante Ergebnisse[261], die aber häufig unspezifische Detailkorrelationen abbilden. Sie sind nicht immer unnötig, aber sie haben oft den Bezug zum Ganzen verloren. Wir verwechseln an dieser Stelle Genauigkeit mit Gewissheit. Die Gewissheit, wie die Dinge zusammengehören, wird erst in einer integralen Betrachtung sichtbar. Insofern sind die Vertreter der Wissenschaft, auch diejenigen der psychosozialen Lebenswissenschaften, nicht realitätsnäher als diejenigen, die sich an den Weisheiten des Lebens orientieren. Die Ersten favorisieren empirische Signifikanz und disziplinäre Perspektiven, die Zweiten dagegen gesellschaftliche Relevanz, Nützlichkeit und Zusammenhangswissen.

Im Grunde genommen hat jede Disziplin ihre interdiziplinären Leichen im Keller. Im Hinblick auf die Lebenswissenschaften kommt den psychosozialen Disziplinen nicht selten eine nachgeordnete und eher dienende Rolle zu. Denn mit ihnen gilt es das besser zu verstehen und empirisch zu bestätigen, von dem wir intuitiv immer schon wussten, dass es nachhaltiger, gerechter und glücklicher macht. An dieser Stelle zeigt sich deutlich die Schnittmenge zwischen dem Expertenwissen der akademischen Wissenschaft und dem Alltagswissen der Bürgerwissenschaft. Es ist allerdings davon auszugehen, dass der Spezialisierungsgrad weiter wächst und damit parallel auch das Laienwissen in nahezu allem, was den Forscher umgibt. Um in dieser Entwicklung nicht den Überblick zu verlieren, bietet sich für den Entwurf einer Postwachstumsgesellschaft eine integrale Betrachtung an. Integral heißt: nicht reduktionistisch und zugleich evolutionär. Aus einer integralen Perspektive beginnt eine Postwachstumsgesellschaft, wenn wir die Freiheit haben, nicht zuerst wachsen zu müssen, um dann soziale und ökologische Herausforderungen zu meistern. Dies spricht nicht gegen Wachstum, sondern gegen den vorgängigen Zwang zum Wachsen: weil dieser Weg ineffizient ist, weil die Ressourcen endlich sind und weil er nicht unserer psychischen Verfasstheit entspricht.

Wir sind bekanntlich mit einer spezifischen DNA ausgestattet, die wir nicht beeinflusst haben. Sie ist ein genetischer Bauplan, der seit über 20.000 Jahren mehr oder weniger gleich ist. Wir teilen ihn zu 98 Prozent mit den Schimpansen, und zwischen Menschen ist er zu 99 Prozent identisch. Nur knapp ein Zehntel dieses verbleibenden Prozents geht zurück auf die Verschiedenheit zwischen ethnischen Gruppen, über 90 Prozent entstehen durch individuelle Variation. Das heißt: Sie unterscheiden sich wesentlich stärker von Ihrem Nachbarn als von einem Menschen aus Afrika oder Asien. Wir sind zufällig und ohne eigenes Zutun an einem bestimmten Ort und in eine bestimmte Zeit und eine bestimmte soziale Klasse hineingeboren. Wir müssen atmen, essen und schlafen, haben in der Regel zehn Finger und zwei Lungenflügel, einen aufrechten Gang und einen anatomisch präkonfiguierten Schluckapparat, der auch für Sprechlaute geeignet ist. Wir haben uns weder unsere intellektuelle Primärausstattung noch unsere Geschwister, unsere Verwandten oder die Eltern und ihren Erziehungsstil ausgesucht. Unsere neurobiologische Hardware erlaubt inneres Probehandeln, Impulskontrolle und Formen der Selbststeuerung. Gleichzeitig sind Selbstwahrnehmung und Fremdwahrnehmung eng miteinander verkoppelt. Rituale, Regeln und sozialer Kontext stabilisieren unseren Alltag. Dabei treffen wir Entscheidungen, manchmal gegen die eigene Überzeugung und wider besseres Wissen, aber in Übereinstimmung mit der Gruppe, in der wir uns befinden. Unsere psychologische

Verfassung bewertet ständig nach schön und weniger schön, wichtig und weniger wichtig, besser und schlechter, schneller und langsamer. Das heißt: Wir orientieren uns relativ zu anderen Bezugsgrößen und ziehen daraus unsere Schlüsse. Potenzielle Verluste gewichten wir deutlich stärker als mögliche Gewinne und Erfolge. Insgesamt denken und handeln wir in Heuristiken und sind eher risikoaversiv.

Wir erzählen uns Geschichten über unsere Vergangenheit, über unser aktuelles Leben und über unsere Zukunft, manchmal im Perfekt, manchmal im Konditional. Immer geht es in den Geschichten darum, der Welt und uns selbst einen Sinn zu geben. Über die Sprache konstruieren wir unsere Innenwelt und unser Zusammenleben. Soziogenese und Psychogenese verlaufen in der Regel nicht synchron, sondern zeitversetzt und müssen unablässig von außen – gesellschaftlich – und von innen – selbstreflexiv – neu justiert und koordiniert werden. Dabei entstehen gesellschaftlich-politische Interessen und Ideologien, die wir manchmal bekämpfen und manchmal unterstützen. Wir sind so ausgestattet, dass wir Gedanken entwickeln, Dinge konstruieren und Entscheidungen treffen können, die uns eher schaden, ungesund, unfair oder sinnlos sind: Kriegerische Auseinandersetzungen, unendliches Wachstum bei endlichen Ressourcen, Übergewicht, Bewegungsmangel, Dauerstimulation, unfaire Verteilungsmuster und egoistisches Verhalten gehören dazu.

Aber auch das Gegenteil ist möglich: Glücksempfindungen, Fairness, Wohlstand, gesunder Lebensstil und Wahrhaftigkeit sind solche Beispiele. Der ganze Vorgang unterliegt einer Regelmäßigkeit, die wir Entwicklung genannt haben. Gleichsam horizontal, entlang einer linearen Zeitachse über eine Spanne von durchschnittlich 75 Jahren, und vertikal durch eine fortschreitende Integration hin zu einem größeren, breiteren und umfassenderen Bewusstseinsschwerpunkt. Auf diesem Weg entstehen stabile Ich-Funktionen und die Fähigkeit, das eigene Ego wahrzunehmen. Die Entwicklung bleibt aber nicht dabei stehen. Im Fadenkreuz historischer Relativität suchen wir nach Antworten, die über unsere Existenz hinausweisen und dem Ganzen einen größeren Sinn verleihen. Getragen ist dieser Vorgang durch eine ständige Identifikation und Desidentifikation von inneren Bildern, Gedanken und äußeren Ereignissen. Wir reagieren extrem sensitiv auf den jeweiligen konkreten Kontext, in dem wir leben, und wundern uns manchmal, dass dabei Verhaltens- und Erlebnisformen zutage treten können, die uns fremd sind. Und am Schluss ist auch dieser Vorgang immer eine anthropozentrische Sicht auf die Welt, die Natur, die Gesellschaft, den anderen und das eigene Selbst. Die Natur selbst schweigt eben.

Wahrscheinlich ist die geforderte Transformation die größte Herausforderung der jetzt lebenden Generationen. Und expansives Wachstum ist in einer solchen Situation nicht die Lösung, sondern das Problem. Der Preis, den wir bezahlen müssen, ist wohl der, dass wir im Augenblick auf ein zu enges menschliches Bewusstsein treffen, das mit der Lösung überfordert ist. Die Beiträge der Lebenswissenschaften können diesen Prozess noch weiter differenzieren und in eine psychologische Anthropologie der Nachhaltigkeit führen. An dieser Stelle fallen dann Menschsein und Nachhaltigkeit zusammen. Wenn wir diesen Zusammenhang nicht völlig aus dem Blick verlieren, haben wir gute Chancen, dass uns die Kunst der Transformation gelingt.

Wachstum und Technik sind in der hier vorgestellten Lesart kein Selbstzweck, sondern immer Mittel zum Zweck. Und der Zweck ist, dass wir unter einem Postwachstumszenarium glücklicher, gesünder, gerechter und nachhaltiger zusammenleben. Das gilt trotz aller Meinungsverschiedenheiten und Unterschiede in der Bewertung empirischer Befunde. Das Argument, dass zusätzliches Wachstum neu verteilt werden kann, und die Hoffnung, dass Ressourcen durch Technologien und Humankapitalbildung substituierbar sind, verliert seine Wirkung. Dafür gewinnen andere Argumente an Bedeutung. Das Neue entsteht letztlich immer im Denken, nicht in der Empirie, nicht in der Statistik, nicht in den Technologien und nicht im Wachsen. Ob wir uns für ein bedingungsloses Grundeinkommen entscheiden und damit für mehr Freiheit und mehr Eigenverantwortung oder für Komplementärwährungen zur Stabilisierung regionaler Wirtschaftskreisläufe oder für eine Reform der Eigentumsverhältnisse in der Dritten Welt, ob wir uns für dezentrale Solarthermie, Kohlekraftwerke oder nichtschmelzfähige Hochtemperaturreaktoren entscheiden – also wie wir eine Postwachstumsgesellschaft gestalten, ist keine Frage der ökonomischen Leistungsfähigkeit, sondern eine Frage des kollektiven Sozialbewusstseins. Erst damit erreichen wir mehr Zeit, mehr Wohlfahrt, weniger Wachstumszwang und ein Mehr an gerechter Verteilung, ja wahrscheinlich auch mehr Glück und Zufriedenheit.

Wir können eine andere Welt denken, in der alle ihren Platz finden. Alle in dem Buch genannten ökologischen Krisen, sozialen Konstellationen, kriegerischen Auseinandersetzungen und politischen Konflikte sind aus sozialpsychologischer Sicht mindestens handhabbar oder sogar lösbar: nämlich dann, wenn wir die Energie und den Mut aufbringen, sie zu benennen und anzugehen. Und wenn wir so weit sind, können wir nur das tun, was wir zuvor gelernt haben, und nur das lernen, was wir wirklich wollen. Und wir können nur das wirklich wollen, was wir zuvor richtig gedacht haben. Schließlich werden wir nur das denken können, was wir zuvor geträumt haben.

Wir sind wohl die erste Generation, die all diese Probleme vor sich sieht – und wahrscheinlich zugleich die letzte, die die Welt grundlegend ändern kann. Mit der Rezeption einer kritischen, integralen und psychologischen Anthropologie werden wir einen anderen Diskurs über unsere Zukunft führen. Jenseits von Ängsten, Apokalypsen, Sensationslust und Skandalisierungen wird ein anderes Selbst, ein anderer Sozialvertrag, eine andere Gesellschaft, eine andere Beziehung zur Natur möglich. Eine solche Diskussion eröffnet den Blick für eine gemeinsame Zukunft, die uns nicht schicksalhaft gegeben, sondern veränderbar ist.

Literatur

Die Kunst der Transformation erschließt sich intellektuell mühelos beim Studium der folgenden Arbeiten. Für Fragen des Allgemeinwissens stehen Wikipedia, pubmed.org oder ganz allgemein das Internet zur Verfügung.

Bei Rückfragen zu Einzelnachweisen, die über eine Standardnachfrage im Internet hinausgehen, vor allem für empirische Detailstudien, weitere Arbeiten des Autors sowie für Kritik und Anfragen wenden Sie sich bitte an: www.stefan-brunnhuber.de; brunnhuber.cor@gmxpro.de.

Albert, Hans (1987): Kritik der reinen Erkenntnislehre. Das Erkenntnisproblem in realistischer Perspektive. Tübingen: Mohr

Alladi, S., Bak, T. H. & Duggirala, V. (2013): Bilingualism delays age at onset of dementia, independent of education and immigrations status. Neurology 81, 1–7

Allianz (2014): Global Wealth Report 2014, München; siehe www.allianz.com

Antonovsky, Aaron (1987): Unraveling the mystery of health: How people manage stress and stay well. San Francisco: Jossey-Bass

Apel, Karl-Otto (1973; 1976): Transformation der Philosophie, 2 Bände. Frankfurt a. M.: Suhrkamp

Arrhenius, Svante (1896): On the Influence of Carbonic Acid in the Air Upon the Temperature of the Ground. Philosophical Magazine and Journal of Science 41, 237–276

Asch, Solomon (1956): Studies of independence and conformity: I. A minority of one against a unanimous majority. Psychological Monographs 70/9, 1–70

Axelrod, Robert (2005): Die Evolution der Kooperation. München: Oldenbourg

Ayres, Robert & Warr, Benjamin (2009): The Economic Growth Engine. How Energy and Work Drive Material Prosperity. Northamton MA: Edward Elgar

Baldwin, James Mark (1902): Development and Evolution. New York: Macmillan

Bandura, Albert (1997): The Exercise of Control. New York: Freeman

Bauer, Joachim (2013): Arbeit. Warum unser Glück von ihr abhängt und wie sie uns krank macht. München: Blessing

Beck, Judith S. (2011): Cognitive Behavior Therapy. Basics and Beyond. New York: Guilford Press

Beck, Ulrich (1986): Risikogesellschaft. Auf dem Weg in eine andere Moderne. Frankfurt a. M.: Suhrkamp

Beitz, Charles (2009): The Idea of Human Rights. Oxford: Oxford University Press

Benes, Jaromir & Kumhof, Michael (2012): The Chicago Plan Revisited, IMF Working paper 12/202 (August 2012)

Benson, Herbert (2010): Relaxation Revolution. New York: Scribner

Bertelsmann-Stiftung (2012): Bürger wollen kein Wachstum um jeden Preis. Köln: IW Medien

Berz, Gregor (2014): Game Theory Bargaining and Auction Strategies: Practical Examples from Internet Auctions to Investment Banking. New York: Palgrave Macmillan

Bhagwati, Jagdish & Koichi, Hamada (1974): The Brain Drain. International Integration of Markets for Professionals and Unemployment: A Theoretical Analysis, Journal of Development Economics 1 ,19–42

Bialystok, Ellen & Barac, Raluca (2013): Cognitive Effects. In: Grosjean, François & Li, Peng (Hrsg.): The Psycholinguistics of Bilingualism, Malden MA & Oxford UK: Wiley Blackwell

Biedenkopf, Kurt (2007): Die Ausbeutung der Enkel. Plädoyer für die Rückkehr zur Vernunft. München: Propyläen

Bifulco, A. et al. (2004): Maternal attachment style and depression associated with childbirth: Prelimenary results from a European and US cross-cultural study. British Journal of Psychiatry 184 (Supplement 46), s31–s37

Binswanger, Hans Christoph (2006): Die Wachstumsspirale. Marburg: Metropolis

Binswanger, Mathias (2006): Die Tretmühlen des Glücks. Wir haben immer mehr und werden nicht glücklicher. Was können wir tun?. Freiburg: Herder

Birnbacher, Dieter (1989): Intergenerationelle Verantwortung oder: Dürfen wir die Zukunft der Menschheit diskontieren? In: Klawitter, Jörg & Kümmel, Reiner (Hrsg.): Umweltschutz und Marktwirtschaft. Würzburg: Königshausen & Neumann, 101–115

Blankenburg, Wolfgang (2014): Psychiatrie und Phänomenologie. Freiburg: Alber

Bodenatlas. Daten, Fakten über Acker, Land und Erde (2015): Heinrich-Böll-Stiftung (https://www.boell.de/de/publikationen)

Bonin, Holger (2014): Der Beitrag von Ausländern und künftiger Zuwanderung zum deutschen Staatshaushalt. Gutachten des ZEW im Auftrag der Bertelsmann-Stiftung. Mannheim: ZEW

Botsman, Rachel & Rogers, Roo (2010): What's mine is yours. How collaborative consumption is changing the way we live. New York: HarperCollins

Boulding, Kenneth (1981): Evolutionary Economics. Beverley Hills: Sage

Bowlby, John (1951): Maternal care and mental health. World Health Organization Monograph, Serial No. 2

Bowlby, John (2001): Frühe Bindung und kindliche Entwicklung. München: Ernst Reinhardt

Bratman, G. N., Hamilton, J. P. & Daily, G. C. (2012): The impacts of nature experience on human cognitive function and mental health. Annals of the New York Academy of Sciences 1249, 118–136.

Braungart, Michael (2014): Intelligente Verschwendung – ein Upcycle. Auf dem Weg in eine neue Überflussgesellschaft. München: oekom Verlag

Braungart, Michael & McDonough, William (2014): Cradle to cradle: Einfach intelligent produzieren. München: Piper

Brodbeck, Karl-Heinz (2011): Buddhistische Wirtschaftsethik. Berlin: Edition Steinrich

Brundtland-Bericht (1987): Report of the World Commission on Environment and Development: Our Common Future. New York: UN

Brunnhuber, Stefan & Klimenta, Harald (2003): Wie wir wirtschaften werden. Frankfurt: Überreuther

Brunnhuber, Stefan & Lietaer, Bernard (2016): Beyond the Taboo: Quantitative Easing for the SDG (in Vorbereitung)

Brynjolfsson, Eric & McAfee, Andrew (2014): The Second Machine Age. Wie die nächste digitale Revolution unser aller Leben verändern wird, Kulmbach: Börsenmedien AG

Buchanan, Mark (2002): Small World. Frankfurt a. M. / New York: Campus

Cai L., Zhu X., Yi J., Bai M., Wang M., Wang Y., Hu M., Yao S. (2013): Neurological soft signs and their relationship with measures of executive function in Chinese adolescents, Journal of Developmental & Behavioral Pediatrics 34/3,197–203 (doi: 10.1097/DBP.0b013e3182825c41)

Cannon, Walter B. (1920): Bodily Changes in Pain, Hunger, Fear and Rage: An Account of Recent Researches into the Function of Emotional Excitement. New York: Appleton

Capra, Fritjof & Luisi, Pier Luigi (2014): The Systems View of Life. Cambridge: Cambridge University Press

Carolan, Michael (2015): Cheaponomics. Warum billig zu teuer ist. München: oekom

Casey, B. J. et al. (2011): Behavioral and Neural Correlates of Gratification 40 Years Later, PNAS (doi: 10.1073/pnas.1108561108)

Christensen, Clayton M. (1997/2011): The Innovator's Dilemma. Warum etablierte Unternehmen den Wettbewerb um bahnbrechende Innovationen verlieren (The innovator's dilemma, 1997). München: Vahlen

Collier, Paul (2013): Exodus: How Migration Is Changing Our World. Oxford: Oxford University Press

Commoner, Barry (1990): Making Peace with the Planet. New York: Pantheon

Cook, Gary (2012): How clean is our cloud?. Greenpeace international (www.greenpeace.org/international/en/publications/campaign-reports/climate-reports/)

Coomaraswamy, Ananda Kentish (1977): Selected papers, hrsg. von Roger Lipsey. 3 Bde. Princeton: Princeton University Press

Cord, J. W. et al. (2013): Gang Membership, Violence and Psychiatric Morbidity. American Journal of Psychiatry 170, 985–993

Costanza, R. et al. (2001): Einführung in die ökologische Ökonomik. Stuttgart: Lucius & Lucius

Crockett, Molly J., Apergis-Schoute, Annemieke, Herrmann, Benedikt, Lieberman, Matthew D., Müller, Ulrich, Robbins, Trevor W. & Clark, Luke (2013): Serotonin modulates striatal responses to fairness and retaliation in humans. The Journal of Neuroscience 33/8, 3505–3513 (doi: 10.1523/JNEUROSCI.2761-12.2013)

Crutzen, Paul (2011): Das Raumschiff Erde hat keinen Notausgang. Berlin: Suhrkamp

Csikszentmihalyi, Mihaly (1975): Beyond Boredom and Anxiety: Experiencing Flow in Work and Play. San Francisco: Jossey-Bass

Csikszentmihalyi, Mihaly (1997): Flow und Kreativität. Wie Sie Ihre Grenzen überwinden und das Unmögliche schaffen. Stuttgart: Klett-Cotta

Daly, Herman Edward (1977): Steady-State Economics. The Economics of Biophysical Equilibrium and Moral Growth, San Francisco: Freeman

Daly, Herman Edward (1990): Toward Some Operational Principles of Sustainable Development, Ecological Economics 2, 1–6

Daly, Herman Edward (1999): Uneconomic Growth in the Theory and in Fact. The First Annual Feasta Lecture, Trinity College Dublin, 26th April, Feasta Review 1

Daly, Herman Edward (2008): A steady-state economy – a failed growth economy and a steady-state economy are not the same thing; they are the very different alternatives we face. Sustainable Development Commission, UK

Darwin, Charles (1887): The Autobiography of Charles Darwin,. New York: Norton

Dawkins, Richard (1976): The Selfish Gene. Oxford: Oxford University Press

de Soto, Hernando (2002): Freiheit für das Kapital! Warum der Kapitalismus nicht weltweit funktioniert. Berlin: Rowohlt

Deutscher Bundestag (2013): Schlussbericht der Enquete-Kommission »Wachstum, Wohlstand, Lebensqualität – Wege zu nachhaltigem Wirtschaften und gesellschaftlichem Fortschritt in der sozialen Marktwirtschaft«

Diamond, Jared M. (2005): Kollaps. Warum Gesellschaften überleben oder untergehen. Frankfurt a. M.: S. Fischer

Diessner, R., Iyer, R., Smith, M. M. & Haidt, J. (2013): Who engages with moral beauty? Journal of Moral Education 42, 139–163

Dobzhansky, Theodosius (1937): Genetics and the Origin of Species. New York: Columbia University Press

Dunbar, Robin (1993): Coevolution of neocortical size, group size and language in humans. Behavioral and Brain Science 16/4, 681–735

Eichhorn, Wolfgang, & Solte, Dirk (2015): Swellmoney & Sustainability: Unriddle Our Destiny. Tutzing: Global Marshall Plan Initiative

Eldredge, Niles & Gould, Stephen Jay (1972): Punctuated equilibria: an alternative to phyletic gradualism. In: Schopf, T. J. M. (Hrsg.): Models in Paleobiology. San Francisco: Freeman Cooper, 82–115

Ellen MacArthur Foundation (2015): Growth within. A circular economy vision for a competitive Europe (www.ellenmacarthurfoundation.org)

Erikson, Erik H. (1992): Der vollständige Lebenszyklus. Frankfurt a. M. 1992: Suhrkamp

Evans, F. Barton (1996). Harry Stack Sullivan: Interpersonal Theory and Psychotherapy. London: Routledge

Faria, J. J., Dyer J. R. G. et al. (2010): Leadership and social information use in human crowds, Animal behavior 79/4, 895–901

Felber, Christian (2010): Die Gemeinwohl-Ökonomie. Das Wirtschaftsmodell der Zukunft. München: Deuticke

Festinger, Leon (2012): Theorie der Kognitiven Dissonanz. Bern: Hans Huber

Finke, Peter (2014): Citizen Science. Das unterschätzte Wissen der Laien. München: oekom

Finke, Peter (2015): Freie Bürger, freie Forschung. Die Wissenschaft verlässt den Elfenbeinturm. München: oekom

Flavell, John H. (1979): Kognitive Entwicklung. Stuttgart: Klett-Cotta

Frantz, C., Mayer, F. S., Norton, C. & Rock, M. (2005): There is no »I« in nature: The influence of self-awareness on connectedness to nature. Journal of Environmental Psychology 25, 427–436.

Freud, Sigmund (1923): Das Ich und das Es (Gesammelte Werke, Bd. 8). Frankfurt a. M.: S. Fischer

Freud, Sigmund (1948): Totem und Tabu (Gesammelte Werke, Bd. 9). Frankfurt a. M.: S. Fischer

Frey, Bruno & Frey Marti, Claudia (2010): Glück. Die Sicht der Ökonomie. Zürich: Rüegger

Friedman, Milton (1971): Kapitalismus und Freiheit. Stuttgart: Seewald

Frohwein, Torsten & Hansjürgens, Bernd (2005): Chemical regulations and the Porter hypothesis: A critical review of the new european chemicals regulations. Journal of Business Chemistry 2/1, 19–36

Fukuyama, Francis (1995): Trust. Social Virtues and the Creation of Prosperity. New York City: The Free Press

Gallese, Vittorio (2013): Den Körper im Gehirn finden. Konzeptuelle Überlegungen zu den Spiegelneuronen. In: Leuzinger-Bohleber, Marianne, Emde, Robert N. & Pfeifer, Rolf (Hrsg.),: Embodiment. Ein innovatives Konzept für Entwicklungsforschung und Psychoanalyse. Göttingen: Vandenhoeck & Ruprecht, 75–112

Gebser, Jean (1992): Ursprung und Gegenwart, München: dtv

Gehlen, Arnold (1966): Der Mensch. Seine Natur und seine Stellung in der Welt. Frankfurt / Bonn: Athenäum.

Georgescu-Roegen, Nicholas (1971): The Entropy Law and Economic Process. Cambridge MA / London: Harvard University Press

Gesang, Bernhard (2011): Klimaethik. Berlin: Suhrkamp

Giarini, Orio & Liedtke, Patrick (1999): Wie wir arbeiten werden. München: Heyne

Gigerenzer, Gerd (2013): Risiko. Wie man die richtigen Entscheidungen trifft. München: Bertelsmann

Gilligan, Carol (1984): Die andere Stimme. Lebenskonflikte und Moral der Frau. München: Piper

Gillingham, Kenneth (2013): The rebound effect is overplayed. Nature 493, 475–476

Glimcher, Paul & Fehr, Ernst (2013): Neuroeconomics: Decision making and the brain. Amsterdam: Elsevier

Global Financial Integrity Report 2014: Illicit Financial Flows from the Developing World 2003–2012 (www.gfintegrity.org/reports/)

Goffman, Erving (1974): Stigma: Über Techniken der Bewältigung beschädigter Identität. Frankfurt a. M.: Suhrkamp

Goldstein, Sam & Naglier, Jack A. (2014): Handbook of Executive Functioning. New York: Springer

Gombiner, Joel (2011): Carbon footprinting the internet. Consilience: The Journal of Sustainable Development 5/1, 119–124

Goodwin, Brian C. & Solé, Ricard (2002): Signs of Life: How Complexity Pervades Biology. New York: Basic Books

Gordon, Robert J. (2014): The Demise of U. S. Economic Growth: Restatement, Rebuttal, and Reflections, NBER Working Paper 19895.

Gore, Al (2007): Wege zum Gleichgewicht. Frankfurt a. M.: S. Fischer

Gore, Al (2013): The Future – Six Drivers of Global Change. New York: Random House

Griethuysen, Pascal van (2012): Bona Diagnosis, Bona Curatio: How Property Economics Clarifies the Regrowth Debate. Ecological Economics 84, 262–269

Habermas, Jürgen (1988): Der philosophische Diskurs der Moderne. Frankfurt a. M.: Suhrkamp

Han, Byung-Chul (2010): Müdigkeitsgesellschaft. Berlin: Matthes & Seitz

Hansen, Alvin H. (1939): Economic Progress and Declining Population Growth. American Economic Review 29/1, 1–15

Hattie, John (2009): Visible Learning – A Synthesis of over 800 Meta-Analyses Relating to Achievements. Abington: Routledge

Hauff, Michael von (2014): Nachhaltige Entwicklung – aus der Perspektive verschiedener Disziplinen, Baden-Baden: Nomos

Hauff, Michael von (2015): Wachstum. Unterschiedliche Wahrnehmungen im Rahmen nachhaltiger Entwicklung (im Druck)

Hausken, Kjell & Ncube, Mthuli (2013): Quantitative Easing and Its Impact in the US, Japan, the UK and Europe, New York: Springer

Heckman, James J. (2007): The economics, technology, and neuroscience of human capability formation. Proceedings of the National Academy of Sciences 104/3, 13250–13255.

Heckman, James J. (2013): Giving Kids a Fair Chance. Cambridge, MA: MIT Press

Heinsohn, G. & Steiger, O. (2006): Eigentumsökonomik, Marburg: Metropolis

Heisenberg, Werner (1930): The Physical Principles of the Quantum Theory. Chicago: University of Chicago Press

Hirschman, Albert O. (1970): Exit, Voice and Loyalty. Responses to Decline in Firms, Organizations and States. Cambridge MA: Harvard University Press

Hoekstra, Arien Y. (2013): The Water Footprint of Modern Consumer Society. London: Routledge

Hölldobler, Bert & Wilson, Edward O. (2013): Auf den Spuren der Ameisen. Die Entdeckung einer faszinierenden Welt. Heidelberg: Springer Spektrum

Hopkins, Rob (2013): Einfach. Jetzt. Machen!. München: oekom

Horn, Gustav A., Bofinger, Peter & Schmid, Kai D. (2015): Thomas Piketty und die Verteilungsfrage. Leipzig: SE Publishing

Horne, Rob (2013): »Concordance, adherence and compliance in medicine taking«. Report for the National Co-ordinating Centre for NHS Service Delivery and Organisation R & D (NCCSDO)

Huber, Joseph & Robertson, James (2008): Geldschöpfung in öffentlicher Hand. Kiel: Gauke

Huber, Joseph (2014): Monetäre Modernisierung. Zur Zukunft der Geldordnung: Vollgeld und Monetative. Marburg: Metropolis 2014

Huxley, Julian (1942): Evolution. The Modern Synthesis. London: Allen & Unwin

IMF (2010): World Economic Outlook, April 2010. Rebalancing Growth (www.imf.org)

Institut für Wachstumsstudien (2013): Das Wachstum der Deutschen Wirtschaft. IWS-Papier Nr. 1 (www.wachstumstudien.de)

IPCC (2014): 5. Sachstandsbericht des Intergouvernmental Panel Climat Change (Pachauri, R. K. et al.) (www.de-ipcc.de)

Issing, Otmar (2003): Einführung in die Geldtheorie. München: Vahlen

Jackson, Tim (2013): Wohlstand ohne Wachstum. Leben und Wirtschaften in einer endlichen Welt. München: oekom

James, William (1890): The Principles of Psychology, New York: Henry Holt

Jevons, W. Stanley (1866): The Coal Question. London: Macmillan & Co.

Jorberg, Thomas (2011): Finanzmärkte und Aufgaben der Banken. In: Seidl, Irmi & Zahrnt, Angelika (Hrsg.): Postwachstumsgesellschaft. Konzepte für die Zukunft. Marburg: Metropolis, 145–153

Jung, Carl Gustav (1958): Praxis der Psychotherapie (Gesammelte Werke, Bd. 16), Zürich: Rascher

Kabat-Zinn, Jon (2011): Gesund durch Meditation. Full Catastrophe Living. Das vollständige Grundlagenwerk. München: Otto Wilhelm Barth

Kagan, Jerome (2009): The Three Cultures: Natural Sciences, Social Sciences and the Humanities in the 21st Century. Cambridge: Cambridge University Press

Kahneman, Daniel (2011): Thinking fast and slow. London: Allen Lane

Kant, Immanuel (1977): Beantwortung der Frage: Was ist Aufklärung?. In: Werkausgabe in 12 Bänden, hrsg. von Wilhelm Weischedel, Bd. 11. Frankfurt a. M.: Suhrkamp, 51–61 (zuerst 1784)

Kaplan S. (1995): The restorative benefits of nature: Toward an integrative framework. Journal of Environmental Psychology 15, 169–182

Kapp, Karl William (1979/1963): Soziale Kosten der Marktwirtschaft. Frankfurt a. M.: S. Fischer

Karabarbounis, Loukas & Neiman, Brent (2014): The Global Decline of the Labor Share. Quarterly Journal of Economics, 129/1, 61–103

Kasparov, G., Levchin, M. & Thiel, P. (2012): The Blueprint: Reviving Innovation, Rediscovering Risk, and Rescuing the Free Market, New York: W. W. Norton

Keen, Andrew (2015): Das digitale Debakel. München: Deutsche Verlags-Anstalt

Kennedy, Margrit & Lietaer, Bernard A. (2005): Regionalwährungen. Neue Wege zu nachhaltigstem Wohlstand. München: Riemann

Kernberg, Otto (2005): Narzissmus, Aggression und Selbstzerstörung: Fortschritte in der Diagnose und Behandlung schwerer Persönlichkeitsstörungen. Stuttgart: Klett-Cotta

Keynes, John Maynard (1936): Allgemeine Theorie der Beschäftigung, des Zinses und des Geldes. München / Leipzig: Duncker & Humblot (11. verbesserte Auflage Berlin 2009)

Kidd, C. et al. (2012): Rational Snacking: Young Childrens' Decision-Making on the Marshmallow Task is Moderated by Beliefs about Environmental Reliability. Cognition 126, 109–114

Killingsworth, Matthew A. & Gilbert, Daniel T. (2010): A wandering mind is an unhappy mind. Science 330, 932

Klingholz, Reiner (2014): Sklaven des Wachstums. Frankfurt / New York: Campus

Kohlberg, Lawrence (1984/1996): The Psychology of Moral Development. The Nature and Validity of Moral Stages. New York: Harper & Row 1984 (dt.: Die Psychologie der Moralentwicklung. Frankfurt a. M.: Suhrkamp 1996)

Krause, Rainer (2012): Allgemeine psychodynamische Behandlungs- und Krankheitslehre. Stuttgart: Kohlhammer

Kreiß, Christian (2014): Geplanter Verschleiß. München: Europa Verlag

Krueger, Alan B. (2012): The Rise and Consequences of Inequality in the United States. Council of Economic Advisers, January 12, 2012 (www.whitehouse.gov)

Krugman, Paul (2013): Monetary Policy in a Liquidity Trap. New York Times vom 11.4.2013 (Zugriff: 25.8.2015)

Kuhn, Thomas S. (1967): Die Struktur wissenschaftlicher Revolutionen. Frankfurt a. M.: Suhrkamp

Kulkarni, S., Levin-Rector, A., Ezzati, M. & Murray, C. (2011): Falling behind. Life expectance in US counties from 2000–2007 in an international context. Populations Health Metrics 9/1, 1–12

Kümmel, R., Henn, J. & Lindenberger, D. (2002): Capital, Labor, Energy and Creativity: Modelling innovation diffusion. Structural Changes and Economic Dynamics 13, 415–433

Kümmel, R. (2011): The Second Law of Economics: Energy, Entropy, and the Origins of Wealth. Berlin: Springer

Kuznets, Simon Smith (1955): Economic Growth and Income Inequality. American Economic Review, 45/1, 1–28

Laeven, Luc & Valencia, Fabián (2013): Systemic Banking Crises Database. IMF Economic Review 61/2, 225–270

Laplace, Pierre Simon de (1996): Philosophischer Versuch über die Wahrscheinlichkeit. Frankfurt a. M.: Harri Deutsch

Layard, Peter R. G. (2005): Die glückliche Gesellschaft. Kurswechsel für Politik und Wirtschaft. Frankfurt a. M. / New York: Campus

LeDoux, J. E. (1996): The emotional brain. New York: Simon & Schuster

Lepp, A., Barkley, J. E. & Karpinski, A. C. (2014): The relationship between cell phone use, academic performance, anxiety and satisfaction with life in college students. Computers in Human Behavior 3, 343–350

Levine, Robert (2013): Eine Landkarte der Zeit. Wie Kulturen mit Zeit umgehen. München / Zürich: Piper

Lieb, Klaus, Frauenknecht, Sabine & Brunnhuber, Stefan (2012): Intensivkurs Psychiatrie und Psychotherapie. München: Urban & Fischer / Elsevier

Lietaer, Bernard (2000): Mysterium Geld. München: Riemann

Lietaer, Bernard, Arnsperger, Christian, Goerner, Sally & Brunnhuber, Stefan (2012/2013): Money and Sustainability: The Missing Link. A Report from the Club of Rome – EU Chapter. Axminster: Triarchy Press

Loevinger, Jane (1976). Ego development. Conceptions and theories. San Francisco: Jossey-Bass

Lorenz, Konrad (1977): Das sogenannte Böse. Zur Naturgeschichte der Aggression. München: dtv

Lovejoy, Arthur O. (1936): The Great Chain of Being. A Study of the History of an Idea, Cambridge MA: Harvard University Press

Lovelock, Jim E. (1982): Unsere Erde wird überleben. GAIA, eine optimistische Ökologie. München: Piper

Ludovici, Anne Marie (2015): Change your Mind, Change your Health. New York: Pompton Plains

Luhmann, Niklas (1997): Die Gesellschaft der Gesellschaft. Frankfurt a. M.: Suhrkamp

Lyubomirsky, Sonja (2008): The How of Happiness. A New Scientific Approach to Getting the Life You Want. New York: Penguin

Maaz, Hans-Joachim (2013): Die narzisstische Gesellschaft. Ein Psychogramm. München: C. H. Beck

MacIntyre, Alasdair (2006): Ethics and Politics. Selected Essays. Cambridge MA: Cambridge University Press

Maddison, Angus (2001): The World Economy. A Millennial Perspective. Paris: OECD

Maddison, Angus (2006): The World Economy. Bd. 1: A Millennial Perspective, Bd. 2: Historical Statistics. Paris: OECD

Mandelbrot, Benoit B. & Hudson, Richard L. (2007): Fraktale und Finanzen. Märkte zwischen Risiko, Rendite und Ruin, München / Zürich: Piper (englisches Original: The (mis)behavior of markets: A fractal view of risk, ruin and reward. New York: Basic Books 2004)

Marchetti, C. (1994): Anthropological Invariants in Travel Behavior. Technological Forecasting and Social Change 47, 75–88 (Internal Publication, International Institute for Applied Systems Analysis, Laxenburg, Austria)

Maslow, Abraham H. (1954/1970): Motivation and Personality. New York: Harper & Row (1. Auflage 1954, 2., überarbeitete Auflage 1970)

Maxton, Graeme (2011): The End of Progress. How Modern Economics Has Failed Us. Singapur: Wiley

Mayer, F. S., Frantz, C. M., Bruehlman-Senecal, E. & Dolliver, K. (2009): Why is nature beneficial? The role of connectedness to nature. Environment and Behavior 41, 607–643

Mayer, Thomas (2014): Die neue Ordnung des Geldes. Warum wir eine Geldreform brauchen. München: FBV

Meadows, Donella & Meadows, Dennis L. (1972): Die Grenzen des Wachstums. Bericht an den Club of Rome zur Lage der Menschheit. Stuttgart: DVA

Metzinger, Thomas (2010): Der Ego-Tunnel. Eine neue Philosophie des Selbst. Von der Hirnforschung zur Bewusstseinsethik. Berlin: Berliner Taschenbuch Verlag

Miegel, Meinhard (2010): Exit. Wohlstand ohne Wachstum. Berlin: Propyläen

Milgram, Stanley (1963): Behavioral Study of Obedience. Journal of Abnormal and Social Psychology 67, 371–378

Miller, David (2013): Justice for Earthlings. Essays in Political Philosophy. New York: Cambridge University Press

Miller, William R. & Rollnick, Stephen (2004): Motivierende Gesprächsführung. Freiburg: Lambertus

Mischel, W., Shoda, Y. & Rodriguez, M. L. (1989). Delay of gratification in children. Science 244, 933–938

Moffitt, T. E. et al. (2010): A Gradient of Childhood Self-Control Predicts Health, Wealth and Public Safety. Proceedings of the National Academy of Sciences (doi: 10/1073/pnas.1010076108)

Moreno, Jacob Levy (2001): Psychodrama und Soziometrie. Essentielle Schriften. Bergisch-Gladbach: Edition Humanistische Psychologie

Moritz, S., Andreou, C., Schneider, B. C., Wittekind, C. E., Menon, M., Balzan, R. P. & Woodward, T. S. (2014): Sowing the seeds of doubt: A narrative review on metacognitive training in schizophrenia. Clinical Psychology Review 34, 358–366

Murphy-Kelly, S. (2013): Report: 56% of social media users suffer from FOMO. Mashable vom 9.7.2013 (http://mashable.com/2013/07/09/fear-of-missing-out/)

Neef, Max, Elizalde, Antonio & Hopenhayn, Martín (1990): Entwicklung nach menschlichem Maß. Eine Option für die Zukunft. Santiago de Chile: CEPAUR

Nefiodow, Leo A. (1996): Der sechste Kondratieff. Wege zur Produktivität und Vollbeschäftigung im Zeitalter der Information. Sankt Augustin: Rhein-Sieg Verlag

Neßhöfer, Carsten (2013): Biodiversität. Unsere wertvollste Ressource. Freiburg: Herder

New Economic Foundation (2015): Money with a purpose. Community currencies achieving social, environmental and economic impact (www.communitycurrenciesinaction.eu)

Nida-Rümelin, Julian (2014): Der Akademisierungswahn. Zur Krise beruflicher und akademischer Bildung. Hamburg: Edition Körner-Stiftung

Nowak, Martin A. & Highfield, Roger (2013): Kooperative Intelligenz. München: C. H. Beck

Nussbaum, Martha (2011): Creating Capabilities. The Human Development Approach. Cambridge MA: Harvard University Press

Obersteiner, Michael et al. (2015): Assessing the Resource Nexus of the Sustainable Development Goals

OECD (2012): OECD Economic Outlook 2012/1 (http://www.oecd-ilibrary.org/economics/oecd-economic-outlook-volume-2012-issue-1_eco_outlook-v2012-1-en)

OECD (2014): Gesamtstaatliche Verschuldung (Regierung und Verwaltung auf einen Blick). Paris: OECD

Ostrom, Elinor (1990): Governing the Commons. The Evolution of Institutions for Collective Action. Cambridge: Cambridge University Press

Otterbach, S. (2010): Mismatches between actual and preferred work time. Empirical evidence of hours constraints in 21 countries. Journal of Consumer Policy 33, 143–161

Oxfam (2015): Wealth: Having it all and wanting more. Oxford: Oxfam International

Pack, Howard (1994): Endogeneous Growth Theory. Intellectual Appeal and Empirical Shortcomings. Journal of Economic Perspectives 8, 55–72

Paech, Nico (2012): Befreiung vom Überfluss. München: oekom

Papst Franziskus (2015): Laudato si. Die Umwelt-Enzyklika des Papstes. Freiburg: Herder

Pauli, Gunter (2010): The Blue Economy. 10 Years, 100 Innovations, 100 Million Jobs. A Report to the Club of Rome. Taos NM: Paradigm

Patel, Amar & Martin, Garrett (2011): Going local. Quantifying the economic impacts of bing from local owned business in Portland, Maine. Augusta: Maine Center for Economic Policy

Pauen, Michael & Welzer, Harald (2015): Autonomie. Eine Verteidigung. Frankfurt a. M.: S. Fischer

Pea, R. et al. (2012): Media use, face-to-face communication, media multitasking, and social well-being among 8 to 12-year-old girls. Developmental Psychology 48/2, 327–336

Peters, J. & Büchel, C. (2010): Episodic future thinking reduces reward delay discounting through an enhancement of prefrontal-mediotemporal interactions. Neuron 66/1, 138–48 (doi: 10.1016/j.neuron.2010.03.026)

Peters, J., Miedl, S. & Büchel, C. (2012): Formal comparison of dual-parameter temporal discounting models in controls and pathological gamblers. PLOS One 7/11, e47225 (doi: 10.1371/journal.pone.0047225)

Peukert, Helge (2013): Das Moneyfest. Ursachen und Lösungen der Finanzmarkt- und Staatsschuldenkrise, Marburg: Metropolis

Piaget, Jean (1977): The essential Piaget. New York: Basic Books

Piketty, Thomas (2014): Das Kapital im 21. Jahrhundert. München: C. H. Beck

Piketty, Thomas (2015): Die Schlacht um den Euro. Interventionen. München: C. H. Beck

Piff, P. K., Zhang, J. W. & Keltner, D. (2015): On nature and prosocial behavior. In: Bird, W. & van den Bosch, M. (Hrsg.): Nature and Public Health. The Role of Nature in Improving the Health of a Population. Oxford: Oxford University Press

Pinker, Steven (2011): The Better Angels of Our Nature: Why Violence Has Declined. London: Penguin Books

Pogge, Thomas (2001): Global justice. Malden MA: Blackwell

Polanyi, Karl (1944): The Great Transformation. New York / Toronto: Farrar & Rinehart

Popper, Karl (1957): Die offene Gesellschaft und ihre Feinde. Tübingen: Mohr

Precht, Richard David (2010): Die Kunst, kein Egoist zu sein. München: Goldmann

Prochaska, J. O., Redding, C. A. & DiClimente, C. C. (2002): Changing for Good. New York: Quill

Prochaska, J. O. & Velicer, W. F. (1997): The transtheoretical model of health behavior change. American Journal of Health Promotion 12/1, 38–48

Putnam, Robert D. (2000): Bowling Alone. The Collaps and Revival of American Community. New York: Simon & Schuster

Radermacher, Franz J. (2002): Balance oder Zerstörung. Ökosoziale Marktwirtschaft als Schlüssel zu einer weltweiten nachhaltigen Entwicklung. Wien: Ökosoziales Forum Europa

Radermacher, Franz J. (2011): Welt mit Zukunft. Die ökosoziale Perspektive. Hamburg: Murmann

Radermacher, Franz J. (2014): Can we still comply with the maximum limit of 2 °C?. Approaches to a New Climate Contract. Cadmus 2/3, 152–161

Radermacher, Franz J. (2016): A better governance for a better future. »A green and inclusive global economy – the key for a sustainable future«. Journal of Future Studies, Special Issue on Exploring Paths to a Viable Future (in Vorbereitung)

Raghavan, Barath & Ma, Justin (2011): The energy and emergy of the internet. Proceedings of the 10th ACM Workshop on Hot Topics in Networks, 14.–15. November 2011, Cambridge, MA (http://conferences.sigcomm.org/hotnets/2011/papers/hotnetsX-final56.pdf)

Rawls, John (1971): A Theory of Justice. Cambridge MA: Harvard University Press

Renn, Ortwin (2014): Das Risikoparadox. Warum wir uns vor dem Falschen fürchten. Frankfurt a. M.: S. Fischer

Ricke Katharina L. & Caldeira, Ken (2014): Maximum warming occurs about one decade after a carbon dioxide emission. Environmental Research Letters 9/12 (124002)

Rifkin, Jeremy (2014): Die Null-Grenzkosten-Gesellschaft. Das Internet der Dinge, kollaboratives Gemeingut und der Rückzug des Kapitalismus. Frankfurt / New York: Campus

Rizzolatti, G. & Craighero, L. (2004): The Mirror-Neuron System. Annual Review of Neuroscience 27, 169–192

Roberts, J. A. & Pirog, S. F. (2013): A prelimenary investigation of materialism and impulsiveness as predictors of technological addictions among young adults. Journal of Behavioral Addictions 2, 56–62

Rockström, J. et al. (2009): A safe operating space for humanity. Nature 461, 472–475

Röpke, Wilhelm (1950): Maß und Mitte, Erlenbach-Zürich: Rentsch

Rosa, Hartmut (2005): Beschleunigung. Die Veränderung der Zeitstrukturen in der Moderne. Frankfurt a. M.: Suhrkamp

Roth, Gerhard (2014): Wie das Gehirn die Seele macht. Stuttgart: Klett-Cotta

Sachs, Jeffrey (2006): Das Ende der Armut. Ein ökonomisches Programm für eine gerechtere Welt. München: Edition Pantheon

Sachs, Jeffrey (2007): Wohlstand für viele. Globale Wirtschaftspolitik in Zeiten der ökologischen und sozialen Krise. München: Siedler

Sachs, Lothar (1978): Angewandte Statistik. Berlin: Springer.

Sandel, Michael (1982): Liberalism and the Limits of Justice. Cambridge: Cambridge University Press

Santarius, Tilman (2012): Der Reboundeffekt. Wuppertal: Wuppertal Institut

Scheler, Max (2007): Die Stellung des Menschen im Kosmos. Bonn: Bouvier

Schmid, Jörg, Lindenberger, Dietmar & Kümmel, Reiner (2003): Energy, Economic Growth and German Reunification. In: Ulgiati, S. et al. (Hrsg.): Advances in Energy Studies. Reconsidering the Importance of Energy. Padua: SGE, 119–124

Schneider, F. & Ernste, Dominique (2013): The Shadow Economy. Cambridge: Cambridge University Press

Schor, Juliet (2013): Consumerism and Its Discontents. Oxford: Oxford University Press

Schumacher, Ernst Friedrich (1977): Die Rückkehr zum menschlichen Maß. Alternativen für Wirtschaft und Technik. Reinbek: Rowohlt

Schumpeter, Joseph Alois (1926): Theorie der wirtschaftlichen Entwicklung. München: Duncker & Humblot

Schwartz, Berry (2004): Anleitung zur Unzufriedenheit. Warum weniger glücklich macht. Berlin: Econ

Seidl, I. & Zahrnt, A. (Hrsg.)(2010): Postwachstumsgesellschaft. Konzepte für die Zukunft. Marburg: Metropolis

Seligman, Martin E. P. (2012): Flourishing. Wie Menschen aufblühen. München: Kösel

Selye, Hans (1950): The Physiology and Pathology of Exposure to Stress. Montreal: ACTA Medical Publishers

Sen, Amartya (1999): Development as freedom. New York: Alfred Knopf

Sen, Amartya (2010): Die Idee der Gerechtigkeit. München: C. H. Beck

Sennett, Richard (2012): Zusammenarbeit. Was unsere Gesellschaft zusammenhält. Berlin: Hanser

Serif, Muzafer (1936): The Psychology of Social Norms. New York: Harper

Simon, Herbert (1990): A mechanism for social selection and successful altruism. Science 250, 4988

Sinn, Hans-Werner (2008): Das Grüne Paradox. Plädoyer für eine illusionsfreie Klimapolitik. Berlin: Econ

Sinn, Hans-Werner (2013): Das demographische Defizit – die Fakten, die Folgen, die Ursachen und die Politikimplikationen. ifo Schnelldienst 66/21 (5.11.2013), 03–23

Sinn, Hans-Werner (2014): Migration ist ein Verlustgeschäft, Frankfurter Allgemeine Zeitung vom 29.12.2014

Smith, Adam (1776): An Inquiry into the Nature and Causes of the Wealth of Nations. Bd. 1 (Nachdruck von 1981). Indianapolis: Liberty Fund

Smith, Joanne R. & Hallam, S. Alexander (2012): Social Psychology. Revisiting the Classic Studies. Los Angeles: Sage

Smith, Richard (2015): Green Capitalism: The God that Failed. Bristol: World Economic Association WEA

Snow, Charles P. (1961): The Two Cultures and the Scientific Revolution. Cambridge: Cambridge University Press

Solow, Robert M. (1957): Technical change and the aggregate production function. Review of Economics and Statistics 39, 312–320

Solte, Dirk (2015): Wann haben wir genug? Europas Ideal im Fadenkreuz elitärer Macht. Wien / Berlin: Goldegg

Sommer, Bernd & Welzer, Harald (2014): Transformationsdesign. München: oekom

Spitzer, Manfred (2009): Natur und Gemeinschaft. Auswirkungen des Naturerlebens auf prosoziale Motive. Nervenheilkunde 28, 773–777

Spitzer, Manfred (2012): Digitale Demenz. Wie wir uns und unsere Kinder um den Verstand bringen. München: Droemer

Spitzer, Manfred (2014): Rotkäppchen und der Stress. Stuttgart: Schattauer

Spitzer, Manfred (2015): Denken – zu Risiken und Nebenwirkungen. Stuttgart: Schattauer

Stahel, Walter, Amory, B. Lovins & Braungart, Michael (2014): A New Dynamic: Effective Business in a Circular Economy. Ellen MacArthur Foundation (ellenmacarthurfoundation.org)

Stemmler, Gerhard (2009): Psychologie der Emotion. Göttingen: Hogrefe

Steffen, Will, Grinevald, Jacques, Crutzen, Paul & McNeill, John (2011): The Anthropocene: Conceptual and Historical Perspectives. London: Royal Society Publishing

Steffen, Will et al. (2015): Planetary Boundaries: Guiding Human Development on a Changing Planet. Science 347 (6223)

Stern, N. (2006): Summary of Conclusions. Executive summary (short) (PDF). Stern Review Report on the Economics of Climate Change (pre-publication edition). HM Treasury. Retrieved 28 April 2011.

Stiglitz, Joseph E. & Fitoussi, Jean-Paul (2009): Report by the Commission on the Measurment of Economic Performance and Social Progress. Paris (http://www.insee.fr/fr/publications-et-services/dossiers_web/stiglitz/doc-commission/RAPPORT_anglais.pdf)

Stiglitz, Joseph E. (2012): The Price of Inequality: How Today's Divided Society Endangers Our Future. New York: W. W. Norton

Stiglitz, Joseph E. (2015): Arm und Reich. Die wachsende Ungleichheit in unserer Gesellschaft. München: Siedler

Stils, Edward & Janowitz, Morris (1948): Cohesion and Desintegration in the Wehrmacht in the World War II. Public Opinion Quarterly 12/2, 280–315

Stouffer, Samuel (1949): Studies on Social Psychology in World War II. The American Soldier. Princeton: Princeton University Press

Straubhaar, Thomas (2015): Sinns Kostenrechnung: Lasst den Dampf aus der Migrationsdebatte. Die Welt vom 1.1.2015

Sumner, A. (2010): Global Poverty and the New Bottom Billion: What if Three-quarters of the World's Poor Live in Middle-Income Countries?. IDS Working Papers 349,1–43

Summers, Larry (2013): Rede bei der IMF Fourteenth Annual Research Conference in Honor of Stanley Fischer (http://larrysummers.com/imf-fourteenth-annual-research-conference-in-honor-of-stanley-fischer/)

Taleb, Nassim N. (2004): Fooled by randomness. The hidden role of chance in life and in the markets. London: Thomson

Tomasello, Michael (2014): Eine Naturgeschichte des menschlichen Denkens. Berlin: Suhrkamp

Töpfer, Klaus & Yogeshwar, Ranga (2011): Unsere Zukunft: Ein Gespräch über die Welt nach Fukushima. München: C. H. Beck

Trautmann-Lengsfeld, S. & Herrmann, C. (2014): Virtually simulated social pressure influences early visual processing more in low compared to high autonomous participants. Psychophysiology 51, 124–135

UNFPA (2015): Consequential omissions. How demography shapes development. Lessons from the MDGs for the SDGs

UN-General Assembly (2014): Report of the Intergovernmental Committee of Experts on Sustainable Development Financing, 15.8.2015

UN (2015): A World that Counts. Mobilizing the Data Revolution for a Sustainable Development (www.undatarevolution.org/report/) (siehe auch: http://www-01.ibm.com/software/data/bigdata/what-is-big-data.html)

UNU-IHDP and UNEP (2014): Inclusive Wealth Report 2014. Measuring progress toward sustainability. Cambridge: Cambridge University Press

Veblen, T. (1908): On the Nature of Capital. Quarterly Journal of Economics, 23/1, 104–136

Vohs, Kathleen D. (2006): The Psychological Consequences of Money. Science 314, 1154

Vollmer, Gerhard (2010): Menschliches Erkennen in evolutionärer Sicht. In: Fehler, Jochen (Hrsg.): Der Mensch – Evolution, Natur und Kultur. Beiträge zu unserem heutigen Menschenbild. Heidelberg: Springer, 141–154

Wagner, Gernot & Weitzman, Martin L. (2015): Climate Shock: The Economic Consequences of a Hotter Planet. Princeton: Princeton University Press

Walzer, Martin (1992): Sphären der Gerechtigkeit. Ein Plädoyer für Pluralität und Gleichheit. Frankfurt a. M. / New York: Campus (Neuauflage 2006)

Weidmann, Jens (2012): Papiergeld – Staatsfinanzierung – Inflation. Traf Goethe ein Kernproblem der Geldpolitik?. Deutsche Bundesbank vom 18.9.2012

Weizsäcker, Ernst Ulrich von, Lovins, Amery & Lovins, Hunter (2010): Faktor Fünf: Die Formel für nachhaltiges Wachstum. München: Droemer

Weizsäcker, Ernst Ulrich von, Young, Oran & Finger, Matthias (2005): Limits to

Privatization. How to Avoid Too Much of a Good Thing. A Report to the Club of Rome. London: Earthscan

Welzer, Harald (2013): Selbst denken. Eine Anleitung zum Widerstand. Frankfurt a. M.: S. Fischer

Werner, Richard A. (2012): How to end the European crisis – at no further cost and without the need for political changes. Centre for Banking, Finance and Sustainable Development Policy Discussion Paper, 2–12

Werner, Richard A. (2013): Towards a More Stable and Sustainable Financial Architecture. A Discussion and Application of the Quantity Theory of Credit. Kredit und Kapital 46/3, 353–389

Werner, Richard A. (2014a): Enhanced Debt Management: solving the eurozone crisis by linking debt management with fiscal and monetary policy. Journal of International Money and Finance 49, 443–469

Werner, Richard A. (2014b): Can banks individually create money out of nothing? The theories and the empirical evidence. International Review of Financial Analysis 36, 1–19

Wijkman, Anders & Rockström, Johan (2012): Bankrupting Nature: Denying Our Planetary Boundaries. A Report to the Club of Rome. London: Earthscan

Wilber, Ken (1995): Sex, Ecology, Spirituality. Boston: Shambhala

Wilber, Ken (1998): The Marriage of Sense and Soul: Integrating Science and Religion. New York: Random House

Wilber, Ken (2000): Integral Psychology. Boston: Shambhala

Wilber, Ken (2006): Integral Spirituality: A Startling New Role for Religion in the Modern and Postmodern World. Boston: Shambhala

Wilber, Ken (2008): Integral Life Practice: A 21st-Century Blueprint for Physical Health, Emotional Balance, Mental Clarity, and Spiritual Awakening. Boston: Shambhala

Wilkinson, Richard & Pickett, Kate (2009): The Spirit Level: Why More Equality is Better for Everyone. London: Penguin

Willi, Jürg (1975): Die Zweierbeziehung. Spannungsursachen, Störungsmuster, Klärungsprozesse, Lösungsmodelle. Reinbek: Rowohlt

Wilson, Edward O. (2013): Die soziale Eroberung der Welt. München: C. H. Beck

Yamagishi, T., Li, Y., Takasishi, H., Matsumoto, Y. & Kiyonari, T. (2014): In search of homo economicus. Psychological Science 25/9, 1699–1711

Zheng, A. (2014): Association between mobile phone use and inattention in 7102 Chinese adolescents: A populations-based cross sectional study. BMC Public Health 14, 1022

Zieschank, R. & Diefenbacher, H. (2008): Wachstum als Illusion? Nationaler Wohlfahrtsindex. Politische Ökologie 26, 96–97

Zimbardo, Philip & Boyd, John (2011): Die neue Psychologie der Zeit und wie sie Ihr Leben verändern wird. Heidelberg: Spektrum

Zum Autor

Stefan Brunnhuber, ursprünglich gelernter Kfz-Mechaniker, ist Mediziner und Wirtschaftssoziologe, Psychiater und Ökonom. Er ist als Ärztlicher Direktor und Chefarzt in Sachsen, internationales Vollmitglied im Club of Rome und Trustee der Weltakademie der Wissenschaften tätig. Er war einziges deutsches Mitglied der Lancet Commission, »Post-covid and green recovery« (2022/23) unter J. Sachs.

Derzeit ist Stefan Brunnhuber Mitglied im Beirat der Bundesregierung »Sustainable Finance« und hat einen Lehrstuhl an der Hochschule Mittweida in Sachsen inne. Die Interessen des Dahrendorf-Schülers und FDP-Mitglieds umfassen die Themen Integrative Medizin, Finanzökonomie und Nachhaltigkeit sowie gesellschaftliche Transformation. »Die Offene Gesellschaft, ein Plädoyer für Freiheit und Ordnung« erschien 2019. Zuletzt erschienen von ihm »Financing our Future« (2021) sowie »Financing our Anthropocene« (2023). Stefan Brunnhuber ist verheiratet, Langzeitmeditierer und Hobbygärtner und lebt mit seiner Familie in Dresden.

Anmerkungen

1 Die neun Faktoren sind Biodiversität, Klimawandel, Stickstoff- und Nitratzyklus, die Übersäuerung der Ozeane, Trinkwasserverbrauch, Landnutzung, Ozonabbau, atmosphärische Aerosole, Belastung durch multiple Chemikalien (Rockström et al. 2009).

2 Viel verdanke ich den Einladungen und Treffen mit Vertretern und Kollegen des Club of Rome und der Europäischen Akademie der Wissenschaften und Künste sowie zahlreichen weiterführenden Diskussionen, Seminaren und Treffen an der Polnischen Akademie der Wissenschaften in Warschau und Lublin, der Kroatischen Akademie der Rechtswissenschaften in Zagreb, der Semestereröffnungsveranstaltung am Lehrstuhl für Makroökonomie, Banken und Finanzen in Bratislava, dem Seminar der Wirtschaftswissenschaftlichen Fakultäten an den Universitäten Thessaloniki sowie Piräus/Athen, der »C-LEAF lecture series« der George Washington University, der »World Beyond Headline Series Lectures« der Universität Chicago, Einladungen an die Dresden International University, an das Internationale Forum für Kultur und Wirtschaft – Forum Tiberius, einer Einladung zur 300-Jahr-Feier der Carl-von-Carlowitz-Gesellschaft sowie zu einem Vortrag an der Boğazici-Universität in Istanbul/Türkei. Weiterer Dank gilt den Treffen mit Vertretern der finnischen Akademie der Wissenschaften in Kuopio/Finnland, den Gaustritzer Gesprächen/Dresden sowie den Treffen im Rahmen der Fair Finance Week in Frankfurt/Main, der Universität Essen, der Oikos-Winterschool, der Universität Witten-Herdecke und den Treffen an der PUST (Angelicum) in Rom mit Vertretern des Heiligen Stuhls sowie den Treffen mit den Studenten an der Viadrina/Frankfurt a. d. Oder. Nicht zuletzt waren die Summer-Stress-School an der Universität Grenoble auf Einladung der Internationalen Hans-Selye-Gesellschaft sowie die Einladung am Bundesverband für ökosoziale Marktwirtschaft wichtige Ideengeber. Bis zuletzt waren die Rückmeldungen vom Treffen der Weltakademie der Wissenschaften (WAAS) in Dubrovnik sowie die intensiven Diskussionen am CERN in Genf unverzichtbare Klärungen der eigenen Argumentation. Mit am wichtigsten war Tina Pruschmann, die als Lektorin den Text in eine Form gebracht hat, in der er für alle lesbar und verständlich ist.

3 Eine Zusammenfassung der empirischen Literatur findet sich bei Ken Wilber (2000) oder unter www.integral-institute.org.

4 Für andere siehe auch: Commoner 1990, Coomaraswami 1977, Lovejoy 1936, 1992, Baldwin 1906, Erikson 1992, Gilligan 1984, Kohlberg 1984/1996, 1996, Loevinger 1977, Maslow 1970, Piaget 1977, Sullivan 1980, Kernberg 2005,

Freud 1923, Maslow1954 oder Wilber 2000 und die damit verbundene Diskussion.

5 Der Wechsel zwischen den Ebenen wird häufig als Emergenz beschrieben. Dabei kann man zwischen einer schwachen und starken Form der Emergenz unterscheiden: Eine schwache entsteht, wenn etwa aus zwei Molekülen (Sauerstoff und Wasserstoff) Wasser wird und damit neue Eigenschaften hinzutreten, die aus der Betrachtung der Einzelbausteine nicht ableitbar waren. Von starker Emergenz würde man etwa bei der Entstehung des Bewusstseins, der Entwicklung des Augapfels oder der komplexen sensomotorischen und neuronalen Entwicklung in utero sprechen. Hier entstehen mentale oder neuroanatomische Strukturen. Gemeinsam ist allen emergenten Strukturen, dass sie einen nichtlinearen Vorgang beschreiben, der einen materiellen Ursprung hat, und das jeweils Neue nicht mehr auf seine Bausteine reduzierbar ist. Für beide gilt jedoch, dass mit dem Begriff der Emergenz das Faktum der Entwicklung nur einen anderen Namen bekommen hat, aber damit nicht naturwissenschaftlich-neurobiologisch erklärbarer wird. Statt Emergenz könnte man auch von Geist oder Vitalismus sprechen. Die prinzipielle Unerklärbarkeit des Entwicklungsschritts bleibt die gleiche.

6 Karl-Otto Apel (1973), Jürgen Habermas (1988), Hans Albert (1987) und Karl Popper (1957) haben sich intensiv erkenntnistheoretisch mit diesem Phänomen beschäftigt. Sie sprechen von einem performativen Selbstwiderspruch.

7 Komplementär heißt in diesem Zusammenhang, dass ein Sachverhalt zwei Aspekte beinhaltet, die sich nicht aufeinander reduzieren lassen oder über ein Drittes (einer Metaebene) vermittelt sind. Sie sind aber dennoch notwendig, um die Komplexität eines Sachverhaltes hinreichend zu beschreiben. Komplementäre Beziehungen haben den Charme, dass sie die Grenzen aufzeigen, die zwei Aspekte haben, ihre wechselseitige Verschränkung beschreiben und so erst Vollständigkeit erlauben.

8 Vgl. Thomas Kuhn 1967.

9 Der anatomische Ort dieser Spiegelneurone liegt für Handlungssequenzen in den Neuronen der inferioren prämotorischen Areale (Brodmann A44 und A45, teilweise identisch mit Broca), für die Eigenbefindlichkeit des Körpers in der Insula und dem inferioren Parietalcortex, für Sinnesleistungen verschiedenster Art im somatosensorischen Cortex, für emotionale Bewertungen im Bereich der Amygdala und für die optische Wahrnehmung im Sulcus temporalis superior (STS).

10 Die Ergebnisse werden auch durch entwicklungspsychologische Studien gestützt: Bereits einige Stunden nach der Geburt beginnt der Säugling, Gesichtsausdrücke nachzuahmen. Säuglinge verweigern dann aber den weiterführenden Blickkontakt, wenn vonseiten des Betreuers keine mimischen Reaktionen folgen. Nach zwei Monaten orientiert sich das Kind an den Blickrichtungen der Bezugsperson und sucht nach permanenten Imitations- und Simulationsereignissen. Bleiben sie aus, wendet sich das Kind emotional ab. Mit sechs Monaten werden Bewegungssequenzen gespeichert, mit neun Monaten liegt eine stabile Objektkonstanz vor, und mit 14 Monaten werden ganze Handlungsabsichten antizipiert. Ein erster Perspektivwechsel wird mit dem zweiten Lebensjahr möglich, und mit dem dritten Jahr bildet sich die Fähigkeit zur Empathie aus. Die Fähigkeit zur Empa-

thie ist eben nicht angeboren, sondern ein Produkt der Sozialisation. Angeboren bleibt offenbar nur die formale Fähigkeit zur Spiegelung, nicht jedoch deren Inhalte. Motorik, Sprach- und Lautentwicklung entwickeln sich in diesem Zeitraum parallel. So sind Gebrauchsgesten (Telefonhörer zum Ohr oder Löffel zum Mund führen) eng mit der Ausbildung des Vokabulars gekoppelt. Die menschliche Sprachentwicklung ist hier kein bloßes Erinnern und Ansammeln von Wörtern, sondern an erlebte und imitierte Handlungsabläufe simultan gekoppelt.

11 So sind bekanntlich in Nichtregierungsorganisationen (NGOs) weltweit bereits über eine Milliarde Menschen aktiv (ehrenamtlich und mit Vergütung) – und damit mehr als bei transnationalen Unternehmen mit Profitorientierung – und erwirtschaften mindestens fünf Prozent des Sozialproduktes. Und das Geschäftsmodell des Social Enterpreneur erarbeitet 3,5 Prozent des Sozialproduktes, wovon ein Drittel bereits Non-Profit ist. Genossenschaften im Allgemeinen haben in manchen Sektoren bereits erheblichen Einfluss. Weltweit gibt es dreimal mehr Mitglieder in Genossenschaften als Aktionäre. So wird im Agrarsektor bereits ein Drittel der Produktion genossenschaftlich erwirtschaftet. In der EU sind ein Drittel der Bankeinlagen und 28 Prozent der Privatkredite bereits genossenschaftlich, und der Nonprofit-Bereich macht in einzelnen Ländern mittlerweile über zehn Prozent des Bruttosozialproduktes aus. Gemeinsam ist ihnen allen, dass gegebene Ressourcen besser genutzt, die Qualität erhöht, die Wertschöpfung angehoben und die gesellschaftliche Teilhabe an der Wohlstandsentwicklung verbessert wird. (Weiterführend zum Thema auch Felber 2012.)

12 Gerechtfertigt wird diese Diskontierung durch nicht vorhersehbare positive Entwicklungen wie innovative Technologien und die generelle Unsicherheit der Zukunft. Umgekehrt heißt das aber, dass der heute verursachte, aber erst in der Zukunft auftretende Schaden niedriger bewertet wird (Esau-Prinzip). Das bedeutet: Der gegenwärtige Nutzen wird höher eingeschätzt als der zukünftige Nutzen oder auch Schaden. Quantitativ äußert sich diese Gegenwartspräferenz darin, dass zukünftige Schäden abdiskontiert werden. Träten z. B. in 150 Jahren infolge des anthropogenen Treibhauseffekts globale Schäden in Höhe von 10 Billionen US-Dollar auf und würde man diese Schäden mit einem Diskontsatz von vier Prozent auf die Gegenwart hin abdiskontieren, so ergäbe sich ein aktueller Wert von 28 Milliarden Dollar. So wäre es ökonomisch irrational, mehr als die 28 Milliarden US-Dollar zur Kompensation oder Abwendung dieser Zukunftsschäden heute zu investieren. Es liegt auf der Hand, dass künftige Schäden dabei bagatellisiert werden. Die Philosophie von Baruch de Spinoza über Immanuel Kant und Arthur Schopenhauer bis zu John Rawls lehnt eine solche Diskontierung der Zukunft einhellig ab; der Ökonom Roy Harrod bezeichnet sie als »eine höfliche Umschreibung für Raffgier« (zit. nach Birnbacher 1989).

13 Die Gaia-Hypothese, welche postuliert (J. Lovelock & L. Margulis 1982), dass die Erde und die Biosphäre im Gesamten ein selbstorganisierendes Lebewesen sei, trägt diesen beiden Diskontierungen (Zeit und Zugehörigkeit) gerade nicht Rechnung. In gleicher Weise überfordert es jeden normalen Denkprozess, dass zukünftige Generationen automatisch den gleichen Stellenwert haben wie die gegenwärtigen (D. Stern 2006).

14 Unser Neocortex ist seit über 20.000 Jahren relativ stabil. Zum Beispiel: Wir haben in der Regel zehn Finger und können nicht fliegen; wir teilen mit dem Ringelwurm (Platynereis dumerilii), der seit 500 Millionen Jahren existiert,

die wichtigsten physiologischen Parameter; unsere Stressachse ist mindestens 300 Millionen Jahre alt; unser genetischer Code ist zu 95 Prozent identisch mit dem des Affen, und wir unterscheiden uns nur in einem Prozent von anderen Menschen (interindividuell). Trotz dieser extrem konservativen biologischen Ausstattung (»The brain is the same«) haben wir eine Vielzahl unterschiedlicher Verhaltens- und Erlebnisformen geschaffen, die auf weiten Strecken Resultat der Sozialisation sind. So auch unsere Zeitwahrnehmung.

15 Multitasking ist dann der zwanghafte Versuch, anstelle der Würdigung und des Einhaltens von Eigenzeiten eine Synchronizität herzustellen. Das ist nicht nur ineffizient und unklug, sondern offenbar auch ungesund. Siehe beispielsweise Killingsworth & Gilbert 2010.

16 Als interessantes Beispiel soll die Constant-Travel-Time-Hypothese dienen: Über die Kulturen und technologischen Errungenschaften hinweg werden Einsparungen durch Beschleunigung mittels Erhöhung der Distanz kompensiert. Je schneller unsere Transportmittel werden, umso häufiger nutzen wir sie und umso weiter fahren wir damit. Die Zeit, die wir in ihnen verbringen, bleibt gleich. Gegenwärtig liegt die tägliche Mobilität bei durchschnittlich 70 Minuten (C. Marchetti, 1994).

17 Richard DDavid Precht fordert folgerichtig: »Wir brauchen nicht mehr Zeug, sondern mehr Zeit« (2010, 325).

18 Vor allem Kenneth Boulding 1976, Robert Costanza 2001, Karl W. Kapp 1979.

19 H. Daly (1990, 2008) beschreibt den gegenwärtigen Wachstumspfad als unwirtschaftlich, da er mit mehr Schulden, mehr ökologischen Belastungen und einem Weniger an Sozialstandards einhergeht. In jedem zusätzlichen Wachstum sind die Grenzkosten höher als der Grenznutzen. Er fordert einen stationären Wachstumspfad entlang eines dynamischen »Steady State« bei konstantem Bestand an Gütern und Population. Zu den wichtigsten Forderungen gehört eine ökologische Steuerreform, die den Ressourcenverbrauch belastet, und eine Cap-and-Trade-Dividende, die eine Obergrenze für endliche Ressourcen definiert, unterhalb derer dann gehandelt werden kann.

20 Siehe auch A. Gores »Wege zum Gleichgewicht« (vor allem Kap. 12), »Die dysfunktionale Zivilisation« (2007) und »The Future« (2013).

21 Weitere Beispiele für langlebige Produkte, die in einen Kreislauf eingebunden sind, bei Walter Stahel, Amory B. Lovins & Michael Braungart 2014.

22 So werden 31 Prozent der Nahrung entlang der Wertschöpfungskette vernichtet, unsere Pkw stehen zu 92 Prozent still, und ein durchschnittliches Büro ist nur zu 35 bis 50 Prozent der Zeit besetzt. So lassen sich in einer Kreislaufwirtschaft die Kosten für Material, die derzeit im Durchschnitt bei 50 Prozent der Gesamtkosten liegen, durch einen intelligenten Einsatz im Bereich Mobilität, Wohnen und Nahrung um 30 Prozent senken und die Abhängigkeit Europas von Rohstoffimporten (760 Milliarden Euro/Jahr) reduzieren. Der Umstieg in einer solche Form des Wirtschaftens ist jedoch mit erheblichen Kosten verbunden. Zusätzlicher Investitionsaufwand, Forschung und Entwicklung, Rückbau alter Industrieanlagen, Subventionsabbau, digitale Infrastruktur, Abfindungen und vieles mehr werden für Europa mit über 100 Milliarden Euro eingeschätzt. Einzelheiten in: »Growth within. A Circular Economy Vision for a Competitive Europe«, 2015, Ellen MacArthur Foundation.

23 So auch das Prinzip der Blue Economy, das auf Gunter Pauli zurückgeht. Es folgt dem Prinzip der Biomimikry, das heißt, man nimmt sich die Natur als Vorbild und lernt, wie Produkte aussehen müssten, damit sie nachhaltiger sind. Emissionen und Abfälle sind Ausdruck fehlender Effizienz, fehlgeleiteter Produkte und mangelhaften Managements. Dazu, wie das gehen soll – Seife aus Zitrusschalen, Pilze auf Kaffeesatz züchten, Fasern aus Algen, Segelfischerboote und USB-Strom durch Feuerholz, Unkrautbekämpfung ohne Chemikalien und viele weitere Beispiele und Anwendungen – siehe: www.blueeconomy.de; Gunter Pauli 2010.

24 Bürgerwissenschaft meint, dass es neben dem akademischen Betrieb Formen des Wissens und der Erfahrung gibt, die man für den Erkenntnisprozess gleichwertig nutzen sollte. Ich denke etwa an den Umweltschutz, regionale soziale Projekte oder den Bereich der Komplementärmedizin (siehe ausführlich Peter Finke 2014).

25 Eine integrale und holistische Betrachtung fordert die Klärung von Systemeigenschaften und deren Komponenten und nicht etwa die Identifikation von Millionen von Molekülen und Rezeptoren; siehe jetzt auch Fritjof Capra & Pier Luigi Luisi 2014.

26 Aus der neurobiologischen Verhaltensforschung ist bekannt, dass das Wir-Bewusstsein bereits beim Primaten dem narrativen, sprachlich geführten Sprechakt entwicklungslogisch vorausgeht. Wir erlernen zuerst ein Bewusstsein über das, was wir sind, was Gemeinschaft und Familie ist – und zwar vorrangig über Gestik, Emotionen und nonverbale Interaktion –, und entwickeln darauf aufbauend Formen symbolischer Kommunikation und damit eine Sprache. Das heißt: Der individuelle Sprechakt ist Resultat des Wir-Bewusstseins und nicht umgekehrt. Man spricht in diesem Zusammenhang auch von einem »Shared Consciousness« (M. Tomasello, 2014), einem geteilten Bewusstsein.

27 Die historische Trennung in zwei grundlegende Formen der wissenschaftlichen Kultur, nämlich Verstehen oder Hermeneutik auf der einen und Naturwissenschaft beziehungsweise Erklären auf der anderen Seite (C. P. Snow 1961), trägt im 21. Jahrhundert nicht mehr und wird durch eine dritte wissenschaftliche Kultur überlagert (Jerome Kagan 2009): Diese dritte Kultur entsteht aus der Big-Data-Bewegung und dem Versuch, psychosozialen, ökonomischen und gesellschaftlichen Ereignissen einen Algorithmus abzugewinnen. Die Grundidee ist – gerade in Abgrenzung zu Hermeneutik und Naturwissenschaften –, dass durch die Erfassung von immensen Datenmengen unsere gesellschaftliche Wirklichkeit retrospektiv, aber auch antizipativ erfassbar wird. Big Data diskriminiert hier gewissermaßen die Sozialwissenschaften gegenüber Naturwissenschaft und Hermeneutik. Diese Betrachtung geht historisch auf den Laplace'schen Dämon des 19. Jahrhunderts zurück (Pierre Simon Laplace 1814/1996): Wir können die Welt nur verstehen, wenn wir dafür eine Zahl haben. Die Wahrheit liegt gewissermaßen in den Zahlen. Das heißt in der Folge: Wir können nur das managen, wofür wir ein Maß haben. Alles, was wir nicht messen können, entzieht sich unserer Kontrolle. Messen und Datenerhebung ist gleichsam alles. Kurz: Die Welt ist dann vollständig erklärbar, kontrollierbar und letztlich determiniert, wenn wir sie in Zahlen fassen und wenn sie wie in der digitalen Welt zu 0 und 1 wird. Das heißt: Alles, was regelgeleitet ist, alles, was algorithmisch erfassbar ist, wird dann in der Folge auch digitalisierbar. Man kann fragen: Ist die Welt wirklich so

aufgebaut? Das ist die Laplace-Frage des 21. Jahrhunderts. Denn auch wenn es gelingen würde, in jedem von Menschen initiierten Verhalten und Interagieren einen regelgeleiteten Algorithmus zu entdecken, und wir so von Moment zu Moment fortschreiten, um dann auch die nahe Zukunft vorhersehen, manipulieren und kontrollieren zu können, so lassen doch disruptive Technologien, nichtlineare Event-Risks (wie etwa Terroranschläge oder Tsunamis) oder auch die Fähigkeit menschlicher Autonomie und Freiheit gerade jenen Schluss nicht zu. Die Welt ist wohl zu komplex und nichtlinear, als dass wir über Zahlen in die Zukunft sehen könnten. Dennoch gibt es diese dritte Kultur des Data-Crunching. Welchen Stellenwert sie in der wissenschaftlichen Diskussion und in ihrem Verhältnis zum Verstehen und Erklären unserer Welt bekommt, werden die nächste Jahre zeigen.

28 Werner Heisenbergs Unschärferelation bezieht sich genau auf diesem Zusammenhang. Je stärker und je exakter die Messung der lokalen Verortung wird, um so ungenauer und unschärfer wird die Bewegung, die Energie und das Momentum. Und es war Nils Bohr, der darauf hinwies, dass nur ein Komplementaritätsprinzip den Zusammenhang hinreichend abbilden kann. Dies trifft nicht nur für den subatomaren Bereich zu, sondern auch für lebende Systeme. Immer dann, wenn wir ein lebendes System vollständig analytisch untersucht haben, vergleichbar einer Dissektion, haben wir es bereits abgetötet, da die Natur lebender Systeme sich genau dieser Reduktion entzieht (Werner Heisenberg 1930).

29 Vier-Quadranten-Modell, Prä-Post-Differenz, Ebenen, Stufen, Zustände und Linien der Entwicklung sowie die Bedeutung transpersonaler Bewusstseinsformen, wie sie hier referiert werden, gehen vor allem auf die Arbeiten von Ken Wilber zurück. Um diesem umfassenden Diskussionsstand auch nur annähernd in einer Literaturangabe gerecht zu werden, verweise ich auf seine Denkfabrik: www.kenwilber.com oder auch www.integrallife.com.

30 Die Fähigkeit eines Wissenschaftler, Politikers oder Intellektuellen, einen Vorgang oder ein Ereignis auf ein anderes Ereignis zu reduzieren, das heißt zurückzuführen, ist eine kognitive Leistung zwischen zwei Theorien – und keine Beziehung zwischen einer Theorie und dem Ereignis oder einer Sache selbst. Meistens ist es die Theorie der Alltagswahrnehmung in Verbindung mit einer herrschenden wissenschaftlichen Theorie. Das ist übrigens auch bei den subtilen Reduktionismen der neurobiologischen Forschung gegenüber psychologischen oder sozialen Ereignissen nicht anders. Dennoch bleibt die Reduktionsleistung ein psychologischer Vorgang.

31 Einige Beispiele: Wenn wir unsere Ernährung auf mediterrane Vollwertkost mit Biosiegel umstellen würden, würde uns das pro Kopf circa sieben Euro mehr im Monat kosten. Die Treibhauseffekte wären aber um 10 bis 30 Prozent niedriger als bei der konventionellen Ernährung. In einer Top-down-Betrachtung entstehen uns mit dem konventionellen Ernährungsstil – direkt und indirekt – Kosten im mittleren bis hohen zweistelligen Milliardenbereich durch Diabetes mellitus, Herz-Kreislauf-Erkrankungen und Adipositas. Wenn man die 100 größten externen ökologischen Effekte vollständig monetarisieren würde, läge man bei sieben bis acht Billionen US-Dollar. Das entspricht etwas mehr als zehn Prozent der globalen Wirtschaftskraft. Die Hauptverursacher (Öl, Gas, Zement, Stahl und industrielle Landwirtschaft) würden, wenn man diese Kosten ihnen in Rechnung stellte, keine Gewinne mehr machen. Das heißt, sie würden vom Markt verschwinden. Konsequent umgesetzt hätte das erhebliche Auswirkungen auf

die Unternehmensgrößen und -verfassungen. Eine Internalisierung sämtlicher externer Kosten würde bedeuten, dass die Kosten nicht mehr degressiv, sondern mindestens proportional zum Umsatz verlaufen würden – mit der Folge, dass die Unternehmen kleiner und regionaler würden.

32 F. Schneider et al. 2013.

33 Gleichzeitig kommt es etwa in der Bundesrepublik zu fiskalischen Ausfällen von circa 150 Millionen Euro, die – wenn man die Auswirkungen auf die sozialen Sicherungssysteme mit berücksichtigt – Beträge von über 2,7 Milliarden Euro generieren. Ganz zu schweigen von den mindestens 600.000 Jobs, die zusätzlich entstehen könnten, wenn man den informellen Sektor vollständig in einen offiziellen überführen könnte (F. Schneider et al. 2013).

34 Die hier genannten Größenordnungen kontrastieren erheblich mit Missbrauchsfällen bei der Sozialhilfe. Das Verhältnis von Sozialmissbrauch und Steuerhinterziehung liegt in der Bundesrepublik für das Jahr 2010 bei 1:1500. Hinzu kommt, dass die Nicht-Inanspruchnahme von Sozialhilfe nochmals um den Faktor zehn höher liegt als der Missbrauch des Systems. Der Verlust durch Steuerbetrug macht über ein Drittel des Sozialproduktes aus, der des Missbrauchs 0,025 Prozent; siehe auch Caritas-Verband Deutschland.

35 Von besonderer Bedeutung sind hier die Kapitalflüsse aus den BRIC- und Entwicklungsländern in den Westen: Der illegale Abfluss über die vergangenen zehn Jahre ist mindestens doppelt so hoch wie das globale Wirtschaftswachstum im gleichen Zeitraum. In absoluten Zahlen werden fast eine Billion US-Dollar ins westliche Ausland geschafft. So kommen auf jeden Dollar, der an internationaler Entwicklungshilfe gewährt wird, circa zehn Dollar, die das jeweils betroffene Land wieder verlassen. In der Region südlich der Sahara ist der Kapitalabfluss höher als das Wachstum des Sozialprodukts. In den Jahren 2002 bis 2011 sind so weltweit circa sechs Billionen US-Dollar illegal transferiert worden. Siehe auch Global Financial Integrity Report 2014.

36 Leo Nefiodow fasst Umweltschäden, Militärausgaben, Aufwendungen für Sicherheitsstandards, soziale Kosten (Streiks, Arbeitslosigkeit), gesundheitliches Fehlverhalten mit dem Begriff des »entropischen Sektors« zusammen. Seinen Berechnungen zufolge beläuft er sich auf ein Drittel des Weltsozialprodukts (1996). Wenn etwa in einigen Sektoren der chinesischen Wirtschaft die umweltbedingten Gesundheitskosten das Wirtschaftswachstum bereits überschreiten oder für Gefängnisse mittlerweile mehr Geld ausgegeben wird als für die Hochschulfinanzierung, wie das wohl in den USA nun der Fall ist, würde man von einer relativen Zunahme des entropischen Sektor sprechen.

37 Wie man anders mit Big Data im Umfeld der Nachhaltigkeit umgehen kann, zeigt einer der führenden OECD-Statistiker, Enrico Giovannini, etwa in UN-ESCAP, Keynote 30.6.2015, Bangkok oder auch »A World that Counts: Mobilizing the Data Revolution for a Sustainable Development« der Independent Expert Advisory Group on a Data revolution for a Sustainable Development, November 2014 (http://www-01.ibm.com/software/data/bigdata/what-is-big-data.html).

38 Wie viel man nun einpreist, externalisiert oder unberücksichtigt lässt, ist eine Frage der gesellschaftlichen Konvention. Die In-Preis-Setzung oder expansive Ökonomisierung, etwa bei Verschmutzungsrechten, Sozialstandards oder gan-

zen Ökosystemen (TEED, REDD), führt nur zu einer Parallelverschiebung des konventionellen Pfads. Wo zuvor noch kein Preis draufstand, entsteht durch Kommodifizierung nun ein Markt, der eine nachhaltigere Allokation verspricht. In der Tat leistet ein Markt, wenn er denn funktioniert, genau dies: Er verteilt effizient knappe Ressourcen innerhalb vorgegebener Rahmenbedingungen, aber er ist blind gegenüber den Zielen. Man kann eben auch effizient das Falsche verteilen.

39 Ingesamt hat sich die Weltgemeinschaft auf 17 Ziele verständigt; UN-General Assembly, 15.8.2014, Report of the Intergovernmental Committee of Experts on Sustainable Development Financing. Im Folgenden habe ich sie auf die »Big 7« reduziert.

40 Der ökologische Fussabdruck beschreibt, wie viel Land- und Wasserflächen notwendig sind, um den gegenwärtig Konsum zu produzieren und die anfallende Abfälle hinreichend zu absorbieren. Die Werte werden in Hektar pro Person, pro Staat, pro Jahr angeben. Zur Verfügung stehen 1,8 ha pro Person global; der Human Development Index (HDI) ist ein Wohlstandsindikator der UN, welcher nicht nur die ökonomische Wertschöpfung, sondern etwa auch die Bildungsdauer und die Lebenserwartung mit berücksichtigt. Der Index geht von 0 bis 1, wobei Werte ab 0,7–0,8 angestrebt werden sollen.

41 Der Zusammenhang wurde auch durch aktuelle Studien bestätigt: Arien Y. Hoekstra 2013; Michael Obersteiner et al. 2015; siehe auch Papst Franziskus; Laudato si, Freiburg: Herder 2015.

42 Dazu auch Klaus Töpfer & Ranga Yogeshwar 2011 sowie Michael von Hauff 2014.

43 Ohne eine Priorisierung der Ziele wird es nicht gehen. Die BRD trägt mit fast einer Milliarde Tonnen CO_2 zwei bis drei Prozent der globalen CO_2-Last. China produziert das Zehnfache. Selbst wenn die BRD ihren Ausstoß um 50 Prozent senken würde, würde das in der globalen Wachstumsdynamik wahrscheinlich keine große Rolle spielen. Gleichzeitig gilt es, die Klimafolgekosten mit Alternativszenarien zu vergleichen: Die Erderwärmung verursacht bis zu 250.000 zusätzliche Tote im Jahr, die Luftverschmutzung sieben Millionen. Weltweit hungern 800 Millionen Menschen, und 2,5 Milliarden haben keinen sicheren Zugang zu Wasser. Eine Gegenrechnung wäre dann: Die EU gibt 200 Milliarden Euro aus, um sieben Milliarden Euro Klimafolgekosten zu verhindern. Die Forschung und Entwicklung im Bereich der erneuerbaren Energien hätte im Durchschnitt einen Return of Investment von 1:11 Euro. Die Frage ist also: Für was geben wir unser Geld aus? Die eigentliche Diskussion steht uns also noch bevor und wird früher oder später von der Einsicht getragen sein, dass es ohne eine Wachstumswende nicht gehen wird (siehe auch www.Copenhagen-consensus-group.org).

44 Dies alles verstärkt das bekannte Trilemma: Eine Zunahme der Bevölkerung geht in der Regel mit einem reduzierten Pro-Kopf-Einkommen bei gleichzeitiger Zunahme des absoluten Ressourcenverbrauchs einher, der selbst wiederum das Klima verschlechtert (Reiner Klingholz 2014 oder auch UNFPA 2015).

45 Siehe Paul Collier 2013: Aktuelle Umfragen zeigen, dass bis zu 40 Prozent der Bevölkerung in armen Ländern bereit sind, ihre Heimat zu verlassen. Bei der aktuellen Anzahl von Migranten weltweit kommt es zu 400 Milliarden US-Dollar

Überweisungen ins Heimatland. Bei sechs Prozent des Einkommens entspricht das 1000 USD pro Jahr und pro Kopf.

46 In der Gleichung für die zukünftige Organisation der Erwerbstätigkeit gilt es folgende Variablen zu berücksichtigen: Global werden wir die nächsten zwei Dekaden mit mindestens 100 Millionen Arbeitslosen im Niedriglohnsektor rechnen müssen. Gleichzeitig fehlen uns 40 Millionen Fachkräfte im mittleren Qualifikationsbereich und weitere 40 Millionen mit hoher Qualifikation. Historisch waren Technologien meist Komplemente, indem sie das Humankapital einer Gesellschaft erhöhten und ergänzten. Das ändert sich nun aber: Insbesondere der Niedriglohnbereich trifft auf eine Technologie (Robotronik), die Routinearbeiten zu bis zu 40 Prozent substituieren und damit Erwerbstätige am Arbeitsmarkt wieder freisetzen wird. Solche Ungleichgewichte am Arbeitsmarkt werden politisch traditionell mit einer Bildungsoffensive beantwortet. Empirisch nimmt die Bildungsdividende (gelernte versus ungelernte Arbeitnehmer) jedoch jährlich ab und die globale Akademikerarbeitslosigkeit zu. Vor diesem Hintergrund tauchen zwei Fragen auf: Ist nicht erstens die duale Qualifikationen mit hohem Praxisanteil wertvoller? Und ist zweitens das Vollbeschäftigungsziel bei zunehmender Automation überhaupt sinnvoll (Mc Kinsey Labor Report 2012, ILO, OECD)?

47 Der Zusammenhang ist seit den 1970er-Jahren experimentell und klinisch validiert (siehe Robert Axelrod 2005): Kooperative Strategien, vor allem Tit-for-Tat-Strategien (Wie du mir, so ich dir), sind langfristig erfolgreicher als kompetitive Strategien. Je nachdem, welches Studiendesign man wählt, führen kompetitive Vorgehensweisen früher oder später ins Aus. Der auf Wettbewerb ausgerichtete Akteur ist im Zeitverlauf der Verlierer, nicht der Gewinner.

48 Siehe www.cesifo-group.de.

49 Humankapital definiert sich als die erworbene und sinnvolle Fähigkeit eines Mitglieds einer Gesellschaft zur Steigerung des persönlichen, sozialen und ökonomischen Wohlstands (bereits Adam Smith 1776; OECD 2012). Die Investition in Humankapital umfasst Elternschaft, Erziehung, berufliche Ausbildung, informelles Lernen, Gesundheit und auf Länderebene die Migration. Sie führt auf individueller Ebene zu mehr Wissen, mehr Fertigkeiten und Kompetenzen, die schließlich positive Auswirkungen auf die ökonomische und nichtökonomische Situation der Person und der Gesellschaft haben. Ohne Migration werden wir in der BRD in den nächsten 20 Jahren ein Drittel weniger Erwerbstätige haben, mit entsprechenden Auswirkungen auf unsere sozialen Sicherungssysteme und unseren Wachstumspfad. Ob sich das ganze ökonomisch rechnet, hängt davon ab, ob man eine proportionale Rechnung (Hans-Werner Sinn 2014) oder eher eine Grenzkostenrechnung (Thomas Straubhaar 2015) erstellt. Im ersten Fall werden alle Kosten gleich umgelegt. Im zweiten Fall wird berücksichtigt, dass etwa Kosten für unser Militär oder für Autobahnen auch ohne Immigranten anfallen würden. Der Grenznutzen ist im zweiten Fall dann positiv. Bhagwati hat übrigens bereits in den 1970er-Jahren für den Braindrain eine gleichnamige Steuer empfohlen, die für das Gastland anfällt, da die Menschen nun ihr Humankapital anderswo anbieten (Bhagwati 1974).

50 Ob dabei die Menschen länger oder kürzer arbeiten, ist an dieser Stelle zweitrangig. Denn es gilt, die Kosten der Arbeitslosigkeit und die der Rentenzahlungen gegeneinander zu verrechnen. Wenn man davon ausgeht, dass sich Rentenzahlungen pro Kopf im Vergleich zu den Aufwendungen und Kosten

der Arbeitslosigkeit gegenseitig zumindest teilweise aufheben, kommt es nur zu einer Lastenverschiebung zwischen Arbeitslosen- und Rentenversicherung. Die Gesamtlast bleibt dann (fast) die gleiche. Bei einem globalen Überangebot an Arbeit und einer technologiebedingten Zunahme der Produktivität in Verbindung mit den ökologischen Grenzen des Wachstums werden die zukünftigen gesellschaftlichen Auseinandersetzungen an einer anderen Stelle stattfinden. Wir werden weniger darüber sprechen müssen, ob wir ein Jahr länger oder kürzer arbeiten, sondern in welchem Verhältnis wir Energie und Arbeit adäquat besteuern (siehe unten) und wie wir Lebensqualität und Umweltverträglichkeit gleichermaßen sichern. Diese zentrale Diskussion steht uns noch bevor.

51 Die Weltakademie der Wissenschaften und Künste (WAAS) hat in einer groben Schätzung den Bedarf an sekundären und tertiären Bildungseinrichtungen global errechnet: Weltweit müsste sich in den nächsten zehn Jahren die Anzahl der Universitäten verdoppeln, um die faktische Nachfrage von 100 Millionen Studenten zu befriedigen. Das heißt: Es müssten über einen Zeitraum von zehn Jahren pro Woche vier Universitäten von der Größe der Harvard University gegründet werden. – Wie es auch anders gehen kann, zeigt der Philosoph Julian Nida-Rümelin in »Der Akademisierungswahn« (2014).

52 Die Anforderungen an die Faktor- und Energieeffizienz waren in den 1970er-Jahren beim Doppelten zum Ausgangswert, in den 1980er beim Vier- bis Fünffachen, in den 1990er beim Zehnfachen und sind nunmehr bei mehr als dem Zwanzigfachen. Die Diskussion wird schnell akademisch. Verhaltens- und Lebensstilmodifikationen sind dabei nicht vorgesehen.

53 Es kommt wahrscheinlich noch eine kulturelle Dimension hinzu: Kollektivistische Gesellschaften haben eine höhere Fähigkeit in der Koordination der Gesamtorganisation, also eine koordinative Form der Effizienz, während individuelle Gesellschaften den innovativ-dynamischen Anteil hervorheben. Beide – koordinative und innovative Effizienzen – sind wichtig. Im ersten Fall geht es gleichsam horizontal darum, das gegebene System zusammenzuhalten, resilienter und robuster zu machen und die Kommunikation und Kooperation zu betonen. Im zweiten Fall geht es gleichsam vertikal um eine dynamische Veränderung des Systems, um mehr Wettbewerb und um die Suche nach einem neuen Gleichgewicht (siehe Spitzer 2015, Kap. 3).

54 Mittlerweile gibt es eine Reihe empirischer Untersuchungen zur lokalen ökonomischen Resilienz. Als Faustregel kann gelten: Bei einem ortsansässigen Unternehmer werden über zwei Drittel mehr an Wertschöpfung in der Region verbleiben als bei einem überregional oder global tätigen Unternehmen. Das heißt: Ein lokaler Mittelstandsunternehmer wird über 50 Prozent seiner Einkommen wieder in der Region ausgeben, bei einer nationalen Handelskette sind es nur 30 Prozent. So kann eine Verschiebung des Umsatzes von zehn Prozent hin zu einem lokalen Anbieter sich schnell zu einem zweistelligen Millionenbetrag aufsummieren, der dann für regionalen Wohlstand zur Verfügung steht (Patel & Garrett 2011).

55 Elizabeth Kolbert (2014): The Sixth Extinction: An Unnatural History. New York: Henry Holt.

56 Carsten Neßhöver 2013.

57 Das Thema der Diversität als Resilienzfaktor ist grundlegender Natur und lässt sich bis zum genetischen Code zurückverfolgen. Rezessive Gene bleiben im Wild-

typ bekanntlich verborgen. Sie stehen unter einem geringeren Anpassungsdruck als der Wildtyp und haben über Jahrtausende hinweg einen immensen Genpool aufgebaut. Unter Normalbedingungen spielen jene rezessiven Gene keine besondere Rolle. Jedoch unter Stress, wie etwa Trockenheit, Hitze, Parasiten oder Nahrungsmangel, kann sich die Population zu kleineren Einheiten verringern. In diesen Einheiten erhöht sich dann die statistische Wahrscheinlichkeit, dass ein homozygotes Individuum das rezessive Gen von beiden Eltern bekommt und dann dem Selektionsdruck unterliegt. Unter entsprechenden Umweltbedingungen sind es nun gerade jene rezessiven Gene, die einen Überlebensvorteil garantieren können (höhere Toleranz bei Wassermangel oder Resistenz gegenüber Parasiten, neue Nahrungsquellen mit verändertem Metabolismus). Der Schutz der ursprünglich eher schwachen Eigenschaften erweist sich als Überlebensvorteil, und auf einmal gehört diese Population zu den anpassungsfähigeren. Die Autoren nennen dies ein »unterbrochenes Gleichgewicht« (punctuated equilibrum). Siehe bereits Eldredge & Gould 1972, 82–115; Dobzhansky 1937 oder Julian Huxley 1942.

58 Ich unterscheide hier zwei Formen von Effizienz: Bei der Effizienz erster Ordnung kommt es zu einer Steigerung des sektoralen Durchsatzes pro Zeiteinheit. Es gilt das größte Glück für die größte Zahl (z. B. Shareholder Value). Bei der Effizienz zweiter Ordnung geht es um eine Maximierung der Grundbedürfnisse für alle bei gleichzeitiger Minimierung der sozialen und ökologischen Kosten. Diese globale Effizienz 2.0 fordert ein völlig anderes institutionelles Design und einen anderen Bewusstseinsschwerpunkt.

59 So kann man vier Formen des Rebounds unterscheiden. Erstens der finanzielle Rebound: Effizienzbedingte Preissenkungen führen bei privaten Haushalten zu Einkommensgewinnen, die dann für das gleiche Gut und für andere Güter ausgegeben werden. In der Industrie kommt es zu Produktionserweiterungen und zur Erschließung anderer Märkte. Da 90 Prozent unserer Volkswirtschaft direkt oder indirekt an fossilen Energieträgern hängt, führen Preissenkungen dazu, dass andere Güter ebenfalls billiger und verstärkt nachgefragt werden. Zweitens der psychologische Rebound: Auf der Verhaltensebene führen Effizienzsprünge vor allem bei grünen Technologien zu einem Mehrverbrauch. Die psychologischen Mechanismen im Hintergrund werden als Green-Washing-, Moral-Licencing- (stellvertretend werden andere ökologische Sünden begangen) oder Moral-Leaking-Effekt (die moralische Entlastung, zum Beispiel durch die Verwendung von Energiesparlampen, führt dazu, dass das Licht länger und in mehreren Räumen brennt) oder allgemein als Moral-Hazard-Effekt (alle anderen machen es ja auch) bezeichnet. Drittens der materielle Rebound: Alle effizienzsteigernden Investitionen sind energie- und materialintensiv. Man spricht bei Umrüstungen von einem Embodied-Energy-Effekt. Der Aufbau einer alternativen Infrastruktur sowie der Rückbau der konventionellen Industrie erhöht den materiellen Rebound. So entstehen neue und keine substitutiven Märkte. Der Wachstumspfad bleibt selbst völlig unberührt. Und viertens der systemische (Cross-Border-)Rebound: Niedrige Energiepreise haben einen allgemeinen Wachstumsimpuls zur Folge. Das heißt: Der generelle Wachstumspfad wird verstärkt und nicht korrigiert mit entsprechenden Auswirkungen auf Flächennutzung und Biodiversität (siehe auch Tilman Santarius, 2012).

60 Außer Aufforstungsprogrammen, dem Schutz von Mutterboden, der selbst um den Faktor zehn mehr CO_2 bindet als Bäume, und vereinzelten Algenzüchtun-

gen gibt es derzeit weltweit keine einzige Technologie, die als CO_2-Senke zur Verfügung steht. Die Ansätze lösen das Rebound-Phänomen nicht und haben in der Regel eine verheerende Energiebilanz. Zum Beispiel verspricht der Omniprozessor (Bill Gates), bei 1000 Grad Celsius menschliche Fäkalien in Trinkwasser und Elektrizität zu verwandeln. In Zahlen: Die Fäkalien von 100.000 Menschen führen zu 86.000 Liter Trinkwasser und 250 KWh Strom. Der Omniprozessor hat damit das Potenzial, die Mortalität durch schlechte Sanitäranlagen (800.000 Menschen pro Jahr) zu reduzieren.

61 Siehe Carolan 2015 mit zahlreichen weiteren Beispielen.

62 Der im Informationssektor anfallende Energiebedarf wird oft unterschätzt. 2011 errechneten Barath Raghavan und Justin Ma den Energiebedarf für das Internet (einschließlich der Endgeräte wie Computer, Smartphones und Server) auf 6 bis 11 Prozent des gesamten globalen Stromverbrauchs. Die Cloud steht weltweit, wenn man sie als einen eigenen Staat betrachtet, mit 700 Milliarden kWh pro Jahr auf Platz fünf (Cook 2012); eine Google-Suchanfrage verursacht pro Sekunde übrigens 0,2 Gramm CO_2-Belastung (Gombiner 2011).

63 Energie, die meist in Form von Wärme für gewerbliche und industrielle Produktions- und Fertigungsverfahren genutzt wird.

64 Nachzulesen bei Schmid et al. 2003 oder Kümmel 2011.

65 Ayres & Warr 2009, 16ff.

66 Der globale Rückgang des Anteils der Arbeitseinkommen an der Gesamtwirtschaft ist mittlerweile empirisch gut untersucht. Die relativ billigere Investition in Energie, digitales Kapital und Technologie erklärt circa 50 Prozent des Rückgangs der globalen Beschäftigung, siehe etwa Loukas Karabarbounis & Brent Neiman (2014) und die daraus entstandene Folgediskussion.

67 Diese Beschäftigungsschwelle entspricht dem durchschnittlichen jährlichen Anstieg der Arbeitsproduktivität, also dem durchschnittlichen Tempo der Ersetzung von Arbeit durch Energie und Kapital. So viel Wachstum wird Jahr für Jahr benötigt, nur um die Arbeitslosigkeit wenigstens konstant zu halten. Erst oberhalb dieser Schwelle werden Arbeitskräfte eingestellt.

68 Die Folge ist dann das, was der Soziologe Hartmut Rosa einen Beschleunigungszirkel nennt, bestehend aus einer sozialen, einer individuellen und einer technologischen Akzeleration, die sich gegenseitig verstärken und letztlich in eine Wachstumsfalle münden, in der der Einzelne die erworbenen Güter gar nicht mehr nutzt, sondern nur noch verstaut und hortet, da er gar keine Zeit mehr für sie aufbringen kann.

69 Wenn man prognostischen Wert, der sich aus der Erfahrung der linearen Zunahme der Wirtschaftsleistung in den vergangenen fünfzig Jahren ergibt, mit dem der prognostischen Einschätzungen der Frühjahrs- und Herbstgutachten verschiedener Wirtschaftsinstitute vergleicht, die manchmal das statistische Maß des Zufalls nicht überbieten, würde ich mich für den ersten entscheiden. Siehe kritisch auch: http://pdwb.de/nd08.htm.

70 Vgl. Sommer & Welzer 2014.

71 Siehe etwa den aktuellen Bodenatlas, 2015.

72 Gemessen wird der virtuelle Wasserverbrauch auch in m^3 pro Kopf und pro Jahr (China: 700 m^3, BRD: 1500 m^3, USA: 2500 m^3)

73 Amarta Sen, 1999, S. 6.

74 So zeigt Franz Josef Radermacher in seiner aktuellen Stellungnahme (2014), dass das Zwei-Grad-Ziel nur noch dadurch erreichbar sei, dass der private Sektor sich freiwillig engagiert. Konkret rechnet er vor, dass über ein Reforestierungsprogramm 250 Milliarden Tonnen CO_2 neutralisiert werden können, wenn diese Senke durch die privilegierten zwei Prozent der Weltbevölkerung (1000 Euro pro Kopf pro Jahr) gegenfinanziert wird. Die damit verbundenen 1000 Milliarden Hektar Wald werden zwar das Global-Warming-Problem nicht lösen, aber uns zusätzlich Zeit schenken, uns etwas anderes zu überlegen. Ich bin privat in diesem Programm engagiert.

75 So die Hypothese des Harvard-Professors Michael Porter: Umwelt- und Sozialrichtlinien erhöhen den Wettbewerb und die Innovationsfähigkeit der Unternehmen, je strikter sie politisch geregelt sind (sogenannte Porter-Hypothese); siehe etwa Frohwein & Hansjürgens 2005.

76 Siehe auch www.globalmarshallplan.org.

77 Dass die grüne Revolution so nicht funktioniert, hat nun Richard Smith (2015) nochmals deutlich gemacht.

78 Parts per million (dt.: »Teile pro Million«, Millionstel).

79 Im Grunde genommen handelt es sich bei der Klimaerwärmung um einen globalen Omnibusparameter, der in seinem negativen Spiegelbild in kondensierter Form unser kohlenstoffreiches, westliches Wohlstandsmodell widerspiegelt, bestehend aus hoher Mobilität, Eigenheim, fleischlastiger Ernährung sowie ressourcen- und energieintensiver Wertschöpfung. Das dabei freiwerdende CO_2 wird über Senken (Meere, Wälder, Böden, Atmosphäre) teilweise neutralisiert. Insgesamt verbleibt die CO_2-Menge jedoch über mehrere Hundert Jahre klimarelevant in der Atmosphäre. Technologien sind aber keine CO_2-Senken. Es gibt aktuell sowie in absehbarer Zeit keine einzige Technologie, die eine absolute Entkopplung von Wirtschaftsleistung und CO_2-Ausstoß zulässt, schon gar nicht, wenn man Externalitäten und Reboundeffekte einbezieht. Erst wenn eine Technologie den Status einer Senke hätte, wäre sie ein Kandidat für eine absolute Entkopplung. Dies gilt auch für die aktuelle Diskussion um Lebenszyklusanalysen (LCA), Cradle-to-cradle-Kreislaufwirtschaften, Power-to-Liquid- oder Power-to-Gas-Speichertechnologien (PtL, PtG) oder auch Carbon Capture Use (CCU). So könnte, rein theoretisch, der Einsatz von CCU maximal ein Prozent der CO_2-Belastung von 40 GT pro Jahr kompensieren (persönliche Mitteilung Prof. Bardot, TU Aachen). Aber CCU ist eben keine Senke, sondern eine Effizienztechnologie mit unklarem Rebound, hohem Primärenergieeinsatz und geringem Potenzial im Hinblick auf die geforderten 40 GT CO_2 pro Jahr. Selbst mutige Visionen im Bereich des Geoengineerings wie etwa CDR (Carbon Dioxide Removal) oder SRM (Solar Radiation Management), wo es um einen Eintrag von Schwefelpartikeln in die Stratosphäre geht, hinterlassen bei intensiverem Studium und Austausch mit Fachleuten eher den Eindruck von Science Fiction. Und der bekannte Versuch, unsere Mobilität dadurch zu sichern, dass wir aus Getreide Biosprit erzeugen, verdeutlicht gleich mehrere Engpässe: Historisch gab es die Fuel-Food-Debatte bereits im Mittelalter. Eine Neuauflage scheint wenig überzeugend. Und es ist nicht ganz unwichtig, darauf hinzuweisen, dass wir für unseren westlichen Fleischkonsum deutlich mehr an Getreide benötigen als für

unsere Mobilität. Im Gesamten zeigt die Diskussion eher eine intellektuelle Hilflosigkeit als den Versuch, Ernährung und Mobilität, Energie und Lebensstile in ein sinnvolles Verhältnis zueinander zu bringen.

80 Recht gut empirisch untersucht, jedoch häufig ideologisch überlagert zeigt sich, dass Wohlfahrtsstaaten im Vergleich zu Staaten mit einer dominant marktwirtschaftlichen Ausrichtung mit ihrer höheren Staats- und Sozialabgabenquote in der Regel eine geringere Armutsquote, weniger Arbeitslose, weniger soziale Ungleichheit, ein höheres Pro-Kopf-Einkommen, weniger Korruption, höhere Ausgaben in Forschung und Entwicklung, eine höhere Patentrate, höhere internationale Entwicklungsausgaben, ein generell höheres Vertrauen in staatliche Institutionen und ein höheres gesamtgesellschaftliches Sozialkapital haben. Das heißt: Unter dem Gesichtspunkt einer nachhaltigen Gesamtentwicklung sind solche Transferleistungen besser als rein marktförmige Lösungen. Gleichzeitig hängt die Zustimmung zu solchen Transferzahlungen in erheblichem Maße davon ab, wie sozial ausgeglichen und ethnisch homogen eine Gesellschaft ist. Je ungleicher und je kulturell-ethnisch heterogener eine Gemeinschaft ist, umso schwerer wird es sein, kollektive und überindividuelle Standards zu formulieren, denen alle Teilnehmer zustimmen können. Das wird in einem globalen Kontext der Armutsbekämpfung, der Überwindung von sozialer Ungleichheit, der Neuverteilung von Energie und des Erhalts von globalen öffentlichen Gütern (Luft, Wasser, Land, Biodiversität) in Verbindung mit soziokulturellen und religiösen Unterschieden sozialpsychologisch eher schwieriger als leichter (Jeffrey Sachs 2006).

81 Empirische Einzelnachweise sowie weitere Aspekte zum Thema bei Bernard Lietaer et al. 2012/2013.

82 Wie stark ein solcher Attraktor wirken kann, sieht man beispielsweise an der Kapitalkonzentration der zehn größten institutionellen Anleger. Mit 40 Billionen US-Dollar verwalten sie bereits mehr als die Hälfte des Weltsozialproduktes von 75 Billionen US-Dollar. Wenn jene zehn Anleger sich entscheiden würden, 15 Prozent ihres Anlagevermögens aus dem Markt zu ziehen und zu de-investieren, wäre das bereits mehr als die Gesamtsumme der durch alle Zentralbanken zur Verfügung gestellten Geldmenge (Solte 2015).

83 Vgl. dazu Thomas Jorberg bei Seidl & Zahrnt 2010, 145–154.

84 Die globale Schuldendynamik wird durch einen weiteren selbstgesetzten Mechanismus noch verstärkt, der damit zu tun hat, dass zahlreiche Industrieländer ein Steuersystem etabliert haben, das es erlaubt, die aufgenommenen Schulden abzuschreiben. In Zahlen bedeutet das, dass je nach Zinshöhe zwischen zwei und fünf Prozent des Sozialprodukts im privaten Sektor verbleiben und den Regierungen für die Finanzierung öffentlicher Aufgaben nicht zur Verfügung stehen. Vor der Finanzkrise 2008 waren das in den USA circa 750 Milliarden US-Dollar und in Europa 500 Milliarden Euro, die der öffentlichen Hand fehlten. (Siehe: The great distortion. A dangerous flaw at the heart of the world economy, The Economist 9, 19–22 May, 2015).

85 Thomas Piketty (2014) hat interessanterweise diesen verhaltenspsychologischen Zusammenhang nicht gesehen.

86 Graeme Maxton 2011.

87 Siehe etwa den Bericht der Commerzbank zum Thema, in »Die Welt« vom 28.8.2009. Standard & Poors' wird mit 15 Billionen US-Dollar zitiert, das Go-

vernment Accountability Office (www.gao.gov) allein für die USA mit 22 Billionen US-Dollar. Die großen Unterschiede entstehen durch die Berücksichtigung von indirekten Kosten beziehungsweise des gewählten Zeitfensters.

88 An die Stelle der Quartalsberichte sollten Dokumentationen treten, die die Umwelt- und Rohstoffnutzung hinreichend abbilden, und auch Bonuszahlungen sollten sich daran ausrichten. Der Shareholder Value erzeugt keinen wirklichen Mehrwert, weder für die Eigentümer noch für die Gesellschaft, da die eigentlichen Kosten externalisiert werden, so der Bericht von Anders Wijkman und Johan Rockström (2012).

89 In der Ökonomie gibt es eine intensive interne Diskussion darüber, ob der Zins eher ein Maß der Zeitpräferenz (Österreichische Schule), eine Liquiditätsprämie (J. M. Keynes) oder Ausdruck der Grenzkosten des Kapitals (Neoliberalismus) darstellt. Aus verhaltenspsychologischer Sicht ist diese Differenzierung irrelevant. Alle drei sind richtig. Entscheidend ist, dass Entscheidungsvorgänge innerhalb eines Zinseszinssystems nicht neutral sind und kurzfristiges, expansives und zielloses Verhalten anbahnen können.

90 Folgt man den Wealth Reports der Credit Suisse (2014) und der Allianz (2014), so hat sich nach der 2008er-Finanzkrise trotz weltweiter Anstrengungen die Wohlstandsschere noch einmal vergrößert: Das oberste Prozent besitzt nun 50 Prozent des Wohlstands, und bei knapp 3000 Euro Vermögen gehört man bereits zu den oberen 50 Prozent der Weltbevölkerung. Die Verteilung hat wieder nicht funktioniert, und die Zahlen zeigen nur, wie weit die Extreme auseinanderliegen.

91 Je stärker die Vermögensverhältnisse auseinanderfallen, umso aussagekräftiger wird der globale Median im Vergleich zum globalen Durchschnitt. Im Median liegen je 50 Prozent der Bevölkerung ober- und unterhalb: Er lag 2013 bei circa 3600 US-Dollar (niedriger als vor der Krise), der globale Durchschnitt liegt deutlich höher, nämlich bei 56.000 US-Dollar. Das hängt damit zusammen: Betritt ein Milliardär einen Raum mit 1000 Menschen, die in absoluter Armut leben, werden diese automatisch zu Millionären, weil statistisch der Mittelwert in der betrachteten Bezugsgruppe steigt. Sie haben nur nichts davon, denn der Milliardär vereint fast den gesamten Betrag auf sich. Verlässt er wieder den Raum, sind die 1000 Menschen im statistischen Mittelwert wie auch im realen Leben wieder arm. Geändert hat sich nichts.

92 So haben Ergebnisse aus der Neurofinance gezeigt, dass immer dann, wenn Menschen anfangen, sich mit Geld zu beschäftigen, dieselben Hirnregionen aktiv werden wie bei einem Patienten, der schwer suchtkrank ist oder schwere Ängste hat. Geld macht süchtig und stimuliert dabei das kurzfristige Belohnungssystem im Nucleus Accumbens. Aber auch auf einer unbewussten und sublimen Ebene wirkt die Anwesenheit unseres Geldsystems auf unser Verhalten. In einem recht aufwendigen Experiment konnte nachgewiesen werden, dass allein bei der unbemerkten, unbewussten Anwesenheit des Geldthemas (etwa in Form eines Begriffs wie Dollar, Eurozone) oder eines Symbols von Geld an der Wand) Probanden sich anders verhalten: Sie zeigen eine geringere Kooperationsbereitschaft, suchen weniger Hilfe und geben weniger Unterstützung, bauen eine größere räumliche Distanz zum Nachbarn auf und wollen eher allein sein. Aus der empirischen Forschung siehe etwa K. Vohs et al. 2006; weitere empirische Befunde unter www.pubmed.org.

93 Die Kreditschöpfung erfolgt dabei entlang der Eigenkapitalvorschriften nach Basel III: Diese umfassen eine höhere Eigenkapitalbasis, verbesserte Risikodeckung, eine Schuldengrenze und die Einschränkung der prozyklischen Kreditvergabe. Hinzu kommen eine kritische Liquiditätsquote für den Ernstfall (liquidity coverage ratio) sowie der Nachweis stabiler langfristiger Finanzierungsquellen.

94 Klassische Spekulationsgeschäfte (Währungen, Wertpapier) sind so lange geldmengenneutral, solange sie nur mit Eigenkapital arbeiten. Der Wertpapierhandel ohne Fremdkapital aber mit Derivaten ist vergleichbar dem Wirtschaften eines Spargelbauern, der einen künstlichen Dünger verwendet und dessen Ernte auch einmal kaputtgehen kann. Die Derivate (hier Dünger) verstärken das reale Geschäft prozyklisch, wie ein Katalysator, sind aber an das Basisgeschäft zurückgebunden. Die fraktionierte Geldschöpfung dagegen ist vergleichbar mit einem Kernkraftwerk. Wir können zwar die Mauern dicker machen, das Systemrisiko bleibt aber auch weiterhin privat nicht versicherbar. In diesem Vergleich sind Spekulationsgeschäfte weniger systemrelevant als die Geldschöpfung selbst.

95 Ein aktuelles und für die nahe Zukunft wohl relevantes Beispiel, wie Systemrisiken fehlbewertet und im öffentlichen und akademischen Diskurs erneut völlig unterschätzt werden, ist der Umgang mit unseren globaler Kohlenstoffspeichern. Man spricht mittlerweile von einer Karbon-Blase: Wenn wir davon ausgehen, dass das Zwei-Grad-Ziel eine relevante Grenze für unser Wirtschaften ist, dann bedeutet das, dass die Börsen diese Information einpreisen müssten. Das gesamte Kohlenstoffbudget, das wir brauchen, um innerhalb des Zwei-Grad-Ziels zu bleiben, liegt rechnerisch bei 565 bis 886 Gt CO_2. Die weltweiten Reserven liegen bei 2860 Gt CO_2. Unternehmen haben 762 Gt CO_2 als Reserven in ihren Bilanzen gelistet. 2011 hat die Welt aber bereits ein Drittel des 50-Jahres-Budgets für CO_2 verbraucht. Nur 20 Prozent dieser Reserven könnten so noch abgebrannt werden. 80 Prozent sind nicht mehr »verbrennbar« und damit wertlos (stranded assets). Der Einsatz von CCS (Carbon Capture Storage, Fracking) verlängert das Budget um weitere 125 Gt CO_2, das heißt, das Budget wird um 14 Prozent erhöht, da die Technologie erst ab 2030 Marktreife erreicht. Wenn man die 675 Milliarden US-Dollar mit berücksichtigt, die die 200 größten Energiefirmen (Öl, Kohle und Gas) ausgeben, um weitere Reserven zu erschließen (capital expenditures), und man diesen Trend für die nächsten zehn Jahre fortschreibt, so sind in der Summe 6,7 Billionen US-Dollar schlicht fehlinvestiert. Doch weder der Equity- noch der Kreditmarkt preisen diese Risiken adäquat ein. An wichtigen Handelszentren für das Geschäft mit den fossilen Brennstoffen, wie etwa in Moskau, Toronto oder London, trägt dieser Sektor jeweils bis zu einem Drittel zum Börsenwert bei. Bloomberg hat errechnet, dass jährlich 500 Milliarden US-Dollar in alternative Energien umgelenkt werden müssten, um diese Fehlallokation zu kompensieren. All diese Effekte betreffen nicht nur Firmen mit fossilen Energieträgern, sondern haben bei einer 80-prozentigen Abhängigkeit unserer Industrie von fossilen Brennstoffen auch indirekt negative Auswirkungen auf alle angegliederten Industriezweige: Wasserverbrauch, Landwirtschaft, Kühlung, Lebensversicherer, Pensionsfonds und viele mehr. Wenn wir den Ländern die weitere Förderung verbieten, fehlen dann Einnahmen zur Armutsbekämpfung. Wir müssten dann parallel über Kompensationszahlungen des Westens nachdenken. Wenn der Leser die Zahlen noch einmal nachrecherchieren will, empfehle ich: www.carbontracker.org.

96 Internetbasierte Geschäftsmodelle (Google, Facebook, Airbnb, Uber, WhatsApp, Amazon und andere) sind jedoch nur vermeintliche Formen einer Shared Economy. Denn jede Form von digitalem Kapital, also Finanzkapital, das in internetbasierte Informationstechnologien investiert wird, kann zu mindestens vier gesellschaftlich relevanten negativen Effekten führen: (1) Die Automatisierung erodiert die Mittelschicht. (2) Der demokratische Meinungsbildungsprozess wird durch eine Herrschaft des Mobs ersetzt. (3) Aus Freiheit wird der gläserne Mensch, der freiwillig jeden Tag diesen Prozess unterstützt. (4) Dezentrale Netzwerkökonomien generieren Monopolgewinne für wenige (A. Keen 2015). Solange dezentrale P2P-Ökonomien mit zinstragenden Fiatwährungen abgewickelt werden, werden die gleichen negativen Effekte (Instabilität, Wachstumszwang, Einkommenspolarität, Kurzfristigkeit und Erosion des Sozialkapitals) auf die Realökonomie hin verstärkt und nicht gemindert. Das Thema begegnet uns in diesem Buch immer wieder: Technologien für sich sind wertneutral. Das Ausmaß an Nachhaltigkeit wird durch ihre Anwendung innerhalb eines spezifischen Wohlstandsmodells, in einer ausgewiesenen Governance beziehungsweise in konkreten Lebensstilen bestimmt.

97 Vgl. va-web.zmml.uni-bremen.de.

98 https://www.ecb.europa.eu/stats/gov/html/dashboard.en.htm.

99 Die Zentralbanken führen derzeit über die Geldschöpfung (Quantitative Easing) den Geschäftsbanken Liquidität zu. Das Geld kommt aber nicht automatisch öffentlichen Belangen zu Gute. So argumentiert Richard A. Werner (http://www.greennewdealgroup.org), dass die Zentralbanken anstelle des weiteren Aufkaufs von Schrottpapieren, der Stabilisierung von Banken und weiterer ELA-Programme (Emergency Liquidity Assistance) zur direkten Finanzierung von Staaten mit einem geänderten und erweiterten Geschäftsmodell öffentliche und sozioökologische Projekte finanzieren könnten. Über ein »Green Quantitative Easing« können so direkt Großprojekte (zum Beispiel alternative Energien) zielgenau finanziert werden. Das ist billiger, effizienter und nachhaltiger, aber macht zugegebenermaßen mehr Arbeit. Es geht auch hier um mehr und zugleich andere Liquidität als die, die durch Geschäftsbanken erzeugt wird (Werner 2013).

100 Die Vorgehen folgt immer der gleichen Logik: Mehr Liquidität, jedoch in einer anderen Form mit eingeschränkter geografischer, zeitlicher oder technischer Modifikation zum konventionellen monetären Design, das parallel und optional verwendet werden kann. Bereits geringfügige Veränderungen würden zu den intendierten parallelen realökonomischen Vorgängen führen. So etwa die Einführung eines griechischen Euros, der nur auf dem Hoheitsgebiet der Griechen gilt. Zudem ist die Software für die Umsetzung bereits erhältlich (www.cyclos.org).

101 New Economic Foundation (2015), Money with a purpose, Community currencies achieving social, environmental and economic impact; www.communitycurrenciesinaction.eu.

102 Die aktuellen Vorschläge zu einer Vollgeldreform (Joseph Huber, 2013, Thomas Mayer, 2014, Helge Peukert 2013) beziehen sich genau auf diesen Umstand. Historisch gehen sie auf den Chicago-Plan zurück (F. Knight, I. Fisher). Wenn die Geschäftsbanken ihre Einlagen zu 100 Prozent hinterlegen müssen, verlieren sie die Möglichkeit der internen fraktionierten Kreditschöpfung. Theoretisch

wird das Finanzsystem damit stabiler. Die Anreize für Spekulationen werden jedoch nicht eingeengt, und die zusätzliche Liquidität, die zur Lösung der Big 7 benötigt wird, kann durch eine Vollgeldreform nicht erzeugt werden. Das Thema der intrinsischen Nicht-Neutralität und Instabilität der Währungssysteme untereinander ist zudem nicht Gegenstand der Diskussion.

103 Die Effekte auf der Verhaltensebene sind andere: Der inflationäre Druck von Komplementärwährungen entsteht immer erst am Ende. Zunächst geht es darum, dass teilweise konventionelles Geld verdrängt wird, dass dann zweitens die Produktivitätslücke gefüllt wird und drittens durch die Verdrängung weniger konventionelle Kredite nachgefragt werden. Erst dann besteht ein inflationärer Druck auf die Realökonomie. Schließlich ist der Inflationsdruck auch davon abhängig, wie die Komplementärwährung konzipiert ist. In den meisten Fällen wird kein zusätzliches Geld unabhängig von realökonomischen Vorgängen vom Bankensystem her in den Umlauf gelangen, sondern die »Währung« oder »Liquidität« entsteht in actu im Austauschvorgang und verfällt wieder. Die einzelnen Transaktionen werden unmittelbar gegeneinander verrechnet.

104 Dazu Kurt Biedenkopf 2007.

105 Intergenerationelle Formen der Gerechtigkeit werden etwa am Beispiel der sozialen Mobilität durch die Gaspky-Kurve bestätigt: Je höher die Ungleichverteilung der Einkommen der Väter einer Gesellschaft ist, umso kleiner ist die soziale Aufstiegsmobilität in der nächsten Generation (A. Krueger 2012).

106 Franz J. Rademacher 2002.

107 So wissen wir heute, dass je nach Berechnungsgrundlage bis zu 48 Prozent der Weltbevölkerung immer noch arm sind und dass jedes Jahr 11 bis 18 Millionen Menschen armutsbedingt sterben (das ist ein Drittel aller Todesfälle pro Jahr!). Heute könnten wir mit deutlich geringerem Aufwand als noch vor 200 Jahren diesen Umstand beheben, nämlich mit gerade einmal einem Prozent des Weltsozialprodukts (Pogge 2001). Gleichzeitig zeigt die Entwicklung, dass mittlerweile vier Fünftel der Armut in Ländern mit mittlerem Einkommen (Middle Income Countries) entstehen (siehe Sumner 2010). Dies verändert nicht nur das Verständnis von Armut, sondern auch ihre Überwindung. Wenn wir also über globale Fairness sprechen, müssen wir uns solche Zahlen vorlegen lassen.

108 Der Vorgang der Vermögenskonzentration wird wahrscheinlich bis 2020 seinen historischen Höhepunkt erreichen. Oxfam hat 2015 errechnet, dass dann ein Prozent der Weltbevölkerung über 54 Prozent des Vermögens verfügen wird. Und damit haben eben 99 Prozent der Weltbevölkerung weniger als die Hälfte des Vermögens. Die zu erwartenden Auswirkungen auf die Armutsbekämpfung und auf die Stabilität der demokratischen Ordnung sind verheerend.

109 Ein weiterer Befund ist, dass unser Empfinden von Fairness mit dem Neurotransmitter Serotonin zusammenhängt. Ein niedriger Serotoninspiegel im zentralen Nervensystem führt eher dazu, dass unfaire Verteilungsmuster abgelehnt werden. So zeigen Börsenmakler, die ein Medikament nehmen, das den Serotoningehalt im Gehirn erhöht, die Neigung, unfaire Verteilungen eher zu akzeptieren. Sozial marginalisierte Gruppen mit verstärkten Tendenzen zu Depressionen (die wiederum mit einem niedrigeren Serotoninspiegel einhergehen) werden unfaire Verteilungen eher ablehnen. Dies alles erklärt freilich nicht die Komplexität der gesellschaftspolitischen Auseinandersetzung zu Gerechtigkeits-

fragen, beschreibt aber zumindest eine neurobiologische Variable, die für das Gesamtbild wichtig ist. Vgl. Crockett et al. 2013.

110 Siehe Gregor Bertz 2014.

111 Nicht zuletzt zeigen solche Befunde, dass ein utilitaristischer Ansatz zu kurz greift. Um beim oben genannten Beispiel zu bleiben, würde die Standardökonomie bereits eine Verteilung von 99:1 für die zweite Gruppe als rational ansehen, da sie sich gegenüber dem Urzustand, in dem es gar nichts zu verteilen gibt, zumindest um eine Einheit verbessert. Sozialpsychologisch ist das aber eben nicht so.

112 Ich bin mir bei der Diskussion im Umfeld der Liberalismus-Kommunitarismus-Debatte (J. Rawls 1971, M. Walzer 1992, A. McIntyre 2006), in der es vor allem um den Gegensatz »liberaler Anrechte versus Merkmale eines guten Lebens« geht, aber auch bei systemtheoretischen Ansätzen (N. Luhmann 1997) oder auch in der Globalisierung-Partikularismus-Debatte (C. Beitz 2009, Th. Pogge 2001, D. Miller 2013) nicht sicher, ob der sozial- und entwicklungspsychologische Diskussionstand dabei überhaupt eine Rolle spielt. Wenn er dies täte, wäre die Diskussion wohl eine andere.

113 Wahrscheinlich geht ein erheblicher Teil der Vermögenszuwächse auf zwei Entwicklungen zurück: einmal auf Monopolgewinne bei Unternehmen und zum anderen auf Preissteigerungen im Immobiliensektor. Sie erhöhen nur den nominalen Wohlstand, nicht aber die Produktivität und führen nicht zu entsprechenden Wohlfahrtseffekten (siehe auch Stiglitz 2015).

114 Noch deutlicher: Joseph Stiglitz 2012.

115 Siehe Gustav Horn et al. 2015.

116 Welchen Einfluss die ökonomische Entwicklung auf den arabischen Frühling hat, zeigen die neuen empirischen Arbeiten: siehe http://www.ild.org.pe/images/our_work/property_paradigm/arab_spring/2013-04-ILD_News_Update.pdf.

117 Wie wichtig transparente Eigentumsverhältnisse im globalen Maßstab sind, zeigen neuere Forschungen. 50 Prozent der globalen Vermögenswerte liegen in Form von Gebäuden vor, für die die Eigentumsverhältnisse geklärt sind, für die anderen 50 Prozent sind sie es nicht (Piketty 2014). Jährlich verschwinden über vier Milliarden US Dollar in den »schwarzen Löchern« der Kapitalmärkte (nicht regulierte Steueroasen) und sind damit einer hinreichenden Besteuerung, Haftung und kollektiven Verantwortung entzogen (Eichhorn & Solte 2015).

118 Siehe historisch Veblen 1908; aus der aktuellen Diskussion vor allem Heinsohn & Steiger 2006; van Griethuysen 2012.

119 Historisch hat sich diese expansive Pfadabhängigkeit in globalisiertem Handel, der Erschließung von weiteren geografischen Räumen, der Enteignung von Naturvölkern und Einheimischen und der Übernutzung von ökologischen Ressourcen niedergeschlagen. Insbesondere im Hinblick auf die Nutzung von Ressourcen ist von Bedeutung, dass biologische Quellen (Land, Wasser, Wald) dabei einer anderen Dynamik folgen, als dies bei Mineralien (fossilen Brennstoffen, seltene Erden) der Fall ist. Während bei Ersteren die Nutzung von Anfang an proportional begrenzt ist, ist die mineralische Ausbeutung an die Erzeugung von Technik und Maschinen gekoppelt und so einem selbstverstärkenden Prozess unterworfen. Er ist zwar ebenfalls limitiert, verläuft aber über eine gewisse Periode exponentiell. In dieser Phase stecken wir derzeit.

120 H. de Soto 2000.

121 Das Bild stammt von Rainer Voss (www.masteroftheuniverse.de) (persönliche Mitteilung).

122 Siehe hierzu etwa die Diskussion um den ESM (Euro Stability Mechanism), der vor allem öffentliche Kredite an Krisenländer vergibt, Eurobonds mit kollektiver, internationaler Haftung, Exit-Strategien einzelner Volkswirtschaften, ELA (Emergency Liquidity Assistance), das heißt Kredite der Zentralbanken an private Kreditnehmer (auch ohne Bonität), Quantitative Easing (Geldmengenschöpfung der Zentralbank), Austeritätsprogramme mit Sozialkürzungen und Steuerreformen, OMT (Outright Monetary Transaction = Aufkauf von Staatspapieren), Basel III (vor allem Eigenkapitalvorschriften für Geschäftsbanken), Kofinanzierungsvorschläge (Marshall-Plan-Initiative), Transparenzmechanismen (Off-Shore, Off-Sheet) usw. Für alle gilt, dass sie Symptome, aber nicht systematische Ursachen bekämpfen.

123 Sinn 2008.

124 Der »Kampf ist leichter als die Therapie« (Maaz 2012, 78). Es ist psychologisch immer leichter, eine Ungerechtigkeit zu benennen, als den eigenen inneren Anteil daran zu verändern. Kämpfen ist hier leichter als Therapieren, weil es voraussetzen würde, dass wir anfangen, uns als Teil des Geschehens zu begreifen, und dann beginnen müssten, das eigene Erleben und Verhalten zumindest teilweise als Ergebnis einer Projektion zu verstehen. Die gesellschaftliche Kritik und der Kampf um mehr Nachhaltigkeit ist in diesem Sinne nur die eine Hälfte des gesamten Vorgangs.

125 Papst Franziskus hat in seiner Enzyklika »Laudato Si« auf den selbstdestruktiven Charakter der Zerstörung des »gemeinsamen Hauses« vehement hingewiesen. Globale Erwärmung, Verlust an Biodiversität, toxische Umwelteinträge, skandalöse Wohlstandsunterschiede sind nicht nur das Ergebnis politischer Lobbyisten und Wirtschaftsverbände, sondern immer auch Ausdruck unseres eigenen Desinteresses und des fehlenden Mutes, sich mit der Komplexität auseinanderzusetzen (Papst Franziskus 2015).

126 Übrigens hat der Chemiker Svante Arrhenius (1859–1927) bereits vor 100 Jahren gezeigt, was passiert, wenn sich der CO_2-Gehalt in der Atmosphäre verdoppelt: Die Temperatur steigt um vier bis sechs Grad. Die modernen Hochleistungsrechner kommen heute zu den gleichen Ergebnissen; siehe Arrhenius 1896. Wir können weiter rechnen, ändern tut sich dabei leider nichts.

127 Ricke & Caldeira 2014.

128 Die ökonomischen Auswirkungen, die sich aus dem Klimawandel ergeben, sind sehr gut bei Wagner & Weitzman (2015) beschrieben. Hierzu zählen vor allem Nahrungsmittelknappheit, Hunger und Bürgerkriege.

129 Vgl. Gerd Gigerenzer 2013.

130 Zu solchen systemimmanenten Ambivalenzen, die dann über verschiedene Interessengruppen öffentlich ausgehandelt werden, gehören etwa Energieversorgung versus Naturschutz, Klimaschonung versus zukünftige Generationen oder Ölpreis versus alternative Energien. Die Auflösung solcher Widersprüche lässt sich nicht durch den kleinsten gemeinsamen Nenner erzeugen, sondern durch Ansätze außerhalb dieser Gegensatzbeziehungen. Dafür braucht es eine Out-of-Box-Lösung: In Kap. 5 wird diese Logik am Beispiel der Komplementärwährungen aufgezeigt.

131 Es gibt jeden Tag unzählige Ereignisse, die mit einer sehr geringen Wahrscheinlichkeit auftreten, aber verheerende Folgen haben können. Solche Black-Swan- oder Long-Tale-Ereignisse sind in der Systemtheorie gut beschrieben und lassen sich weder aus den historischen Daten der Vergangenheit noch aus der linearen Standardabweichung zum Mittelwert hin rekonstruieren. Sie sind viel häufiger, als die Normalverteilung vermuten lässt, und sie ermöglichen keine hinreichenden Aussagen über die Zukunft (Taleb 2004, Mandelbrot & Hudson 2007).

132 Auch die klinische Forschung griff das Konzept der Metakognition auf und untersuchte dysfunktionale Denkstile sehr erfolgreich bei einer Reihe von Störungsbildern.

133 Moritz et al. 2014, Hattie 2009.

134 Man spricht in diesem Zusammenhang von Bounded Rationality: Nicht absolute Zahlen, Preise, Mieten oder Löhne, sondern relative Vergleichswerte bestimmen unser Gerechtigkeitsempfinden. Nehmen wir an, ein Regenschirm kostet 15 Euro. Wenn es dann stark zu regnen beginnt und der Unternehmer den Preis deshalb auf 20 Euro anhebt, weil alle einen Schirm brauchen, wird das von der Mehrzahl der Menschen als unfair betrachtet. Oder wenn ein Unternehmer seinen Mitarbeitern neun Euro in der Stunde bezahlt, dann aber aufgrund der vielen Arbeitslosen, die durch die Pleite des Nachbarunternehmens jetzt nach einem Job suchen, den Lohn auf sieben Euro absenkt, wird das ebenso als ungerecht empfunden. Solche und ähnliche Beispiele verweisen darauf, dass das Zufügen von Verlusten durch das Ausnutzen einer Marktmacht prinzipiell als unfair und ungerecht bewertet wird. Nicht der absolute, sondern der relative Wert entscheidet über gerecht und ungerecht. Grundlegend bereits Simon H. 1990 oder auch D. Kahneman 2011.

135 Wettbewerbsverhalten ist ein lokales und zugleich sekundäres Phänomen. Lokal ist es, da die Vielfalt menschlichen Lebens und menschlicher Ausdrucksformen durch Schutz und Protektion, nicht durch einen universellen Wettbewerbsmechanismus entstehen. Sekundär und damit nachgeordnet ist es, da kompetitives Verhalten kooperativen Verhaltensstrategien immer folgt und nicht vorangeht. Die Diversität geht gerade unter dem Monopol des ungleichen Wettbewerbs verloren. (Ernst U. von Weizsäcker, Oran Young & Matthias Finger 2005).

136 Zur Einteilung siehe etwa Bernhard Gesang 2011.

137 Der Vorgang ist psychologisch komplexer geworden. Früher konnte man sich bei der Frage, ob man das Richtige im Falschen tut, zwischen seinem persönlichen Lebensstil und den regionalen beziehungsweise nationalstaatlichen Vorgaben entscheiden. Mit der globalen Vernetzung kommt eine zweite Sollbruchstelle hinzu. Nationen können etwa das Richtige im Falschen tun, es hilft aber nichts, wenn globale Ressourcenströme in eine andere Richtung gehen. Die deutsche »Energiewende« ist wahrscheinlich ein solches Beispiel.

138 So etwa eine aktuelle Studie: Rechnerisch würde eine 50-prozentige Reduktion von Fleisch und Tierprodukten in der EU zu einer 40-prozentigen Reduktion der Treibhausgase, zu einer 40-prozentigen Reduktion von Stickstoffen aus Dünger und zu einer 75-prozentigen Reduktion von Futtermittelimporten bei gleichzeitiger Verbesserung der Luft- und Trinkwasserqualität, des Gesundheitszustands und mehr regionalem Getreide für menschliche Nahrung führen (H.

Westhoeck et al. 2014). Es gibt viele Hunderte solcher Studien, die alle das Gleiche sagen und fordern, das Richtige im Falschen zu tun.

139 Zu den Beispielen siehe Hopkins 2013.

140 Solche strategischen Interviewtechniken sind aus der klinischen Psychologie bekannt (zum Beispiel der Sokratische Dialog in der kognitiv-behavioralen Therapie, Motivational Interviewing bei Suchtpatienten, Strukturelles Interview nach O. Kernberg bei Borderline-Patienten). Sie dienen in erster Linie dazu, den Betroffenen die Vor- und Nachteile eines Verhaltens auf rational-diskursiver Ebene näherzubringen und so eine kognitive angesteuerte Veränderung dysfunktionalen Verhaltens herbeizuführen.

141 Faria et al. 2010

142 Gofmann 1974.

143 Neuere Arbeiten konnten zeigen, dass bereits die bloße Information, die Mehrheit der Gruppe habe eine bestimmte Meinung, dazu führt, dass persönliche und individuelle Entscheidungen zurückgenommen werden, auch wenn der Einzelne sie als falsch, ungerecht oder sinnlos ansieht. Die Meinung der Gruppe hat dabei bereits auf neuronaler Ebene Einfluss und beeinflusst den kognitiven Verarbeitungsprozess vor der Abgabe der Bewertung. Trautmann-Lengsfeld & Herrmann (2014).

144 Siehe Stils & Janowitz (1948) oder auch Stouffer (1949).

145 Muzafer Sherif 1936.

146 Einem gesunden Durchschnittsbürger wird eingeredet, dass er krank sei, weil er bestimmte Verhaltensweisen, Konsumformen und Bedürfnisse nicht zeigt, die alle haben. Ihm wird empfohlen, einen Arzt aufzusuchen, der selbst krank ist, sich aber für gesund hält und dem gesunden Bürger Ratschläge gibt und Medikamente verschreibt, von denen er selbst krank geworden ist. Schließlich wird der Bürger selbst krank. – Aber die Geschichte kann Peter Finke (2015) besser erzählen.

147 Der Zusammenhang ist grundlegend für jede gesellschaftspolitische Diskussion und betrifft im Grunde genommen das Verhältnis von Privatheit und Öffentlichkeit. Autonome Entscheidungen fordern Privatheit und Intimität. Moderne Demokratien zeichnen sich gerade dadurch aus, dass es ihnen gelingt, den Raum der Privatheit rechtlich zu schützen. Der Versuch der totalen digitalen Präsenz in unserem Alltagsleben wird nicht nur die Fähigkeit des Einzelnen zur Autonomie, sondern auch unser Gemeinwesen insgesamt verändern, weil ihr Privatheit, Intimität und wohl auch Individualität genommen werden.

148 Grundsätze der Wirtschaftspolitik (1965).

149 Siehe Smith & Hallam 2012.

150 Interessant ist, dass der von Mihály Csíkszentmihályi (1975, 1997) beschriebene Flow-Zustand bei all seinen Probanden einer mystischen, transpersonalen Erlebnisform gleicht, auch wenn es die meisten seiner Probanden nicht so nennen.

151 Vor diesem Hintergrund läuft der Investmentbanker, der sein Verhalten nach Bonuszahlungen ausrichtet, Gefahr, ein süchtiges Verhalten auszubilden. Der Mensch, der ohne Geld auskommen muss, stimuliert dagegen sein Belohnungssystem vor allem durch Erlebnisse und einen Tauschhandel mit anderen. Statistisch gesehen wird er eher glücklich und zufrieden sein. Für den Banker ist

die Herausforderung eine andere: Er muss dafür sorgen, das er das viele Geld, dass er verdient, richtig und verantwortlich ausgibt, um zufrieden und glücklich zu sein. Die weltweite Philanthropie kennt diese Effekte. Rein monetäre Anreize führen zu einem Crowding-out-Effekt, in dem andere Ziele vernachlässigt werden, und zerstören Kreativität und intrinsische Motivation.

152 Vgl. Peter Layard 2005.

153 In manchen Ländern fällt sie gar wieder zurück (siehe Kulkarni 2011).

154 Allgemein gilt, dass 50 Prozent des Glückserlebens genetisch bestimmt sind sowie weitere 10 Prozent durch Ehestand, Nationalität, Einkommen und Gesundheitszustand. Das heißt: Circa 40 Prozent sind individuell regulierbar. S. Lyubomirsky zeigt empirisch, wie das geht: Sozialkontakte, Dankbarkeit, Verzeihen, Flow-Erlebnisse, Spiritualität und Charité tragen wesentlich dazu bei, glücklich zu bleiben (2008).

155 Siehe auch Karl-Heinz Brodbeck 2011.

156 Das Interdependenz- oder Abhängigkeitsargument ist zentral für jede Nachhaltigkeitsdebatte und zeigt, wie eng die ganze Diskussion mit psychologischen Vorgängen gekoppelt ist. So ist die globale Armut keine Frage der globalen Güterknappheit, sondern der regionalen Einkommen. In einer global völlig vernetzten Welt impliziert jeder Kaufakt jedes Einzelnen stillschweigend eine Akzeptanz des sozialen Status quo. Wären die Einkommen und damit die Kaufkraft in der Dritten Welt höher, würden sich die relativen Preise verändern und damit auch unser Konsumbewusstsein. Der Buddhismus als Wissenschaft des Geistes hat wohl darin recht, dass die Welt nur über das Phänomen wechselseitiger Abhängigkeiten überhaupt sinnvoll erklärbar ist. Weil dem so ist, sind auch Empathie, Altruismus, Mäßigung und ein permanenter Einsatz zur Linderung von Leid die eigentliche Antwort auf die Herausforderungen der Big 7. Das »kleine kognitive Fenster« (Brodbeck 2011) der ökonomischen Logik kann diesen Zusammenhang nicht fassen.

157 So etwa der Small-World-Effekt: Experimentell sind wir bekanntlich über sechs Handschläge alle miteinander verbunden, ob wir das wollen oder nicht. Jeder kennt eben jeden (Buchanan 2002).

158 Vgl. dazu auch Ernst F. Schumacher 1977.

159 Der Zusammenhang von dauerhaftem Glück, persönlicher Wertschätzung und sozialem Engagement ist auf weiten Strecken neurobiologisch geklärt. Dabei sind vier Aspekte wichtig: Erstens spiegeln sich Schmerz, Leid und negative Affekte in den gleichen Hirnregionen wider, wie wenn der Schmerz oder das Leid anderen zugefügt wird (Spiegelneurone). Zweitens unterscheidet unser Gehirn nicht zwischen Vorstellung und Realität. Beide werden in den gleichen Netzwerken codiert. So wird die Vorstellung von Ungerechtigkeit und fehlender Nachhaltigkeit und die faktisch erlebte Ungerechtigkeit isotopografisch im Gehirn aktiviert. Drittens werden verschiedene Formen des körperlichen Schmerzes, psychische Schmerzen und begleitende Emotionen ebenfalls in den gleichen Hirnregionen registriert und aktiviert. Die Konsequenz aus diesen Forschungsergebnissen ist, dass, wenn man nachhaltig und langfristig glücklich sein will, in erster Linie Altruismus und Empathie für andere aufbringen und Dankbarkeit zum Ausdruck bringen sollte. Wer jetzt immer noch glaubt, dass der Mensch primär ein egoistisches Wesen sei und Konsum und expansiver Wohlstand nachhaltig zum Glück beitrügen, dem sei abschließend folgendes Video empfohlen: http://m.youtube.com/watch?v=GZZ0zpUQhBQ.

160 Die Fähigkeit zur Impulskontrolle und zum Aufschub unmittelbarer Bedürfnisbefriedigung gilt als ein wichtiges psychologisches Maß für späteren gesellschaftlichen Erfolg. So korreliert mangelnde Impulskontrolle mit der Entwicklung für Kriminalität. Die Unterschiede in der Impulskontrolle sind in Hinblick auf den späteren beruflichen Erfolg stärker als soziale Klassenunterschiede und stellen einen besseren Prädiktor dar als der Intelligenzquotient. Überblick in Zimbardo & Boyd 2011, 267ff.

161 Der Return on Investment für einen Dollar liegt bei circa zehn Prozent pro Kind pro Jahr, bedingt durch die höhere Produktivität und geringere Sozialkosten. Der Return ist deutlich höher als bei Sozialprogrammen, die später im Leben einsetzen, wie Lehrer-Schüler-Verhältnis, Anzahl der Polizisten, Rehabilitationsprogramme, Umschulungsprogramme. Siehe http://heckmanequation.org.

162 Siehe www.post2015consensus.com.

163 Für die Finanzkrise von 2008 ergaben sich etwa 3,8 bis 5 Billionen US-Dollar Wohlstandsverlust sowie 5 Billionen US-Dollar zusätzliche Staatsschulden. Folgekosten im Bereich Gesundheit und Soziales sind hier noch nicht mitgerechnet; siehe etwa Laeven & Valencia 2013.

164 Der Logik des Kopenhagener-Konsensus-Center folgend ergibt sich eine abenteuerliche Rechnung (www.copenhagenconsensus.com): Die Umsetzung der Freihandelsabkommen (Doha) weltweit würde bis 2030 elf Billionen Euro an zusätzlicher Wertschöpfung erbringen. Die Kosten für Werbemaßnahmen, Verhandlungen, Entschädigungszahlungen für regionale Arbeitsplatzverluste und Administration werden auf 234 Milliarden Euro geschätzt. Jedoch: Die letzte Finanzkrise kostete die Menschheit zehn Billionen USD. Wenn man die Kosten für die weitere Deregulierung des Welthandels gleichsetzt mit den Kosten für eine intelligente Stabilisierung des Systems (die wohl viel billiger ist), dann rentieren sich Reformen immer noch mit einem Faktor von über 40 pro investiertem Dollar.

165 Siehe auch Norbert Berthold, 8.7.2015, in: www.wirtschaftlichefreiheit.de.

166 Hansen 1939.

167 Gordon 2014.

168 Kasparov et al. 2012.

169 Krugman 2013.

170 Summers 2013.

171 Es gibt in vielen modernen Gesellschaften weiterhin mindestens fünf wichtige Tabuthemen: die Aufarbeitung historischer Fakten (Genozide); die Transparenz und Klärung des Zusammenhangs von Macht, Politik und Wirtschaft; die Sexualität, vor allem Sexualpraktiken in Bezug auf Intimität versus Öffentlichkeit; Tod und Endlichkeit; und schließlich der Umgang mit den und die Klärung der Auswirkungen des Geldes auf unser Leben. Um Letzteres geht es hier.

172 Die psychologische Klärung des Tabus geht auf Sigmund Freuds »Totem und Tabu« zurück (1912–13).

173 Zur empirischen Evidenz zwischen den drei Theorien: Banken als Intermediäre, die fraktionierte Geldschöpfung über die Zentralbanken sowie der Geldschöpfungsvorgang durch Geschäftsbanken siehe jetzt Werner 2014.

174 Kjell Hausken & Mthuli Ncube 2013.

175 Die Erklärung des deutschen Bundesbankpräsidenten Jens Weidmann ist am aussagekräftigsten. Hier das Zitat in ganzer Länge: »In der Tat dürfte der Umstand, dass Notenbanken quasi aus dem Nichts Geld schaffen können, vielen Beobachtern als etwas Überraschendes, Seltsames, vielleicht sogar Mystisches, Traumhaftes – oder auch Alptraumhaftes – vorkommen ... Denn wenn Notenbanken potenziell unbegrenzt Geld quasi aus dem Nichts schaffen können, wie kann dann sichergestellt werden, dass Geld ausreichend knapp und somit werthaltig bleibt? Ist bei der Möglichkeit, Geld mehr oder weniger frei zu schaffen, die Versuchung nicht sehr groß, dieses Instrument zu missbrauchen und sich kurzfristig zusätzliche Spielräume zu schaffen, auch wenn damit langfristiger Schaden sehr wahrscheinlich ist? ... Die Unabhängigkeit der Notenbanken ist ein außergewöhnliches Privileg – ein Selbstzweck ist sie jedoch nicht. Vielmehr dient sie im Kern dazu, glaubwürdig sicherzustellen, dass sich die Geldpolitik ungehindert darauf konzentrieren kann, den Geldwert stabil zu halten« (Weidmann 2012).

176 Man spricht auch von der Geldmenge M0 oder von »high powered money«; die Menge liegt derzeit bei circa 5 bis 6 Billionen US-Dollar; siehe Issing 2003.

177 Im Durchschnitt in OECD-Ländern um 50 Prozent des Sozialprodukts im Vergleich zur Situation vor der Krise 2007; siehe OECD 2014.

178 Richard Koo (2014): www.nri.com/global/.

179 So hat Mario Draghi, der Chef der Europäischen Zentralbank, am 22. Januar 2015 angekündigt, über 1,1 Billionen Euro an Staatsanleihen und privaten Anleihen aufzukaufen. Siehe etwa Süddeutsche Zeitung vom 22. Januar 2015. Es wird empirisch nichts nützen.

180 Technisch muss hinzukommen, dass diese Form der Liquiditätsschaffung ausschließlich elektronisch stattfindet, also keinen Bargeldverkehr zulässt, und als Steuerzahlungsmittel akzeptiert wird. Eine stabiler Negativzins von ein bis zwei Prozent würde dafür sorgen, dass keine Spekulation und keine Hortung stattfinden, sondern das Geld in die Projekte fließt. Eine Negativliste verhindert darüber hinaus, dass die Gelder nicht für den Schwarzmarkt verwendet werden. Um einen weitergehenden Anreiz zu haben, innerhalb dieses Nachhaltigkeitskorridors zu verbleiben, wird eine zunächst festgelegte und später freigegebene Umtauschprämie zur konventionellen Landeswährung bestimmt (Einzelheiten und weitere technische Details in Brunnhuber & Lietaer 2016).

181 Wenn nicht mehr die Geschäftsbanken, sondern staatliche Stellen das Privileg zur Kreditschöpfung haben, kommt man dem Vorschlag namhafter Ökonomen der 1930er-Jahre sehr nahe, der unter dem Begriff »Chicago-Plan« diskutiert wurde. Siehe die aktuelle Diskussion: Benes & Kumhof 2012. Der Logik des Chicago-Plans folgend ließe sich die Staatsschuldenkrise und die Instabilität des Bankensektors sanieren, und zwar innerhalb von wenigen Monaten. Der Unterschied liegt darin, dass im Chicago-Plan die Kredit- und Geldschöpfung weiterhin monopolisiert bleibt, während sie in dem hier vorgetragenen Vorschlag im Kontext einer Parallelwährung vorgesehen ist.

182 In der EU haben wir mit dem sogenannten Emergency-Liquidity-Assistance-Krediten bereits seit mehreren Jahren einen solchen Mechanismus zur Stabilisierung des Euro eingesetzt. Siehe das Verfahren für die Gewährung von Notfall-Liquiditätshilfe (Emergency Liquidity Assistance – ELA), bundesbank.

de, abgerufen am 20.8.2015; hinzu kommt, dass wir derzeit Hunderte, wenn nicht Tausende von qualifizierten Investmentbankern haben, die mit der Krise des Jahres 2008 arbeitslos geworden sind.

183 Zum Thema eines Green Quantitative Easing siehe vor allem Werner (2012, 2014a). Allerdings diskutiert der Autor das grüne QE nicht als Parallelwährung.

184 Dieser grüne QE führt über einen »inverse pricing effect« nominal in ein Postwachstumsszenarium, da wir nicht mehr zuerst wachsen müssen, um dann den Mehrwert sozioökologisch umzuverteilen, sondern das Wachstum langfristig endogen nachhaltig wird. Für jeden Euro, der über den konventionellen QE real investiert wird, verändert sich im konventionellen Bereich die Zusammensetzung der Kosten-Preis-Struktur. Jene Kostenanteile, die nicht hinreichend sozioökologisch legitimiert beziehungsweise nicht nachhaltig sind, werden schrittweise zurückgehen. Hierzu zählen etwa: Kosten für soziale Exklusion, globale Erwärmung, Luftverschmutzung, fehlende Bildungsmaßnahmen. Das heißt: Ein komplementäres grünes QE ist nicht inflationär, sondern eher preissenkend.

185 Wegsehen, Verleugnen, BAU (Business as Usual) oder NODO (»mal sehen und abwarten«) ist extrem teuer, je länger wir warten. Die aktuellen Flüchtlingsströme sind ein demografisches Symptom dafür, dass es uns nicht gelingt, ein Wohlstandsmodell zu etablieren, welches auch nur annähernd globalisierbar ist. Aus sozialpsychologischer Sicht ist es relativ unerheblich, ob Menschen aus politischen oder sozioökonomischen Gründen ihre Heimat verlassen. Für beide Motive gilt, dass es zu Hause nicht mehr lebenswert ist.

186 Siehe zusammenfassend Yamagishi et al. 2014.

187 Die Zahlen sind nicht gänzlich vergleichbar – dennoch als Gegenüberstellung: Im Jahr 2008 wurden in militärischen Kampfhandlungen weltweit circa 60.000 Menschen getötet. Laut European Union Agency for Fundamental Rights war pro Jahr ein Drittel aller Frauen in der EU (über 50 Millionen) sexuellen Übergriffen und/oder körperlicher Gewalterfahrung im häuslichen Umfeld ausgesetzt (Violence against Women, EU-wide Survey 2014).

188 Steven Pinker 2011.

189 Dennoch gilt: Jede Form des Schutzes von Minderheiten oder ausgegrenzten Bevölkerungsgruppen (genderspezifisch, sexuelle Orientierungen, religiös-ethnische Minderheiten etc.) ist eine wichtige und unzweifelhafte Errungenschaft offener, rechtsstaatlicher Zivilgesellschaften. Aber ein erfolgreich gelebter und gesellschaftlich integrierter Multikulturalismus ist sozialpsychologisch immer eine nachgeordnete Kategorie. Er macht nur dann Sinn, wenn im Voraus der rechtsstaatliche und formale Konsens geklärt wird, auf den sich alle Mitglieder einer Gruppe einigen können, um ihre ethnischen Besonderheiten auszuhandeln. Das heißt: Zuerst Konsens und dann Kultur, nicht andersherum. Das mindert den Anspruch auf Minderheitenschutz nicht, sondern im Gegenteil: Es stärkt ihn. Das gilt im Übrigen ganz allgemein: Wir haben immer zuerst zehn Finger, ein Herz, einen aufrechten Gang, dann eine gemeinsam geteilte Sprache und deren Regeln und dann entsprechende kulturelle und ethnisch-religiöse Differenzierungen. Wenn der Anspruch auf kulturelle Differenzierung und Selbstbehauptung der Konsensleistung voraus geht, kann kein gesellschaftliches Zusammenleben gelingen. So könnten Menschenrechte mit dem Argument des Schutzes ethnischer Gebräuche, Riten und Traditionen verletzt werden, genauso wie reziproke Toleranz Gefahr läuft, der Dominanz einer

Meinung von Minderheiten geopfert zu werden. Wenn uns der Sinn für diese Verfahrensweise bzw. Reihenfolge verloren geht, enden wir im Chaos. Vielfalt entsteht eben nur in der Einheit. Man nennt das dann *unitas multiplex*.

190 Das sogenannte Böse (1963).

191 Neurobiologisch werden Motive durch einen ständigen Abgleichungsprozess zwischen mehreren Polen generiert. Einmal top-down: Der präfrontale Cortex (PFC) wird mit der antizipierenden Folgenabschätzung und kognitiven Bewertung und der anteriore cinguläre Cortex (ACC) mit dem emotionalen Ich, das heißt der affektiven Bewertung, in Verbindung gebracht. Dann bottom-up: Das Angstzentrum der Amygdala-Kerne, die Insula (Ekel) sowie die Stressachse modulieren die Motive. Hinzu kommen einflussnehmende Hormone wie Testosteron (Dominanz- und Drohgebären) und Oxytoxin (Vertrauen und Zugehörigkeit).

192 Studien zum Modell-Lernen, zum instrumentellen Lernen und zu kognitiven Attributionen haben eine Reihe von empirischen Befunden geliefert. So spielen beispielsweise auch Broken-Home-Situationen oder die unmittelbare Verfügbarkeit von Schusswaffen eine Rolle.

193 Bifulco 2004.

194 Auf der Verhaltensebene stehen Bürger immer zwei Möglichkeiten offen (A. O. Hirschman 1970): Stimme und Exil. Die Stimmabgabe kann erfolgen durch Wahl, Selbsthilfegruppen, Lobbying, Beratung von politischen Prozessen (Expertengremien und Forschungsinstitute), Referenden, mediale Berichterstattung und öffentliche Meinungsäußerung. Das Exil meint die schlichte Abwanderung, Formen der Steuerhinterziehungen sowie das gesamte Spektrum des informellen Sektors (Schattenwirtschaft, Hausarbeit, krimineller Sektor). Für beide Strategien gilt, dass eine gesellschaftliche Inklusion im Vorfeld versagt hat.

195 Die Schaffung von Eigentumstiteln, wie sie der kritische Institutionalismus (De-Soto-Argument) fordert, steht aus sozialpsychologischer Sicht in engem Zusammenhang mit den Ergebnissen zum Revierverhalten. Die Anerkennung des psychischen Binnenraums, des Nahraums und des Reviers stellt ein primäres Motiv bei der Erhaltung der Art und des Individuums dar. Menschen organisieren sich immer – ob nun legal oder extralegal – innerhalb eines und um einen Raum herum. Für uns heißt das, dass, wenn beide Disziplinen, also die psychologische Anthropologie und die institutionelle Ökonomie, zusammenpassen, es nur darum gehen kann, dass sich die Gesetzgebung an die reale Situation anpasst – und nicht umgekehrt.

196 So führt bereits unspezifischer Stress und Konkurrenzverhalten nicht nur zu einem Verlust an Empathie und Verstehen von Gruppenprozessen, sondern auch zu einem signifikanten Leistungsabfall der jeweils betroffenen Gruppe. Warum sollte die Natur für solche negativen Affekte und stressassoziierten Zustände positiv selektionieren?

197 Das Erleben von Knappheit und Mangel ist in vielen Lebensbereichen eine Frage der relativen Verteilung und nicht der absoluten Größenordnungen. So hat die Lebensmittelproduktion seit 1970 um den Faktor vier zugenommen. Wir haben also pro Kopf mehr Mais, Weizen und Reis zur Verfügung als noch 1950. Aber das Getreide wird zu einem größeren Teil zur Tierfütterung und zur Herstellung von Bioethanol verwendet. Hätten wir einen anderen Lebensstil, hätte es immer schon für alle gereicht (Klingholz 2014).

198 So zeigt uns eine aktuelle Studie des ZEW (2014), dass Immigranten in der Bundesrepublik dem Staat durchschnittlich 3300 Euro erwirtschaften (und nicht kosten) – ein Betrag, der durch weitere Bildungsanstrengungen weiter erhöht werden kann. Die Studie kommt des Weiteren zu dem Schluss, dass der Anteil der Bundesbürger mit einer positiven Steuerbilanz geringer ist (60%) als der Anteil der Immigranten (67%). Solche Zahlen können helfen, den xenophoben Reflex als psychologische Reaktion zu demaskieren.

199 Deshalb sind auch die aktuellen soziodemografischen Daten zur Identifikation von Terrorverdächtigen unvollständig. Klinisch betrachtet sind nicht die soziale Schicht, der Bildungsgrad und die ethnische Zugehörigkeit, sondern das Ausmaß an subjektiven Kränkungserlebnissen und individuell erlebten Defiziten bei den Primärmotiven für eine Radikalisierung entscheidend.

200 Psychologisch gilt es, mindestens drei Versionen in der Rezeption des Homo oeconomicus zu unterscheiden. Version 0.0: Jeder Einzelne tut, was er will, und maximiert dabei sein Interesse und seine Wünsche. Je mehr er bekommen kann, um so besser. Das ist wohl immer richtig, aber dann theorie- und aussagefrei, da der Satz nicht falsifizierbar ist und keinen wirklichen Erkenntnisfortschritt bringt. Die Version 0.0 ist kontextunspezifisch, das heißt, sie wird in jeder nur erdenklichen Situation realisiert. Version 1.0: Unter der ausgewiesenen und vergebenen Bedingung A maximiert der Einzelne seinen Nutzen. Dies entspricht der konventionellen Rezeption. Hier geht es um die Optimierung der je eigenen Position. Die Version 1.0 stellt eine Reaktion auf einen spezifischen Kontext dar. Ändert sich der Kontext, ändert sich auch das Resultat. Version 2.0: Jeder Einzelne maximiert seinen individuellen Nutzen dann, wenn es ihm nicht gelingt, Fairnesskriterien hinreichend zu realisieren. Hier ist der Homo oeconomicus eine Reaktion auf fehlende Gerechtigkeitsstandards und damit ein sekundäre Sozialfigur.

201 Yamagishi et al. 2014.

202 Mit zahlreichen empirischen Beispielen und Belegen siehe vor allem Nowak & Highfield 2013.

203 Die konventionelle Affektforschung (Krause 2012; Stemmler 2009) unterscheidet zwischen Affekten, Emotionen und Gefühlen. Sie unterscheiden sich durch das unterschiedliche Ausmaß an kognitiv-reflexiven Anteilen, die Rolle physiologischer Faktoren (Mimik, Gestik, Puls, Blutdruck, EEG-Veränderungen, Herzratenvariabilität) sowie ihre Dauer (kurz- oder langfristig). Für unseren Zusammenhang ist diese Unterscheidung nur insofern von Interesse, als dass mit dem Ebenenwechsel und der Weiterentwicklung der Person der kognitive und reflexive Anteil zunimmt.

204 Jenseits der primären Angst- und Schreckreaktion sind zahlreiche Angstformen Produkte der gesellschaftlichen Sozialisation. So gilt etwa der private Schusswaffengebrauch in den USA als wenig angstbesetzt verglichen mit der Bewertung in Europa. Umgekehrt verhält es sich etwa beim Gebrauch von Weihnachtskerzen (hierzu Gigerenzer 2013 mit weiteren Beispielen).

205 Vgl. Wilber 2000.

206 Hier gilt auch die oben beschriebene Prä-trans-Differenz (Wilber 2000): Transpersonale Affekte sind eben nicht identisch mit globalen, multikulturellen Verschmelzungsfantasien, narzisstische Omnipotentenz oder psychotischem Größenwahn.

207 Mayer et al. 2009, Piff et al. 2015.

208 Diessner et al. 2013, Bratman et al. 2012.

209 Kaplan 1995.

210 Frantz et al. 2005.

211 Sicher richtig ist, dass ein erheblicher Teil der Erwerbstätigen gerne weniger arbeiten würde. Länderspezifisch unterschiedlich würden sich zwischen 36 Prozent und 60 Prozent der Menschen für eine geringere Erwerbstätigkeit aussprechen (Otterbach 2010).

212 Es geht bei der Arbeitsbelastung nicht um den Umfang der Stunden, sondern durchgängig um klinisch-psychologisch fassbare Effekte: Kontrolle, Anerkennung, Wertschätzung, Sinn, Identifikation, Anforderungsprofil, Balance von Arbeit und Freizeit, Würde, Zugehörigkeit (Bauer 2013). In keiner Zeit der Menschheitsgeschichte waren die Arbeitszeiten so gering und der Arbeitsschutz so hoch. Die Frage, ob wir ein paar Stunden mehr oder weniger arbeiten, ist psychologisch fast irrelevant. Wichtiger ist, was wir bei der Arbeit machen.

213 Der Selfmademan ist eine sozialpsychologische Chimäre. Bei Licht gesehen gibt es (fast) keine Tätigkeit oder Errungenschaft, die unter Ausschluss der Öffentlichkeit und unter Absehung von sozio-kulturellen Errungenschaften und wissenschaftlich-medizinischen Erkenntnissen sinnvoll erklärbar ist. So sind Erfindungen wie GPS, das Internet oder auch die Algorithmen zur digitalen Spracherkennung ein Ergebnis öffentlicher Forschungsgelder. Neben der genetischen Ausstattung, zu der der selbsterklärte Selfmademan sicherlich nichts beigetragen hat, sind auch die öffentliche Infrastruktur, ein funktionstüchtiges Gesundheits- und Bildungssystem, die öffentliche Sicherheit, die Lebensmittelherstellung sowie industrielle Güter und Dienstleistungen (fast) ausschließlich Ergebnis der Leistungen anderer. Dies trifft auch auf Erfolgsgeschichten wie die von Alibaba, Bill Gates und Mark Zuckerberg zu. Was würde es ein Unternehmen kosten, wenn es allen neu eingestellten Mitarbeitern zunächst beibringen müsste, mit Löffel und Gabel zu essen, sich die Schuhe zu binden, zu lesen und zu schreiben, die Durchführung des regulären Toilettengangs sowie Grundregeln des Anstands und der Kommunikation?

214 Evelyn Forget beschreibt in »The town with no poverty« (2008) die Ergebnisse eines groß angelegten Sozialexperiments im Kanada der 1970er-Jahre. Zu den empirisch belastbaren Ergebnissen zählt: weniger Arztbesuche, keine Armut, weniger psychische Erkrankungen, mehr Schulabschlüsse, eine geringere Scheidungsrate. Nur Frauen mit Kindern waren weniger berufstätig.

215 So die zentralen Aussagen psychologischer Anthropologien: Blankenburg 2014, Gehlen 1966, Scheler 2007.

216 Eine integrale Betrachtung, die den Anspruch hat, mindestens alle vier Quadranten (siehe oben) und mehrere Ebene zu respektieren, hat selbst ein intrinsisches Transformationspotenzial. Man spricht auch davon, dass ein integraler Bewusstseinsschwerpunkt endogen psychoaktiv ist. Das hat wohl damit zu tun, dass Reduktionsleistungen als psychologisches Konstrukt identifiziert werden können und in der Regel mit einer Erweiterung des Bewusstseins einhergehen.

217 Es gehört dennoch zu den bedeutsamsten Beiträgen der westlichen Psychologie des 20. Jahrhunderts, den krankhaften Charakter menschlichen Verhaltens und Erlebens zu systematisieren und zu erforschen. Ob man nun von Projektionen,

Schatten, Verleugnungen, Entfremdungen, Dissoziationen oder dysfunktionalen Kognitionen spricht, hängt von der psychologischen Schule ab, der man anhängt. Gemeinsam ist all diesen Prozessen, dass Teile des subjektiven Erlebens und Verhaltens nicht mehr zum eigenen Selbst dazugehörig erlebt werden und stattdessen an der Umwelt, am anderen oder an der Gesellschaft als dysfunktional und krankhaft wahrgenommen werden. Es ist also nicht die eigene Person, sondern immer der andere. Die damit verbundenen Beschwerden bleiben klinisch gesehen so lange bestehen, solange man sich nicht bewusst wird, dass der Urheber im eigenen Selbst liegt. Unter therapeutischen Gesichtspunkten wird nun gefordert, dass man die Projektion zuerst von der Außenwelt, also dem anderen, zurücknimmt (inverses Protokoll), um sich dann in einem zweiten Schritt innerlich davon zu lösen (Desidentifikation). Ich bin vorsichtig optimistisch, dass sich solche zentralen Erkenntnisse der klinischen Psychopathologie auch im gesellschaftlichen Kontext immer stärker durchsetzen.

218 Neuere empirische Ergebnisse kommen aus der experimentellen Suchtforschung und stützen diesen Zusammenhang. Das Wissen von und Nachdenken über eine positive Zukunft, über Chancen und Möglichkeiten, die konkrete Visualisierung eines guten und nachhaltigen Lebens lässt uns heute bereits weniger kurzfristig, weniger impulsiv und weniger egoistisch handeln (Peters & Bücher 2010, 2012). Selber positiv Denken hilft eben, und wenn es mehrere tun, dann hilft es noch mehr.

219 Deutungen sind psychologisch voraussetzungsvoller als Informationen, da es nicht nur um die Aneinanderreihung von Daten und die Zusammenstellung von Fakten geht, sondern darum, unsere innere und äußere Wirklichkeit anders zu bewerten und zu gewichten. Dabei sind klinisch gesehen der Umfang und die Menge der Informationen deutlich weniger relevant als die Qualität des Deutungsvorgangs.

220 Entwicklungspsychologisch lässt sich dieser Zusammenhang mit den Begriffen Adaptation und Akkommodation beschreiben. Adaptiv ist ein Verhalten dann, wenn das Individuum gezwungen ist, sich an Umweltbedingungen anzupassen. Akkomodativ wird es, wenn Kontextbedingungen an das Individuum angepasst werden. Transformation beinhaltet beides. So werden wir wohl die Eigentumsgesetzgebungen in der Dritten Welt und unser Geldsystem an die psychische Verfasstheit der Menschen akkommodieren müssen, während uns die biophysikalischen Grenzen des Planeten zu Adaptationen zwingen.

221 Die wichtigsten subjektiven Gründe, weshalb sich Menschen nicht verändern wollen, sind vor allem: wenig Zeit, fehlende Motivation, unangenehme Erinnerungen, geringe Selbstwirksamkeit, fehlende soziale Unterstützung. Siehe auch www.CDC.gov.

222 Der Prozess der Veränderung wird im Wesentlichen durch drei psychologische Faktoren unterhalten: Zum einen die Selbstwirksamkeit (Bandura 1997). Sie gilt als der stärkste Einzelfaktor im Transformationsprozess. Der durch persönliche, direkte Erfahrung vermittelte Erfolg, egal, ob es sich um große oder kleine Schritte handelt, macht unabhängig von sozialer Anerkennung. Zum anderen die Überwindung dysfunktionaler Kognitionen (Beck 2011). Die kognitiv-behaviorale Therapie hat traditionell eine Reihe solcher fehlgesteuerter Kognitionen klinisch identifiziert. Sie sind in der Regel recht bewusstseinsnah und spielen in der klinischen Praxis eine zentrale Rolle. Hierzu zählen etwa Automatismen, Alles-oder-Nichts-Gesetze, Katastrophisierungen, Abwertungen des Positiven und

Übergeneralisierungen. Durch Reframing und Rekonditionierungen sind solche fehlgeleiteten Überzeugungen und Glaubenssätze klinisch gut modifizierbar und stellen die Grundlage für ein verändertes Selbst- und Weltbild dar. Und drittens die Klärung von Entscheidungsgleichgewichten (Miller & Rollnick 2004). Hier geht es um das Gewichten der Vor- und Nachteile der Veränderungen, der individuellen Kosten und Konsequenzen.

223 Die ganze Geschichte findet sich bei Timo Leukefeld auf www.timo-leukefeld.de.

224 In der Informationsgesellschaft geht es um den Erwerb von Wissen und Informationen. Aus der Sicht der Lernpsychologie geht es jedoch eher um ein Wissen-Können und Können-Wollen als um ein Wissen-Wollen. Das Lernpotenzial, das jeder Einzelne in sich trägt, wird durch die Vermittlung von Informationen, wie sie etwa in der Psychoedukation geschult wird, nicht annähernd ausgeschöpft. Sie erreicht schnell einen Sättigungsgrad und hat in der Regel eine geringe Adherence.

225 Vgl. Sennett 2012.

226 Aus der Motivationsforschung kommt die These, dass es weniger die Aufarbeitung der eigenen Vergangenheit, die reine Informationsvermittlung oder das Umlernen ist, das einen Transformationsvorgang einleitet. Es gibt auch keine unmotivierten Menschen. Aber es gibt Ambivalenzen. In einem Transformationsvorgang geht es viel eher um die Klärung von Veränderungsbereitschaft, die Überwindung von Ambivalenzen, die Klärung des subjektiven Nutzens und der subjektiven Kosten des Status quo gegenüber einer veränderten Lebenspraxis. Selbstwirksamkeit und autonome freie Entscheidungen sind klinisch eindeutig wichtiger als externe Regulierung, Grandfathering oder Nudging. Denn das entspricht im politischen Bereich einer paternalistischen Vorgehensweise, indem in schwacher oder starker Form von außen auf eine Verhaltensänderung hingewirkt wird.

227 Siehe Cannon 1915, Selye 1950.

228 Die Kunst der Reduktion und des Weglassen (Paech 2012) ist im Grunde genommen eine psychologische Kategorie der Des-Identifikation, des Loslassens und der differenzierten Unterscheidung von wichtig und unwichtig, verbunden mit der Klärung der eigenen Motivlage über das, was man eigentlich im Leben will. Des-Identifikationen sind schmerzhaft, aber immer auch befreiend. Des-Identifikationen sind in der Regel ein bewusster und intendierter Vorgang, der es psychologisch erlaubt, uns neu zu orientieren. Eine ständige Identifikation mit allem und jedem ist ein krankhafter Zustand. Mangel, Einschränkungen, ja selbst Askese haben evolutionsbiologisch den Selektionsvorteil, dass wir flexibler auf Umweltbedingungen reagieren können. Permanentes Größenwachstum beinhaltet diese Fähigkeit nicht.

229 Erkenntnistheoretisch gesehen handelt es sich um sogenannte Mind-over-Matter-Effekte, wie sie in allen Kulturen der Weltgeschichte außer im westlichen Konsumismus der Spätmoderne gepflegt und beschrieben wurden. Die Ablehnung solcher Effekte durch den spätmodernen westlich geprägten Menschen ist weltgeschichtlich eher ein Sonderfall.

230 Nachzulesen bei Daniel Kahneman 2011.

231 Moreno 2001.

232 Dabei wird die Fähigkeit zum Perspektivenwechsel von der egozentrischen über die ethnozentrische zur weltzentrischen Perspektive mit all den Zwischenschritten und kontextspezifischen Schattierungen nicht nur erlernt, sondern ist als grundlegendes Potenzial jedes Menschen ab dem zweiten bis dritten Lebensjahr angelegt.

233 Entlang einer Transformationstreppe wird jeder Einzelne früher oder später mit den fünf R konfrontiert werden. Re-think: Brauche ich das, was ich gerade mache oder kaufe, wirklich? Re-duce: Kann es sein, dass eine geringere Menge dessen, was ich mache, kaufe oder benötige, auch ausreicht? Re-use: Kann ich das, was ich gerade erwerbe, auch mehrfach nutzen? Re-pair: Kann ich das, was ich gerade benutze, auch wieder reparieren? Re-cycle: Kann ich den genutzten Gegenstand wiederverwenden, oder ist er ein Wegwerfprodukt?

234 Vgl. auch Bauer 2015.

235 Mischel 1989.

236 Siehe auch Zimbardo & Boyd 2011, 267ff.

237 Moffitt et al. 2010.

238 Pea et al. 2012.

239 Lepp et al. 2014.

240 Hau 2010, Cord et al. 2013.

241 Alladi et al. 2013.

242 Przbylski et al. 2013; Murphy-Kelly 2013.

243 Roberts & Pirog 2013.

244 Zheng 2014.

245 Spitzer 2014.

246 Cai et al. 2013; Goldstein & Naglier 2014.

247 Schwartz 2004.

248 Friedman 1971, 15.

249 Man spricht in diesem Zusammenhang auch von einem Informationsparadox: Informationen lassen sich nicht im Voraus maximieren, da man erst dann, wenn das Ereignis eingetreten ist, beurteilen kann, welche Informationen sinnvoll waren. Es gibt kein objektives Maß für Informiertheit. Die Informationssuche wird immer an einem willkürlich gesetzten Punkt abgebrochen. Meist gibt es zu viel Information.

250 Casey et al. 2011; Kidd et al. 2012.

251 Wenn der Konsum tatsächlich ein Mittel zum Zweck eines gesteigerten Wohlstandes wäre, dann müsste es eigentlich darum gehen, mit dem geringsten Konsum ein Maximum an Wohlstand zu generieren. Das wäre dann ein Effizienzargument für ein Postwachstumsszenarium (siehe auch Schumacher 1977).

252 Kant 1977.

253 Siehe etwa Jürg Willi 1975.

254 Hauff 2015.

255 Der geplante, eingebaute Verschleiß bei Produkten schafft im Grunde genommen keine weiteren Wohlfahrtseffekte, sondern stellt eine verdeckte und zugleich

überteuerte Produktverschlechterung dar. Kreiß (2014) hat für die BRD einen durch Obsoleszenz bedingten Kaufkraftverlust von sieben Prozent der Einkommen errechnet. Das macht pro Kopf circa 1300 Euro pro Jahr aus. In absoluten Zahlen ist das doppelt so viel wie die Höhe unserer Benzinrechnung. Obsoleszenz geht zudem einher mit fast zehn Millionen Tonnen zusätzlichem Müll, zusätzlicher, völlig unnötiger Arbeit und einem Verlust an Primärenergie von 16 1000-MW-Kraftwerken. Das Geld könnte man entweder anders sinnvoller ausgeben oder weniger arbeiten. Es entspräche nämlich etwa 14 Tage mehr Urlaub oder einer Reduktion der Arbeitszeit auf eine 35-Stunden-Woche. Das Beispiel der Obsoleszenz macht deutlich, wie schwerfällig und pfadabhängig unser Wachstumsprozess ist und wie schwierig es ist, ihn umzulenken.

256 Es gibt wie immer Ausnahmen: Amartya Sen (2010) nennt vier Aspekte, in denen Entwicklung und ökonomische Aktivitäten zusammengehen können. Einmal Verwirklichungschancen: Dabei geht es weniger um die Verteilung, als um die Bereitstellung und den Zugang zu Gütern und Dienstleistungen. Zweitens die Unterscheidung von Grundbedürfnissen und ökonomischen Wünschen: Grundbedürfnisse sind in sich endlich, auf eine kleine Zahl begrenzt, relativ leicht klassifizierbar und nicht ersetzbar. Im Gegensatz dazu sind ökonomische Wünsche letztlich unendlich, teilweise aber substituierbar. Drittens fordert ein Entwicklungsgang ihm zufolge die erfolgreiche Integration von Gegensatzbeziehungen: Natur und Technik, global und lokal, individuelles und öffentliches Leben, persönliche Autonomie und gesellschaftliche Verpflichtung, heutige und zukünftige Generationen gehören dazu. Ein Mehr an Verwirklichungschancen, ein Mehr an Grundbedürfnissen und ein Mehr an Integrationsleistung geht viertens mit einem Mehr an Freiheit der Person wie auch der Gemeinschaft einher. Solche gesellschaftlichen Forderungen korrelieren in der (Sozial-)Psychologie mit einem Mehr an Bewusstsein. Die konkrete institutionelle Realisierung variiert zwischen den Gesellschaften. Ökonomische Wünsche gehören in dieser Aufstellung nicht zum Programm eines nachhaltigen Zusammenlebens.

257 Hier zählen vor allem argumentative Rituale, die sich um eine erhöhte Wettbewerbsfähigkeit, mehr Verteilungsspielraum für ökologische und soziale Projekte, die Überwindung von Armut und Arbeitslosigkeit, die Erhöhung des verfügbaren Einkommens sowie den Schuldenabbau drehen.

258 So hat Mathias Binswanger ausgerechnet, dass wir global mindestens um 1,8 Prozent wachsen müssten, damit unser System nicht kollabiert (2006, 368). Das ist zwar immer noch weniger als die Hälfte von dem, wie wir derzeit wachsen, bleibt aber als Wachstumsrate weiterhin exponentiell.

259 Die Identifizierung von Nachhaltigkeitszielen, die Klärung ihrer Ursachen, die nachfolgende Priorisierung und dann schließlich deren Finanzierung sind sozialpsychologisch vier verschiedene Vorgänge. Die Identifikation der Ziele ist ein gesellschaftlicher Vorgang, der im öffentlichen Konsens gelöst wird; die Klärung der Ursachen ein evidenzbasierter wissenschaftlicher Prozess; die Priorisierung der Ziele folgt den ökonomischen Gesetzen von Nutzen und Kosten. Die Finanzierung folgt der Frage, wie und wo das Geld herkommt beziehungsweise welche Formen der Liquidität bereitgestellt werden. Unter dem Zwang, wachsen zu müssen, werden die vier Vorgänge ständig durcheinandergebracht.

260 Einzelheiten unter: www.ioew.de.

261 Empirisch signifikante Ergebnisse sagen bekanntlich wenig über die Bedeutung der wissenschaftlichen Frage aus. Sie beschreiben nur die Wahrscheinlichkeit, mit der die Ungleichheit zweier Ereignisse nicht zufällig ist. Eine bedeutungsarme wissenschaftliche Frage wird durch ein Signifikanzniveau von fünf Prozent nicht automatisch besser. Historisch war das festgelegte Signifikanzniveau im Übrigen nicht wie derzeit bei fünf, sondern bei 2,7 Prozent. Zahlreiche Publikationen der vergangenen 30 Jahre wären niemals veröffentlicht worden und hätten niemals die gesamte Wissenschaftsdiskussion verändert, hätten wir ein anderes Signifikanzniveau. Siehe Lothar Sachs (1978).